정신증의
로샤 평가

James H. Kleiger 저
이준득 역

RORSCHACH ASSESSMENT OF PSYCHOTIC PHENOMENA

학지사

Rorschach Assessment of Psychotic Phenomena:
Clinical, Conceptual, and Empirical Developments
by James H. Kleiger

역자 서문

우리는 지금 심리평가의 역사적 과도기를 살아가고 있다. 2000년대 초반부터 근거기반평가(Evidence-Based Assessment: EBA)가 임상심리학 분야에 큰 반향을 일으켰고, 그 후 많은 시간이 지나 심리평가의 어떤 영역에서는 개선이, 다른 영역에서는 재평가가 이루어졌다. EBA는 많은 전통적인 평가도구가 진단적 타당도를 확보하지 못했고, 심리측정적인 안정성이 부족하며, 안정적인 구성개념을 확보하지 못했다고 비판했다. 많은 연구자와 임상가가 그런 의견에 갈채를 보내며 뜻을 같이했다. 하지만 거의 20년이 지난 지금 임상심리학자인 우리는 여전히 전통적인 검사라고 할 수 있는 로샤검사와 웩슬러 지능검사, MMPI-2를 광범위하게 사용하고 있다. 왜 그런 것일까?

우선 고전적인 심리검사 도구의 문제점에도 불구하고, EBA가 여전히 우리에게 매력적인 대안을 제공하지 못하고 있는 것이 가장 큰 원인으로 보인다. 우리는 심리평가라는 우리의 작업이 현장에서 쓸모없거나 진단적 예측력이 결여되지 않았다는 것을 경험적으로 알고 있다. 비록 그 도구가 통계적으로 신뢰도가 부족하고 임상적인 예측타당도가 높지 않다는 대규모 표본 연구가 있다고 해도, 우리는 기존의 검사 도구를 모두 버려두고 평가를 할 만큼 무모한 전문가들이 아니다. 아니, 애초에 그런 사람을 임상전문가로 부를 수 있는지도 모르겠다. 따라서 우리는 비판을 통한 전통적 검사도구의 무용론 이후에 합리적인 재건을 거친 더 좋은 도구가 나오기를 기다렸다. 그러면서 이 고통스러운 과도기적 모호함을 견뎌 왔다. 하지만 안타깝게도 아직까지 그렇게 희망적인 소식은 들려오지 않고 있다.

나는 EBA가 가진 또 다른 문제점이 도구의 효용성에 대한 경직된 기준이라고 생각한다. 검사 측정치에 대한 통계가 과도하게 강조된 탓에 임상적 평가 도구의 초점은 수리적 검증이 가능한 양적인 측정치에만 매몰되었다. 단순히 심리측정에 대한 철학을 고려하지 않더라도 양적인 측정치는 우리가 임상평가에서 다루어야 할 여러 요소 중 (어쩌면 생각보다 지극히) 일부에 지나지 않는다. 양적 측정치의 강조는 평가 요소를 과도하게 단순화시키고 더 중요한 질적인 요소를 무시하거나 수련 및 대학원 과정에서 자세히 교육하지 않도록 만들었다. 그러나 우리는 경험적으로 알고 있다. 우리가 임상평가 실제에서 수련을 통해 배우는 것이 바로 구조적 변인과 수치화된 측정치에 나오지 않는 것들의 중요성이라는 것을 말이다. 만일 그런 측면이 없었다면 그렇게 긴 수련 시간도 필요하지 않았을 것이다.

그렇기에 우리는 통계적 기준에 의해 가혹하게 비판받았던 고전적인 검사도구를 재평가해야 할 필요가 있다. 그중에서도 로샤는 가장 유명하고 널리 사용되었기에 가장 가혹한 비판을 받았던 대표적인 검사이다. 한때 로샤는 검사의 왕으로 불렸다. 물론 그 명칭이 과하게 빛나서 그에 대한 그림자도 짙었다. 이미 20세기 초중반부터 비판자들은 로샤가 폐기되기를 바랐다. 또한 로샤는 투사적인 검사와 객관적인 검사의 속성을 모두 가지고 있었다. 즉, 질적인 측면만 있었던 TAT, HTP와는 달리 양적인 측면을 보유하고 있던 로샤는 분석하기도, 분석에 의해 타당도를 검증하기도 쉬웠다. 달리 말하면, 수치화되지 않는 검사들은 애초에 EBA의 관심 밖에 있어서 비판을 덜 받았다. 반면, 로샤는 '논외로 한다'는 무시를 받지 않고 체계적으로 분석되었다. 그 결과, 많은 로샤 지표의 타당성이 무력화되었다. 나는 인간의 내면을 평가하는 도구로서 로샤를 매우 옹호하지만, 개인적으로 그러한 해체 과정이 꼭 필요했다고 믿는다. 왜냐하면 일부 선대 연구자와 임상가는 특별한 근거 없이 모든 로샤 채점 점수를 내적인 경험을 드러내는 직접적 표상으로 여겼기 때문이다. 그래서 우리는 부정확하고 불필요한 수많은 로샤 지표를 보유하게 되었다. 그런 허상들을 깨 주는 과정은 반드시 필요했다. 그리고 그런 선별작업들은 로샤에 대한 논의를 더욱 건전하게 만들었다. 하지만 그 과정에서 살아남은 주요 지표들의 효용성과 질적 분석에 대한 논의들이 묻혀 버린 것이 문제였다. 건설적인 재구축 없이 다만 '로샤의 수명은 끝났다'고 오해하도록 한 것이 가장 큰 문제였다.

로샤의 생명은 다하지 않았다. 나는 오히려 이 James Kleiger의 역작을 통해 다시 화려한 전성기를 향해 나아가고 있다고 생각한다. Kleiger 박사는 하버드 대학교 출신의 개원한 임상심리학자이자 정신분석가, 그리고 심리측정 이론가로서 로샤에 대한 진화된 관점을 선보였다. 그는 그동안 누구도 시도하지 못했던 로샤의 양적 · 질적 측면을 합리적인 구성개념을 중심으로 통합하는 과정에 있다. 물론 아직 완전하지 않고, 이러한 시도의 완성을 바라보기 위해서는 아직 좀 더 시간이 필요할 것 같다. 하지만 그는 지금 여러분이 보고 있는 이 책에서 1999년의 『장애적 사고와 로샤(Disordered thinking and the Rorschach)』와는 비교가 안 될 정도로 명료하게 정리된 관점을 제공하고 있다. 정신증의 로샤 변인을 와해, 비논리성, 사고와 언어의 빈곤, 장해의 자각으로 구분한 뒤, 이를 로샤의 양적 · 질적 측면으로 재구성한 것은 이 분야의 대가들이라고 해도 쉽게 할 수 있는 일이 아니다. 하지만 그는 이런 어려운 일을 해냈다. 그래서 우리는 더 앞으로 나아갈 수 있게 되었다.

우리는 이제 객관적이고 잘 검증받은 이론에 따라서 로샤 언어에 대한 질적 분석을 할 수 있게 되었다. 인간의 언어와 사고과정에 대한 이러한 분석법은 검사자를 수치 해석이라는 단순 작업을 넘어서 지식과 경험을 모두 통합하는 진정한 임상심리 전문가로 다시 자리매김할 수 있게 도와줄 것이다. 나는 특히 정신증의 진단에 있어서 그의 네 번째 차원인 '장해의 자각'을 임상적 효용성과 연구 측면에서 가장 중요한 변인이라고 평가한다. 향후 이 영역에 대한 연구는 정신증 및 로샤 활용에 대한 상상할 수 없는 큰 장을 열어 줄 것이라고 믿는다.

마지막으로, 나는 우리 분야의 많은 전문가가 이 책을 통해서 검사에 대한 관점과 스스로에 대한 자긍심을 높일 수 있는 기회를 갖기를 소망한다. 비록 이 책이 방대한 내용을 담고 있고 로샤에 대한 배경지식이 충분치 않으면 이해하기에 쉽지 않은 측면은 있지만, 그러한 부분을 보충하고 설명하기 위해 번역자인 나도 한국에서 최대한 많은 노력을 해 나갈 것이다.

2020년 1월

역자 이준득

서문

-Martin Leichtman

탄생 이래로 로샤 검사는 사고장애의 연구와 불가분의 관계에 있었다. Hermann Rorschach는 Eugen Bleuler가 그의 고전적인 연구인 『조발성 치매 혹은 정신분열증의 집단(Dementia praecox or the group of schizophrenias)』(1911)을 완성하고 있을 때 그의 밑에서 환각현상에 대한 박사학위 연구를 하고 있었다. Rorschach는 학위를 받은 후, Jung과 Ricklin 같은 다른 스위스 정신과 의사들처럼 성격 및 정신병리 평가에 심리검사를 활용할 방법을 찾으려고 했다. 이러한 목적을 염두에 두고 잉크반점 '절차(procedure)'를 개발하면서 그는 특히 정신증에 대한 적용을 고려한 많은 장해적 사고의 검사 징후(예를 들어, DW 반응, 작화증적-조합 전체 반응, 오염 전체 반응)에 주목했다.

『정신진단학(Psychodiagnostics)』(1921) 출판 직후에 사망한 Rorschach는 자신의 검사가 사고장애 평가를 위한 최고의 심리검사 도구가 될 것이라고는 예상하지 못했을 것이다. 다음 세기에 걸쳐 임상 분야에서 가장 뛰어난 몇몇을 포함한 수많은 심리학자들은 Rorschach의 검사가 장애적 사고의 다양한 측면을 밝히고, 수많은 측정 체계를 발전시키며, 그 주제에 대한 방대한 연구를 수행한 다양한 방식을 조명했다. 그 결과, 최근의 표준 정신의학 교과서에서는 로샤를 "사고장애 검증에 가장 널리 사용되는 검사"라고 기술했고(Clarkin, Howieson, & McClough, 2008), 심지어 가장 가혹한 비판자들마저도 이 점에서는 로샤의 유용성을 인정했다(Wood, Nezworski, & Garb, 2003).

진단 도구로서 로샤의 강점은 검사 과제로서의 본질과 그 고유한 특징에서 비롯된다. 이 과제를 수행하려면 수검자가 생소하고 현저하게 유동적인 매체를 사용해서 거의 무한대에 가까운 이미지를 생성해야 한다. 그런 다음, 그들은 자신이 거의 알지 못하는 권위적인 인물, 즉 그/그녀가 자신의 성격에 대한 인상을 형성해서 그들의 미래에 중대한 영향을 미칠 수 있는 제안을 하기 위해 이 정보를 사용할 것이라는 것 외에 거의 알려진 것이 없는 인물에게 자신의 표상을 설명하고 정당화해야 한다. 따라서 수검자들이 과제를 다루는 방식은 그들의 표상양식, 사고내용, 언어, 추론, 그들이 자신과 다른 사람들을 경험하는 방법에 대한 놀라운 일련의 정보를 제공한다. 더욱이 로샤는 적극적인 탐색을 강조하기 때문에, 서로 다른 형태의 심각한 정신병리에 대해 다른 검사와는 비교할 수 없는 풍부하고 생생한 처리과정이 포함된 자료를 산출할 수 있다.

그러나 이러한 데이터의 풍부함, 그것을 기호화하고 분석하는 많은 방법, 그 결과로 나온 임상 및 연구 문헌의 방대한 양, 그리고 로샤검사의 본질 및 검사 징후의 논리적 근거를 밝히는 기본이론에 대한 상대적인 경시 등은 이 도구의 잠재력을 높게 평가하는 사람들에게 마저도 엄청난 도전이 되고 있다. 이러한 이유로 검사를 숙달하기 위해 고군분투하는 학생들뿐만 아니라 경험이 많은 임상가와 연구자들도 James Kleiger의 획기적인 연구인 『장애적 사고와 로샤(Disordered thinking and the Rorschach)』(1999)에서 많은 도움을 받았다. 이 책은 지난 75년 간의 연구와 이론에 대한 가장 포괄적이고 뛰어난 개관을 제공하는 것 외에도, 친숙하지만 자주 간과되는 채점 체계에 대한 신중한 논의, 사고장애 채점 및 장애적 사고 패턴을 이해하기 위한 개념적 기반, 그리고 실용적인 임상적 안내를 포함하고 있다. 이러한 임상적 안내는 각 장애적 사고의 독특한 패턴을 기반으로 정신증과 경계성 상태의 감별진단도 다룬다.

이 책의 출판으로 우리는 Kleiger 박사에게 훨씬 더 많은 빚을 지게 되었다. 이 책은 한 세기 동안의 이론에 대한 최고의 입문서인 동시에 장애적 사고에 대한 이해에 로샤를 적용한 연구들을 다루고 있다. 여기서 특히 중요한 것은 로샤 수행평가 체계(Rorschach Performance Assessment System: R-PAS) 및 단축형 카드 세트법과 같은 최신 기술의 적용이다. 하지만 이 책에서 가장 중요한 점은 이 책이 단순히 그의 첫 저작을 업데이트한 2판이 아니라는 것이다. 오히려 이 책은 여러 가지 중대한 문제에 대한 그의 분석을 재검토하고 심화시키는 계기가 되었다. 예를 들어, 그는 독자들에게 장애적 사고에 대한 다차원적 개념을 제공하고, 로샤 채점에 대한 초점을 맞추는 것을 넘어서서 심리학적 · 정신분석적 · 발달적 · 신경심리학적 개념의 실체로 연결하는 논의로 나아가며, 정신증의 진단에 로샤를 적용하는 보다 정교한 방법을 제안했다. 이전 판의 계승으로서 Kleiger 박사의 새로운 연구는 로샤와 장애적 사고의 연구 및 치료에 진지한 관심을 갖고 있는 연구자들과 임상가에게 필수적인 참고 자료가 될 것이다.

참고문헌

Bleuler, E. (1911). *Dementia Praecox or the Group of Schizophrenias* (J. Zinkin, trans.). New York: International Universities Press, 1950.

Clarkin, J., Howieson, D. B., & McClough, J. (2008). The role of psychiatric measures in assessment and treatment. In H. E. Hales, S. C. Yudofsky, & G. O. Gabbard (Eds.). *The American Psychiatric Publishing Textbook of Psychiatry* (5th ed., pp. 73-100). Washington, DC: American Psychiatric Publishing.

Kleiger, J. (1999). *Disordered Thinking and the Rorschach*. Hillsdale, NJ: Analytic Press.

Rorschach, H. (1921). *Psychodiagnostics* (5th ed.). Bern: Hans Huber, 1942.

Wood, J. M., Nezworski, M. T., & Garb, H. N. (2003). What's right with the Rorschach? *The Scientific Review of Mental Health Practice, 2*, 142-146.

도입

왜 이 책을 쓰는가? 어느새 내가 『장애적 사고와 로샤(Disordered thinking and the Rorschach)』(Kleiger, 1999)를 쓴 지 20년이 지났다. 그 기간 동안 이 분야에서는 많은 발전이 있었기에 그러한 발전을 통합하기 위한 2판이나 개정판이 나와야 할 최소한의 정당성은 확보됐다고 할 수 있다. 내가 이 프로젝트에 착수했을 때, 나의 목표는 단지 2판을 쓰는 것이었다. 그러나 나는 곧 많은 어려움에 봉착했다. 진단 개념의 중대한 변화들, 로샤 심리학의 주요한 발전들, 그리고 나 자신의 관심과 장애적 사고와 정신증 현상에 대한 진화된 이해를 반영할 수 있는 최선의 방법을 고민해야 했다. 그래서 『장애적 사고와 로샤』 2판으로 시작된 작업은 곧 20년 간의 변화를 포착하기 위한 『장애적 사고 및 로샤: 두 번째 시선(Disordered Thinking and the Rorschach: A second look)』으로 바뀌었다. 이 책은 이전 판과 분명히 관련이 있지만, 지금의 책은 내가 처음 의도했던 것 같은 직계 자손보다는 어린 사촌에 가깝다. 즉, 이념적 DNA는 비슷하지만, 첫 번째 책과 차별화될 만큼 충분히 새롭고 신선하다. 그에 따라서 제목은 『정신증의 로샤 평가(Rorschach assessment of psychotic phenomena)』로 결정됐다.

정신증 현상과 장애적 사고

이 제목은 이 책의 핵심적인 변화를 반영한다. '정신증 현상'이라는 용어는 연속적인 차원으로 생각되는 더 광범위한 정신증 유사 증상(psychotic-like symptoms)이나 특징을 포함한다. 이것은 정신증에 대한 현대적 관점과 부합하는 것으로, 장애 범주적 관점에서는 멀어지고 심각성의 연속선을 따라 배열된 일련의 증상 차원으로 바라보는 관점에 더 가까워졌다. 로샤는 환각이나 망상적 믿음 같은 주요 증상 차원의 존재를 식별하는 데에는 덜 유용하지만, 사고, 현실검증, 통찰(insight)이나 자각(awareness)의 문제를 평가하는 데에는 훌륭한 방법이며, 이 모든 것은 정신증이나 정신증 유사 증상과 경험을 반영한다.

'정신증 현상'이라는 용어는 사고와 지각적 문제에 대한 광범위한 정의를 포괄한다. 그러나 대부분의 사람은 로샤의 주된 진단적 기여는 사고에서 기묘한 점을 포착하는 것이라는 데 동의한다. 『장애적 사고와 로샤』에서 나는 '장애적 사고'라는 용어가 더 오래되고 전통적인 용어인 '사고장애'보다 더 많은 이점을 제공한다고 주장했다. 이 책에서 나는 이러한 구분을 확장했다. 나는 원래 '형식적 사고장애(formal thought disorder)'라고 불렸던 좁은 진단 개념에 '사고장애'라는 용어를 다시 사용할 것이다. 본질적으로 범주적인 용어인 '사고장애'는 DSM-5(American Psychiatric Association, 2013)에서는 정신증의 증상 차원을 설명하는 진단 개념으로 간주되는데, 현재 이 개념은 와해된 말(사고)로 불린다. 이와는 대조적으로 '장애적 사고'는 더 광범위한 심리적 개념으로, 덜 범주적이고 덜 진단적이며, 심각성의 연속선을 따르는 다차원적인 장해적 사고(disturbed thinking)를 포괄한다. 따라서 1장에서는 환자가 가진 취약성을 설명하려는 진단자에게 유용하도록 장애적 사고를 다섯 차원으로 개념화하는 방법을 소개할 것이다(Kleiger & Khadivi, 2015). 하지만 독자를 위해 한 가지 주의를 주고자 한다. 사고장애와 장애적 사고의 개념을 구분하려고 노력했지만, 그것을 서로 혼용해서 사용할 때가 있을 것이다. 과거에 정신증으로 간주되었던 증상을 언급할 때 '사고장애'라는 용어를 좀 더 보편적으로 사용할 것이다. 이러한 유동적인 용어 변화가 독자들을 혼란스럽게 하지 않기를 바란다.

역사적 관심

나의 전작과 같이 이 책도 정신증 현상, 특히 장애적 사고의 로샤 평가에 대한 훌륭한 공헌을 한 학자들에게 경의를 표하고 있다. 전과 마찬가지로, 나는 장애적 사고를 평가하기 위한 로샤 기법을 개척한 거장들의 공헌에 대한 요약을 2부에 포함시켰다. Hermann Rorschach의 독창적인 공헌에 대한 짧은 소개로 이 부분을 시작하는 것이 적절해 보였다. 이어서 David Rapaport, Robert Holt, Philip Holzman, TDI, John Exner, Irving Weiner, Greg Meyer, Donald Viglione, Joni Mihura, Philip Erdberg, Robert Erard와 R-PAS 개발자들의 기여를 다룬 장들이 이어진다. 분명히 R-PAS의 통합적인 공헌은 새롭게 쓰였다. 하지만 다른 주요 기여자에 대한 장은 다시 쓰였다. 종종 나의 이전 책의 내용을 그대로 썼다. 그러나 대부분의 경우 각 장은 수정되고 재편되었다.

Rapaport와 Holt의 기여는 종합 체계(Comprehensive System: CS) 및 R-PAS(6장)의 기여와 마찬가지로 한 장(4장)으로 통합했다. 5장의 사고장애지표(Thougt Disorder Index: TDI)는 주

로 Philip Holzman과 관련되지만, Mary Hollis Johnston은 말할 것도 없고 Deborah Levy와 Michael Coleman과 같은 많은 주요 학자가 TDI의 발전에 큰 공헌을 했다. 2부의 각 장은 각 체계의 경험적 지지, 개념적 기여, 임상적 또는 실제적 효용성에 대한 요약으로 결론짓는다. 또한 나는 장애적 사고를 평가하기 위한 대안적인 로샤 기법들을 7장에 포함시켰다. 내가 단지 로샤에 대한 역사광이기 때문만이 아니고, 몇몇 작은 아이디어들의 신선함, 그리고 경우에 따라서는 알려지지 않은 기여들 때문에 그렇게 했다.

개념적 교량들

1999년의 내 책과 마찬가지로, 나는 여전히 채점 매뉴얼을 넘어선 각 점수의 의미를 이해하는 데 더 많은 관심이 있다. 개념적인 관점에서 나는 로샤 특수점수(special scores; CS)나 인지기호(cognitive codes; R-PAS)가 개인의 내적 세계인 인지 기능, 전형적인 추론 양식, 그리고 자기와 타인들의 경험 측면에서 무엇을 의미하는지를 깊이 이해하는 데 관심이 있다(Kleiger, 2016). 우리는 너무나 빈번하게 검사 점수나 지표 수준에 멈춰 버린다. 우리는 이러한 검사 기반 지표를 장애적 사고의 본질이나 환자의 기능에 관한 광범위한 개념 및 임상적 참조점과 연결하는 데 어려움을 겪는다. 점수는 그 자체로 구체적 의미를 갖지만, 우리는 종종 환자가 일탈된 반응(Deviant Response: DR), 우화적 조합(Fabulized Combinations: FABs), 모순된 조합(Incongruous Combinations: INCs)을 제공한다는 사실에 만족하곤 한다. 전작에서 내가 '조합적 · 작화증적 · 고논리적 · 오염적 사고(combinative, confabulatory, paleological, and contaminatory thinking)'에 대해 썼을 때 나는 이러한 검사에 구속된 사고방식에 기여했을지도 모른다. 사실 내 접근은 이러한 범주 각각을 해체해서 구체적인 채점 범주를 넘어서려는 의도이지만, 그래도 여전히 나는 이러한 로샤에 기반을 둔 개념에 초점을 맞추고 있었던 것 같다. 특정 점수와 마찬가지로, 우리는 너무 자주 보다 광범위한 로샤 기반 범주를 우리 사고의 종착점으로 만들어 버린다. 검사 채점이나 범주들은 그와 관련된 심리적 · 발달적 · 임상적 진단 및 정신역동적 개념을 이해하기 위한 출발점 역할을 해야 하는데도 말이다. 이러한 의미에서 로샤 반응에 각각의 '사고장애 채점'을 할당하는 전형적인 접근방식은 응답자가 사고장애를 가지고 있다는 단순한 순환론적 결론으로 이어지는 경우가 많다(Kleiger, 2016). 이러한 채점들이 개인의 정신병리에 대해 무엇을 밝힐 수 있는가와 같은 진단적 질문들이나 혹은 개인이 자신의 사고에 초점을 맞추고, 필터링하고, 조직하고, 감시하고, 논리를 적용하는 능력과 같은 보다 구체적인 기능에 대해 무엇을 알려 줄 수 있는가와 같은 유용한 질문들은 여전히 탐색되지 않은 채로 남아 있다.

기본적으로 내가 세우고 싶은 두 유형의 '교량'이 있다. 첫 번째는 로샤 채점들과 더 광범위하고 의미 있는 개념 간에 다리를 놓기 위한 내 초기 저작의 흐름을 따른다. 이 목적을 이루기 위해서 나는 시야를 넓혀서 로샤 점수가 전통적인 심리학적 · 발달적 · 정신분석적 · 신경인지적 개념과 연결되는 무수한 가능성을 살펴보려고 노력했다. 두 번째 유형의 교량은 로샤 특수점수 또는 인지기호와 장애적 사고에 대한 정신증 연구의 임상적인 접근 사이에 세우고 싶다. 이런 생각은 2014년에 있었던 Ali Khadivi와의 논의에서 비롯된 것이다. 따라서 8장에서 나는 로샤라는 테두리를 넘어서 장애적 사고와 사고장애를 어떻게 바라볼 것인가에 대한 응답으로 로샤 특수점수나 인지기호를 개념적으로 의미 있고 보다 일관성 있게 조직화하는 통합적 모델을 소개할 것이다.

더 나아가서, 3부에서는 로샤 기반 점수의 고정된 범주를 벗어나기 위해 장애적 사고의 4개의 차원에 초점을 맞춘 4개의 장을 포함했다. 와해(disorganization), 비논리성(illogicality), 빈곤(impoverishment), 장애적 사고와 현실 검증에 대한 자각의 장해(disturbances in awareness of disturbed thinking and reality testing)가 그것이다. 와해 차원은 일탈된 언어(Deviant Verbalizations: DV)와 일탈된 반응(Deviant Responses: DR)을 이해하는 방법을 제공한다. 비논리성은 환자가 결론을 형성하고 잉크반점에 의미를 부여할 때 일어나는 암묵적인 추측 및 추론 과정을 반영한다. 본질적으로 비논리적 사고에는 조합 반응(combinative responses; INC 및 FAB)과 특정 유형으로 윤색되거나(embellished) 과잉해석된 DR, 자폐적 논리(Autistic Logic: ALOGs)/특이한 논리(Peculiar Logic: PECs), 오염 반응(Contamination responses: CON)으로 대표되는 추론 및/또는 지각 오류가 포함된다. 마지막으로, 빈곤한 사고는 비록 이해하기가 더 어렵고 특정 로샤 점수로 명확하게 표현되지 않음에도 음성 증상이나 인지장애를 겪고 있는 환자들에게 정신증 현상이 있음을 나타내는 신호가 될 수 있다.

정신증 현상과 정신병리학

4부는 정신증 현상 및 장애적 사고와 관련된 일차적 정신증(13장)과 이차적 정신증(14장)에 초점을 맞춘다. 이 장들의 구분은 정신증이 일차적 특징인 장애와 정신증 증상이나 경험이 특정한 조건하에서만 나타나는 이차적 정신증 현상의 로샤 징후와 관련된다. 따라서

13장은 광범위한 조현병 스펙트럼 및 관련 상태(조현병, 조현형 성격, 조현정동장애, 망상장애)와 함께 기분장애적 정신증(양극성 및 우울증적 정신증)을 포함한다. 나는 또한 약화된 정신증(attenuated psychoses)과 약물로 유발된 정신증(drug-induced psychotic disorders)에 대한 자료를 포함했다. 14장의 초점은 경계성 정신병리, 외상, 해리성 장애와 관련된 정신증 현상과 장애적 사고로 이동한다. 또한 나는 이 분야의 임상 연구 및 로샤 문헌이 제한적이기는 하지만, 강박증 스펙트럼 장애에 대한 짧은 논의를 추가했다. 로샤에서 정신증 꾀병은 진단학자들에게 점점 더 중요한 관심사가 되고 있기 때문에 나는 이 진단적 난제에 15장을 할애했다. 마지막으로, 로샤 문헌은 어린이와 청소년들의 정신증적 현상에 대한 고려가 없다면 미완성이 될 것이다. 따라서 4부의 마지막 장은 13장과 14장에서 논의된 성인들과 유사한 진단적 상태로 고통받는 아동 및 청소년들의 정신증 징후 및 로샤 문헌에 관한 것으로 채워질 것이다.

마지막으로, 기존 책에 대한 평범한 업데이트로 시작된 작업이 더 큰 프로젝트가 되었다. 『정신증의 로샤 평가』는 1999년에 출판된 나의 책과 분명히 관련되어 있지만, 그보다 더 광범위하고 현대적이며 세밀한 뉘앙스의 개관을 제공할 것이다. 특히 장애적 사고를 나타내고, 현실검증에 장해가 있으며, 다른 사람들이 자신의 사고를 이해하는 데 어려움이 있다는 것을 객관적으로 바라보지 못하는 개인들을 평가하는 데 있어서 로샤가 기여한 것들에 대한 개관을 제공할 것이다.

참고문헌

American Psychiatric Association. (2013). *Diagnostic and statistical manual of mental disorders* (5th ed.). Washington, DC: Author.

Kleiger, J. H. (1999). *Disordered thinking and the Rorschach*. Hillsdale, NJ: The Analytic Press.

Kleiger, J. H. (2016). Thinking about thought disorder on the Rorschach. *Rorschach Training Programs Inc. Newsletter,* 8. New York: Rorschach Training Programs, Inc.

Kleiger, J. H., & Khadivi, A. (2015). *Assessing psychosis: A clinician's guide*. New York: Routledge.

차례

역자 서문 / 3

서문 / 7

도입 / 11

part 1 정신증 현상의 이해와 평가

| 1장 | 정신증 현상: 현실검증과 장애적 사고의 개념적 이해를 향하여 / 25

정신증, 현실, 그리고 현실검증 …… 25

정신증과 사고장애 …… 27

사고장애의 요인 구조 …… 31

| 2장 | 장애적 사고와 정신증 현상을 평가하기 / 47

사고장애 측정에서 쟁점이 되는 사안들 …… 47

사고장애를 평가하는 방법과 기법들 …… 49

part 2 | 정신증 현상의 로샤 평가

| 3장 | Hermann Rorschach의 실험 / 59

Rorschach 이후의 발전 …… 62

Bohm의 특별한 현상 …… 62

| 4장 | Rapaport와 Holt의 공헌 / 65

Rapaport의 일탈된 언어(DV) …… 65

Holt의 일차과정 채점 체계 …… 76

Rapaport와 Holt 체계의 공헌을 돌아보기 …… 83

| 5장 | 사고장애지표(TDI) / 93

TDI의 배경 …… 94

TDI의 채점 …… 95

심리측정적 속성들: 신뢰도, 규준, 타당도 연구들 …… 101

TDI에 대한 마지막 생각들 …… 105

| 6장 | 종합 체계(CS)와 로샤 수행평가 체계(R-PAS) / 115

CS: 특수점수, WSUM6, 지각-사고지표(PTI) …… 115
R-PAS: 인지기호와 지각 및 사고 영역 …… 128
지각 및 사고 영역 …… 130
CS 및 R-PAS의 장애적 사고 평가에 대한 생각들 …… 132
임상적 유용성 …… 136

| 7장 | 장애적 사고를 평가하기 위한 대안적 로샤 접근법들 / 141

TRAUT 체계 …… 141
단축된 카드 세트 방법 …… 143

| 8장 | 장애적 사고의 로샤 징후에 대한 통합된 모형 / 147

사고장애 차원을 조직화하기 위한 개념적 모형 …… 148
사고장애의 개념화를 위한 통합된 로샤 모형 …… 149

part 3 | 장애적 사고의 차원들

9장 | 와해: 초점화, 필터링, 언어 사용에서의 문제 / 167

무엇이 말을 와해하게 하는가 …… 167

와해의 로샤 지표들: 기호화되는 것과 되지 않는 것 …… 168

심각성에서 연속성 …… 173

와해의 개념화 …… 173

와해에서 의미 찾기 …… 187

10장 | 비논리성: 추론과 논리에서의 문제 / 193

무엇이 사고를 비논리적으로 만드는가 …… 193

비논리적 사고의 연속성 …… 196

비논리성의 로샤 지표들 …… 196

비논리적 사고를 이해하기 …… 198

11장 | 사고와 언어에서의 빈곤 / 221

무엇이 사고와 말을 빈곤하게 하는가 …… 221

빈곤한 사고의 연속성 …… 222

빈곤한 사고의 로샤 지표들 …… 222

빈곤한 사고를 이해하기 …… 227

| 12장 | 지각 및 추론 오류에 대한 자각 / 237

자각: 통찰과 사회 인지 …… 237
로샤에서 의도성과 혼란의 자각 …… 239
자각의 평가 …… 241

part 4 | 로샤에서 정신증 현상의 감별진단

| 13장 | 일차적 정신증과 로샤 / 251

조현병 스펙트럼 및 기타 정신병적 장애 …… 252
양극성 장애: 조증 정신증 …… 264
조증 사고장애의 로샤 지표들 …… 268
정신증 특징이 있는 주요 우울증 …… 270
약화된 정신증 증후군(APS) …… 273
약물로 유발된 정신증 …… 276
로샤의 장애적 사고 지표에 미치는 약물의 효과 …… 279

| 14장 | 이차적 정신증 현상과 로샤 / 291

경계성 장애 …… 291
외상 및 해리 …… 299
강박증 스펙트럼 장애 …… 305

| 15장 | 정신증에 대한 꾀병 및 장애적 사고 / 317

꾀병을 의심하기 …… 317
정신증 꾀병의 로샤 탐지: 경험적 연구들 …… 319
정신증 꾀병의 로샤 지표들: 임상적 단서들 …… 320
사고장애 채점의 특이도와 민감도 …… 324
마지막 발언들 …… 328

| 16장 | 아동 및 청소년 정신증 현상의 로샤 지표들 / 331

유병률, 복잡성, 혼입변인, 제한점 …… 331
일차적 정신증 및 이차적 정신증 현상: 임상적 특성과 로샤의 기여 …… 335
달린: 이것이 정신증일까 …… 345

| 결론 | 마지막 생각들 / 355

경험적 고려사항 …… 355
개념적 고려사항 …… 358
실제적 고려사항 …… 358

찾아보기 / 363

Part 1

정신증 현상의 이해와 평가

제1장 정신증 현상
제2장 장애적 사고와 정신증 현상을 평가하기

정신증 현상
: 현실검증과 장애적 사고의 개념적 이해를 향하여

이런 익숙한 시나리오를 생각해 보자. 당신의 실습 과목 수련생 중 한 명이 25세 남자 J. D.에 대한 검사를 마쳤다. 당신은 로샤에 대한 슈퍼비전을 마치고, J. D.의 반응에 많은 수의 마이너스 형태 수준 채점, 세 개의 수준 2 특수점수 혹은 로샤 수행평가 체계(Rorschach Performance Assessment System: R-PAS; Meyer et al., 2011)의 인지기호를 부여한 것에 동의했다. 이러한 심각한 점수들은 J. D.에게 현실검증의 장해, 자신의 반응을 언어화하는 방식에서의 심각한 논리적 일탈 및 와해(disorganization)가 있음을 나타낸다. 비록 정신증의 임상적 징후는 없었고 그의 팀에서는 정신증 가능성을 의심하는 사람이 없었음에도, 당신의 수련생은 J. D.가 분명한 정신증 증거를 확보했다고 확신하고 있다. 당신은 이에 동의할 수 있는가? 당신이 답을 하기 전에 현실검증, 사고장애, 정신증 간의 관계를 개관해 본다면 도움이 될 것이다.

정신증, 현실, 그리고 현실검증

'현실'의 개념은 여러 측면에서 '정신증의 세계'와 양립할 수 없다(Parnas, 2015). Parnas는 '뉴턴적' 의미에서 현실은 객관적으로, 물질적으로, 의식의 활동과 독립적으로 존재한다고 했다. 정신증은 어떤 사람이 현실 세계 밖에서 구축한 경험적 상태로 간주될 수 있다. 하나의 구성개념으로서 현실은 구분된, 하지만 서로 연관된 심리적 처리과정으로 나뉜다. 즉, 현실경험과 현실검증이다.

현실경험(experience of reality)은 한 사람의 즉각적 감각지각과 관련되며 우리를 둘러싼 세계에 대한 공유된 감각을 수반한다. Parnas는 Jaspers(1913/1963)와 Janet(1926)이 현실에 대한 일차적 감각 혹은 현실을 자각(awareness)하는 방식, 그리고 무엇이 실재하는지에 대한 판단을 구분한 방식에 주목했다. 현실감각(sense of reality)은 세계에 대한 보다 더 감각적 ·

정서적 경험이며 그 사람의 경험에 대한 반성적 · 인지적 판단은 덜 관여된다(Parnas, 2015). Weiner(1966)는 현실감각은 현실검증과 대비되는 것으로, 손상된 현실감각은 자기 혹은 자아 경계의 지각적 장해와 연결된다고 했다.

현실검증, 즉 한 사람의 현실에 대한 판단은 우리가 진단을 할 때 친숙하게 사용하는 개념이다. 현실검증은 앞에서 기술한 즉각적 감각지각 혹은 현실의 지각과는 다른 것으로, 한 사람이 감각경험에 대해 내리는 판단이다. 내가 감각한 것, 지각한 것, 본 것, 들은 것은 내 마음 안에서 유래한 것일까, 아니면 내 마음 밖의 세계에서 유래된 것일까? 즉, 현실검증은 한 개인이 자극의 출처(locus of a stimulus)에 대해 의식적으로, 때로는 암묵적으로 판단을 내리는 것이다.

한 사람의 현실검증이 온전해도 현실경험은 손상될 수 있다. 예를 들어, 사람들은 아무도 없는 방 안에서 소리를 듣거나 형상을 볼 수 있지만, 그럼에도 그 현실경험은 부정확하며 환각이라는 것을 올바르게 판단할 수 있다. 반대로, 어떤 사람은 현실을 올바르게 지각하면서도 그 출처나 의미에 대해서는 부정확하게 해석할 수 있다. 일례로, 어떤 사람은 복도에서 사람들이 속삭이는 것을 정확하게 지각하고 나서 그들이 자신에 대한 음모를 꾸미는 것이 틀림없다고 결론 내릴 수 있다. 통찰(insight)[1]의 개념은 현실검증과 관련된다. 첫 번째 사례에서 그 사람은 정신증이 아니다. 그 사람은 정신증과 관련된 지각적 증상을 경험하고 있을 뿐이다. 오히려 비정상적인 지각의 유래와 출처에 대한 그의 통찰은 정상이다. 두 번째 사례에서 그 사람의 현실감각, 즉 그를 둘러싼 세계에 대한 즉각적 감각지각은 정상이지만 그가 자신의 경험에 부여한 의미가 부정확하다. 음모에 대한 그의 판단은 그 사람의 마음 속에만 있고 외부 세계에 실재하는 것이 아니다. 그것은 현실검증에서 실패이며, 잠재적 혹은 실재하는 정신증 경험의 신호일 수 있다.

정신증은 현실검증의 상실, 즉 한 사람이 마음 '내부'에 있는 것과 '외부'에 있는 것을 변별하는 데 실패하는 것을 의미한다. 하지만 부실한 현실검증이 자동적으로 정신증을 구성하는 것은 아니다. 많은 사람은 객관적인 참조틀(objective frame of reference)의 확립에 어려움을 겪는다. 그들은 자신의 경험에 과도하게 많은 주관성을 부여하고, 자신의 사고 및 느낌을 다른 사람의 경험과 구분하지 못한다. 오직 이런 변별 능력이 충분히 손상되었을 때, 그리고 그 사람이 무엇이 '현실'이고 무엇이 '상상'인지 구분하는 데 실패했을 때에만 우리는 그것을 정신증이라고 부르게 된다. 우리는 현 시점에서 수련생의 환자인 J. D.가 정신증인지를 확신할 수 없다. 우리는 아직 사고장애와 관련된 문제를 다루지 않았다.

---

1) (역자 주) Insight는 문장의 맥락에 따라 통찰과 병식을 혼용하여 번역하였음.

정신증과 사고장애

정신증은 두 가지 서로 다른, 하지만 중첩된 방식으로 설명되는 상위 구성개념이다(Parnas, 2015). 먼저, 정신증은 임상적 징후(signs) 및 증상(symptoms)의 기술에 기반한 심각한 정신적 장애를 나타낸다. 둘째로, '정신증'이란 용어는 환각, 망상, 사고장애, 심각한 장해 행동, 음성 증상과 같은 대표적인 특징으로 규정되는 대체로 급성적이고, 삽화적이지만, 때로는 지속되기도 하는 상태를 정의하기 위해 기술적으로 사용된다.

'사고장애'는 환각 및 망상과 더불어 정신증과 관련된 핵심 증상 차원이다. 병식 없는 환각 그리고/또는 망상은 정신증의 존재를 가정하게 하는 전형적인 충분조건이다. 그러나 그 두 증상이 없을 때, 보통 사고장애 단독으로는 정신증 진단을 확정하는 데 불충분(그리고 불필요)하다. 즉, 환자들이 병식이 없는 환각과 망상적 신념을 품고 있어도 사고장애는 나타나지 않을 수 있다. 그런 환자들은 분명한 정신증으로 간주된다. 반대로, J. D.처럼 환각, 망상, 기괴한 행동이 없음에도 로샤에서 사고장애 징후를 보일 수도 있다. 우리는 결정적인 증상 및 병식의 손상이 없는 환자들에 대해서는 정신증을 고려하지 않는다. 결국 우리는 J. D.와 같은 환자에게 진단 가능한 임상적 정신증이 있다는 결론을 내릴 수 없다. 우리의 수련생은 환자의 정신적 기능에서 필수적인 중요한 무언가를 발견하기는 했다. 하지만 우리는 검사 결과 단독으로는 공식적인 진단을 내릴 수 없다. 좋다. 그 수련생은 당신이 말한 대로 로샤의 사고장애 지표들이 J. D.가 정신증을 갖고 있음을 의미하는 건 아니라는 권고를 받아들였다. 그런데 J. D.는 '사고장애'는 가지고 있다. 맞는가? 하지만 그 답변을 하기 전에 겉보기에만 단순한 이 질문에 대해 고민하고 스스로에게 물어보자. 결국 '사고장애'란 무엇인가?

사고장애 혹은 장애적 사고: 손에 잡히지 않는 개념

사고장애의 현상학에 대한 최근의 개관 연구는 이 혼란스러운 개념을 보다 명료하게 해주었다(Roche et al., 2015). 그럼에도 가까운 개념인 환각 및 망상과는 달리 '사고장애'의 의미를 엄밀하게 설명하는 것은 다소 어려운 일로 밝혀졌다. 정의의 범위, 기저의 작동기제, 그리고 전통적으로 '사고장애'를 명명한 방식 및 그와 관련된 진단적 특수성에 대한 이견은 여전히 존재하고 있다. 그리고 이러한 이견은 우리가 '사고장애'라고 부르는 것을 둘러싼 개념을 혼탁하고 혼란스럽게 하는 데 영향을 미쳤다(Kleiger, 1999; Kleiger & Khadivi, 2015). 말이나 사고 중 어느 것이 '장애적(disordered)'인가에 대한 심리학자, 정신의학자, 언어학자 간의 이견도 개념적 명료성을 불투명하게 했고, 전통적 용어에 불만족하게 했다. 이는 사회과학에서 종종 일어나는 불행한 일인데, 새로운 용어가 소개될 때 기존의 개념들은 유동적으로 되고 그 의미는 표류하게 된다. 용어는 개념적 구분에 대한 인식 없이 상호교환적으로 사용되기 시작한다. 그런 일이 정확히 '사고장애'라는 용어에서 발생했다. 명확하고 명료한 정의가 없었기 때문에 수많은 새로운 용어가 개념적 빈틈을 빠르게 채워 나갔다. 와해된 사고(disorganized thinking), 인지적 와해(cognitive disorganization), 와해된 말(disorganized speech), 언어 장애(language disorder), 장애적 사고(disordered thinking) 혹은 보다 포괄적이고 거추장스러운 표현인 사고, 언어, 그리고 의사소통의 장애(Andreasen, 1978)가 이 현상을 포착하기 위해 사용된 일반적인 용어들 중 일부다.

어떻게 이 개념적 혼란과 확산적으로 사용된 용어가 임상가들을 혼동시키는 상황에 도달하게 되었는가? 이러한 혼란의 근원을 이해하고 개념을 설명하며, 용어학적인 최종 매듭을 풀어내는 데 있어서 짧은 역사적 개관이 첫 단계로 도움이 될 것이다.

짧은 회고

100여년 전 Kraepelin(1896/1919)과 Bleuler(1911/1950)는 사고 처리과정에서의 장해를 조발성 치매(dementia praecox; Kraepelin의 용어) 혹은 조현병(schizophrenia; Bleuler의 용어)의 핵심 증상으로 여겼다. Kraepelin은 지적인 처리과정에서의 감퇴를 강조했는데, 사고의 순서에 혼란이 발생하고 그 다음에 관념의 흐름에서의 '탈선(derailment)'이 발생한다고 했다. Bleuler는 사고들 간의 '연상의 이완(loosening of associations)'이 조현병의 근본적 특징이라고 했다. 따라서 후속 세대 정신건강 전문가들은 Kraepelin과 Bleuler와 같은 권위자들의 정의를 기반으로 사고장애를 개념화했다. 하지만 Kraepelin과 Bleuler의 사고장애 정의에는 다소 역설적인 두 가지 문제가 있는데, 하나는 그 정의의 범위가 좁았다는 것이다. 그리고 다른 하나는 언어나 말하기의 기능을 무시한 채 사고과정을 지나치게 강조했다는 것이다.

좁은 정의: 연상의 이완으로서의 사고장애

한편, 전통적인 사고장애의 정의는 연상 모형(associational model)에 협소하게 결합된 것이다. 그래서 사고장애는 연상의 이완이나 관념의 흐름 혹은 연결성에서의 장해와 동등하게 다뤄졌다. 예를 들면, 『정신의학의 종합 교과서(The comprehensive textbook of psychiatry)』

(Freeman, Kaplan, & Saddock, 1976)에서는 형식적 사고처리장애(formal thought process disorder)를 "환자의 언어적 산물이 부적절(irrelevance)하고 지리멸렬(incoherence)하다. 이는 단순한 차단(simple blocking) 및 가벼운 우원성(mild circumstantiality)에서부터 말비빔(word salad)처럼 총체적인 연상의 이완까지의 범위를 갖는다"(p. 1333)라고 하였다. DSM-IV(American Psychiatric Association, 1994)의 조현병 증상에 대한 논의에서는 "한 주제에서 다른 주제로 '경로를 이탈하는(slip off track)' 환자의 경향성['사고 탈선(derailment)' 혹은 '이완된 연상(loose association)'], 질문에 대한 답변이 이상하게 관련되거나 완전히 관련성이 없는 경향성['사고 이탈(tangentiality)']을 기술하기 위해 '사고장애(thought disorder)' 대신 '와해된 사고(disorganized thinking)'라는 용어를 사용했다(p. 276). DSM-5(American Psychiatry Association, 2013)에서는 언어적 요소를 강조했고, 이완된 연상, 와해, 지리멸렬에 중점을 두어서 보다 좁게 용어를 정의했다. '와해된 사고(말)'를 정의하는 단락에서는 비논리적 사고(illogical thinking)가 전혀 언급되지 않았다(p. 88). 이처럼 좁은 정의에서 빠진 내용은 '사고요소(thinking component)'와 사고장애 기저에 있을 수 있는 인지 처리과정의 다차원적 본질에 관한 것이었다.

사고, 말, 혹은 의사소통 장애?

한편, 연구자들이 사고장애에 대해 단순 연상 모형(Cameron, 1938; Goldstein & Scheerer, 1941; von Domarus, 1944)을 넘어서는 보다 넓은 정의를 했을 때, 그들은 사고와 논리 영역은 과도하게 강조하고 언어산출체계의 중요성은 축소했다. Bentall(2003)은 "Bleuler가 사고장애와 사고(thinking)를 동일시했기 때문에 다른 연구자들은 정신증 환자가 실제 말한 것을 무시하게 됐다."고 했다(p. 381). 연구자들은 언어를 단순한 "마음의 빛(light of mind; Mill, 1963)"으로 가정하고, 말을 사고과정의 표상으로 간주했다(Harrow & Quinlan, 1985; Lanin-Kettering & Harrow, 1985; Holzman, Shenton, & Solovay, 1986). 아마도 이 그룹의 가장 확실한 대변인인 Holzman은 언어는 사고가 드러나는 투명한 매체라고 주장했다. Holzman에 따르면, 정신증 환자들의 일탈된 말의 산물은 장해적 사고과정을 나타내기 때문에 기이한 정신증적 의사소통은 말하기 혹은 언어 장애가 아니라 '사고장애'로 불려야 한다고 했다. Harrow와 Quinlan(1985)은 말과 사고의 형태가 상호 간에 반드시 동일할 필요는 없고, 일부 사례에서 합리적인 관념이 손상된 표현에 의해서 기괴한 의사소통방식으로 나타날 수 있다는 점을 인정했다. 하지만 Holzman과 같이 그들은 자신의 연구가 결함 있는 언어나 말이 일반적으로는 이상한 사고의 결과라는 결론을 지지한다고 믿었다. 그래서 그들 역시 '사고장애'라는 용어를 선호했다.

언어학자들은 심리학들의 가정에 이의를 제기했고, 말과 사고를 동일시하는 경험적 기반을 논박했다. Chaika(1990)는 '언어 장애(speech disorder)'라는 용어를 소개하면서 심리학 및 정신의학 연구자들이 혼란된 언어의 기저에는 혼란된 사고가 있다고 주장할 때 순환적 추론을 한다고 비판했다. 그녀는 장애적 사고가 항상 장애적 언어를 산출한다는 것을 증명하는 경험적 증거가 없다고 했다. Chaika는 비록 사고가 언어를 통해서 표현되기는 하지만, 언어가 사고의 직접적 표현이라고 결론짓는 것은 논리적 오류라고 했다. Chaika의 관점에 다른 학자들도 동조했는데(Rochester & Martin, 1979; Harvey & Neale, 1983), 언어, 말하기, 사고는 동등한 것이 될 수 없고, 연구할 수 있는 것은 관찰 가능한 말의 장해가 전부라고 했다. 한 사람의 언어적 산물의 질에 기반해서 기저의 사고 처리과정의 본질을 추론하는 것은 항상 정당화될 수 있는 것이 아니다.

이 논쟁을 요약하자면, 언어학자들은 일탈된 말의 형식적 질에 대해 연구하고 가능한 한 원인적 설명의 범주를 고려하는 반면, 전통주의자들은 DV(로샤의 언어적 일탈)가 혼란된 사고를 반영한다고 추정한다. 핵심적으로 이러한 연구자들의 접근은 관찰되는 행동에 근거해서 기저의 심리적 구조와 조직에 대한 추론이 가능하다고 가정하는 정신의학 및 정신진단적 방법론과 일치한다. 반면, 언어학자들은 직접 관찰이 불가능한 것들의 본질을 추론하는 것이 타당한가에 대해 의문을 품으며 이러한 가정에 이의를 제기한다.

사고 대 말의 변증법적 본질 때문에 연구자가 반드시 심리학이나 언어학의 한쪽 편에 서야 할 필요는 없다. 사고장애에 대한 좁은 정의와 사고 처리과정 대 말에 대한 논쟁은 사고장애에 대한 두 관점을 종합적 모형으로 통합함으로써 해결할 수 있다. 이것이 Andreasen(1978)이 사고, 언어, 의사소통 평가 척도(Scale for the assessment of Thought, Language, and Communication: TLC)를 개발할 때 갖고 있던 생각이다. TLC는 임상적으로 사용될 수 있는 통합적이고 일관적인 일련의 신뢰로운 정의(reliable definitions)를 제공한다. 척도 이름에서 알 수 있듯이, 그녀는 언어와 사고의 장해를 포괄하기 위해서 사고장애의 개념적 범위를 확장했다.

비록 사고장애의 이해와 평가에서 Andreasen의 공헌이 크긴 하지만, 그녀의 접근법에는 두 가지 중요한 단점이 확인됐다. 첫째, Andreasen(1982)은 옳든 그르든 전통적 용어인 사고장애를 버리고 의사소통장애, 부전실어증(dysphasia), 담화곤란(dyslogia)과 같은 용어로 대체할 것을 주장했다. 그녀의 경험적 연구들과 사려 깊은 논리적 근거에도 불구하고 이들 용어들은 번거롭고 혼란스러웠다. '사고장애'라는 전통적인 용어는 개념적인 문제가 있기는 하지만 보다 친숙하고 임상가들이 상호 간에 효율적으로 의사소통을 할 수 있게 해 준다. 둘째, Andreasen이 사고장애를 정의하고 연구하는 접근방식이 가진 한계(나중에 좀 더 자세히 다룰 것이다)는 그녀가 사고, 언어, 의사소통을 동등하게 여겼음에도 그 척도는 사람들이 말하는 방식에 더 많은 초점을 두었다. 반면, 사람들이 추론하고 개념을 형성하고 자신의 경험에 대해 추정하는 방식, 이른바 사람들이 사고하는 방식에 대해서는 덜 관심을 두었다.

사고장애의 요인 구조

우리가 좁은 연상적 정의, 그리고 말 대 사고의 이분법에서 벗어난다면, 사고장애의 임상적 본질을 다양한 구성요소로 구분할 수 있고, 장애적 사고의 개념화를 보다 풍부하고 의미 있게 이끌어 낼 수 있다.

양성 및 음성 사고장애

정신증의 일반적 특징들이 양성 대 음성 증상으로 구분될 수 있는 것처럼, 이와 동일한 구분이 사고장애에도 적용될 수 있다. 양성 사고장애는 말, 사고 내용, 기저의 추론 처리과정이 기괴하고 비논리적이며 청자(listener)를 혼란스럽게 하는 형식적 특징들을 포함한다. Harrow와 Quinlan(1985)은 혼란스러운 말과 비논리적 사고로 나타나는 양성 증상의 광범위한 범주를 설명하기 위해 '기괴한-기이한 사고(bizarre-idiosyncratic thinking)'라는 용어를 사용했다. 사고 전파, 사고 철수, 사고 투입과 같은 대부분의 Schneider 일급 증상(first-rank symptoms; Schneider, 1959)은 추론 처리과정에서 기저의 비논리성을 암묵적으로 반영하는 양성 사고장애 내용의 주요한 사례들이다.

기괴하고 기이한 형식과 내용을 특징으로 하는 양성 사고장애와는 달리, 음성 사고장애는 사고와 말의 빈곤(impoverishment of thought and speech)으로 설명된다. 그래서 음성 사고장애는 정상적인 속도, 유창성, 리듬, 사고/말의 흐름 결여와 더불어 내용 범위의 위축으로도 정의된다. 대표적인 범주들로는 (1) 말의 빈곤(poverty of speech), 짧고 정교화되지 않은 반응을 포함한다. (2) 사고 내용의 빈곤(poverty of thought content), 공허한 말, 의미 있는 정보의 결핍을 반영한다. (3) 관념의 보속성(perseveration of ideas), 관념과 주제가 환경의 변화와 무관하게 반복된다. 질문에 대한 응답은 짧고 축소되어 있으며, 구체적(concrete)이고 면담자의 빈번한 촉구를 필요로 한다.

Andreasen(1979a)도 양성 및 음성 사고장애에 대해 논의했는데, 하지만 이번에도 그녀는 발화의 형식적 질에만 초점을 두었고[즉, '형식적 사고장애(formal thought disorder)'로 기술되는 변인들], 비논리적인 혹은 빈곤한 사고 처리과정을 생성하는 기저의 인지적 처리과정에는 초점을 두지 않았다. Andreasen은 양성 사고장애를 사고 탈선(derailment), 와해, 사고 처리과정의 단절로 규정했으며, 이는 우원적 사고(circumstantial thinking), 사고이탈(tangentiality), 사고 탈선, 산만한 말(distractible speech), 음향 연상(clang association), 그리고 지리멸렬로 표현했다. Andreasen은 '연상의 이완' 및 '사고 비약(flight of ideas)'과 같은 보다 오래된 용어와는 반대로, 양성 사고장애에 반영된 와해를 묘사하기 위해 '사고 탈선'이란 용어를 사용했다. 반면, Andreasen은 음성 사고장애를 특이하고 제한된 사고 처리과정으로 규정했다. 여기에는 신조어(neologisms), 사고 차단(thought blocking), 비논리성, 말의 빈곤, 말 내용의 빈곤과 같은 특징이 포함된다. 이러한 유형의 장애에서 말은 매우 기이하거나 현저하게 빈곤한 사고로 나타난다.

Liddle과 동료들(2002)은 음성 및 양성 사고의 형식 구분에 더욱 기여했는데, 자신들의 사고 언어 지표(Thought and Language Index: TLI)를 사용해서 급성 및 만성 조현병 환자들의 사고장애 반응에 대한 요인분석을 실시했다. 그들은 세 가지의 거의 독립된 요인을 발견했는데, 이는 양성 및 음성 사고장애를 잘 보여 주고 있다. (1) 빈곤한 사고와 언어(말과 말 내용의 빈곤), (2) 와해된 사고와 언어[이완된, 특이한 말의 사용, 빈약한 통사와 논리(syntax and logic)], (3) 비특이적인 사고의 통제 곤란(보속성 및 주의산만)이 그것이다.

형식, 내용, 추론, 그리고 사회적 조망

Andreasen이 사고, 언어, 의사소통 장애의 보다 광범위한 측정치를 개발하기 훨씬 이전에 Schilder(1951)는 사고의 형식과 내용의 장해를 구분해서 사고장애에 대한 Kraepelin/Bleuler의 좁은 정의를 확장했다. Taylor(1981)는 이러한 이분법을 다듬어서 (사고) 형식에서의 장애를 속도, 유창성, 리듬, 흐름, 필터링, 단어 사용, 연상적 연결성으로 정의했다. 이후 이것들은 '형식적 사고장애'의 구성요소로 알려졌다. 즉, 형식적 장애는 사람이 사물을 말하는 방식을 나타낸다. 그러므로 이러한 형식적 사고의 특징들은 실행 기능과 주의 변인(초점화, 필터링, 주의 전환), 그리고 언어 생산 체계의 측면들[단어 인출 유창성, 표현의 조율(pace of expression), 응집적 연결(cohesive linkage), 담화의 응집성]을 반영하는 언어적 차원이 된다. 이는 DSM–5에서 '형식적 사고장애(종종 FTD로 불리는)'의 지금의 증상의 정의와 일치하며, '와해된 사고'에서 '와해된 말'로의 용어 전환을 지지하는 것이다.

반대로, (사고) 내용의 장애는 그 사람이 무엇을 이야기하는가와 관련된다. 전통적으로 장애적 사고 내용은 지배관념(overvalued ideas), 관계사고(ideas of reference), 기괴한 믿음, 극단적으로는 망상적 신념들로 규정된다. 이러한 사고 내용의 장애들은 궁극적으로 한 개인의 인지적 조작의 최종 산물이며, 보다 엄밀하게는 그 사람이 개념과 추론을 형성하는 방식이다. 이러한 넓은 의미에서 신념은 그 사람이 생각한 것을 반영하는 추론 처리과정의 결과물이 된다. 반면, 정신증 증상에 대한 요인분석 연구들은 기괴한 믿음과 개념적 혼란이 서로 다른 요인에 부하된다는 점을 보여 준다(Reininghaus, Priebe, & Bentall, 2013).

Grebb과 Cancro(1989)는 사고장애의 내용 범주를 단지 생각과 신념만이 아니라 자극이 어떻게 생각되고 추론되며 해석되는지를 포함하여 확장했다. 장애적 사고의 보다 넓은 정의는 단순히 그 사람이 무엇을 생각하는지(즉, '신념')가 아니라 그/그녀가 어떻게 생각하는지(즉, 사고 뒤에 있는 '추론')를 포함한다. 이와 같이 장애적 사고는 한 사람의 말 혹은 그 신념 내용의 형태뿐만 아니라 보다 덜 가시적인 듣기 능력도 포함할 수 있다. 그러한 능력에는 논리적 추론, 개념 형성, 추상적 사고, 추측, 지각적 및 개념적 경계의 유지가 있다.

사고 처리과정 장해에 대한 Weiner(1966)의 단순한 공식화는 형태와 내용 차원 혹은 언어 변인과 사고 변인을 통합하는 또 다른 방법을 제시했다. Weiner는 사고 문제가 초점화(focusing), 개념화, 추론의 장해로 분석될 수 있다고 했다. 그의 첫 번째 차원은 문제 설정(problem establishing), 유지(maintaining), 주의 전환을 포함하며, 이는 사고 혹은 언어에서 형식적 장해로 이어질 수 있다. 여기에는 탐색(scanning), 초점화, 필터링, 속도 조율하기(pacing), 흐름 유지하기(flowing), 연상의 연결이 포함된다. 두 번째와 세 번째 차원은 개념 형성과 추론으로, 추상적 사고 및 추리의 생성과 관련된 내용별 변인이다. 개념 형성은 적절한 추상화 수준에서 경험을 해석하는 능력을 포함하며, 구체성(concreteness)과 과포괄화(overinclusiveness)의 연속선을 반영한다.

Caplan(1996)은 아동의 사고장애 발달에서 나타나는 일탈된 의사소통 과정의 인지, 언어학 · 사회적 기제에 대한 연구를 요약했다. Caplan은 사고장애를 보다 광범위하게 해석하면서 자신의 아동기의 형식적 사고장애 평정척도(Kiddie Formal Thought Disorder Rating Scale: K–FTDS; Caplan et al., 1989)에서 DSM–III(American Psychiatric Association, 1980)의 사고장애를 보다 포괄적으로 조작적 정의를 내렸다. 그녀의 연구에서 나타나는 사고장애 징후로는 비논리적 사고, 이완된 연상, 지리멸렬, 말 내용의 빈곤이 있다. 따라서 그녀의 보다 포괄적인 정의는 언어 및 인지적 변인을 통합했고, 사고장애의 양성 측면과 음성 측면을 모두 반영했다.

연구자들은 연상의 이완 및 말의 지리멸렬함과 더불어 '기괴한-기이한 사고(Bizarre-Idiosyncratic Thinking: BIT; Harrow & Quinlan, 1985)' 개념에 대해서도 연구했다. BIT는 비정신증 환자에서 정신증 환자까지의 연속선 상에서 발생한다. 이는 한 사람의 사고에서 이상한, 특이한 혹은 비논리적인 요소들을 설명하는 광범위한 구성개념이다.

Berenbaum과 Barch(1995)는 임상가와 언어학자들이 평정한 다양한 사고장애 채점 체계에 대한 요인분석을 했는데, 그들은 두 개의 차원(장해적 형태와 내용)이 사고장애 하위유형의 범위를 설명할 것으로 예측했다. 하지만 그 연구는 사고장애의 하위유형은 단순히 형태와 내용의 장애라는 이분법으로 구분되는 것이 아니라는 것을 보여 주었다. 그 대신에 그 결과는 (1) 유창성 장해, (2) 담화 응집성 장해(disturbances in discourse coherence), (3) 내용의 장해, (4) 사회적 관습의 장해의 4개 요인으로 구성됐다. 유창성 및 담화 응집성 장해에는 사고이탈, 탈선, 이완, 문법적 일탈, 신조어, 지리멸렬, 느슨하게 연결된 연상의 사례들이 포함된다. 연구자들은 유창성 및 담화 응집성 장해는 언어 생성 체계에서의 장해를 반영한다고 가정했으며, 이는 주의와 실행기능 자원들에 의존한다고 했다. 그리고 언어 생성 체계는 언어적 정보에 대한 계획, 감찰, 편집과 더불어 문법 및 음성학적 부호화도 담당한다. 한편, 내용 및 사회적 관습의 장해는 언어 자체의 문제가 아니라 사고와 '손상된 조망(impaired perspectives)'의 문제를 반영하고, 손상된 조망은 사람들이 자신의 구어적 산물(verbal production)이 사회적으로 적절한지를 판단하는 능력을 반영한다(Harrow, Lanin-Kettering, & Miller, 1989). Harrow와 동료들은 사고장애를 가진 사람들은 그들의 말이 타인에게 기괴하게 들리는지 혹은 이해할 수 있게 들리는지를 분별하지 못한다고 했다.

장애적 사고의 총체적 모형: 어떻게, 무엇을, 어디에서, 언제, 그리고 왜

최근 Kleiger와 Khadivi(2015)는 사고장애의 개념화를 위한 보다 광범위하고 심리학적인 접근법을 제안했다. 그들의 다차원적 접근방법은 형식 대 내용의 형식적 사고장애라는 좁은 정의를 넘어서 장애적 사고 개념을 확장했다. 그 모형의 다섯 가지 구성요소에는 다음과 같은 것들이 포함된다. (1) 어떻게 사물에 대해 말하는가, (2) 무엇을 말하는가, (3) 어디에서 그들의 결론 혹은 믿음이 유래되는가 혹은 어떻게 그것들이 인지적으로 형성되는가, (4) 누구에게 그리고 언제 한 사람의 생각과 말이 공유되는가, (5) 왜 혹은 어떤 조건 하에서 한 사람의 생각과 말이 와해되고 비논리적으로 되는가다.

어떻게 차원(*how* dimension)은 전통적인 용어인 '형식적 사고장애'를 말하며, 사람들이 그들의 관념을 표현하는 방식이다. 그리고 여기에는 Anderasen(1979a)이 양성 사고장애에서 탈선, 와해, 사고 처리과정의 단절이라고 명명한 것들이 포함된다. 그 예로는 우원증, 사고이탈, 탈선, 사고의 비약, 산만한 말하기, 음향 연상, 지리멸렬이 있다. 음성 사고장애는 손상된 흐름, 사고 차단, 부적절한 언어의 생산, 이상한 단어 사용을 포함한다. 그러므로 우리는 어떻게 차원에서 양성 사고장애의 특징들을 현재 DSM-5의 와해, 혹은 와해된 언어라고 할 수 있다. 어떻게 차원의 음성적 측면은 빈곤한 말로 가장 잘 기술된다.

무엇 차원(*what* dimension)은 내용의 사고장애(즉, 기괴한 믿음)를 포괄한다. 비록 기괴한 믿음과 망상이 개념적 장해와 별개의 요인에 부하되는 것은 사실이지만(Reininghaus et al., 2013), 망상은 궁극적으로 사고 및 추론 처리과정의 기저에 있는 오류의 산물이다. 이러한 광범위한 관점에서 볼 때, 기괴한 관념과 망상은 한 사람이 추론하는 방식이나 관찰과 경험에 대한 사고를 반영하는 양성 증상이다. 반대로, 음성적 사고장애는 위축되고, 빈곤한, 혹은 공허한 관념적 내용을 반영한다.

우리의 총체적 모형에서 다음 요소는 우리의 신념을 구성하는 관념 및 결론으로 이어지는 사고나 추론과정에 대한 것이다. 여기서 우리의 관심은 이러한 생각들이 어디에서 유래되는지로 이어진다. 보다 엄밀하게 말하자면, 우리의 관심은 개념 형성, 귀납 및 연역적 논리의 방식, 논리적 추측의 기저에 있는 추론, 궁극적으로는 기괴하고 기이한 믿음으로까지 향한다. 어떤 사람들은 그들의 비논리적 추론을 말로 표현하고, 그들의 기괴한 믿음을 단절되고 비협조적인 방식으로 표현할 수 있다. 반면, 다른 사람들은 전혀 와해되게 들리지 않는 비논리적인 추론을 말할 수 있다. 그래서 어디에서 차원(*where* dimension)의 양성 측면은 비논리성(illogicality)이라고 부른다. 음성 사고장애는 경직되고(rigid), 구체적이며(concrete), 보속적인(perseverative) 사고과정을 반영한다. 만일 우리가 신경심리학적인 관점에서 환자를 바라보면, 어디에서 차원은 기저의 인지 및 실행기능에서의 결손도 포함할 수 있다. 다음에서 볼 수 있듯이, 양성 그리고 음성 사고장애는 기저의 신경인지적 기능 손상으로 설명될 수 있다.

우리의 시야를 더욱 확장해서 사고장애에서 흔히 간과되는 사회적 관점도 추가할 수 있다. 일반적으로 장애적 사고의 종합적 정의에는 포함되지 않지만, 누구에게 그리고 언제 요소(*to whom and when* component)는 사회인지 기능 중 하나이며, 한 사람의 장해적 관념, 인지적 통찰, 마음의 이론(Theory of Mind: ToM)과 관련된 개념을 포함한다. 사회적 차원의 본질적인 문제는 필터링, 검열(censoring), 타이밍, 적절한 사회적 맥락의 자각 중 하나에 해당한다. 달리 말하면, 그 사람은 자신이 말한 것이 다른 사람에게 어떻게 들리는지를 고려할 수 있는가? 양성 및 음성적 형태의 사고장애에는 의사소통의 상호성, 자기-감찰, 혹은 청자의 관점에 대한 인식을 나타내는 지표가 없을 수 있다.

마지막으로, 우리는 한 사람의 말과 생각이 비논리적이거나 장애적인 방식으로 나타나는 이유를 이해하려는 노력인 왜 요소(*why* component)를 포함할 수 있다. 왜 누군가가 장애적 사고나 말을 보이는가에 대한 질문, 그리고 어떤 조건 하에서 이런 일이 일어나는지에 대한 질문들이 있다. 이 질문에는 사고장애의 신경생물학적 고려와 더불어서 불안, 정동, 동기, 갈등 및 방어, 자기경험의 전환, 대상관계적 패러다임도 포함된다. 사고장애 기저에 있는 역동을 고려한 사고는 사고장애를 나타내는 사람들을 인간적으로 바라보게 하는 중요한 차원이다. 역동에 대한 고려는 우리로 하여금 한 사람이 말한 것을 이해하려고 애쓰면서도(그것이 어떻게 단절되어 있고, 비논리적이고, 빈곤하거나, 부적절해 보이는 것과 무관하게) 증상 목록을 작성하는 것 이상으로 나아가도록 우리의 시야를 확장해 주며, 왜 우리가 그것을 이해하기 위해 노력해야 하는지를 납득하는 데 도움이 된다. 그리고 이는 또한 임상가인 우리가 일련의 증상에만 한정된 관심을 갖지 않고, 그들의 고통스러운 증상이 삶을 감당하기 어려운 문제들에 대한 해결책이 되어 주는 다양한 기능으로 작동한다는 생각으로 관점을 전환할 수 있게 해 준다.

이분법적 혹은 연속적 변인: 사고장애 혹은 장애적 사고?

크레펠린적 전통에서는 정신증을 범주로 바라보며 증상들을 구분된 단일한 현상으로 본다. 반면, 현대의 연구자들은 정신증 현상을 역치하(subthreshold) 증상부터 완전히 발현된 진단 가능한 장애까지의 연속선 상에 있는 것으로 본다(Kleiger & Khadivi, 2015 참조). 이러한 추세에 따라서 연구자와 임상가들은 사고장애는 정상에서부터 정신증적 사고까지의 연속선을 따른다는 생각에 동의한다(Harrow & Quinlan, 1977, 1985; Johnston & Holzman, 1979; Andreasen & Grove, 1986; Holzman et al., 1986; Liddle et al., 2002). 마술적 관념 척도(magical ideation scale; Eckblad & Chapman, 1983)와 정신적 경험에 대한 지역사회 평가(Community Assessment of Psychic Experiences: CAPE; Stefanis et al., 2002)는 장애 및 비논리적 사고의 역치하 형태를 측정하기 위해 개발되었다.

연구자들(Harrow & Quinlan, 1977; Marengo & Harrow, 1985)은 약한 수준의 사고장애는 조

현병 환자 집단과 아닌 집단 모두에게서 빈번하게 나타난다는 것을 보여 주었다. 하지만 가장 심각한 수준의 사고장애는 급성 정신증 환자를 제외한 나머지 모든 환자 집단에서도 드물게 나타난다. 심지어 동일한 진단을 받은 집단이나 개인 내에서도 사고장애의 정도는 사람마다 달랐고, 더욱이 같은 개인 내에서도 질병의 단계에 따라 달라졌다(Harrow & Quinlan, 1977).

만일 우리가 사고장해가 연속적으로 존재한다는 사실을 수용한다면, '사고장애'라는 용어는 사고장애를 정상 사고와 구분된 이분법적 실체로 오해하도록 유도하는 것이 된다. 이러한 이유로 Harrow와 Quinlan(1977)은 '사고장애(thought disorder)'를 '장애적 사고(disordered thinking)'라는 용어로 대체할 것을 제안했다. '장애적 사고'라는 용어는 활동 언어(action language)의 개념(Schafer, 1976)과 일치하고, 관찰 가능한 행동의 원자료(the raw data of observable behavior)에 가까운 방식에 머물면서 구성개념을 고정화(reification)하지 않는 데 도움이 된다.

감별 진단과 질병특수적 징후들

역사적 관점에서 사고장애에 대한 정신의학 및 정신진단학적 연구들은 조현병의 평가 및 진단과 불가분의 관계에 있다. 1970년대 중반까지 조현병의 사고장애에서 무엇이 핵심이고, 무엇이 부수적인 것인지에 대해서는 대체로 의심의 여지가 없었다(앞으로 이 책에서 반복적으로 언급될 사실이다). 비교적 최근에서야 Andreasen 그룹(1979a, 1979b)과 Harrow 그룹(Harrow & Quinlan, 1977; Harrow et al., 1980, 1982; Rattenbury et al., 1983)의 연구가 장애적 사고는 조현병만큼 조증 정신증에서도 현저하다는 것을 설득력 있게 증명해 냈다. Harrow와 Quinlan(1985)은 높은 수준의 사고장애는 조증 및 조현병 환자 모두에게서 나타날 뿐만 아니라 두 집단 간 사고장애의 정도에도 차이가 없다는 것을 발견했다. 이러한 논점은 다음 장에서 보다 자세히 검토할 것이다.

Marengo와 Harrow(1985)는 장애적 사고가 조현병에 특정되지 않으며 조증 정신증과도 연관된다는 점을 확립하고, 사고장애가 특정한 진단에서 증상의 발현이 아닌 정신증의 일반적 기능인지에 대해 의문을 가졌다. 그들은 아무리 정신증 환자가 비정신증적 환자보다 더 사고장애적인 양상을 보인다고 하더라도, 심한 장애적 사고가 항상 정신증의 기본 기능인 것은 아니고 다른 정신증 상태보다 조증 및 조현병에서 훨씬 더 빈번할 뿐이라는 사실을 발견했다. 그들은 사고장애가 조증에서 가장 빈번했고, 조현병, 조현정동장애, 기타 정신증 상태, 비정신증 장애, 우울증의 순서로 빈번한 것을 관찰했다. 결국 심한 사고장애는 어떤 진단적 실체에 특정되는 질병특수적인 것이 아니지만, 다른 유형의 정신증이나 비정신증 장애에 비해 조증과 조현병(급성 전신증과 비정신증적 조증 환자 같은)에서 더 자주 관찰된다.

양성 및 음성 증후군 척도(Positive And Negative Syndrome Scale: PANSS; Kay, Fiszbein, & Opler, 1987) 문항에 대한 요인분석 연구 결과, Reininghaus 등(2013)은 '와해(disorganization)'라고 부르는 사고장애 차원이 조현병 스펙트럼 및 기타 정신증 장애에서 가장 빈번하다는 것을 발견했다. 구체적 증상들은 개념적 와해와 추상적 사고에서의 곤란이었다. 게다가 음성 증상은 정신증 장애의 범주 내에서 보다 일반적이기도 했다. 망상, 과대성, 드문 사고 내용을 포함한 양성 증상은 양극성 장애 및 조현병 스펙트럼 장애에서 가장 많이 발견된다.

Holzman 그룹은 로샤를 사용하여 조현병, 조증, 조현정동적 상태가 사고장애의 질적 측면에서 구별되는 것을 입증하는 방식으로 특수성(specificity) 문제를 세분화했다(Shenton, Solovay, & Holzman, 1987; Solovay, Shenton, & Holzman, 1987). 그들은 특정 유형의 사고장애는 정신증 집단 안에서 비특이적임에도 각각의 정신증은 '특징적인(signature)' 사고장애를 기지고 있다는 것을 발견했다. 즉, 각 정신증은 감별 진단에서 중요한 역할을 할 수 있는 서로 다른 장애적 사고의 패턴을 갖는다.

지난 20년 동안 장애적 사고에 대한 추가 연구들이 출판되어 왔다. 이전에는 오직 조현병에만 관련된 연구들이었고, 이후에는 조현병과 보다 많은 다양한 환자 집단에 대한 것이었다. 심리 검사 결과는 경계선(Singer, 1977; Kwawer et al., 1980; Carr & Goldstein, 1981; Armstrong, Silberg, & Parente, 1986; Edell, 1987)과 섭식장애 환자들(Small et al., 1982)에게서도 다양한 사고장애 현상을 입증했다. 다른 연구들은 우울증(Ianzito, Cadoret, & Pugh, 1974; Silberman, Weingartner, & Post, 1983; Carter, 1986), 조현성 성격장애(Wolff, 1991), 조현병 환자들의 비조현병 친족들(Shenton et al., 1989), 그리고 이따금 정상 수검자(McConaghy & Clancy, 1968)에게서도 다양한 장애적 사고의 존재를 확인한 바 있다.

신경심리학적 접근들: 실행기능의 다른 이름?

점점 더 많은 연구자가 인지신경과학적 관점에서 장애적 사고를 이해하려고 노력하고 있다(McGhie & Chapman, 1961; Nuechterlein & Dawson, 1984; McGrath, 1991; Elvevag & Goldberg, 2000; Goldberg & Weinberger, 2000; Barch, 2005). 이러한 관점에서 사고의 장해는 주의, 기억, 언어적 유창성, 실행기능, 처리속도와 같은 인지기능에서의 손상으로 연구된다. Kreapelin

과 Bleuler 둘 다 심리학적으로 조현병의 주의 손상을 강조함으로써 사고장애의 신경인지적인 기반을 연구하는 후학들을 위해 길을 이미 닦아 놨다는 사실은 다소 놀라운 일이다. Nuechterlein과 Dawson(1984)은 자신들의 연구에서 주의 손상이 조증 환자보다 조현병 환자에게 더 '기질(trait)'적인 변인일 수 있다고 결론 내렸다. 다른 일련의 연구에서 Braff와 동료들은 조현병 환자들은 다른 비환자 통제집단에 비해서 비정상적인 정보처리과정을 나타낸다고 했다(Braff & Saccuzzo, 1981; Braff & Geyer, 1990; Braff, Saccuzzo, & Geyer, 1991; Braff, Grillon, & Geyer, 1992). 조현병 환자들은 주의 및 정보처리과정 기능이 손상될 경우, 억제되지 않은 내외 자극의 홍수에 반응해서 보다 산만해지고, 이는 인지적 파편화와 현저한 장애적 사고로 이어질 수 있다.

작업기억 결손은 조현병 환자들이 겪는 주의 취약성과도 관련된 것으로 밝혀졌다. 작업기억 체계는 사람들이 연관된 정보를 마음에 유지한 채로 그것을 문제해결에 활용할 수 있도록 해 준다. 여러 연구들이 작업기억 결손과 사고 및 의사소통의 장해 간의 연관성을 발견했고, 정서적 각성이 취약한 사람들의 작업기억에도 더 큰 장해를 일으킬 수 있음을 밝혔다(Oltmanns & Neale, 1978; Goldberg & Weinberger, 2000; Bentall, 2003).

의미기억의 손상은 연관된 관념들 간의 연합적 연결(associative links)을 교란하는 역할을 할 수 있다(Bentall, 2003). 관념과 지식을 저장하는 의미기억 체계는 연합으로 연결된 복잡한 개념망(complex network of concepts)이다. 그래서 의미기억의 손상은 관념들 간의 연합적 연결을 교란할 수 있고, 이는 하나의 관념과 다음 관념 간의 느슨함과 단절을 초래할 수 있다.

자기 및 출처감찰(self and source monitoring)과 같은 실행기능의 손상도 장애적 사고에 영향을 미칠 수 있다. 실행기능에서 계획하기(planning)와 편집하기(editing)는 장애적 사고의 공통분모로 여긴다(McGrath, 1991). 편집하기 혹은 자기감찰은 한 사람이 의사소통의 필요성과 청자(listener)의 관점에 따라 자신의 말을 감시하고 수정하는 능력을 말한다. 타인이 자신과는 분리된 마음과 욕구를 가졌음을 이해하는 능력은 ToM 능력을 나타낸다. ToM 결손은 다른 사람들이 말하고자 하는 것을 이해할 능력이 없다는 사실을 인식하지 못하게 하여 결국 손상된 조망을 유발한다.

현실검증이라는 옛 개념과 유사한 출처감찰에서의 결손은 어떤 사람으로 하여금 특정 자극의 출처를 식별하지 못하게 할 수 있다. 그 사람은 그/그녀가 그것을 말했는지 혹은 단순히 생각만 했는지를 확신하지 못한다. 출처감찰 결손은 어떤 사람이 다른 사람에게 말을 할 때 정보의 중요한 부분을 빠트리기 쉽게 하고, 결국 자신의 말을 타인에게 혼란스럽거나 난해하게 들리게 만든다.

Bentall(2003)은 정신증과 사고장애의 전통적 개념을 공개적으로 비판하면서, 이완되고 타인이 이해할 수 없도록 말하게 하는 신경인지적 결손에 대한 통합적 모형 가설을 세웠다. 이 잠정적인 모형에 따르면, (정신증에) 취약한 사람들은 정서적 각성에 대한 반응으로 작업기억의 결손이 나타나고, 이는 빈약한 출처감찰로 이어지며, 결국 난해한 말을 하게 된다. 자기감찰의 결손은 (정신증에) 취약한 사람들이 스스로 말하는 방식과 자신의 말이 타인에게 미치는 영향에 대해서도 자각하지 못하게 한다.

장애적 사고의 규정하기 어려운 개념에 대한 마지막 생각들

다양한 관점에서 장애적 사고를 생각해 보는 것은 단순하고 환원주의적인 공식화와 대비된다. 환원주의적 접근은 사고장애 개념의 미묘한 징후들을 간과하거나 과장하게 한다. 장애적 사고에 대한 보다 종합적인 정의는 인지 및 언어 기능의 복합적 측면을 포함한다. 이러한 사고에서 나타나는 사고의 형태(말을 통해서 표현되는 것으로서), 사고의 내용, 개념 및 추론 과정에 대한 설명은 개인이 자신의 비전형적인 사고를 언제 어떻게 공유하는지를 반영하는 사회인지적 특징들로 이어진다. 장애적 사고에 대한 확장된 정의는 와해, 비논리성, 빈곤의 차원을 포함하며, 이들 각각은 한 사람의 말, 사고, 그리고/또는 행동을 통해 표현될 수 있다.

장애적 사고에 대한 폭넓은 설명은 사고 및 의사소통 장애와 기초 인지과정 장해 사이의 연결을 중요하게 여긴다. 이 중 기초 인지과정은 주의, 기억, 추론 및 자기-감찰을 통제한다. 우리는 이렇게 더 종합적인 관점을 통해서만 장애적 사고의 다차원적 본질을 포착할 수 있다.

이쯤 되면 우리는 수련생에게 보다 명확하게 답변을 줄 수 있을 것이다. 앞에서 언급한 바와 같이, 로샤나 다른 검사에서 채점된 심각한 사고장애의 증거는 정신증 진단과 동일한 것이 아니다. 어떠한 검사 점수 혹은 반응도 그 자체로는 임상적 진단을 확정해 주는 질병 특수적인 것이 될 수 없다. 하지만 수준 2 특수점수(special scores) 혹은 인지기호(cognitive codes)[2]가 있다는 것은 J. D.가 복잡성과 불확실성을 다룰 때 자신의 생각을 조직하고 논리를 활용하는 능력에 잠재적 손상이 있음을 나타낸다. 이는 정신증 가능성을 동반한다. J. D.의 장해에 대한 증거는 외부 지시 없이 스스로 잠재력을 활용하고 의미를 구성하는 상

2) (역자 주) 인지기호: R-PAS에서 CS의 특수점수에 준하는 채점.

황에 처해 있을 때에만 분명해질 것이다(Peterson & Maitland-schilling, 1983). 우리가 이것을 '사고장애'라고 부르든 '장애적 사고'라고 부르든 간에 특정한 조건 하에서 J. D.의 사고가 심하게 와해되고(혹은 되거나) 비논리적이 될 취약성이 크고, 상당한 임상적 위험성을 나타낸다는 사실을 의료진과 소통하는 것만큼 중요한 일은 없을 것이다.

참고문헌

American Psychiatric Association. (1980). *Diagnostic and statistical manual of mental disorders* (3rd ed.). Washington, DC: Author.

American Psychiatric Association. (1994). *Diagnostic and statistical manual of mental disorders* (4th ed.). Washington, DC: Author.

American Psychiatric Association. (2013). *Diagnostic and statistical manual of mental disorders* (5th ed.). Washington, DC: Author.

Andreasen, N. (1978) *The scale for the assessment of thought, language, and communication*. Iowa City, IA: University of Iowa Press.

Andreasen, N. (1979a). Thought, language, and communication disorders: I. Clinical assessment, definition of terms, and evaluation of their reliability. *Archives of General Psychiatry, 36*, 1315-1321.

Andreasen, N. (1979b). Thought, language, and communication disorders: II. Diagnostic significance. *Archives of General Psychiatry, 36*, 1325-1330.

Andreasen, N. (1982). Should the term "thought disorder" be revised? *Comprehensive Psychiatry, 23*, 291–299.

Andreasen, N., & Grove, W. M. (1986). Thought, language, and communication in schizophrenia diagnosis and prognosis. *Schizophrenia Bulletin, 12*, 348-359.

Armstrong, J., Silberg, J. L., & Parente, F. J. (1986). Patterns of thought disorder on psychological testing: Implications for adolescent psychopathology. *Journal of Nervous and Mental Disease, 174*, 448-456.

Barch, D. M. (2005). The cognitive neuroscience of schizophrenia. *Annual Review of Clinical Psychology, 1*, 321-353.

Bentall, R. P. (2003). *Madness Explained: Psychosis and Human Nature*. New York: Penguin Group.

Berenbaum, H., & Barch, D. (1995). The categorization of thought disorder. *Journal of Psycholinguistic Research, 24*, 349-376.

Bleuler, E. (1950). *Dementia praecox or the group of schizophrenias*. (J. Zinkin, Trans.). New York: International Universities Press (Original work published in 1911).

Braff, D. L., & Geyer, M. A. (1990). Sensorimotor gating and schizophrenia: Human and animal model studies. *Archives of General Psychiatry, 47*, 181-188.

Braff, D. L., Grillon, C., & Geyer, M. A. (1992). Gating and habituation of the startle reflex in schizophrenic patients. *Archives of General Psychiatry, 49*, 206-215.

Braff, D. L., & Saccuzzo, D. P. (1981). Information processing dysfunction in paranoid schizophrenia: A two-factor deficit. *American Journal of Psychiatry, 138*, 1051-1056.

Braff, D. L., Saccuzzo, D. P., & Geyer, M. A. (1991). Information processing dysfunctions in schizophrenia: Studies of visual backward masking, sensorimotor gating and habituation. In S. Steinhauer, J. H. Grizelier, & J. Zubin (Eds.), *Handbook of Schizophrenia: Neuropsychology, Psychophysiology, and Information Processing* (Vol. 5, pp. 303-334). Amsterdam: Elsevier.

Cameron, N. (1938). Reasoning, regression and communication in schizophrenics. *Psychological Monographs, 50*, 1-340.

Caplan, R. (1996). Communication deficits in childhood schizophrenia spectrum disorder. In J. H. Beichtman, N. Cohen, M. Konstantareas, & R. Tannock (Eds.), *Language, learning, and behavioral disorders* (pp. 156-177). Cambridge, UK: Cambridge University Press.

Caplan, R., Guthrie, D., Fish, B., Tanguay, P. E., & David-Lando, G. (1989). The kiddie formal thought disorder rating scale: Clinical assessment, reliability, and validity. *Journal of the American Academy of Child & Adolescent Psychiatry, 28*, 408-416.

Carr, A., & Goldstein, E. (1981). Approaches to the therapy of borderline condition by use of psychology tests. *Journal of Personality Assessment, 45*, 563-574.

Carter, M. L. (1986). The assessment of thought deficit in psychotic unipolar depression and chronic paranoid schizophrenia. *Journal of Nervous and Mental Disease, 174*, 336-341.

Chaika, E. O. (1990). *Understanding psychotic speech: Beyond Freud and Chomisky*. Springfield, IL: Thomas.

Eckblad, M., & Chapman, L. J. (1983). Magical ideation as an indicator of schizotypy. *Journal of Consulting and Clinical Psychology, 51*, 215-225.

Edell, W. (1987). Role of structure in disordered therapy in borderline and schizophrenia disorders. *Journal of Personality Assessment, 51*, 23-41.

Elvevag, B., & Goldberg, T. E. (2000). Cognitive impairment in schizophrenia is the core of the disorder. *Current Reviews in Neurobiology, 14*, 1-21.

Freeman, A. M., Kaplan, H. I., & Saddock, B. J. (1976). *Comprehensive Textbook of Psychiatry* (Vol. 2). Baltimore, MD: Williams & Wilkins.

Goldberg, T. E., & Weinberger, D. R. (2000). Thought disorder in schizophrenia: A reappraisal of older formulations and an overview of some recent studies. *Cognitive Neuropsychiatry, 5*, 1-19.

Goldstein, K., & Scheerer, M. (1941). Abstract and concrete behavior: An experimental study with special tests. *Psychological Monographs, 53*, 1-151.

Grebb, J. A., & Cancro, R. (1989). Schizophrenia: Clinical features. In J. I. Kaplan & B. J. Sadock (Eds.), *Synopsis of psychiatry: behavioral sciences, clinical psychiatry* (Vol. 5, pp. 757-777). Baltimore, MD: Williams & Wilkins.

Harrow, M., Grossman, L. S., Silverstein, M. L., & Meltzer, H. Y. (1980). *Are manic patients thought disordered? Scientific Proceedings of the American Psychiatric Association*. Washington, DC: American Psychiatric Association.

Harrow, M., Grossman, L. S., Silverstein, M. L., & Meltzer, H. Y. (1982). Thought pathology in manic and schizophrenic patients. *Archives of General Psychiatry, 39*, 665-671.

Harrow, M., Lanin-Kettering, I., & Miller, J. G. (1989). Impaired perspective and thought pathology in schizophrenic and psychotic disorders. *Schizophrenia Bulletin, 15*, 605-623.

Harrow, M., & Quinlan, D. (1977). Is disordered thinking unique to schizophrenia? *Archives of General Psychiatry, 34*, 15-21.

Harrow, M., & Quinlan, D. (1985). *Disordered thinking and schizophrenic psychopathology*. New York: Garden Press.

Harvey, P. D. & Neale, J. (1983). The specificity of thought disorder to schizophrenia: Research methods in their historical perspective. *Progress in Experimental Methods of Personality Research, 12*, 153-180.

Holzman, P. S., Shenton, M. E., & Solovay, M. R. (1986). Quality of thought disorder in differential diagnosis. *Schizophrenia Bulletin, 12*, 360-371.

Ianzito, B. M., Cadoret, R. J., & Pugh, D. D. (1974). Thought disorder in depression.

American Journal of Psychiatry, 131, 703-707.

Janet, P. (1926). *De l'angoisse à l'extase (From Anguish to Ecstasy).* Paris: Felix Alcan.

Jaspers, K. (1963). *General psychopathology*. Chicago, IL: University of Chicago Press. (Original work published in 1913).

Johnston, M. H., & Holzman, P. S. (1979). *Assessing schizophrenic thinking*. SanFrancisco, CA: Jossey-Bass.

Kay, S. R., Fiszbein, A., & Opler, L. A. (1987). The Positive and Negative Syndrome Scale(PANSS) for schizophrenia. *Schizophrenia Bulletin, 13*, 261-276.

Kleiger, J. H. (1999). *Disordered thinking and the Rorschach*. Hillsdale, NJ: The Analytic Press.

Kleiger, J. H., & Khadivi, A. (2015). *Assessing Psychosis. A Clinician's Guide*. New York: Routledge.

Kraepelin, E. (1919). *Dementia praecox and paraphrenia*. (R. M. Barclay, Trans.). Chicago, IL: Chicago Medical Books. (Original work published in 1896)

Kwawer, J., Lerner, H., Lerner, P., & Sugarman, A. (Eds.). (1980). *Borderline phenomena and the Rorschach test*. New York: International Universities Press.

Lanin-Kettering, I., & Harrow, M. (1985). The thought behind the words: A view of schizophrenic speech and thinking disorders. *Schizophrenia Bulletin, 11*, 1-7.

Liddle, P. F., Ngan, E. T. C., Caissie, S. L., Anderson, C. M., Bates, A. T., Quested, D. J., White, R., & Weg, R. (2002). Thought and language index: An instrument for assessing thought and language in schizophrenia. *The British Journal of Psychiatry, 181*, 326-330.

Marengo, J. T., & Harrow, M. (1985). Thought disorder: A function of schizophrenia, mania, or psychosis? *Journal of Nervous and Mental Disease, 173*, 35-41.

McConaghy, N., & Clancy, M. (1968). Familial relationships of allusive thinking in university students and their parents. *British Journal of Psychiatry, 114*, 1079-1087.

McGhie, A., & Chapman, J. (1961). Disorders of attention and perception in earlys chizophrenia. *British Journal of Medical Psychology, 34*, 103-116.

McGrath, J. (1991). Ordering thoughts on thought disorder. *British Journal of Psychiatry, 158*, 307–316.

Meyer, G. J., Viglione, D. J., Mihura, J. L., Erard, R. E., & Erdberg, P. (2011). *Rorschach performance sssessment system: administration, coding, interpretation, and technical manual*. Toledo, OH: Rorschach Performance Assessment System.

Mill, J. S. (1963). In J. M. Robson (Ed.), *Collected works of John Stuart Mill*. Toronto: University of Toronto Press.

Nuechterlein, K. H., & Dawson, M. E. (1984). Information processing and attentional functioning in the developmental course of schizophrenic disorders. *Schizophrenia Bulletin, 10*, 160-203.

Oltmanns, T. F., & Neale, J. M. (1978). Distractibility in relation to other aspects of schizophrenic disorder. In S. Schwartz (Ed.), *Language and cognition in schizophrenia* (pp. 117-143). Oxford, UK: Lawrence Erlbaum Associates.

Parnas, J. (2015). Philosophical and phenomenological perspectives on psychosis. In F. Waters & M. Stephane (Eds.), *The assessment of psychosis. A reference book and rating scales for research and practice* (pp. 17–43). New York: Routledge.

Peterson, C. A., & Maitland-Schilling, K. M. (1983). Card pull in projective testing. *Journal of Personality Assessment, 47*, 265–275.

Rattenbury, F. R., Silverstein, M. L., DeWolfe, A. S., Kaufman, C. F., & Harrow, M. (1983). Associative disturbance in schizophrenia, schizoaffective disorder and major affective disorders: Comparison between hospital and one year follow-up. *Journal of Consulting and Clinical Psychology, 51*, 621-623.

Reininghaus, U., Priebe, S., & Bentall, R. P. (2013). Testing the psychopathology of psychosis: Evidence for a general psychosis dimension. *Schizophrenia Bulletin, 39*, 884-895.

Roche, E., Creed, L., MacMahon, B., & Clarke, M. (2015). The epidemiology and associated phenomenology of formal thought disorder: A systematic review. *Schizophrenia Bulletin, 41*, 951–962.

Rochester, S. & Martin, J. R. (1979). *Crazy talk: A study of the discourse of psychotic speakers*. New York: Plenums.

Schafer, R. (1976). *A new language for psychoanalysis*. New Haven, CT: Yale University Press.

Schilder, P. (1951). On the development of thoughts. In D. Rapaport (Ed. & Trans.), *Organization and pathology of thought* (pp. 497-518). New York: Columbia University Press.

Schneider, K. (1959). *Clinical psychopathology*. (M. W. Hamilton, Trans.). New York: Grune & Stratton.

Shenton, M. E., Solovay, M. R., & Holzman, P. (1987). Comparative studies of thought disorders: II. Schizoaffective disorder. *Archives of General Psychiatry, 44*, 21-30.

Shenton, M. E., Solovay, M. R., Holzman, P., Coleman, M., & Gale, H. J. (1989). Thought disorder in the relatives of psychotic patients. *Archives of General Psychiatry, 46*, 897-901.

Silberman, E. K., Weingartner, H., & Post, R. M. (1983). Thinking disorder in depression. *Archives of General Psychiatry, 40*, 775-780.

Singer, M. T. (1977). The Rorschach as a transaction. In M. Rickers-Ovsiankina (Ed.), *Rorschach psychology* (pp. 455-485). Huntington, NY: Krieger.

Small, A., Teagro, L., Madero, J., Gross, H., & Ebert, M. (1982). A comparison of anorexia and schizophrenia on psychology therapy measures. *International Journal of Eating Disorders, 2*, 17-36.

Solovay, M. R., Shenton, M. E., & Holzman, P. S. (1987). Comparative studies of thought disorders: I. Mania and schizophrenia. *Archives of General Psychiatry, 44*, 13-20.

Stefanis, N. C., Hanssen, M., Smirnis, N. K., Avramopoulos, D. A., Evdokimidis, I. K., Stefanis, C. N., Verdoux, H., & van Os, J. (2002). Evidence that three dimensions of psychosis have a distribution in the general community. *Psychological Medicine, 32*, 347-358.

Taylor, M. A. (1981). The neuropsychiatric mental status examination. New York: Spectrum.

von Domarus, E. (1944). The specific laws of logic in schizophrenia. In J. S. Kasinin (Ed.), *Language and thought in schizophrenia* (pp. 104-114). New York: Norton.

Weiner, I. B. (1966). *Psychodiagnosis in schizophrenia*. New York: Wiley.

Wolff, S. (1991). Schizoid personality in childhood and adult life: I. The vagaries of psychology labels. *British Journal of Psychiatry, 159*, 615-620.

장애적 사고와 정신증 현상을 평가하기

누가 임상적 면담, 평정척도 혹은 심리검사를 사용하는지와 상관없이 사고장애와 같은 복잡하고 확실치 않은 차원을 평가하는 일은 진단 작업에 있어서 여전히 핵심 과제로 남아 있다. 우리가 받아들일 수 있는 사고장애의 정의는 무엇이며, 이를 위해 어떤 방법을 사용해야 하는가? 우리가 장애적 사고의 존재 여부를 판단할 때 환자의 자기보고에 의존해야 할까, 아니면 그 사람의 사고 방식을 보다 직접적으로 측정해야 할까? 우리는 약물 치료를 받고 있지 않을 때에만 환자를 검사해야 할까? 이것들은 장애적 사고의 평가를 혼란스럽게 하는 질문일 수 있지만, 그럼에도 임상가에게는 흥미로운 도전이 된다(Kleiger, 1999; Kleiger & Khadivi, 2015).

사고장애 측정에서 쟁점이 되는 사안들

구성개념에 대한 의문이 제기되었기 때문에(Rochester & Martin, 1979; Bentall, 2003) 장애적 언어 대신 장애적 사고를 측정한다고 주장하는 도구들은 다음과 같은 비판에 취약하다. 즉, 그러한 절차들은 진단적 도구로서 효과성(effectiveness)을 입증하기에는 구성개념 타당도가 불충분하다. 이러한 개념적 논란에도 불구하고, 심리학자들은 환자들이 정보를 처리하고 조직화하는 방식, 문제 해결에 논리를 적용하는 방식, 자신의 생각을 응집되고 결속되게(cohesively and coherently) 표현하는 방식을 측정해 줄 것을 요구받는다. 옳든 그르든, 임상가들은 실무적 언어를 공유하고 친숙한 용어를 사용해서 우리가 평가하고 치료한 환자에 대해 서로 의사소통한다. '사고장애'라는 구성개념은 (말 혹은 언어장애에 비해) 정신병리학 및 심리진단적 검사 분야에서 우위를 점하고 있고, 임상가와 연구자들이 일체의 도구와 기법들로 측정하려는 변인으로 받아들이고 있다.

장애적 사고를 측정하려는 시도들은 무엇이 장애적 사고를 구성하는가에 대한 의견이 불일치하기 때문에 방해받을 수 있다. 사고장애가 '와해된 말'로 좁게 해석된다면, 측정은 중요한 연구 요소들을 간과하게 된다. 예를 들어, 이후의 장에서 다루게 될 사고장애에서 어떻게*(how)*, 무엇이*(what)*, 누구에게*(with whom)*, 언제*(when)*, 그리고 왜*(why)*에 대한 논의들이다. 우리가 이미 살펴본 바와 같이, 장애적 사고는 심각성의 연속선을 따라 나타나고 언어처리, 인지기능, 사회지각에서 서로 다른 복수의 비정상성을 반영한다는 합의는 되어 있다. 하지만 이러한 요소들을 측정하기 위한 방법들은 가용성(availability), 실용성(practicality), 신뢰도(reliability), 타당도(validity), 임상적 유용성에서 크게 다르다. 서로 다른 측정법을 활용한 연구들에서 나온 많은 변인이 서로 겹치기는 하지만, 그럼에도 그 다양한 기법을 비교하는 일은 종종 어렵다. 여러 측정법이 유사한 변인을 다른 명칭으로 부르거나 본질적으로 다른 장애적 사고를 동일한 명칭으로 부를 수 있다. 분명한 해결책은 상이한 방법들에서 나온 가정들을 수렴하기 위해 경험적으로 타당한 방법으로 얻은 적합한 표본들을 활용한 다방법적 접근(multi-method approach)을 채택하는 것이다.

특정 도구들이 충분히 높은 평정자간 신뢰도, 임상적 민감도 및 특이도(sensitivity and specificity)[1)]를 확보하는 것은 어려운 과제다. 왜냐하면 많은 평정 혹은 채점체계는 그 자체로 매우 난해하고, 배우기 어려우며, 해석이 필요하기 때문이다. 이들 중 가장 탁월한 면담체계, 평정척도, 수행(평가)기법은 연구를 통해 높은 평정자간 신뢰도를 입증했다. 하지만 이들 평가기법들을 배우려면 단순히 평가 매뉴얼에 익숙해지는 것 이상의 훈련이 필요하다.

심각한 장애를 보이는 사례에서 여러 범주의 장애적 사고는 상호독립적이지 않고 동시에 발생한다. 보통 여러 다른 유형의 장애가 동반되기 때문에 한 특정 유형의 사고장해에 대한 채점과 그 의미를 명확하게 구분하는 시도는 어렵다. 여러 다른 색채가 혼합되면 분리할 수 없는 검은색이 만들어지는 것처럼, 어떤 말 혹은 로샤 반응 사례에서 여러 유형의 장애적 사고가 동시에 나타나면 채점과 해석에서 불명료함이 발생한다. 단일 표본(이와 같이 단일 반응)에서 장애적 사고의 모든 사례가 채점되어야 하는가? 아니면 가장 중요한 처리과정만 채점되어야 하는가? 만일 누군가 각각의 하위유형을 별도로 채점한다면, 그 사람은 여러 유형 내에서 개별 하위유형의 영향력을 설명할 수 있는가? 각 하위유형을 구분해서 설명할 수 있는가 혹은 장애적 사고의 여러 하위유형이 함께 존재한다는 것은 급성기 장해의 심각한 혼란이나 와해를 시사하는 것인가? 반면에, 장애적 사고의 어떤 하위유형이 특정 유형의 장애에 대해 더 큰 특이도를 확보했다면, 다른 유형의 장애적 사고와 함께 있는 하위유형은 특별한 진단적 유의성을 갖게 된다.

---

1) (역자 주) 민감도: 장애가 있는 사례에 있다고 판단하는 것, 특이도: 장애가 없는 사례에 없다고 판단하는 것.

질병의 단계, 투약, 맥락의 영향력은 장애적 사고를 평가할 때 반드시 고려되어야 한다. 한 사람의 사고가 와해된 정도는 그 사람이 급성기에 있는지 혹은 활성화된 장해의 부분/완전 관해 상태인지에 따라 달라진다. 양성 사고장애의 징후들은 일반적으로 삽화-의존적인 변인들이다. 그리고 항정신증 약물(neuroleptic medication)이 망상 및 환각 같은 양성 증상을 감소시키는 것과 마찬가지로, 약물은 심리검사에서도 보다 뚜렷한 사고장애 징후가 나타날 가능성을 감소시킨다(Hurt, Holzman, & Davis, 1983; Spohn et al., 1986).

이와 마찬가지로 임상가는 장애적 사고를 타당하게 측정하기 위해서 수검자의 기이한 사고가 드러날 때의 동기, 태도, 맥락을 평가해야 한다. 장해적 사고에 대한 자각은 점차 중요한 변인이 되고 있다. 수검자가 자신의 말 혹은 생각이 기괴하다는 것을 자각하는가, 그리고 만일 그렇다면 그 사람은 그런 자각에 대해 어떤 태도를 취하는가? 기이한 사고는 (타인에게) 충격을 주거나 (타인을) 통제하거나 혹은 유희적으로 사용되는가? Johnston과 Holzman(1979)이 지적한 대로, 이상하고 이해하기 어려운 내용이 있다고 해서 정신증적 처리과정에 대한 직접적인 증거로 여길 수는 없다.

사고장애를 평가하는 방법과 기법들

Chapman과 Chapman(1973)은 조현병 환자들의 사고장애를 측정하는 방법들을 개관했는데, 거기에는 다음과 같은 것이 있다. (1) 자발적 발화(spontaneous verbalization)의 비공식적 기술, (2) 표준화된 자극에 대해 형성된 발화의 기술과 해석, (3) 표준화된 검사에서 발화에 대한 표준화된 채점이다. Koistinen(1995)은 평가 기법을 크게 두 범주로 구분했다. 구조화된 혹은 반구조화된 면담을 사용하는 기법과 심리검사 도구에 기반한 기법이다. Kleiger와 Khadivi(2015)는 임상 및 연구 장면에서 사용되는 세 종류의 평가방법에 큰 관심을 보였는데, 면담, 평정척도, 심리검사가 그것이다. 이 책은 세 번째 평가범주, 그중에서도 수행에 기반한 방법, 특히 로샤에 대해서만 한정된 초점을 유지할 것이다.

수행-기반 심리 평가방법

정신증 현상에 대한 척도가 있는 MMPI-2(Butcher et al., 1989a; 1989b), MMPI-2-RF(Ben-Porath & Tellegen, 2008), PAI(Morey, 1991)와 같은 광범위한 기존의 자기보고형 다척

도 성격질문지에 더해서 수행-기반 측정법은 환자들이 우리에게 말할 수 있는(*what they can tell us*) 것 혹은 말하고자 하는 것(*what they decide to tell us*)이 아닌 한 것(*what patients do*)을 측정한다. Miller(1987)는 질문지법과 비교해서 사람들이 검사 상황에서 수행 요구에 반응할 때 자신의 자아 기능, 행동 및 반응 잠재력을 보여 준다고 결론지었다. 비록 우리는 늘 환자와 가족, 그리고 다른 평가자들이 그들의 기능에 대해 말해 주는 것에 관심을 갖지만, 수행측정에 기반한 실제 기능평가가 없다면 종합적 평가는 불완전한 것으로 남을 것이다. 궁극적으로, 우리는 수행평가를 통해서만 무엇이 환자들이 말하지 못하는 것(*cannot tell us*)인지를 판단할 수 있다.

수행측정은 환자들이 말하는 것보다는 중요하지 않더라도 그만큼 수행하는 것이 중요한 광범위한 심리학 및 신경심리학적 검사 절차를 포함한다. 예를 들어, 그중 한 절차는 누군가에게 그의 기억, 현실검증, 조직적으로 사고하는 능력, 성숙한 개념을 형성하는 능력을 묻는 것이다. 다른 중요한 절차는 사람들이 변인들을 측정하도록 구성된 과제를 수행하게 하여 직접적으로 기능을 측정하는 것이다. 경험적으로 타당한 신경인지적 (평가)도구들은 그 사람이 그 과제를 어떻게 수행해야 하는지를 명시한 표준적이고 명료한 도구 세트로 구성된다. 그래서 그 사람은 명료한 지시와 기대가 명시된 구조화된 문제해결 과제를 받는다. 신경심리학적 검사는 사고장애와 관련된 인지기능을 측정하는데, 여기에는 작업기억, 의미기억, 주의, 실행기능, 처리속도, 언어적 유창성, 사회인지와 같은 것이 있다. 신경심리학적 평가는 정신증과 관련된 인지적 손상 정도의 확인과 치료 및 인지 재활을 위한 계획 수립에 도움이 된다(Reichenberg et al., 2009).

역사적으로 연구자와 임상가들은 사고장애와 관련된 개념 형성 및 추상적 사고의 장해를 측정하는 여타의 수행평가 도구들을 사용해 왔다. 물체분류검사(object sorting tests; Vygotsky, 1934; Goldstein, 1939; Goldstein & Scheerer, 1941; Hanfmann & Kasanin, 1942)와 속담검사(proverbs test; Benjamin, 1944; Gorham, 1956)는 조현병의 사고장애에서 초기에 핵심적 결손으로 여겼던 개념들인 구체성(concreteness)과 과포괄성(overinclusion)을 측정하기 위해 사용되었다. Marengo와 동료들(Marengo et al., 1986)은 짧은 언어 검사인 Gorham 속담검사(Gorham proverbs test; Gorham, 1956)와 웩슬러 성인지능검사(Wechsler Adult Intelligence Scale: WAIS; Wechsler, 1955)의 이해 소검사를 기괴한-기이한 사고에 대한 종합적 측정치로 삼았다. 이러한 방법은 장애적 사고의 존재 여부, 심각도 및 유형을 측정하는 신뢰할 수 있는 기법임이 증명되었다.

일부 수행 과제들은 사람들에 대한 지시와 과제의 목표가 명확하다. 다른 일련의 수행측정치들은 그보다 짧은 개방형 질문과 더 모호한 지침을 갖고 있다. 보통 '투사검사'라고 부르는 이 도구들은 사람들에게 모호한 자극을 제시하고, 거의 (정해진) 방향 없이 반응할 것을 요구한다. '투사검사'는 이러한 절차들의 인지 및 지각적 문제해결 측면을 최소화하는 것으로 생각되기 때문에 더 이상 선호하지 않는다. 하지만 어떠한 투사적 수행기반 측정법도 장애적 사고 측정의 유용성에서 로샤에 필적할 수 없었다.

로샤: 최고의 기준

많은 투사검사가 정신증적 측면을 평가하는 데 유용하지만(Kleiger, 2004), 그중에서도 로샤는 정신증적 기능에 대한 잠재적 의문들에 답해 주는 대표적인 투사적 수행검사다. 로샤는 정신증 및 사고장애 측정을 위한 진단적 도구로 사용되어 온 오랜 역사를 갖고 있다(특히, Rorschach, 1921/1942; Rapaport, Gill, & Schafer, 1946/1968; Johnston & Holzman, 1979; Solovay, Shenton, & Holzman, 1987; Kleiger, 1999; Holzman, Levy, & Johnston, 2005).

70여 년 전 로샤가 개발된 이래로(Rorschach, 1921/1942), 연구자 및 임상가들은 조현병, 그리고 다른 심각한 정신병리의 징후들을 찾아내기 위해서 주목해 왔다. 로샤를 활용한 초기 심리진단적 연구들은 조현병과 장애적 사고가 형태적으로 거의 동일하다는 일반 정신과적 진단 경향을 그대로 따라했다. 하지만 차츰 임상가 및 연구자들은 로샤의 사고병리를 개념화하고 측정하기 위해 더 정교한 방법을 개발했다.

환자는 한 번에 10개의 잉크반점을 하나씩 손에 쥐고, "이것이 무엇 같은가요(What might this be)?"라는 질문만 받는다. 모호하고 비구조화된 특성 때문에 로샤는 환자의 사고 조직화 및 현실검증을 평가하는 데 독보적으로 적합한 검사가 된다. Peterson과 Maitland-Schilling(1983)은 로샤 잉크반점이 내재적으로 비구조적이거나 모호하다는 오랜 믿음에 도전했다. 그들은 로샤를 환자가 "잘 통제된 현실표본(즉, 검사자극)을 수정하고, 오지각하며, 정교화하는 과정에서 내적 세계를 드러내도록"(p. 272) 요구받는 일종의 토론장으로 간주했다.

장애적 사고의 연구에 로샤를 활용하는 것은 투사 가설 때문이 아니다. 투사 가설은 수검자가 자신만의 갈등과 내적 세계를 모호한 잉크반점 자극에 투사한다고 생각한다. 마찬가지로, 누군가 기저의 사고과정을 추정하기 위해 반응 내용에 근거한 상징적 해석을 할 필요는 없다. 반대로, 언어행동의 표본인 로샤 반응은 연구자가 장애적 사고를 측정하려는 실제 현상과 밀접하게 연관되어 있어야 한다. 로샤 반응은 한 사람이 지각하고, 사고하며, 의사소통하는 양식의 일관된 속성을 반영하며, 그렇기 때문에 비구조화되고 개방형이며 명확하게 정의되지 않는 다른 장면에서 그 사람이 어떻게 지각하고, 사고하며, 의사소통하는지에 대한 표상적 추론의 근거를 제공할 수 있다(Weiner, 1977).

Mihura는 로샤 연구에 대한 메타분석으로 정신증 현상 및 사고장애의 평가에 있어서 로샤의 역할을 특별히 확고하게 했다(Mihura et al., 2013). 예를 들어, Mihura는 수준 2 특수점수(심각한 사고장애 기호의 지표들), WSUM6, X-%의 타당성이 확고하게 지지된다는 사실을 발견했다.

로샤는 광범위한 환자들과 다양한 평가 맥락에서 사고장애를 평가하는 데 활용됐다. Holzman과 동료들(2005)은 정신증 환자, 아동 및 청소년, 우반구 피질 손상 환자 등 다양한 집단의 사고장애를 측정한 TDI(Johnston & Holzman, 1979)의 효과성을 부각시킨 방대한 로샤 연구를 요약했다. Leichtman(1996)은 사고장애의 발달적 기반에 관해 저술했다. 법정심리학자들은 범죄 사례의 사고장애 평가에서 로샤의 유용성을 서술했다(Acklin, 2007). 보다 최근에 심리학자들은 정신증적 장애 고위험군 집단에서 사고장애의 징후를 연구하는 데 로샤를 사용했다(Kimhy et al., 2007; Ilonen et al., 2010; Inoue, Yorozuya, & Mizuno, 2014; Kleiger & Khadivi, 2015; Lacoua, Koren, & Rothschild-Yakar, 2015; Rothschild-Yakar et al., 2015).

마지막으로, 로샤를 오랫동안 비판해 온 사람들조차 로샤를 사용한 정신증 현상 평가의 확고한 경험적 기반을 인정했다(Wood et al., 2003). 한때 임상적 목적의 로샤 사용의 중단을 요구했던 비판자들도 이렇게 말했다. "소수의 로샤 점수들은 사고장애 평가에 유용하다… 이러한 이유로 그 채점들은 조현병, 양극성 장애, 경계선 성격장애, 분열형 성격장애의 진단에 유용한 정보를 제공할 수 있다."(p. 259)

참고문헌

Acklin, N. W. (2007). The Rorschach test and forensic psychological evaluation: Psychosis and the insanity defense. In C. B. Gacono, & F. B. Evans (Eds.), *The Handbook of Forensic Rorschach Assessment* (pp. 157-174). New York: Routledge.

Benjamin, J. D. (1944). A method for distinguishing and evaluating formal thinking disorders in schizophrenia. In J. S. Kasinin (Ed.), *Language and thought in* schizophrenia (pp. 65-90). New York: Norton.

Ben-Porath, Y. S., & Tellegen, A. (2008). *minnesota multiphasic personality inventory-2-RF*

(MMPI-2-RF). Minneapolis, MN: University of Minneapolis Press.

Bentall, R. P. (2003). *Madness explained: Psychosis and human nature*. New York: Penguin Group.

Butcher, J. N., Dahlstrom, W. G., Graham, J. R., Tellegen, A. M., & Kreammer, B. (1989a). *The minnesota multiphasic personality inventory-2, manual for administration and scoring*. Minneapolis, MN: University of Minneapolis Press.

Butcher, J. N., Graham, J. R., Williams, C. L., & Ben-Porath, Y. (1989b). *Development and use of the MMPI-2 content scales*. Minneapolis, MN: University of Minnesota Press.

Chapman, L., & Chapman, J. P. (1973). *Disordered thought in schizophrenia*. New York: Appleton-Century-Croft.

Goldstein, K. (1939). The significance of special mental tests for diagnosis and prognosis in schizophrenia. *American Journal of Psychiatry, 96*, 575-588.

Goldstein, K., & Scheerer, M. (1941). Abstract and concrete behavior: An experimental study with special tests. *Psychological Monographs, 53*, 1-151.

Gorham, D. R. (1956). Use of the proverbs test for differentiating schizophrenics from normals. *Journal of Consulting Psychology, 20*, 435-440.

Hanfmann, E., & Kasanin, J. S. (1942). *Conceptual thinking in schizophrenia. Nervous and Mental Disease Monograph Series, 67, vii-115*. New York: NMDM.

Holzman, P. S., Levy, D. L., & Johnston, M. H. (2005). The use of the Rorschach technique for assessing formal thought disorder. In R. F. Bornstein & J. M. Masling (Eds.), *Scoring the Rorschach: Seven validated systems*. New York: Routledge.

Hurt, S. W., Holzman, P. S., & Davis, J. M. (1983). Thought disorder: The measurement of its changes. *Archives of General Psychiatry, 40*, 1281-1285.

Ilonen, T., Heinimaa, M., Korkeila, J., Svirskis, T., & Salokangas, R. K. R. (2010). Differentiating adolescents at clinical high risk for psychosis from psychotic and non-psychotic patients with the Rorschach. *Psychiatry Research, 179*, 151-156.

Inoue, N., Yorozuya, Y., & Mizuno, M. (2014). Identifying comorbidities of patients at ultra-high risk for psychosis using the Rorschach comprehensive system. Paper presented at the XXI International Congress of Rorschach and Projective Methods, Istanbul, Turkey.

Johnston, M. H., & Holzman, P. S. (1979). *Assessing schizophrenic thinking*. San Francisco, CA: Jossey-Bass.

Kimhy, D., Corcoran, C., Harkavy-Friedman, J. M., Ritzler, B., Javitt, D. C., & Malaspina, D. (2007). Visual form perception: A comparison of individuals at high risk for psychosis, recent onset schizophrenia and chronic schizophrenia. *Schizophrenia Research, 97*, 25–34.

Kleiger, J. H. (1999). *Disordered thinking and the Rorschach*. Hillsdale, NJ: The Analytic Press.

Kleiger, J. H. (2004). Disordered thinking and projective testing. In M. Hilsenroth & D. Segal, (Eds.), *The handbook of projective psychological assessment*. New York: Wiley & Sons.

Kleiger, J. H., & Khadivi, A. (2015). *Assessing psychosis: A clinician's guide*. New York: Routledge.

Koistinen, P. (1995). *Thought disorder and the Rorschach*. Oulu, Finland: Oulun Yliopistd.

Lacoua, L., Koren, D., & Rothschild-Yakar, L. (2015). Poor awareness of problems in thought and perception and risk indicators of schizophrenia-spectrum disorders. A correlational study of nonpsychotic adolescents in the community. Paper presentedat the annual meeting of the society for personality assessment, Brooklyn, NY.

Leichtman, M. (1996). *The Rorschach: A developmental perspective*. Hillsdale, NJ: The Analytic Press.

Marengo, J. T., Harrow, M., Lanin-Kettering, I., & Wilson, A. (1986). Evaluating bizarre-idiosyncratic thinking: A comprehensive index of positive thought disorder. *Schizophrenia Bulletin, 12*, 497-509.

Mihura, J. L., Meyer, G. J., Dumitrascu, N., & Bombel, G. (2013). The validity of individual Rorschach variables: Systematic reviews and meta-analyses of the comprehensive system. *Psychological Bulletin, 139*, 548-605.

Miller, S. B. (1987). A comparison of methods of inquiry: Testing and interviewing contributions to the diagnostic process. *Bulletin of the Menninger Clinic, 51*, 505-518.

Morey, L. C. (1991). *The personality assessment inventory professional manual*. Odessa, FL: Psychological Assessment Resources.

Peterson, C. A., & Maitland-Schilling, K. M. (1983). Card pull in projective testing. *Journal of Personality Assessment, 47*, 265–275.

Rapaport, D., Gill, M., & Schafer, R. (1968). *Diagnostic psychological testing* (Rev. ed.). New York: International Universities Press. (Original work publishedin 1946)

Reichenberg, A., Harvey, P. D., Bowie, C. R., Mojtabai, R., Rabinowitz, J., Heaton, R. K., & Bromet, E. (2009). Neuropsychological function and dysfunction in schizophrenia and psychotic affective disorders. *Schizophrenia Bulletin, 35*, 1022-1029.

Rochester, S., & Martin, J. R. (1979). *Crazy talk: A study of the discourse of psychotic speakers*. New York: Plenum.

Rorschach, H. (1942). *Psychodiagnostics* (5th ed.). Bern, Switzerland: Hans Huber. (Original work published in 1921)

Rothschild-Yakar, L., Lacoua, L., Brener, A., & Koren, D. (2015). Impairments in interpersonal representations and deficits in social cognition as predictors of risk for schizophrenia in non-patient adolescents. Paper presented at the annual meeting of the society for personality assessment, Brooklyn, NY.

Solovay, M. R., Shenton, M. E., & Holzman, P. S. (1987). Comparative studies of thought disorders: I. Mania and schizophrenia. *Archives of General Psychiatry, 44*, 13-20.

Spohn, H. E., Coyne, L., Larson, J., Mittleman, F., Spray, J., & Hayes, K. (1986). Episodic and residual thought pathology in chronic schizophrenics: Effect of neuroleptics. *Schizophrenia Bulletin, 12*, 394-407.

Von Domarus, E. (1944). The specific laws of logic in schizophrenia. In J. S. Kasanin (Ed.), *Language and thought in schizophrenia* (pp. 104-114). New York: Norton.

Vygotsky, L. (1934). Thought in schizophrenia. *Archives of Neurology and Psychiatry, 31*, 1063-1077.

Wechsler, D. (1955). *Wechsler adult intelligence scale manual*. New York: Psychological Corporation.

Weiner, I. B. (1977). Approaches to Rorschach validation. In A. Rickers-Ovsiankina (Ed.), *Rorschach Psychology* (pp. 575-608). New York: Krieger.

Wood, J. M., Nezworski, M. T., Lilienfeld, S. O., & Garb, H. N. (2003). *What is wrong with the Rorschach: Science confronts the controversial inkblot test*. New York: Wiley & Sons.

Part 2

정신증 현상의 로샤 평가

제3장 Hermann Rorschach의 실험
제4장 Rapaport와 Holt의 공헌
제5장 사고장애지표(TDI)
제6장 종합 체계(CS)와 로샤 수행평가 체계 (R-PAS)
제7장 장애적 사고를 평가하기 위한 대안적 로샤 접근법들
제8장 장애적 사고의 로샤 징후에 대한 통합된 모형

Chapter 3 Hermann Rorschach의 실험

이전 장에서 제시된 바와 같이, 장애적 사고에 대한 로샤 평가의 흐름은 정신병리, 정신증, 특히 사고장애의 진단적 개념화에 있어서 보다 광범위한 정신의학적 경향을 반영해 왔다. 정신의학자들과 유사하게 초기 로샤검사 연구자들은 사고장애를 조현병과 구분하지 않았다. 사실 Herman Rorschach가 그랬다.

Herman Rorschach

Rorschach는 그의 잉크반점 실험이 출간되기 훨씬 이전부터 조현병에 큰 관심이 있었고, 그는 Bleuler, Freud, Jung과 이론적으로 구분되는 입장을 갖고 있었다(Akavia, 2013). Rorschach는 자신의 실험에서 그 잉크반점 그림이 수검자 사고의 결함에 민감하다는 사실을 발견했다. 그는 사고장해와 조현병의 존재 및 취약성을 반영하는 여러 유형의 반응을 기호화했다. Rorschach는 그의 잉크반점 실험을 하나의 지각 검사로 구상했다. 이와 같이, 그는 일탈된 반응과정을 언어적 또는 관념적인 장해 현상이 아닌 지각적 이상(perceptual anomalies)으로 간주했다. Rorschach(1921/1942)는 '사고장애'나 그와 유사한 용어를 사용하지 않고 세 유형의 지각적 이상을 소개했는데, 이렇게 그는 이후에 나올 모든 로샤 채점 체계의 주요 사고장애 채점 범주를 만든 선구자가 되었다.

Rorschach는 '통각 양식(mode of apperception)' 혹은 위치 점수(location scores)에 대해서 논의할 때, 수검자의 전체 반응에서 나오는 여러 비전형적 양상을 제시했다. 그는 다양한 환자 표본을 비교하면서 특정 검사 점수 혹은 '징후(signs)'가 정신증 환자의 기록에서 가장 빈번하게 나온다는 사실을 깨달았다. 그는 (Symbol DW로 채점한) '작화증적 전체 응답(confabulated whole answer)'이라는 용어를 사용하면서 "대체로 명확하게 지각된 단일 부분 반응이 그림 전체에 대한 해석 근거로 사용되었고, 그림의 다른 부분은 거의 고려하지 않았다."(1921/1942, p. 37)라고 기술했다. Rorschach는 작화증적 전체 응답에 대한 한 예시를 제공했다. I번 카드의 '게', 이는 잉크반점 중앙 상단의 작은 집게발 같은 형태에 근거해서 나온 것이다. 그는 그런 작화증적 전체 반응인 DW의 형태질(Form Quality: FQ)은 나쁠 것(poor)이라고 말했다.

Rorschach는 상상력이 풍부한 수검자를 작화증적인 수검자와 대조했다. 상상력이 풍부한 수검자는 반점의 개별적 요소들을 왜곡하지 않고 통합된 반응을 생성할 수 있었지만, 작화증적인 사람은 반점의 두 요소를 취해서 특정한 방식으로 조합했는데, 이는 나머지 잉크반점과 사용한 부분의 상대적 위치가 무시된 것이었다. Rorschach는 상상력이 풍부한 수검자와 작화증적인 수검자를 추가로 비교했는데, 상상력이 풍부한 수검자는 작화증적 수검자보다 반응에서 연상이 더 복잡했다. Rorschach에서 작화증이 특정한 자극에 몰두되어 있음(stimulus-boundedness)을 반영한다는 점은 분명하다. 작화증적 수검자는 기이하고 왜곡된 방식이기는 해도 잉크반점을 단순하게 지각한 뒤 자신이 본 것을 보고한 반면, 상상력이 풍부한 수검자는 그것을 해석했다. Rorschach는 그의 환자 표본 중 '지적이지 않은 정상인' '백치', 뇌전증 환자, 기질성 질환자, 조현병 환자에게서 작화증적 전체 반응을 발견했다.

Rorschach는 수검자가 (잉크반점) 부분을 별도로 해석한 뒤 하나의 전체 반응으로 결합하는 여러 종류의 '조합(combinatory)' 반응에 대해서도 논의했다. 그는 한 가지 특별한 유형의 조합 반응을 '작화증적으로-조합된 전체 응답(confabulatory-combined whole answer)'이라고 불렀으며, 그는 이를 "작화증과 조합 반응의 결합(amalgamations)으로, 형태는 모호하게 보이고 개별 대상에 대한 해석은 그림의 상대적 위치에 대한 실제적인 고려 없이 조합되었다." (p. 38)라고 기술했다. Rorschach는 이런 반응에 대한 최초의 사례를 제시했는데, VIII번 카드 반응에서 "빙산 너머 바위에서 나무 줄기로 기어오르는 두 마리의 곰(Two bears climbing from a rock, over an iceberg, onto a tree trunk)"(p. 38)이라고 했다. 그는 이 반응이 정확하게 지각된 반응이라는 점은 인정하면서도 "그림에서 대상의 위치가 무시되었다."(p. 38)고 결론 내렸다. Rorschach는 이 말을 더 자세히 설명하지는 않았기에 그가 염두에 둔 생각은 분명하지 않다. 하지만 그는 마치 Rapaport가 후일 '우화적 조합(fabulized combination)'이라고 불렀던(Rapaport, Gill, & Schafer, 1946/1968) 다른 조합 반응 유형의 전신을 소개했던 것으로 보인다. Rorschach는 "작화증적 백치, 코르샤코프 환자, 섬망 환자들에게서 이런 식으로 전체적인 이야기를 창조해 내는"(p. 38) 작화증적-조합 반응이 더욱 빈번하게 나타난다고 했다. 반면에, 조현병 및 조증 환자는 이런 종류의 일탈된 전체 반응을 더 적게 생성했다.

Rorschach의 '오염된 전체 반응(contaminated whole response)'만이 조현병 환자군에서 유일하게 나왔기 때문에 이 반응은 조현병에서 최초의 질병특유적인 진단적 사인이 되었다.

Rorschach는 '오염' 반응을 설명하려 하지 않고, 지금은 유명해진 IV번 카드 반응인 "존경할만한 정치인의 간(The liver of a respectable statesman)"(p. 38)의 예시만 제시하면서 오염의 처리과정을 단순하게 정의했다. 그는 IV번 카드가 종종 '퇴화된 장기'나 의자에 앉은 남자로 보이는 경우가 있다고 했다. "조현병 환자는 그 형태를 간으로 한 번, 남자로 한 번, 두 번 지각한 후에 서로 오염시켜서, 두 연관될 관념인 '존경'과 '정치인'에 연결 짓는다."(p. 38). Rorschach는 조현병 환자들이 한 반응에서 작화증, 조합, 오염 반응이 혼재된 반응을 많이 한다고 결론지었다.

Rorschach는 또한 조현병 환자가 잉크반점의 표준적인 지각적 특성이나 형태, 색채, 운동과 같은 일반적인 결정인 외의 요인들에 영향을 받을 수 있다고 했다. 예를 들어, 그는 그런 환자들이 어떻게 잉크반점 요소의 수나 위치 같은 터무니없는 특징에 기반한 반응을 할 수 있는지 관찰했다. 이런 두 반응 범주는 모두 잉크반점의 구체적(concrete) 측면에 기반해서 기이한 의미를 부여하는 처리과정을 반영했다. 그래서 Rorschach는 그의 초기 사고장애 채점 체계에 '위치 반응(position response)'이라고 불리는 네 번째 범주를 추가했다.

Rorschach는 잉크반점을 지각 검사로 간주하고, 그의 세 가지 주요 '사고장애' 채점을 잉크반점에 대한 지각적 양식에서의 일탈로 간주했기 때문에 그는 기괴한 발화(bizarre verbalization)나 그런 발화에서 드러나는 병리적 사고에 대해서는 관심을 덜 기울였다. 불합리하고 추상적인 반응들에 대한 그의 언급에도 불구하고, 그의 채점 개념 중 어떤 것도 그가 환자들을 대할 때 접한 매우 특이하게 들리는 반응들(very peculiar-sounding responses)을 적절히 포착해 낼 수 없었다. 심각한 정신증 환자에게서 얻은 그의 로샤 기록 표본에는 많은 기괴한 관념과 발화의 사례가 포함되어 있지만, 그의 작화증, 작화증적-조합, 오염 채점으로는 포착할 수 없었다. 예를 들어, 그는 한 파과병 환자(hebephrenic patient)가 V번 카드에서 "존재한 적이 없는 동물의 머리[(the) Head of an animal which has never existed]", IX번 카드에서 "장터에서 팔리는 드워프가 만든 배설물(Feces like those made by dwarfs which are sold at fairs)"(p. 160)이라는 반응들을 제시한 바 있다. 이러한 특이한 반응들 중 어떤 것도 오염에 해당하는 DW 위치 채점을 받지 못했으며, 작화증적-조합, 오염, 위치 채점도 받을 수 없었다. Rorschach가 이 기괴한 반응들에 대해 말할 수 있었던 것은 환자들의 "전형적인 조현병적 사고의 '도약(leaps)'으로, 일련의 연상들이 방해 받았다."(p. 161)는 것뿐이었다.

그래서 Rorschach는 주로 지각적 처리과정과 비정상성에 근거한 성격 평가방법을 개발하면서도, 가장 심한 환자들의 반응 처리과정에서 빈번한 언어적 · 연상-관념적 · 표상적 특이성에 대해 체계적으로 탐색하거나 설명할 수 없었다. 그것은 20년 후의 Rapaport가 일탈된 형태의 발화에 대해 부호화하고 설명하는 종합적 체계를 개발할 때까지 그대로 남아 있었다(Rapaport et al., 1946/1968).

Rorschach 이후의 발전

Klopfer와 Kelley(1942)는 로샤에 대한 개관에서 『정신진단학(Psychodiagnostik)』(Rorschach, 1921/1942)이 출판된 이래로 로샤 연구자들은 조현병에 큰 관심을 갖지 않았다는 점을 지적했다. Rorschach가 일탈된 반응들에 대한 채점 범주들을 소개했음에도 불구하고, 수십 년간 아무도 그의 사고장애 채점 개념을 발전시키지 않았다. 연구자들이 정신증 혹은 조현병과 로샤에 대해서 언급할 때, 그들은 Rorschach가 개발한 경험적-징후법(empirical-sign method; Weiner, 1977)에 따를 뿐이었다. Rorschach의 경험적-징후 접근법은 한 세대의 연구자들이 조현병 환자와 다른 진단의 환자 간의 로샤 반응에 대한 단일 혹은 넓은 차원을 비교할 수 있는 유사한 접근법을 시도할 수 있는 기반이 되었다.

Bohm의 특별한 현상

Bohm(1958)은 정량적으로는 분석할 수는 없지만 검사 반응을 이해하는 데 매우 중요한 다수의 요인을 검토했다. Bohm은 이러한 것들을 "불확정 요소(imponderables)"(p. 86)라고 불렀는데, 그는 진단적으로 중요하다고 주장한 67개의 특별한 반응 현상(special response phenomena)의 목록을 작성했다. 그는 이 광범위한 반응 변인들 중에서 조현병을 진단하는 데 중요할 수 있는 다수의 변인을 찾아냈다.

이들 중 첫 번째는 Bohm이 '해석 자각(interpretation awareness)'이라고 부른 것이다. 원래는 Rorschach의 기술(1921/1942)에서 유래된 것으로, 이는 수검자가 비언어적 추론 과제의 본질을 자각하는 것을 반영한다. 정상 수검자는 로샤가 일종의 해석 과제라는 것을 자연스럽게 수용한다[즉, "이것이 무엇일까요?(What might this be?")]. 반면, Bohm은 "가장 심한 기질적인 정신증, 뇌전증, 조증 사례와 많은 조현병 환자들은" 그 과제가 해석적인 것인지, 인식적인 것인지 확신하지 못한다는 사실을 발견했다(Bohm, 1958, p. 90).

Bohm은 또한 작화증(혹은 작화증적 조합), 오염, 보속성, 자기-참조 반응(self-reference

response), 숫자 및 위치 반응, 색채 명명을 조현병과 일부 조울증적 정신증 사례에서 잠재적인 진단적 유용성이 있는 것으로 언급했다.

유럽의 접근법에서는 원래 이것들 중 어느 것도 사고나 고립된 사고에서 구체적인 연구주제로 보지 않았다. 하지만 Klopfer와 Kelley의 연구는 사고장애에 대한 보다 직접적인 연구들이 등장하기 이전의 것이었음에도, 반응 처리과정의 지각적 측면에만 초점을 맞추는 것에서 벗어나 조현병 환자들의 장해적 사고와 언어의 특수성을 보다 자세히 살펴보기 시작했다.

참고문헌

Aliavia, N. (2013). *Subjectivity in Motion*. New York: Routledge.

Bohm, E. (1958). *Rorschach test diagnosis*. New York: Grune & Stratton.

Klopfer, B., & Kelley, D. M. (1942). *The Rorschach technique: A manual for a projective method of personality diagnosis*. Yonkers-on-Hudson, NY: World Book Company.

Rapaport, D., Gill, M., & Schafer, R. (1968). *Diagnostic psychological testing* (Rev. ed.). New York: International Universities Press. (Original work publishedin 1946)

Rorschach, H. (1942). *Psychodiagnostics* (5th ed.). Bern, Switzerland: Hans Huber. (Original work published in 1921)

Weiner, I. B. (1977). Approaches to Rorschach validation. In A. Rickers-Ovsiankina (Ed.), *Rorschach psychology* (pp. 575-608). New York: Krieger.

Chapter 4 Rapaport와 Holt의 공헌

이 장에서는 지적인 거장 David Rapaport와 Robert Holt가 로샤검사에 남긴 항구적인 공헌을 살펴볼 것이다. 두 사람 모두 심리평가와 정신분석 분야에 지울 수 없는 흔적을 남겼고, 진단검사 및 그 외의 영역에서도 풍부한 저작을 남겼다. 그리고 그들은 로샤로 장애적 사고를 이해하고 평가하는 진화 과정에서도 중요한 위치를 차지하고 있다. 우리는 로샤 사고장애 채점의 지적인 아버지 David Rapaport부터 살펴볼 것이다.

Rapaport의 일탈된 언어(DV)

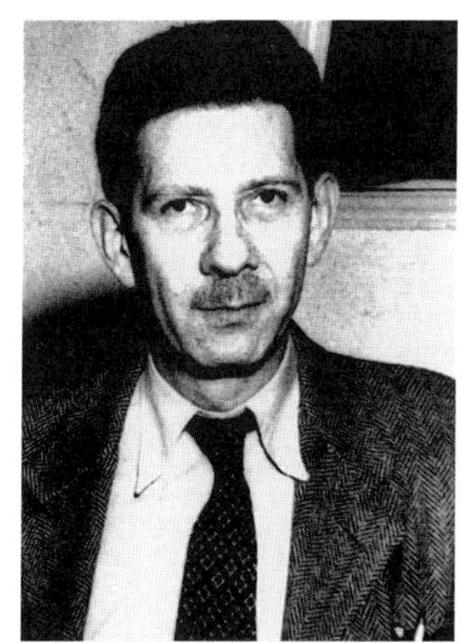
David Rapaport

Beck, Klopfer와는 달리 Rapaport는 그의 화려한 경력에서 상대적으로 늦은 시기에 로샤에 대한 관심을 나타냈고, 로샤에 대한 그의 획기적인 공헌 이후 수년간은 그의 관심이 줄어든 것처럼 보이기도 했다(Rapaport, Gill, & Schafer, 1946/1968). 미국 자아심리학의 선도적 인물로서 Rapaport는 심리진단적 연구와 로샤의 임상적 사용에 대한 관심에서 벗어나 정신분석적 초심리학(psychoanalytic metapsychology)을 해석하고 체계화하는 보다 추상적인 영역에 몰두했다. 하지만 그가 로샤 및 여타 심리진단적 도구에 적극적으로 관여했던 짧은 몇 년간의 유산은 심리검사 일반 및 장애적 사고의 평가라는 특수 영역에 큰 발자취를 남겼다. 1968년에 Holt는 Rapaport와 동료들이 쓴 글을 편집하면서 각주에 다음과 같이 적었다. 장해적 사고과정의 형태를 개념화하고 측정하는 Rapaport의 로샤 연구는 “가장 두드러지고 독창적인 공헌”이라고 했다(Rapaport, Gill, & Schafer, 1946/1968, p. 424). 많은 사람들이 이 분야에서 Rapaport의 공헌은 Rorschach 다음으로 크다는 사실에 동의할 것이다. 실제로 이 분야의 종사자 대부분은 Rapaport의 공헌이 Hermann Rorschach 말년의 짧은 선구적인 노력보다 훨씬 큰 가치가 있다고 생각한다(R. R. Holt, 개인적 대화, 2016년 6월 21일).

사고 병리의 본질을 판독하기

Rapaport는 사고 구조와 기능을 판독하고, 어떻게 욕동지배적 관념에서 유래된 사고과정이 사회화되어 논리적 사고과정이 되는지를 설명하는 데 열렬한 관심을 보였다(Kleiger, 1993). 그는 특히 어떻게 병리가 사고과정의 형태적 측면에 표현되는지에 관심을 가졌다. Rapaport가 사고 조직화와 병리적 표현에 대한 흥미를 가졌기 때문에 로샤 반응에서 지각적 특성 혹은 내용에 대한 좁은 관심에서 벗어나서 발화 분석(analysis of verbalization)을 향하는 길을 닦을 수 있었다. Rapaport에게 발화는 사고 조직화 원리를 드러내는 것이고, 사고 병리를 이해하는 열쇠였다. 그는 로샤에서 다양한 일탈된 언어 유형에 대한 종합적이고 체계적인 검증을 "사고장애를 검토하기 위한 고속도로"라고 했다(Rapaport et al., 1946/1968, p. 431).

Rapaport는 Merton Gill, Roy Schafer와 함께한 연구에서 '사고장애(thought disorder)'라는 용어를 사용하기 시작했다. 그의 책 『사고의 조직화와 병리(Organization and pathology of thought)』(1951)에서 공식적으로 소개되기 전에는 지금은 친숙한 이 용어가 조현병의 로샤 문헌에 자주 등장하지 않았다. 그래서 Rapaport의 연구는 로샤를 정신적 기관(mental apparatus)의 구분된 기능인 장애적 사고를 평가하는 방법으로 사용한 최초의 기록이 되었다. Rapaport와 동료들은 로샤 발화 분석에서 로샤 채점의 다섯 번째 범주를 소개했는데, 그것은 사고장애를 채점하고 개념화하는 거의 모든 후속 로샤 체계의 표준이 되었다.

잉크반점에서의 거리

일탈된 발화의 분석을 통한 사고장애 평가는 잉크반점에서 '거리(distance)'라는 Rapaport의 개념에 기반을 둔다. Rapaport에게 사고는 언제나 잉크반점의 지각적 현실과 결부된 것이었다. 적응적이고 현실에 기반한 사고는 지각과 연상 처리과정의 매끄러운 접합에 의존한다. 즉, 잉크반점에서 시작된 연상(associations)은 잉크반점의 지각적 현실에서 너무 멀리 이탈하면 안 된다. 연상과정이 잉크반점에서 너무 멀리 이탈하면 수검자는 눈앞의 지각적 현실을 무시한 것으로 간주한다. 그와는 달리, 잉크반점의 지각적 특징에 경직되게 순응하면 수검자는 잉크반점을 너무나 현실적인 것으로 간주해서 잉크반점과의 적절한 거리를 유지하지 못하거나 잉크반점을 '마치 실제인 것처럼' 대하게 된다.

Schuldberg와 Boster(1985)는 사고장애적 로샤 반응에 대한 Rapaport의 기술에는 명확성이 부족하고 개념적 혼란이 있다고 비판했다. 이들은 이러한 혼란이 반응 처리과정에서 '거리' 개념에 대한 Rapaport의 설명에서 가장 두드러진다고 했다. 거리 개념은 로샤의 병리적 반응의 기초가 되는 심리적 과정에서 Rapaport 개념화의 중심축이 되었기 때문에 Schuldberg와 Boster는 Rapaport의 이론적 구성개념의 기초가 되었던 자료들을 경험적으로 분석했다. 그들의 분석에는 Rapaport 등이 조현병 및 '조현병 발병 전(preschizophrenia)' 수검자에게서 얻은 108개 중 106개의 원본 사고장애 자료가 포함되었다. Schuldberg와 Boster는 장애적 사고의 최초 범주 구조와 상호관계를 검증하는 방식으로 병리적 로샤 반응 기저에 있는 심리과정을 구체화하려고 했다.

Rapaport 그룹이 선구적인 연구를 수행한 이래 40여 년 동안 진단 실제에서 변화를 반영하여 Schuldberg와 Boster는 원본 연구의 수검자들은 조현병, 기분장애적 정신증, 조현형 및 경계선 성격장애일 가능성이 높다고 결론지었다. 그들은 최소공간분석(smallest space analysis; Guttman, 1968)[1] 기법을 활용해서 수검자들 내에서 19개의 Rapaport 범주가 공존하는 공간적 표상을 구성할 수 있었다. 그들은 통계분석에 기반해서 Rapaport의 수검자들이 한 사고장애적 반응들은 병리적 사고 및 발화에 대한 단일차원 측정치가 아니라고 했다. 대신에 그들은 두 개의 차원이 Rapaport의 사고장애 채점 범주의 구조와 그의 거리 개념에 대한 합리적 · 경제적인 설명을 제공한다고 했다. 차원 1은 객관적 대 주관적 의미에 대한 채점 범주를 담고 있고, 차원 2는 언어적 생산성과 관련되는 것으로 과제에 접근하는 방식에서 일련의 경직성 대 유동성을 반영하는 것으로 밝혀졌다.

일탈된 언어의 범주

Rapaport와 동료들(1946/1968)은 로샤에서 모든 범주의 장애적 사고를 '일탈된 언어'라고 명명했다. 이러한 명칭의 변화는 이전의 로샤 문헌들과 자신의 경험 및 개념에 근거한 것이다. 비록 그 명칭들은 광범위한 로샤 문헌들에 있었던 병리적 언어의 범주들을 차용한 것이지만, 그들은 기존의 범주 대부분의 채점방식을 수정하고 의미를 확장했으며, 새로 확인된

1) (역자 주) 다차원 척도구성법의 일종으로 변수 간 관련성의 크기(상관계수나 유사도 등)을 n차원 공간상에 배치된 각 변수의 상대적 거리에 의해 구하는 것으로 변수 간에 존재하는 잠재적 구조를 밝히기 위한 통계기법.

범주들에는 명칭을 부여했다. 그들은 모두 24개 유형의 병리적 언어를 제안했다(〈표 4-1〉 참조). 이 채점 중 대다수는 사고장애 영역 밖에 있는 것이고, 장애적 사고에 특정되는 내용을 벗어난 다른 종류의 심리학 문제에 대한 것이다. 하지만 이들 범주들 중 많은 것(*가 표시된 것들)은 로샤 반응에 표현된 장해적 사고 및 언어 범주에 대한 그의 고유한 아이디어가 반영된 것이다.

〈표 4-1〉 Rapaport의 일탈된 언어

1	우화적 반응(fabulized responses)*
2	우화적 조합(fabulized combinations)*
3	작화증(confabulations)*
4	오염(contaminations)
5	자폐적 논리(autistic logic)*
6	특이한 언어(peculiar verbalizations)*
7	괴상한 언어(queer verbalizations)*
8	모호함 반응(vagueness responses)*
9	혼란 반응(confusion responses)*
10	지리멸렬 반응(incoherent responses)*
11	상징적 반응(symbolic responses)*
12	불합리한 반응(absurd responses)*
13	관계 언어(relationship verbalizations)*
14	관계 사고의 언어(verbalization of reference Ideas)
15	자기-참조 언어(self-reference verbalizations)
16	악화 색채 반응(deterioration color response)
17	대칭 언어(symmetry verbalizations)
18	정확 언어(exactness verbalizations)
19	비판적 언어(criticism verbalizations)
20	언어적 공격성(verbal aggression)
21	공격성 반응(aggression responses)
22	자기-비하 반응(self-depreciation responses)
23	정동적 언어(affective verbalizations)
24	자위 및 거세 반응(masturbation & castration responses)

주: * 표시된 범주들은 로샤 사고장애 채점에서 Rapaport, Gill과 Schafer(1946/1968)의 고유한 개념적 공헌을 표시한 것임.

■ 우화적 반응

비록 우화적 반응이 일반적으로 거리의 증가를 반영한다고는 하지만, 수검자가 잉크반점에 부여된 이미지가 단순한 상징적 표상이 아니라 생생하고 실제하는 것이라는 정서가 부하된 확신을 드러낼 때에는 거리의 상실(loss of distance)을 반영하는 것으로 간주되기도 한다. 예를 들어, 한 수검자가 I번 카드를 보고서 "오, 안 돼. 위험한 박쥐야(Oh no, it's a dangerous bat)!"라고 했다면, 이는 거리의 증가(잉크반점은 '위험한'이라는 기술을 지지하지 않는다)와 거리의 상실(수검자는 마치 이미지가 실제로 위험한 것처럼 반응했다)을 모두 나타낸다. Rapaport는 몇 개의 약한 우화적 반응은 병리적이지 않다고 했다. 검사자는 그런 반응이 많을 때에만 자폐적 사고를 의심하기 시작해야 한다.

■ 우화적 조합

Rorschach(1921/1942)가 '작화증적 조합'이라고 부른 조합 반응의 일탈적 형태를 확인했음에도 불구하고, 이 채점 개념을 공식화하고 '우화적 조합'이라는 로샤 언어로 소개한 사람은 Rapaport였다. 이 조합 반응의 핵심 요소는 구분된 영역 간의 공간적 관계를 확고한 실제적인 관계로 간주하는 것이다. 이러한 의미에서 Rapaport는 우화적 조합이 주로 잉크반점 측면에서의 극단적인 거리 상실 혹은 구체적인 해석(concrete interpretation), 공간적 병렬화를 반영한다고 지적했다.

비현실적인 관계나 상호작용은 자연적으로는 발생할 수 없는 불균형한 크기나 부자연스럽고 기괴한 관계에 기초할 수 있다. Rapaport는 우화적 조합이 정상 수검자의 로샤에서도 종종 나타날 수 있다고 말했다. 하지만 거기에는 보통 비현실적 특성에 대한 자각이 동반된다고 했다.

■ 작화증

이것은 로샤로 장애적 사고를 채점하는 데 있어서 Rapaport의 가장 독창적인 공헌 중 하나다. 이 용어 자체가 새로운 것은 아니지만, Rapaport는 Rorschach와 그의 추종자들이 사용하던 것을 넘어서 의미를 확장했다. Rorschach는 수검자가 하나의 부분에서 시작해서 전체 반응으로 일반화하는 반응을 기술하기 위해 '작화증적 전체 반응(confabulatory whole response)'(상징적 DW로 규정된)이라는 용어를 사용했다. 그가 처음 제시한 I번 카드의 예시를 떠올려 보면, 그 반응은 작은 부분('집게발') 하나를 부정확한 전체 반응('게')으로 지각적 일반화를 한 것에 기초했다. 여기에 작화증 혹은 병리적 채워 넣기(filling-in) 과정은 지각적인 특성에 기초할 뿐이며 관념적 혹은 연상적 특성에는 기반하지 않는다. 다시 한 번 강조하자면, Rapaport의 고유한 공헌은 잉크반점에서 거리 개념을 바탕으로 한다. 작화증 반응은 본질적으로 너무 멀리 간 우화적 반응으로 여겨진다. 달리 말하면, 작화증적 수검자는 잉크반점의 현실적인 측면으로는 정당화될 수 없는 이미지를 보고한다. Rapaport는 정동이나 환상의 부적절한 주입 혹은 부적절한 수준의 구체화에 근거한 작화증이 반응에서 나타나는 것은 적어도 발병 전 조현병 수준의 심각한 사고 병리를 시사한다고 믿었다.

Rapaport에 따르면, 작화증은 종종 잉크반점과의 거리 증가나 병리적 거리 상실의 조합을 반영한다. 잉크반점의 측면들은 글자 그대로 과도하게 받아들여질 수 있고, 그 다음에 잉크반점에서 지지되는 것 이상으로 정교화될 수 있다. Rapaport(Rapaport et al., 1946/1968)는 그러한 예로 V번 카드에 대한 한 반응을 제시했다. "두 사람이 누워 있는데, 피곤해서 쉬고 있네요. [측면의 형태들] … 누군가 그들을 돕는데 [가운데 형태], 자연이 그들을 돕는 것 같은데… 신인 것 같네요(Two people lying down, tired, resting [side figures] …somebody helping them [central figure], nature might be helping them… might be God)."(p. 433) 이 사례에서 에너지의 주입 혹은 에너지의 결여(즉, '피곤함'과 '휴식')는 우화적 처리과정의 일부인 거리의 증가를 반영한다. Rapaport는 가운데 형태를 기립한 형태와 누워 있는 것으로 보이는 양 측면의 형태 간의 관계에 기반해서 글자 그대로 '조력자(helper)'로 해석한 것에 주목했는데, 이는 병리적 거리 상실의 한 예시다. 결국 수검자가 '조력자' 개념을 받아들이고 그것을 '자연' 혹은 '신'으로 확장하는 우화적 과정에는 극심한 비약이 있다. 이는 둘 다 잉크반점이 합리적으로 암시하는 것을 크게 벗어났다.

Rapaport는 작화증 반응이 우화적 반응과 우화적 조합의 요소 모두를 반영하고 있다고 믿었다. 그는 세 유형의 반응 모두, 그중 특히 작화증은 일상적 상황에서 환상이 한 사람의 현실(감)을 잠식해 가는 기이한 사고(idiosyncratic thinking)의 신호가 된다고 했다. Rapaport는 작화증은 "가장 자폐적이고, 가장 분명한 조현병적 사고의 일부"(p. 435)라고 결론지었다.

■ 자폐적 논리

Rapaport는 von Domarus(1944)가 '유사논리적(paralogical)' 혹은 '술어적(predicate)' 사고라고 불렀고, Arieti(1974)는 '고논리적(paleological)' 추론이라고 불렀던 허위적 논리(fallacious logic)를 기술하기 위해 '자폐적 논리'라는 용어를 처음 사용했다. Rorschach는 하나의 공통적인 잉크반점에 대한 '유사논리적 사고'의 일반적 사례를 나타내기 위해 위치-결정적 반응에 'Po'라는 기호를 사용했다. Rapaport와 동료들은 'Po' 범주를 정교화해서 자폐적 추론은 수검자의 추론이 외현적으로 비논리적인 것이라고 정의했다. 전형적으로 수검자의 자폐적 추론은 수검자가 자신의 추론적 오류를 드러내기 때문에 단어 '왜냐하면(because)'이 앞에 붙는다. 예를 들어, IX번 카드에서 '북극 … 왜냐하면 그게 꼭대기에 있으니까요(The north pole … *because* it is at the top)'라는 위치 반응은 수검자가 이와 같은 비논리적 결론을 확신하고 있다는 분위기를 반영한다. 비록 Rapaport가 자폐적 논리 반응이 드물다는 점에 주목했지만, 그는 오염 반응처럼 자폐적 논리 반응도 비논리적 사고 및 손상된 현실검증의 신호이고, 거의 대부분 조현병의 질병특유적 반응일 것이라고 믿었다.

■ 특이한 언어 및 괴상한 언어

Rapaport의 여러 범주는 초기 로샤 연구자들에 의해 이미 기술된 것이지만, 지각과 구분해서 병리적인 말이나 언어를 범주화하려는 노력은 선구적이었다. 이들 채점 범주들에서 연구 대상은 자폐적 논리의 처리과정이 아니라 발화된 최종 산물(verbal end product)이다. Rapaport는 일탈된 언어가 로샤 카드에서 병리적인 거리의 증가 혹은 상실을 반영한다는 입장을 고수했다.

특이한 언어는 두 유형의 일탈된 의사소통 중 비교적 약한 것이다. 특이한 반응의 기준은 특정 로샤 반응의 맥락에서 부적절함과 기이함 밖에는 없다. 맥락 외의 것들은 고려되지 않는다. 예를 들어, '두개적 두개골(a cranial skull)'[2] '그것에 대한 독수리의 시야(an eagle view of it)'[3] '상호 간에 올라가는 두 다리(two legs raising each other)'[4] '손을 합치다(joined at the hands)'[5]와 같은 로샤 표현들은 청자에게 괴상하게 들린다. 하지만 다른 맥락에서는 각 표현이 적절한 용례가 될 수도 있다. 더 나아가 각 사례에서 표현의 이상함은 수검자가 전달하려는 의도를 크게 훼손하지 않는다. 이러한 특이한 언어들이 어색하기는 해도 청자는 보통 수검자의 생각을 따라갈 수 있다.

Rapaport에 따르면, 괴상한 언어는 어떤 맥락에서든 이상하게 들리는 표현이다. 그래서 이상하고 괴상한 언어는 심각성의 연속선 위에서 다른 등급으로 보인다. "그림의 메아리(echo of a picture)" "분열된 색깔(split color)"과 같은 언어 반응과 Rapaport 그룹의 "파리 발의 예술적 디자인(artistic design of a fly's foot)"(1946/1968, p. 447)과 같은 사례는 질적으로 기괴하다. 그래서 수검자가 전달하려는 의미는 생소하고 아득할 정도로 사적인 것이 된다. 이

2) (역자 주) 동일한 의미의 반복.
3) (역자 주) an eagle's eye view의 특이한 표현.
4) (역자 주) 두 다리를 꼬는 것에 대한 특이한 표현.
5) (역자 주) 악수하다는 의미의 특이한 표현.

상하긴 해도 알아들을 수는 있는 특이한 언어와는 달리, 괴상한 반응은 청자를 혼란스럽게 한다. Rapaport는 와해된 조현병 환자를 예외로 하면 보통 특이한 언어가 괴상한 언어에 비해서 더 흔하다고 했다. 그는 언어적 관습성이 병리적 사고를 은폐해서 많은 정신증 환자를 겉으로는 멀쩡해 보이게 할 수도 있다고 했다. Rapaport는 특이한 언어가 신경증과 정상인의 로샤 기록에서 나타날 수도 있지만, 조현병과 발병 전의 조현병 환자에 비해서는 훨씬 드물다고 했다. 하지만 괴상한 언어는 조현병 혹은 적어도 발병 전 조현병에 대한 질병특수적인 지표로 여겨졌다. Rapaport는 특이한 언어가 발병 전 조현병 상태에서 빈번한 진단적 반응이고, 괴상한 언어는 조현병의 지표로 더 적합하다고 했다.

■ 모호함 · 혼란 · 지리멸렬 반응

Rapaport 그룹은 '반응 위축(response atrophy)'이나 수검자가 지각적 혹은 언어적 곤란 때문에 반응을 억제하지 못하는 것으로 보이는 악화(degradation)의 연속선을 설명하기 위해 언어 관련 범주를 세 가지로 구분했다. 언어의 모호함은 명료하고 깔끔한 표현방식에서 수검자의 곤란을 반영한다. Rapaport의 말에 따르면, 수검자는 생생하게 정의된 지각을 유지하는 데 어려움이 있다. 언어의 모호함은 수검자가 자신이 본 것을 표현하려고 시도했지만 실패한 혼란감을 표현하는 데에서 드러난다. 신경증 수준의 수검자는 자신의 모호한 느낌을 더 잘 전달할 수 있지만, 정신증 환자들은 보통 그렇지 못했다. Rapaport는 I번 카드에서 "나는 마녀의 얼굴을 거의 볼 뻔했지만, 결국 그렇게 볼 수 없었네요(I can almost get a witch's face but I can't make it).", 그리고 VI번 카드에서 "벽에 고정된 피부… 정확히 이해되진 않지만, 그게 어딘가에 있습니다(A skin tacked on a wall… I can't quite get it but it is there some place)."(p. 449)라는 모호한 언어의 예시를 들었다. Rapaport는 이런 언어들이 종종 전정신증적(prepsychotic) 혹은 정신증적 상태에서 드러난다고 믿었다. 이런 반응들에서는 잉크반점의 최초 지각적 인상은 덧없고 빠르게 증발하는 것처럼 보인다. Rapaport는 이러한 사례에서 검사자가 '유사(quicksand)를 파내는' 느낌을 받을 수 있다고 했다.

Rapaport는 수검자가 잉크반점을 경험하거나 그들이 본 것에 대해 소통하려고 시도할 때, 혹은 그 둘 다에서 혼란감을 표현하는 반응에 대해 '혼란(confusion)'이라는 용어를 사용했다. Rapaport에 따르면, 수검자는 잉크반점을 특정한 방식으로 지각하지만 그런 건 있을 수 없다는 태도를 견지한다. 이렇게 함으로써 수검자는 자신이 본 것과 진실이라고 느끼는 것 사이의 명백한 모순에 대해 강한 혼란감을 드러낸다. 혼란 반응은 보통 어느 정도 뚜렷하게 나타나지만, 수검자의 당혹감이 보다 미묘한 표현으로 드러나기도 한다. 다음에 나오는 II번 카드에 대한 반응 예시처럼 말이다. "광대들… 그들은 세 개의 다리를 가지고 있어요… 그들은 세 개의 다리를 가질 수 없어요(Clowns… they have three legs… they can't have three legs)!" (p. 450) Rapaport와 동료들은 혼란 반응을 일상생활에서 혼란감이 있다는 신호로 보았고, 최악의 경우에 모순된 경험들 간의 개념적 경계를 유지하는 능력이 손상되었음을 나타낸다고 생각했다.

지리멸렬한 언어(incoherent verbalization)는 반응 과정에서 가장 심각한 침투와 단절을 반영한다. Rapaport는 이 채점 범주를 거의 이해가 불가능하게 주제를 이탈해서 중언부언하는 반응에 사용했다. Rapaport는 IX번 카드의 반응을 예로 들었는데, "남자들의 사지와 어깨… 언제나 내면의 야망은 그 남자가 날개를 만들어 중력을 이겨 내게 하고… 그 카드는 내게 그것이 끝날 수 있다는 걸 상기시키네요(Limbs and shoulders of men… always inner ambition that man could make wings and overcome gravity… that the card reminded me that it can be done)". 이 반응은 청자를 혼란스럽게 하는데, 이는 어떤 반응을 지리멸렬로 채점하기 위한 핵심 기준이 된다(pp. 450–451). 청자는 그런 반응에 쉽게 '와해되었다(disorganized)'고 말할 수 있다. 왜냐하면 사고 연쇄의 첫 시작이 이후의 관점과 연상을 규제하는 역할을 하는데, 여기서 사고는 관습적인 규칙에 따른 순서를 지키지 않기 때문이다. 앞의 예에서 첫 지각인 '남자들의 사지'는 뒤따르는 장황한 말과 전혀 논리적으로 일관성 없이 연결된다. 그래서 청자는 여지없이 혼란에 빠지고 자신이 잘못 듣거나 뭔가 빠트린 것이 아닌지 의아하게 된다. Rapaport는 지리멸렬함은 항상 정신증의 지표가 되고, 보통 조현병 혹은 기질성 정신증 진단을 받게 된다고 말했다.

■ 상징적 반응

상징적 반응은 수검자가 잉크반점에 대해 추상적인 의미로 '해석'하려는 시도를 반영한다. Rapaport는 암묵적(implicit)과 외현적(explicit)이라는 두 유형의 상징적 반응이 있으며, 두 유형 모두 정신증적 과정의 신호가 될 수 있다고 제안했다. 하지만 그는 상상력이 뛰어난 정상인 혹은 신경증적인 사람도 비교적 완화된(tone-down) 각 유형의 상징적 반응을 할 수 있다고 했다. 외현적 상징화 유형은 수검자가 잉크반점(혹은 전체로서의 반점)을 추상적인 개념으로 상징화하고 있음이 분명하게 드러난다. Rapaport 그룹에 따르면, 정신증-수준의 상징화는 잉크반점이 의미 있는 관념이나 진실을 나타낸다는 확신에 기반한다. 하지만 그 해석은 자폐적이고 과도하게 사적인 성질을 가지고 있어서 보통 청자가 이해할 수 없다. 더욱이 상징적 관념은 잉크반점의 형식적 성질과 잘 통합되지 않고 반응을 질적으로 향상시키지도 않는다. Rapaport는 VIII번 카드의 “이걸 그린 사람은 자연의 유사성 이론을 나타내려고 했음에 틀림없다(The one who drew this must have intended to represent the similarity theory of nature).”(p. 452)는 반응을 예로 들었다. 이 반응은 수검자가 잉크반점의 진정한 의미를 발견했다는 확신과 상징적 사고과정의 기이함을 드러내고 있으며, 결국 청자는 이해할 수 없어 혼란감을 느끼게 된다. 이와는 달리, 정상적인 수검자는 보다 통합되고 관습적인 방식으로 상징주의적 의미 해석을 시도한다. Rapaport는 II번 카드에서 ‘두 사람이 싸우는데 이 빨간색은 갈등의 상징인 것 같다(Two people fighting and the red might be symbolic of the conflict).’는 반응을 자주 들었다고 했다. 이는 상징적인 해석이 잘 통합되고 쉽게 이해되는 정상적/신경증 수준 상징성의 예시다.

Rapaport는 암묵적 상징성은 수검자가 상징적 의미를 직접 언급하지는 못하지만 리비도적 혹은 공격적 충동을 상징하는 이미지를 사용할 때 일어나는 처리과정이라고 기술한 바 있다. 예를 들어, 그는 IV번 카드의 상단부 돌출 부위에 대한 반응(Rapaport에 따르면, 종종 남근으로 보는)인 ‘곧추선 뱀이 공격하려고 준비한다(erect snake ready to strike)’는 ‘잠재적 남근 상징’을 나타내는 것이라고 했다. Rapaport에 따르면, 정신증 및 비정신증 환자들은 잉크반점을 볼 때 암묵적 상징주의를 활용한다. Rapaport는 상위 수준과 하위 수준의 유형을 구분한다는 점에서 수검자가 반점 영역에 맞지 않는 암묵적 상징성을 부여한다면, 이것은 검사자가 기록에서 다른 정신증 지표를 찾아봐야 한다는 경고일 수 있다고 제안했다.

Rapaport는 또한 검사자들이 외현적 혹은 암묵적 상징성의 형태에 기반해서 무의식적인 내용을 해석하지 말라고 경고했다. 로샤에 대한 그의 접근과 일관되게 상징 반응의 형태적 특성은 특별한 사고과정(예: 자폐증/정신증)의 지표로 봐야 하고, 수검자의 무의식적 갈등에 대한 접근으로 해석되어서는 안 된다고 했다.

■ 불합리한 반응

Rapaport에게 있어서 불합리한 반응은 잉크반점과의 병리적 거리라는 개념을 확장한 것이다. 왜냐하면 불합리한 반응에는 수검자가 잉크반점에서 연상한 것에 대한 정당화가 전혀 없기 때문이다. 선택된 잉크반점 영역과 명확히 연관되지 않는다는 점에서 반응의 형태질은 나쁘다. 적절한 반응은 수검자의 지각과 연상 과정이 조화롭게 혹은 Rapaport가 말했던 “톱니바퀴가 맞아 돌아가는(cogwheeling)” 방식으로 작동한다. 불합리한 반응은 이 두 처리과정 간의 현저한 비동조성을 반영한다. Rapaport는 V번 카드 반응을 예로 들었는데, “하마가 그렇게 퍼져 있을 수 있나요?(Could it be a hippopotamus spread out like that?)”는 분명히 불합리하다(p. 458). 검사자는 그런 반응이 어디서 나온 건지에 대해 당혹감을 느낀다. Rapaport는 이런 종류의 명백히 정당화되지 않는 반응이 조현병을 시사하는 것으로 봤다.

Rapaport 체계의 수정

많은 Rapaport의 제자들은 그의 채점 체계를 수정했으나 그들의 스승이 처음에 기술한 사고장애 채점 리스트를 보다 정교화하지는 않았다. 그런 수정 중 대다수는 원래 체계에서 까다롭게 느껴졌던 모호함을 없애기 위해 사고장애 채점 체계를 단순화하는 것이었다.

Rapaport의 뒤를 이어 Schafer(1948, 1954)는 로샤의 정신분석적 해석에 대한 광범위한 저술을 남겼다. Rapaport의 제자들 중에서 Schafer는 Rapaport, Gill과 함께 만든 첫 사고장애 목록의 정신에 명실공히 가장 근접해 있는 사람이었다. Schefer는 자신의 모든 저술에서 사고장애 환자들의 많은 사례 연구를 제공했으며, '반응 요약(summary of responses)' 부분의 '질적(Qualitative)' 항목 아래에 일탈된 로샤 언어들에 대한 채점을 나열했다.

Schafer는 채점 역치에 미치지 못하는 반응인 '경향성(tendency)'에 대해서도 언급했다. 예를 들어, 한 반응이 오염에 딱 맞지는 않아도 근접해 있다면 그것을 '오염 경향성'이라고 부른다. 마찬가지로 근접한 작화증 반응도 '작화증 경향성'으로 부른다. Rapaport는 보다 이른 시기에 이러한 '경향성' 반응을 인정해야 한다고 시사한 바 있다. 하지만 그는 이 용어를 사용하지는 않았으며 각 유형의 일탈된 언어 내에서의 연속성 개념도 개발하지 않았다.

1960년대에 Mayman은 로샤 채점 및 해석 매뉴얼을 발간했는데, 이 매뉴얼은 1982년에 상표권을 획득했고, 이후에 Appelbaum(1975)에 의해 개정됐다. Mayman(1982)은 Rapaport-Schafer 체계의 여러 측면을 변경하고 확장했다. 그는 로샤 반응의 우화적 정교화(fabulized embellishment)의 정도를 구분하기 위해 5점 척도를 개발했다. '우화적 정교화 점수(fab score)' 총점은 반응과정에서 객관적 현실에 환상이 주입되고 현실과 멀어지는 빈도와 정도를 측정하기 위한 것이었다. Rapaport와는 달리, Mayman은 잉크반점이 지지하는 것 이상의 환상적 소재로 정교화된 반응을 설명하기 위해 잉크반점으로부터의 '극단적인 거리 상실(extreme loss of distance)'이라는 표현을 사용했다. Rapaport는 아마도 그러한 반응을 작화증 반응 사례에서처럼 잉크반점과의 극단적 '거리의 증가'라고 불렀을 것이다. Mayman은 로샤 반응에서의 구강 공격성(oral aggressive) 정도를 채점하는 척도도 개발했다.

Lerner의 정신분석이론과 로샤에 대한 저술(1991, 1998)도 로샤에 대한 Rapaport의 이론적/개념적 접근을 보여 주려고 했다. Lerner는 방어기제, 자기, 대상관계에 관한 보다 현대적인 연구에서 로샤 결정인과 내용 채점의 자아심리학적 표준 해석을 보완했다. 그럼에도 그는 Rapaport의 일탈된 언어의 원래 목록에 매우 근접해 있었다. Lerner는 병리적 반응을 열 개 종류로 제한하여 제시했다. 우화적 반응, 우화적 조합, 작화증, 오염, 자폐적 논리, 특이한 언어, 괴상한 언어, 모호함 · 혼란 · 지리멸렬이 그것이다.

Holt의 일차과정 채점 체계

Robert R. Holt

Robert R. Holt는 임상심리학, 정신분석학, 성격 평가 연구의 모든 '인명록(Who's Who)'에서 확고한 지위를 차지하고 있다. 그는 반세기 이상 쉼 없이 프로이트 초심리학(Freudian metapsychology) 및 일차과정사고에 대한 프로이트의 저작에 대한 지속적인 연구, 비평, 재공식화 작업을 했다. 우리 분야에서 빛나는 지위에 도달한 대부분의 학자는 일정한 시기에 연구와 임상적 실무에서 물러나서 그들의 초기 공헌들만이 역사적 유산이 되거나 최근 연구와 임상 실제의 주석으로 살아남곤 한다. 하지만 어찌된 일인지 Holt는 이런 (은퇴) 통지를 받지 못했다. 그는 동년배들이 이 분야를 떠난 후에도 오랫동안 많은 연구와 학술적 저술을 지속했을 뿐만 아니라, 90대까지도 최초의 공헌들을 지속해서 발전시키고 정교화했다. 그는 92세에 이르러서 두 권으로 된 『일차과정사고: 이론, 측정, 연구(Primary process thinking: Theory, measurement, and research)』(Holt, 2009)를 발표했다. 이 책은 일차과정 이론에 대한 광범위한 연구들을 요약하고, 이를 일차과정사고를 현대의 신경과학과 일관되게 자신의 이론적 입장과 통합하려 했다. Holt가 『프로이트 재평가: 정신분석 이론에 대한 신선한 시선(Freud reappraised: A fresh look at psychoanalytic theory)』(Holt, 1989)을 저술한 이래 수십년 간 해 온 일에 관심이 있는 사람이라면 누구라도 '새로운 정신분석적 사고 이론'을 구축하고자 했던 통합적 관점의 노력에 감명을 받을 것이다. Holt는 인지신경과학, 신경심리학, 정보처리에 대한 컴퓨터 모델에 전념한 이후로, 그는 실행기능(executive function)이나 ToM과 같은 경계가 분명한 개념들을 결합한 사고의 정신분석 이론에서 '기본 가정들(basic assumptions)' 및 '시험 가능한 명제(testable proposition)'에 대한 상세한 개요를 제시했다. 예를 들어, 그는 일차과정 소재를 매개할 수 있는 '통제 및 방어 변인'에 대한 자신의 이전 아이디어를 보다 현대적인 개념인 언어적 자기-감찰(linguistic self-monitoring) 및 사회인지와 연결해 왔다.

Holt의 놀라운 경력에 관심을 가진 Strack과 Kinder는 『성격 과학의 개척자들(Pioneers of personality science)』(2006)을 저술할 때 Holt의 전생애에 걸친 노력인 성격기능의 개념화와 평가에 대한 견해에 자문을 받았다. Holt의 지대한 공헌에 익숙한 대부분의 사람은 그가 1940년대에는 메닝거 클리닉에서 Rapaport의 학생이었다는 것을 알고 있다. 수많은 Rapaport의 초기 제자들과 마찬가지로 자연스럽게 Robert Holt는 저명한 정신분석학자이자 로샤 이론가가 되었다. Holt는 연구 중에 일차과정사고의 적응적 순화 방식 혹은 중화(neutralization)라는 정신분석적 개념에 관심을 갖게 되었다. 그는 어떤 반응에서 리비도적 혹은 공격적 추동의 파생물이라는 증거가 부족하다면, 로샤 반응에 표상된 사고과정은 추동에너지가 중화된 정도를 반영할 수 있다고 추정했다. Holt는 로샤 내용에 일차과정 소재가 충만한 정도를 측정하기 위해 '중화 지표(neutralization index)'를 개발했다(Klopfer et al., 1954). 이 지표들은 모든 구강기, 자기애, 항문기, 관음증, 노출증, 요도, 남근기, 동성애 및 공격적이거나 파괴적인 내용에 대한 총합으로 구성되어 있으며, 모든 지표의 총합을 R(로샤 전체 반응수)로 나눈다.

Holt는 대학생 집단 연구에서 일부 학생들의 로샤 반응은 일차과정사고의 측면들을 드러냈지만, 이러한 측면은 보다 유연한 인지 스타일로 독립적인 판단을 하는 학생들의 유머 및 문화적 참조로 균형을 이룬다는 것을 발견했다. 그래서 Holt는 수검자가 로샤 반응의 일차과정 소재의 출현을 통제하거나 방어하려는 시도의 상대적 효율성에 대해 면밀한 관심을 갖게 되었다. 그는 그러한 과정을 통해서 일차과정사고가 제한없이 표출되는 것과 이러한 내용이 사회적으로 수용 가능하게 조정되어 표현되는 것을 구분하는 것이 가능하다는 것을 알게 되었다.

Holt는 이론과 연구에 대한 풍부하고 상세한 개관을 하는 것 외에도, 일차과정 징후, 특히 자아 통제와 방어를 측정하기 위한 이론적 기반을 갖춘 로샤 채점 체계를 확립하는 데 관심을 가졌다. 그는 동료 Joan Havel과의 협동 연구(Holt & Havel, 1960)에서 로샤로 일차과정사고를 측정하기 위한 Pripro 채점 체계(Pripro Scoring System)[6]을 개발했다. 종합적인 Pripro 체계는 임상적 도구보다는 연구용 도구에 더 적합하게 고안되었다(Holt & Havel, 1960).

Holt의 완전한 Pripro 채점 매뉴얼은 이 체계에 대한 연구와 더불어서 2권으로 이루어진 2009년 판에 포함된 CD에 수록되어 있다. Pripro 체계와 그 체계를 활용한 연구는 고통스러

6) (역자 주) Pripro는 the primary process scoring scheme의 약자임.

울 정도로 길고 자세하지만(p. 847), 정신분석적 개념을 조작적으로 정의하고 그 개념을 심리 측정의 실제, 특히 로샤를 활용한 측정에 적용하는 데 있어서 가장 혁신적인 공헌을 했다. 거의 100개에 이르는 개별 채점 변인은 크게 세 개의 채점 범주로 묶이는데, Holt는 거의 반세기에 걸쳐 개발된 그의 채점 체계를 임상가들이 쓰지 않을 수도 있다는 사실을 인정했다.

> Pripro 체계는 고된 것으로 악명 높다. 이 체계를 배우는 데에는 긴 시간이 필요하며, 중간 정도 길이와 복잡성을 가진 임상적 기록에도 채점에는 오랜 시간이 든다. 이 체계는 높은 평가를 받지만, 그래도 연구자 이외의 사람들에게는 흥미를 끌거나 가치를 인정받지 못할 것이다. (Holt, 2009, p. 682)

세 가지 채점 범주는 각각 Holt가 기술한 일차과정사고의 개별 측면에 상응하는 것이다(Holt, 1956, 1970, 1977, 2009; Holt & Havel, 1960). 원래 이 세 채점 범주는 내용 변인, 형식 변인, 통제 및 방어 변인을 포함하고 있었다. Holt는 2009년의 종합적인 연구에서 7개의 기호화 범주를 제시했다. 내용 분석, 형식적 측면들, 통제 및 방어, 형태 수준, 창의성, 방어에 대한 요구, 방어 효율성이 그것이다.

내용 변인들

일차과정사고는 소망적 성질을 특징으로 하기 때문에 Holt는 각 반응에 존재하는 일차과정적 소망 정도를 반영한 내용 변인 그룹을 구성했다. Holt는 리비도적 소망과 병리적 소망을 반영한 2개의 주요 내용 범주를 명시했는데, 그 후 각각의 범주는 반응에서 일차과정 경험이 지배적인 정도를 반영하기 위해 수준 1과 수준 2로 분류되었다. 수준 1 반응은 노골적이고, 조잡하며, 원시적이고, 조율되지 않은 리비도나 공격적 충동의 표출이 반영된 심상으로 정의된다. 수준 2 반응은 보다 사회화된, 문명화된, 그리고 조율된 일차과정적 표현을 반영한다.

형식 변인들

Holt는 Rapaport의 일탈된 언어 목록이 일차과정 경험의 형식적 표현을 범주화하는 실제적인 방법이라고 믿었다. Holt(1967, 1970, 2009)가 고안한 채점 매뉴얼은 일차과정사고의 형식적 측면을 측정하기 위한 것이어서 결국 Rapaport의 작업에서 파생되고 정교화된 것이라고 할 수 있다. Holt는 로샤 반응에서 일차과정사고와 꿈의 형식적 특징들—응축(condensation), 전치(displacement), 상징화(symbolization)—을 연관지으려고 했다. 하지만 Holt는 꿈과 로샤 사고는 상당히 다르고, 비교 가능한 처리과정으로 간주할 수 없으며, 로샤에서는 수검자의 연상 없이는 언제 응축과 전치, 상징화가 일어나는지를 알기 어렵다는 사실을 깨달았다. 그럼에도 불구하고 그는 이런 일차과정 기제의 흔적들을 장해적 로샤 반응에서 포착할 수 있다고 믿었다. 이런 경우, 수검자가 일차과정사고의 흔적을 은폐하는 데 실패하면 이차과정사고에 안착한 논리적이고 정연한 사고로부터 일탈하게 된다.

Holt는 자신의 매뉴얼에서 형식적 변인 항목을 구성할 때, 꿈 처리과정과 관련된 형식적 일탈의 유형에 제한을 두지 않았다. 오히려 로샤 상황에 고유한 다른 일탈적 처리과정을 포함하려고 노력했다. Holt는 그의 매뉴얼을 수차례 개정했으며, 채점 범주에 대한 조작적 정의를 다듬어 그의 장황하고 철저한 2009년 판 매뉴얼을 완성했다. 그는 광범위한 조직화 범주로서 응축, 상징화, 전치의 개념을 시작으로, 반응의 지각적 조직화와 언어, 그리고 그 기저에 있는 사고 처리과정에서 구조적 일탈을 측정하기 위한 거의 40개의 구분된 채점을 도출해 냈다. 내용 변인과 함께 각 형식적 채점 범주는 수준 1 혹은 수준 2로 지정되는데, 수준 2는 반응 측면이 더 원시적이고 덜 조율된 일차과정사고가 표상된 정도를 나타낸다.

일차과정사고의 대표적 특징 중 하나인 응축은 외부 현실의 정확한 시각이 요구되는 방식으로 심상과 관념을 안정적으로 유지하고 구분하는 능력이 없음을 나타낸다. Holt는 그가 '심상—융합(image-fusion)'이라고 부른 8개의 다른 유형을 구분했는데, 수준 1, 수준 2 혹은 둘 다로 채점할 수 있다. Holt는 전치가 종종 반응을 보다 사회적으로 수용 가능하게 하는 효과를 나타낸다고 지적했다. 결과적으로 전치는 연속선 상에서 이차과정 쪽에 근접해 있는 것이다. 전치에 대한 Holt의 채점 범주는 수준 1과 수준 2 반응을 모두 포함하고 있다. 마지막으로, Holt의 상징화 범주는 추상적인 관념을 표상하는 데 사용한 잉크반점의 구체적인(concrete) 특징과 관련된다. 각 사례의 수검자들은 잉크반점의 색채, 음영, 공간적 배열 혹은 형태적 특징을 활용해서 추상적 사고를 표상하려는 시도를 명시적으로 드러낸다. 외현적 상징화는 세 가지의 구체적 하위범주로 채점된다.

프로이트는 일차과정사고의 형식적 특징들로 모순*(contradiction)*을 포함시키지 않았지만, Holt는 프로이트의 저서에 기초한 추론에서 모순에 대한 감내력이 일차과정 경험의 중요한 특징 중 하나가 된다고 했다. Holt는 세 유형—정동적 모순(affective contradictions), 논리적 모순(logical contradictions), 현실의 모순[contradictions of reality; 이전에는 부적절한 활동(inappropriate activity)이라고 불림]—의 모순에 대해 채점했다. Holt는 처음에는 이상한 언어를 어떻게 분류하거나 해석해야 할지 확신할 수 없었다. 그는 그것들이 지각 및 연상적 정교화에서의 일탈과는 다르며, 응축, 전치, 상징화의 제목 아래에 놓일 수 없다고 믿었다. 그럼에도 불구하고 그는 그의 체계에 언어 사용의 일탈적 형태를 포착하기 위해 다섯 개의 언어화 채점을 포함시켰다. 하지만 그는 각각의 언어화 점수는 주의해서 해석해야 한다고 생각했다. Holt는 11개의 추가적인 채점을 묶어서 이 잡다한 범주의 주서(rubric) 하에 두었다. 여기에는 Rapaport와 선배들에 의해 알려진 다수의 채점이 포함되었다.

통제 및 방어 변인들

Holt의 많은 공헌 중에서는 장애적 사고의 로샤 사례들에 대한 개념화와 채점에서 통제 및 방어 변인들을 조작적으로 정의하려 했던 노력이 가장 독창적이다. 이 범주들은 내용 혹은 형식 변인에 대한 구분된 채점을 정당화하는 요소가 반응에 포함되어 있다면 반드시 채점이 이루어진다. Holt는 통제 및 방어 채점 범주들은 반응의 소재가 부적절하다는 자각이나 잠재의식을 표상하며, 그러한 것들을 검사자에게 표현하고 소통할 수 있게 조율하려는 노력도 나타낸다고 믿었다. Holt는 이 채점 중 많은 것에 마이너스 혹은 플러스 기호를 부여했는데, 각 기호는 그런 소재를 완화하거나 통제하는 노력이 성공적인지(+) 성공적이지 않은지(−) 여부에 따라 지정되었다. 만일 통제나 조절 노력에 의해 그 반응이 유의미하게 개선되거나 손상되지 않을 경우, 기호는 부여되지 않는다.

Holt는 최초에는 통제 및 방어 변인들을 일곱 그룹으로 구분했다. 원격성(remoteness), 맥락(context), 반영(reflection), 지연(postponing), 전략(strategies), 잡다함(miscellaneous), 방어(defense), 연속(sequence), 명백함(overtness)이 그것이다. 이후 그는 잡다함 범주에 반영과 연속을 포함시켰다. Holt는 익숙한 방어기제들을 반영하는 다수의 이질적인 채점들을 포함했다. 이들 중 일부는 부적응적인 것으로 간주되었고, 그런 경우 마이너스 기호를 부여했다. 나머지 경우는 보다 적응적인 것으로 여겼다.

Holt는 로샤 반응에서 유추할 수 있는 관련된 방어 과정을 구분하기 위해 Schafer(1954)의 연구를 활용했다. Holt는 부정(negation), 부인(denial), 합리화(rationalization), 거부(repudiation), 축소(minimization), 무효화(undoing)와 같은 방어기제 외에도 방어 활동의 여러 다른 형태를 포함했다. (1) 완곡 어법(euphemism), (2) 언어의 천박함(vulgarity of verbalization), (3) 반응의 적응적 변형, (4) 합리화, (5) 부정, (6) 축소, (7) 역공포적 방어(counterphobic defense), (8) 자기-비난(self-deprecation), (9) 반응의 거절 혹은 거부

(repudiation or disavowal of a response), (10) 지각 혹은 의사소통의 모호함, (11) 투사, (12) 강박적 방어, (13) 고립(isolation), (14) 기피와 회피(evasiveness and avoidance), (15) 무기력(impotence), (16) 연속(sequence)이 그것이다. 수검자들은 보다 중립적인 이차과정 내용에 일차과정 반응을 섞는 방식으로 방어할 수 있다. 사람들은 수준 1 혹은 수준 2 반응을 넘나들며 채점되지 않는 반응을 하거나 수준 1에서 수준 2 반응으로 옮겨 가기도 한다.

Holt는 또한 일차과정적 소재를 외현적 표현과 잠재적인 표현 측면에서 평정하는 데 관심이 있었다. 일차과정 내용은 소망 및 사고가 말과 행동으로 드러나는 외현성의 연속선 상에서 표현될 수 있다. 일차과정적인 충동이 사고보다는 행동의 형태로 표현될수록 더 외현적으로 드러나고 방어는 덜 성공적일 것으로 가정된다. 예를 들면, "이 남자는 이 남자를 여기에서 공격하고 있어요(This guy is attacking this guy over here)."라는 반응은 "이 남자는 다른 남자에게 '나는 너를 공격할 거다'라고 말하고 있어요(This guy says to the other guy, 'I'm going to attack you)."라는 반응보다 더 외현적인 것으로 평가된다. 일차과정적 소재가 소망, 느낌, 감각 혹은 환상으로 표현될 때, 외현성의 수준은 보다 약화된다. 예를 들어, '배고픈 늑대'나 '화난 얼굴'과 같은 반응은 이 사례에서 공격성의 즉각적인 일차과정적 욕동 내용이 약화되었음을 반영한다. 마지막으로, 일차과정적 내용은 정적(static) 혹은 잠재 운동 반응들과 같은 잠재적인 방식으로만 표현될 수도 있다(예: '나를 잡을 준비를 하는 거인' 혹은 '쏘기 직전의 저격수').

형태 수준

1970년 채점 매뉴얼 초안에서 Holt는 각각의 반응에 적용할 수 있는 세 개의 평정 척도를 제시했다. 여기에는 반응의 형태 수준, 조합과 통합의 질, 창의성 수준이 포함되었다. Holt(1977)는 후에 창의성 채점과 조합/통합 채점은 선택사항이며, 일차과정적 소재를 수용하는 방어 용량(defensive capacity)의 총체적인 효율성을 계산하는 것이 필수는 아니라고 지적했다. Holt는 Mayman(1964)의 다층적 척도를 사용해서 형태 수준을 평정하는 다음과 같은 양적 평정치를 추가했다.

F+	쉽게 볼 수 있는 날카롭고 설득력 있는 형태
Fo	평범 혹은 평범에 근접한(popular or near-popular)
Fw+	약간 확장되었고, 합리적으로 그럴듯한

Fw-	반점과 약간 닮은 정도의 관계만 있는
Fs	F+ 혹은 Fo를 지향했으나 수검자가 무언가를 설명하다가 형태 수준의 수용가능성(acceptability)을 저하시켜 반응을 훼손함
F-	거의 혹은 전혀 닮은 데가 없는 자의적인 형태
Fv+	반점에는 적합하고 색채나 음영이 적절히 사용되어 조합된 비정형(nondefinite)의 모호한 형태(vague forms)
Fv	어떠한 결정인도 없는 모호한 형태
Fa	형태가 어떠한 역할도 하지 않는 무정형의 반응(Amorphous responses; 예를 들어, 순수 C, C', Ch 반응)

방어 요구

방어 요구(Demand for Defense: DD)의 평정은 수준 1과 수준 2를 상세하게 구분한다. DD 항목별로 반응 내용질 혹은 형태적 성질에서 보다 사회적으로 수용될 수 있게 만드는 데 방어나 통제 자원 사용이 필요한 정도가 양적으로 환산된다. 한쪽 극단에는 수준 1의 화려한 내용과 노골적인 비논리적 사고가 있는데, 이 반응들은 수검자가 반응에 포함된 일차과정적 원시성을 설명해 내기 위한 강한 요구에 부여되는 형식적 채점을 특징으로 한다. 다른 쪽 극단에는 수준 2 내용 채점을 해도 아무런 이득이 없고 형식적 추론이나 논리에서 아무런 일탈이 없는 반응들이 있다. 그래서 각 반응은 방어 요구 수준에 따라 정량적으로 채점된다.

Holt는 전반적으로 각 반응에 6점 DD 평정척도를 사용할 것을 권장한다. (1) 분명한 방어 요구가 없음*(no apparent need for defense)*, 거의 눈에 띄지 않는 일차과정적 소재 측면들을 간접적으로 포함한 반응들, (2) 약간의 방어 요구*(slight need for defense)*, 형식적 혹은 내용적 변인이 청자에게 다소 낯설게 들리는 수준 2의 형식 및 내용 채점을 모두 포함한 반응들, (3) 중등도의 방어 요구*(moderate need for defense)*, 사회적 상황에서 약간의 긴장이나 당혹감을 유발할 수 있는 수준 1이나 수준 2의 형식 혹은 내용 변인을 포함한 반응, (4) 상당한 방어 요구*(considerable need for defense)*, 예를 들어, 성 기관(sex organs)과 관련되거나 수준 1의 내용 및 형식적 측면을 결합한 반응들, (5) 큰 방어 요구*(great need for defense)*, 사회적 전통에서 항상 부적절한 관념들(반응들이 사회적 판단력의 손상을 암시하기 때문에 보통은 정신증을 시사함), (6) 가장 큰 방어 요구(greatest need for defense), 원시적 내용의 가장 극단적인 조합 및 정신증적으로 손상된 추론이 그것이다.

방어 효과성

Holt는 또한 일차과정적 내용이나 형식적 특질을 포함한 각 반응에서 방어 혹은 통제의 효과성을 평정했다. Holt(1977)에 따르면, 방어 효과성(Defense Effectiveness: DE)은 +2에서 −3점 범위를 가지며 .5점씩 증가하는 다점 척도로 평정된다. 양의 값은 적응적 퇴행과 효과적인 통제를 나타내고, 음의 값은 비효과적인 방어와 기능상 병리적 퇴행으로의 변화를 나타낸다. Holt는 성공적으로 방어된 반응과 창의적 반응을 변별하려고 시도했는데, 이는 별도의 척도로 평가되었다.

수치화된 평정에 더해서 수검자가 통제나 방어를 시도하지 않은 비방어 반응(undefended responses)을 구별하기 위해 일부 반응에 문자 'a'를 부여했다. 만일 반응이 대부분의 측면에서 성공적이라면, 방어나 통제 측정 관련 채점이 결여되어 있어도 그것이 반드시 불안정성으로 고려되어야 하는 것은 아니다. 성숙한 사람은 일차과정사고 및 심상에 위협받지 않아서 그것에 대해 방어할 필요를 느끼지 않는다.

적응적 퇴행 점수

적응적 퇴행 점수(Adaptive Regression Score: ARS)는 DD와 DE 반응의 합을 일차과정 반응의 수로 나누어 산출한다. 다른 유용한 지표들은 일차과정 소재(material)를 포함한 반응의 비율(총 일차과정 비율: percent total primary process), 일차과정 내용(content)을 포함한 반응의 비율(내용 비율: percent content) 혹은 일차과정의 형식적 지표들을 담고 있는 반응 비율(형식 비율: percent formal), 수준 1 혹은 수준 2 반응 비율(수준 1 혹은 수준 2 비율: percent Level 1 or Level 2), 그리고 형태 수준 평정의 평균값을 포함한다.

Rapaport와 Holt 체계의 공헌을 돌아보기

Rapaport와 Holt 같은 전설적인 인물이 로샤에서 장애적 사고의 이해와 평가에 미친 선구적 공헌을 평가하는 것은 겸허함을 느끼게 하는 벅찬 과제다. 그 둘은 정신분석과 심리측정 분야에서 지워지지 않을 업적을 남긴 연구자—이론가로서 명예의 전당에 올라야 마땅할 것이다. 나는 이 과제의 범위를 제한하기 위해서 그들의 경험적 · 개념적 · 임상적 측면에서의 고유한 공헌들에 대한 나의 의견을 엮어 보기로 했다. 이전에 내가 했던 것(Kleiger, 1999)처럼 Rapaport와 Holt 체계를 따로 비평하는 대신에 나는 로샤로 장애적 사고를 연구하고 측정하는 데 있어서 그들의 공통점과 차이점을 논의해 보도록 하겠다.

경험적 기초

기저의 방법론적 문제와 수많은 통계적 오류, 규준 데이터베이스의 결여는 Rapaport 체계 및 일반적인 로샤 연구를 적절하지만 동시에 손쉬운 비판의 대상이 되도록 했다(Goldfried, Stricker, & Weiner, 1971; Exner, 1974, 1986, 1993; Wood et al., 2003). 심지어 Rapaport, Gill과 Schafer(1946/1968)마저도 자신들의 연구가 "거친" 성질의 예비적인 연구라는 것을 인식하고 있었다. 그래서 그들은 "다음 페이지에 나오는 주장은 완전한 설명이나 우리가 인용한 내용에 최종적이고 체계적인 타당성을 보여 주는 것"(p. 425)이 아니라는 것을 인정했다. Holt는 『진단적 심리 검사(Diagnostic psychological testing)』(Rapaport et al., 1946/1968) 개정판의 편집자 서문에서 Rapaport 그룹이 처음 사용한 일탈된 언어 범주에 대한 연구설계의 방법론적 결함을 논의했다. 그는 그 연구의 방법론 혹은 통계적 기초에 대한 단순한 의심으로 다른 방법론적 절차로 쉽게 보완할 수 있는 강점을 놓쳤다고 주장했다. 즉, 주의 깊은 표본 선발, 통제 집단 간 비교, 검사 자료의 질, 저자의 임상적 및 이론적 전문성에 반하는 경향성의 자료에 대한 확인 노력 등이 그것이다.

Rapaport의 일탈된 언어 기호화 체계에 광범위한 경험적 근거가 부족한 것과는 대조적으로, Holt의 Pripro 체계에 대한 경험적 지지는 방대하다. 50여년 동안의 연구들이 이 체계의 다양한 측면이 장애적 혹은 일차과정적 사고를 식별하고, 일차과정사고가 통제되어 적응적으로 활용되는 정도를 측정하는 데 신뢰롭고 타당한 측정치라는 것을 입증했다. 그래서 Pripro 채점 체계를 사용한 연구들은 일탈된 사고에 대한 단일 측정치로서의 활용도를 크게 넘어서서 인지 및 정서 스타일, 정신병리, 창의성과의 관계를 보는 수준까지 확장되었다. Bornstein과 Masling(2005)는 그들의 저서에 경험적으로 타당한 로샤 체계로 Holt의 Pripro를 포함했다.

Holt(2009)는 그의 책 1권 두 번째 장을 Pripro 채점 도식의 개발과 연구 도구로의 사용을 지지하는 광범위한 타당화 연구를 소개하는 데 할애했다. Holt는 전 세계의 100여 개가 넘는 연구에 대한 비판적 개관을 했는데, 거기서 그는 자신의 채점 체계가 정신분석적 개념의 검사와 진단적 평가에 유용하다는 것을 입증했다. Holt는 그의 책 1권을 Pripro의 향후 연구

방향에 대한 생각으로 마무리지었다.

많은 연구가 Pripro의 구성타당도를 검증했다. Holt의 체계는 적어도 10개의 세부 연구 분야에 활용되었고, 다음과 같은 문제를 가진 사람들의 적응적 퇴행과 사고과정 간의 관계를 확립했다. 종교적 전환(religious conversion; Allison, 1962; Maupin, 1965), 인지적 유연성 및 인지적 복잡성의 대처를 위한 가용량(von Holt et al., 1960; Blatt, Allison, & Feirstein, 1969; Murray & Russ, 1981), 창의성과 확산적 사고(Cohen, 1960; Pine & Holt, 1960; Russ, 1988), 비현실적 경험을 감내하는 가용량(Feirstein, 1967), 정서적 민감성과 비언어적 의사소통(Weiss, 1971), 치료에서 공감적 행동(Bachrach, 1968), 감각 박탈을 감내하는 능력(Goldberger, 1961; Wright & Abbey, 1965; Myers & Kushner, 1970), 2~3학년 학생들에 대한 교사의 대처 능력 및 성취 점수 평정(Russ, 1980, 1988)이 그것이다.

이들 연구 대다수가 일차과정적 소재를 통제되고 적응적인 방식으로 통합하는 능력(capacity)에서의 일련의 긍정적인 발견이 여성이 아닌 남성과 연관되었음을 증명한 것은 흥미롭다. 로샤 반응에서 드러난 일차과정사고를 통제했던 남성 수검자는 인지적 복잡성을 좀 더 효율적으로 다루고, 문제해결전략을 유연하게 전환하며, 확산적 사고를 보여 줄 수 있었다. 이는 결국 불안 관리 및 극복 점수와 정적 상관을 갖는다. 이와는 대조적으로 검사가 아닌 상황에서 '적응적 퇴행'과 유사한 특성을 나타낸 여성의 로샤는 방어되지 않은*(undefended)* Pripro 소재가 많은 것이 특징적이었다.

이러한 인상적인 문헌들과 경험적 지지에도 불구하고 Pripro에 대한 모든 개관이 한결같이 긍정적인 것은 아니었다. 그중 출판되지 않은 한 개관 문헌에서 DeFife는 경험적 지지가 된 연구들이 매우 비일관적이라는 것을 발견했다. 구체적으로, 그는 기초 인지구조에 대한 일부 측정치는 시간적 안정성 계수가 낮았고, 전체 Pripro 지표와 창의성 및 정신병리 간의 관계에 대한 연구들은 모순된 결과를 산출했다. Holt(2009)는 Pripro 채점 체계에 일부 약점이 있다는 점을 인정했고, 행동과학 연구로서 본질적인 측면에 그러한 비일관성이 있다는 것을 알고 있었다.[7] 그럼에도 불구하고 DeFife는 그의 타당화 작업이 Holt가 인정한 것보다 더 큰 약점과 비일관성이 있다고 주장했다. Holt의 2009년 문헌에 대해 다른 비평가들은 Pripro 채점 체계의 타당성을 지지하는 다수의 연구가 출판되지 않은 학위 논문과 소규모 표본에 기초한 것이라는 점을 지적했다(Masling, 2011).

동시에 DeFife는 일차과정 관념의 혼란스럽고 조율되지 않은 표현을 표상하는 수준 1

7) 그 당시 Holt는 DeFife의 출판되지 않은 개관에 대해서 잘 몰랐고, 그의 비판에 응할 수 없었다(Holt, 개인적 대화, 2016년 6월 21일).

점수가 다양한 정신병리와 유의미하게 관련된다고 결론지었다. 일부 연구 사례에서 수준 1 Pripro 점수는 우울증, 정신병질(psychopathy), 정서적 불안정성, 아동기 긴장(childhood tension), 성적 역기능 측정치와 상관을 보이며, 효과 크기도 큰 것으로 나타났다.

개념적 기초

아마도 Rapaport와 Holt의 체계는 그들의 어떠한 계승자들보다도 개념적 범위에 있어서는 독보적이다. Rapaport와 Holt는 둘 다 열정적 관심을 가지고 정신분석적 개념들을 비평하고, 개정하며, 조작화하고, 측정하는 작업을 추진했다. Rapaport는 연구자라기보다는 이론가에 가까웠던 반면, Holt는 과학자-실무자에 대한 이상을 품고 있었다. 그들의 연구가 명확한 과학적 지지를 받지는 못했지만, 그들은 검사를 사용하는 방식을 정교화하고 이론적 개념을 조작적으로 정의했으며, 검사 현상에서 이론을 이해할 수 있도록 도움을 주었다. Rapaport와 Holt는 모두 진단적 검사나 로샤를 넘어서는 광범위한 분야에 대한 관심사를 가지고 있었다. 하지만 그들은 정상 및 병리적 사고과정에 대한 연구를 위해 그들 이력의 상당 부분을 할애했다. 그들 각각은 로샤를 자신의 연구에 도움이 되는 도구로 보았다.

Rapaport는 일반적으로 로샤 반응의 기저에 있는 심리적 처리과정에 대한 논리적 근거에 대해 기술했고, 특히 일탈된 언어에 대한 그의 설명은 로샤 반응, 채점, 수검 태도에 대한 개념적 기초에 관심이 있는 심리학 후속 세대를 위한 기반이 되어 주었다. 그의 '잉크반점에서의 거리'는 로샤에서 반응 처리과정, 사고, 언어를 이해하는 데 있어서 기초적이지만 명확하지 않으면서도 동시에 중추적인 개념이다. Rapaport가 자신의 핵심 개념을 설명하는 것을 읽노라면 혼란스럽다. 왜냐하면 그의 말이 쉽게 이해되지 않기 때문이다. Holt는 1968년에 Rapaport 등(1946/1968)이 쓴 책을 개정하면서 서문에 '잉크반점에서의 거리' 개념은 상당히 불확실하고, 종종 추종자들이 병리적 거리의 증가와 상실 개념을 혼동하게 했다고 적었다. Holt는 특정한 반응이 거리의 상실이나 증가 혹은 둘 다를 반영하는가에 대한 그들의 논의를 따라가기 어려웠고, 각각의 채점 범주에 대한 보다 의미 있는 논리적 근거를 혼란스럽게 하는 경향이 있다고 생각했다. 그보다 더 이른 시기에 Schuldberg와 Boster(1985)는 반점에서의 거리라는 불명료한 개념을 중심으로 연구를 정리했다.

Holt는 60여년 간 그의 스승 및 후계자와 견주어 왕성한 교육과 연구로 공헌했지만 한 가지 의문을 남겨 두었다. Rapaport가 사고장애에 대한 자신의 생각을 더 발전시키고 Rorschach가 49세 이후로도 살았으면 어땠을까 하는 것이다. 어떤 경우이든, 그러한 비교는

쓸모없다. 왜냐하면 그 둘은 심리진단 검사와 사고 연구에 관심을 가진 수많은 학생–그들 중 다수는 선생이 된–에게 풍부한 개념적 기반을 제공했기 때문이다.

Rapaport는 로샤와 진단적 심리검사 연구에서 관심을 옮겨서 남은 여생 동안 정신분석적 자아심리학의 교리를 개발하고 정리하는 데 헌신했다. Holt는 Freud의 일차 및 이차 과정 사고(Freud, 1900)와 Kris(1952)의 자아에 봉사하는 퇴행 개념에 많은 흥미를 갖고 있었고, 그의 관심은 거기에서 크게 벗어난 적이 없었다. Holt의 방어 요구, DE, 적응적 퇴행 같은 개념의 채점은 그의 가장 중요하고 두드러진 공헌이다. 그와 동등하게 그가 일차과정 경험이 심각하거나 약한 정도를 나타내는 심각성 수준을 정의한 것도 중요한 공헌이다. Rapaport는 서로 다른 일탈된 언어의 형태에 심각성 수준을 적용하는 접근방식의 도움을 받을 수 있었다. Rapaport 그룹이 장해적 반응의 기저에 있는 심리적 근거에 대해 논의할 때 이러한 점을 의식했는지는 알 수 없다. 하지만 만약 그랬다면 적어도 지금 심각성 수준에 대한 논의가 Rapaport의 난해한 글 속에 담겨 있는 것은 분명할 것이다. 결과적으로 그들은 결코 Holt 같은 심각성 수준을 정의하는 방법을 개발한 적이 없었다.

임상적 고려사항들

Rapaport와 Holt의 채점 체계는 학생들이 로샤를 배울 때에는 좀처럼 사용되지 않는다. Rapaport 체계[방법(method)이 더 나은 명칭이다. 왜냐하면 느슨하게 체계화된 것이 특징이기 때문에]는 Exner가 CS(Exner, 1969, 1974)를 개발하기 전에는 로샤에 대한 다섯 가지 주요 접근법 중 하나였다. 심지어 CS의 출현 전에도 Rapaport 방법은 그가 머물렀던 메닝거 클리닉이나 오스틴 릭스(Austin Riggs)와 같은 소수의 수련 프로그램에서만 교육되었다. 그의 방법은 빈약하거나 결여된 규준, 비전형적인 시행 방식(각 반응 후에 질문이 이루어짐), 채점 자료를 수량화하기 위한 실제적 규칙이 없는 등의 문제를 가지고 있었다.

수련 초기에 Rapaport 방법을 배웠던 우리 대부분은 그 방식의 실체에 대해서는 존경심을 갖는다. 그 방법은 비체계적으로, 간혹 무시되어 평가되던 로샤 요소들의 우선순위를 정하기 위한 예비적인 접근이었다. 비록 방법론적 결함과 개념적 명료함의 빈번한 결여에도 불구하고, 로샤 채점과 사고장애의 이해에 대한 Rapaport, Gill과 Schafer의 공헌은 매우 근본적인 것이었다. 그리고 로샤로 병리적 사고를 측정하려는 이후의 노력들의 근간이 되었다.

의심할 나위 없이, Holt의 Pripro 체계는 사고 조직화의 질을 평가하는 가장 종합적인 방법 중 하나가 되었다. 하지만 그의 도구는 활용도 관점에서 과도하게 어렵고, 배우는 데 시간이 오래 걸리며, 채점은 부담스럽다. 더욱이 일차과정사고의 형식적 측면을 기술하는 수많은 새로운 명칭을 도입한 것은 비록 Freud의 개념과 부합한다고 하더라도 학생들을 두려움에 떨게 했다. Holt는 그의 체계가 고되고 일상적인 임상 평가에서는 실용적이지 않을 수 있다는 것을 공개적으로 인정했다. 공정하게 볼 때, Holt는 그의 Pripro 점수를 임상적 채점 방법으로 교육할 의도는 전혀 없었다. 그는 기본적으로 자신의 체계를 일차과정 및 이차과정 사고의 핵심적 본질을 개념화하고, 적응적 및 부적응적인 퇴행적 사고의 표현을 검토하기 위한 연구 도구로 보았다. 이러한 관점에서 그 누구도 아직은 장애적 사고를 측정하는 데 있어서 Holt보다 과학적 엄밀함과 개념적 우아함이 동등하게 결합된 로샤 방법을 개발하지 못했다고 할 수 있다.

참고문헌

Allison, J. (1962). Adaptive regression and intense religious experiences. *Journal of Nervous and Mental Disease, 145*, 452-463.

Appelbaum, S. A. (1975). *A Rorschach test system for understanding personality*. Unpublished manuscript, The Menninger Clinic, Topeka, KS.

Arieti, S. (1974). *Interpretation of schizophrenia* (2nd ed.). New York: Basic Books.

Bachrach, H. (1968). Adaptive regression, empathy, and psychotherapy. *Psychotherapy: Theory, Practice, and Research, 5*, 203-209.

Blatt, S. J., Allison, J., & Feirstein, A. (1969). The capacity to cope with cognitive complexity. *Journal of Personality, 37*, 269-288.

Bornstein, R. F., & Masling, J. M. (Eds.). (2005). *Scoring the Rorschach: Seven validated systems*. Mahwah, NJ: Erlbaum.

Cohen, J. H. (1960). An investigation of the relationship between adaptive regression, dogmatism, and creativity using the Rorschach and dogmatism scale. Unpublished doctoral dissertation, Michigan State University.

DeFife, J. A. (n. d.). [Unpublished review of the book primary process thinking: Theory, measurement, and research (Vols. 1-2)]. Department of Psychology, Emory University. *Manuscript submitted to Psychoanalytic Psychology*.

Exner, J. E. (1969). The Rorschach systems. New York: Grune & Stratton.

Exner, J. E. (1974). *The Rorschach: A comprehensive system, Basic Foundations* (Vol. 1). New

York: Wiley.

Exner, J. E. (1986). *The Rorschach: A comprehensive system, basic foundations* (Vol. 1, 2nd ed.). New York: Wiley.

Exner, J. E. (1993). *The Rorschach: A comprehensive system, basic foundations* (Vol. 1, 3rd ed.). New York: Wiley.

Feirstein, A. (1967). Personality correlates of tolerance for unrealistic experiences. *Journal of Consulting Psychology, 31*, 387-395.

Freud, S. (1900). *The interpretation of dreams* (Standard Edition, 4 & 5). London, UK: Hogarth Press, 1953.

Goldberger, L. (1961). Reactions to perceptual isolation and Rorschach manifestations of the primary process. *Journal of Projective Techniques, 25*, 287-302.

Goldfried, M. R., Stricker, G., & Weiner, I. B. (1971). *Rorschach handbook of clinical and research application*. Englewood Cliffs, NJ: Prentice-Hall.

Guttman, L. (1968). A general nonmetric technique for finding the smallest coordinate space for a configuration of points. *Psychometrika, 33*, 469-506.

Holt, R. R. (1956). Gauging primary and secondary process in Rorschach responses. *Journal of Projective Techniques, 20*, 14-25.

Holt, R. R. (1967). The development of primary process: A structural view. In R. R. Holt (Ed.), *Motives and thought: psychoanalytic essays in honor of David* Rapaport(pp. 345-383). New York: International Universities Press.

Holt, R. R. (1970). *Manual for the scoring of primary process manifestations and their controls in Rorschach responses*. New York: Research Center for Mental Health.

Holt, R. R. (1977). A method for assessing primary process manifestations and their control in Rorschach responses. In M. A. Rickers-Ovsiankina (Ed.), *Rorschach psychology* (2nd ed., pp. 375-420). New York: Krieger.

Holt, R. R. (1989). *Freud reappraised: A fresh look at psychoanalytic theory*. New York: Guilford Press.

Holt, R. R. (2009). Primary process thinking: Theory, measurement, and research (Vols. 1 & 2). Lanham, MD: Aronson.

Holt, R. R., & Havel, J. (1960). A method for assessing primary and secondary process in the Rorschach. In M. A. Rickers-Ovsiankina (Ed.), *Rorschach psychology* (pp. 263-318). New

York: Wiley.

Kleiger, J. H. (1993). The enduring Rorschach contributions of David Rapaport. *Journal of Personality Assessment, 61*, 198-205.

Kleiger, J. H. (1999). *Disordered thinking and the Rorschach.* Hillsdale, NJ: The Analytic Press.

Klopfer, B., Ainsworth, M., Klopfer, W., & Holt, R. (1954). *Developments in the Rorschach technique* (Vol. 1). New York: Harcourt, Brace & World.

Kris, E. (1952). *Psychoanalytic explorations in art.* New York: International Universities Press.

Lerner, P. (1991). *Psychoanalytic theory and the Rorschach.* Hillsdale, NJ: The Analytic Press.

Lerner, P. (1998). *Psychoanalytic perspectives on the Rorschach.* Hillsdale, NJ: The Analytic Press.

Masling, J. (2011). *Measuring primary process thinking [Review of primary process thinking: Theory, measurement, and research* (Vols. 1-2)]. Division 39, American Psychological Association. http: //www. apadivisions. org/division-39/publications/reviews/primary-process-thinking. aspx.

Maupin, E. W. (1965). Individual differences in response to a zen meditation exercise. *Journal of Consulting Psychology, 29*, 139-145.

Mayman, M. (1964). Form quality of Rorschach responses. Unpublished manuscript, Menninger Foundation, Topeka, KS.

Mayman, M. (1982). Rorschach training manual. Unpublished manuscript, The Menninger Clinic, Topeka, KS.

Murray, J., & Russ, S. W. (1981). Adaptive regression and types of cognitive flexibility. *Journal of Personality Assessment, 45*, 59-65.

Myers, T., & Kushner, E. N. (1970). Sensory tolerance as a function of primary process defense demand and defense effectiveness. Unpublished manuscript, Naval Research Institute, Bethesda, MD.

Pine, F., & Holt, R. R. (1960). Creativity and primary process: A study of adaptive aggression. *Journal of Abnormal and Social Psychology, 61*, 370-379.

Rapaport, D. (1951). *Organization and pathology of thought.* New York: Columbia University Press.

Rapaport, D., Gill, M., & Schafer, R. (1968). Diagnostic psychological testing (Rev. ed.). New York: International Universities Press. (Original work published in 1946)

Rorschach, H. (1942). *Psychodiagnostics* (5th ed.). Bern, Switzerland: Hans Huber. (Original work published in 1921)

Russ, S. W. (1980). Primary process integration on the Rorschach and achievement in children. *Journal of Personality Assessment, 44*, 338-344.

Russ, S. W. (1988). Primary process thinking, divergent thinking, and coping in children. *Journal of Personality Assessment, 52*, 539-549.

Schafer, R. (1948). *The clinical application of psychological tests*. New York: International Universities Press.

Schafer, R. (1954). Psychoanalytic interpretation in Rorschach testing. New York: Grune & Stratton.

Schuldberg, D., & Boster, J. S. (1985). Back to Topeka: Two types of distance in Rapaport's original Rorschach thought disorder categories. *Journal of Abnormal Psychology, 94*, 205-215.

Strack, S., & Kinder, B. N. (Eds.) (2006). *Pioneers of personality science: Autobiographical perspectives*. New York: Springer.

von Domarus, E. (1944). The specific laws of logic in schizophrenia. In J. S. Kasnin (Ed.), *Language and thought in schizophrenia* (pp. 104-114). New York: Norton.

von Holt, H. W., Sengstake, C. B., Sonoda, B., & Draper, W. A. (1960). Orality, image fusion and concept formation. *Journal of Projective Techniques, 24*, 194-198.

Weiss, R. (1971). A study of some personality correlates of sensitivity to affective meaning. Unpublished doctoral dissertation, New York University.

Wood, J. M., Nezworski, M. T., Lilienfeld, S. O., & Garb, H. N. (2003). *What is wrong with the Rorschach: Science confronts the controversial inkblot test*. New York: Wiley & Sons.

Wright, N., & Abbey, D. (1965). Perceptual deprivation tolerance and adequacy of defenses. *Perceptual & Motor Skills, 20*, 35-38.

사고장애지표(TDI)

사고장애 현상의 복잡성과 연속성을 인식하고 있던 Johnston과 Holzman은 병리적 사고를 요약한 측정치로서 사고장애지표(Thought Disorder Index: TDI)를 개발했다. 1975년에 TDI가 처음 공개되었을 때에는 미발간된 박사학위논문(Johnston, 1975)의 일부였지만, 그 후 TDI의 신뢰도와 타당도를 지지하는 경험적 자료가 포함된『조현병적 사고의 평가(Assessing schizophrenic thinking)』(Johnston & Holzman, 1979)라는 책의 기반이 되었다. TDI가 수많은 협동의 산물이기는 하지만, 대부분은 앞의 사진에 나온 Philip Holzman과 관련해서 소개된다. Holzman 사후에 TDI 연구는 매사추세츠의 매클레인 병원의 Deborah Levy 박사의 주도로 지속됐다. TDI와 관련된 인상적인 연구 중 가장 최신의 종합적 개관은 Bornstein과 Masling의『로샤 채점하기: 일곱 개의 타당화된 체계(Scoring the Rorschach: Seven validated systems)』중 Holzman, Levy와 Johnston(2005)이 작성한 장(chapter)에서 찾을 수 있다. 그들이 저술한 내용에는 사고장애의 이해와 측정을 위한 역사적 배경에 대한 간결한 개관이 나오는데, 거기에는 사고장애를 연속 변수와 이산이항 변수로 접근해야 할 필요성이 언급되었다. 또한 거기에는 사고가 아닌 언어가 사고장애를 개념화할 때 고려할 핵심 변인이라는 심리언어학자(psycholinguist)들의 비판에 대해서 Johnston과 Holzman이 최초로 언급한 설득력 있는 재해석이 실려 있다(Johnston & Holzman, 1979). Holzman과 동료들(2005)은 이 논점을 모호하게 흐리지 않고 분명하게 표현했다. "우리는 언어가 사고를 전달하는 매체라는 입장을 수용한다."(p. 61)

Philip Holzman

Holzman, Johnston과 Levy는 개념적 논점에 대한 개관에 따라서 23개의 채점 범주에 대한 세부 정보를 제공했으며, 심각성의 수준에 대한 정교화 및 각 채점 범주에 대한 예시도 포함했다. 저자들은 또한 도구에 대한 신뢰도 및 임상적 타당도를 경험적으로 지지하는 광범위한 연구 결과도 제시했다. 심리측정적 연구 및 광범위한 타당도 연구는 TDI를 장애적 사고를 측정하는 공인된 로샤 체계 목록의 최상위에 올라가게 했다.

TDI의 배경

Johnston과 Holzman은 Rapaport의 일탈된 언어 범주를 출발점으로 해서 조현병적 사고장애를 정량적으로 평가할 수 있는 방법을 탐색했다. 그들은 Rapaport의 사고장애 범주를 정량화하기에 적합한 선례를 약 25년 전에 Watkins와 Stauffacher(1952)가 개발한 델타 지표(delta index)에서 찾아냈는데, 델타 지표는 Rapaport 사고장애 범주를 정량화하려는 최초의 시도였다. Johnston과 Holzman은 선배들의 혁신적인 작업에 갈채를 보냈지만, 델타 지표는 그 범위가 과도하게 좁게 정의되어 있었고 오직 조현병과 비조현병 수검자를 구분하는 것만을 목적으로 했다.

델타 지표는 15개 채점 범주를 포함하고 있었지만, Johnston과 Holzman은 그 중 셋을 탈락시켰다. 왜냐하면 그들이 생각하기에 너무 드물고, 신뢰롭게 식별하기가 어려우며, 혹은 채점 범주가 실제로는 사고장애 지표가 아니기 때문이었다[예를 들어, Johnston과 Holzman은 우화적 반응, 색채 반응의 악화(deterioration color responses), 사고장애를 반영하는 훼손된 혹은 왜곡된 지각을 배제했다]. Johnston과 Holzman은 델타 지표에 남은 12개의 채점에 정신증 환자와의 언어적 상호작용에서 보다 광범위한 사고장애 현상을 포착하기 위한 8개의 범주를 추가했다. 부적절한 거리(inappropriate distance), 단어 찾기 곤란(word-finding difficulty), 음향(연상), 보속성, 부적절한 조합, 이완(looseness), 유동성(fluidity), 신조어가 그것이다. Johnston과 Holzman은 Watkins와 Stauffacher의 3단계 심각도 가중치 대신 4 수준의 심각도를 사용했다(.25, .50, .75, 1.0, 델타 지표에서는 .25, .50, 1.0). 1986년 Holzman과 McLean 병원의 동료 그룹(Solovay et al., 1986)은 TDI 채점 범주를 더 세분화했다. 그들은 일부 범주의 명칭을 바꾸고, 세 범주를 추가하여[경솔한 반응(flippant responses), 유희적 작화증(playful confabulation), 파편화(fragmentation)], 채점 범주의 총 수를 23개로 늘렸다.

처음에 Johnston과 Holzman은 로샤와 더불어 WAIS의 언어성 소검사로 사고장애를 측정하는 데에도 TDI를 사용했다. 왜냐하면 그들은 WAIS의 덜 구조화된 소검사가 로샤와 동등하게 장애적 사고를 밝히는 맥락적 정보를 제공할 것이라고 믿었기 때문이다. 하지만 결국

Holzman과 동료들(Holzman, Shenton, & Solovay, 1986)은 WAIS가 로샤만큼 사고장애를 드러내는 맥락이 풍부하지 않다고 결론 내렸다. 비록 TDI를 포함한 대부분의 현대적 연구는 로샤만 사용하지만, 일부 연구자들은 WAIS-R 및 WISC-R을 써서 일탈된 사고를 채점한다(Armstrong, Silberg, & Parente, 1986; Harris, 1993; Skelton, Boik, & Madero, 1995).

TDI의 채점

Johnston과 Holzman(1979)은 로샤 시행에 있어 각 카드별로 질문을 해야 하는 Rapaport 방법에 기초해서 TDI의 신뢰도와 타당도를 확립했다. 이것은 이후에 기술할 TDI의 임상적 유용성을 제한하는 핵심적인 문제가 된다. Johnston과 Holzman도 I번 카드 이후의 반응 수를 5개 혹은 6개로 한정했지만, 그 다음 카드부터는 수검자가 원하는 만큼 반응하도록 허용하고 각각의 일탈된 로샤 반응에 대해서 광범위한 질문을 했다. 수검자의 언어를 완벽하게 있는 그대로 제공하기 위해 로샤 시행은 테이프에 녹음되었다. 그리고 이 녹취록은 소속 그룹이 누군지 모르는 평정자가 TDI를 사용해서 채점을 했다.

Johnston과 Holzman(1979)은 가능하다면 단일 반응에 다중 채점을 할 수 있다고 권고했다. 이러한 권고사항은 1986년 채점 매뉴얼 개정판(Solovay et al., 1986)에서 보다 분명해졌으며, 채점자가 반응에서 병리적 처리과정을 가장 잘 포착하는 범주를 '표시(tag)'하는 경우를 명시했다. 동일한 반응 내에서 뚜렷하게 질적으로 구분되는 종류의 사고 착오(slippage)가 있을 때에만 하나 이상의 사고장애 범주가 채점되어야 한다. 예를 들어, 어떤 반응은 모순된 혹은 우화적 조합을 포함할 수 있지만 이것이 작화증의 일부라면 오직 작화증만 채점되어야 한다. 만일 수검자가 조합적 사고의 일부가 아닌 특이한 언어(peculiar verbalization)처럼 구분된 유형의 사고장애 반응도 했다면, 또 다른 처리과정도 채점되어야 한다.

많은 채점 범주가 심각도의 연속선 상에 있어 보이기 때문에 Johnston과 Holzman은 채점 역치를 넘어서지 않는 반응들에 대해 Schafer(1948, 1954)의 '경향성(tendency)' 채점을 적용했다. 이 '경향성'은 표준 채점 바로 아래 수준의 가중치 점수가 부여된다. 예를 들면, 완전한 작화증은 .75 심각성 수준 가중치를 받는 반면, 작화증 경향성은 .50의 가중치를 받는다. 가장 약한 심각성 수준(.25)의 TDI 범주들은 경향성으로 채점되지 않는다.

델타 지표와 마찬가지로, 사고장애의 가장 약한 사례에는 가장 낮은 가중치(.25)가 부여된다. 중간에서 심각한(moderate to severe) 수준의 사례에는 중급 가중치(.50 혹은 .75)가 부여되고, 가장 심각한 사례에는 최고 가중치(1.0)가 부여된다. TDI 총점은 각 심각도 수준과 그 수준의 사고장애적 반응의 개수를 곱한 값을 합산하고, 로샤 총 반응수로 나눈 뒤 100을 곱한다.[1)]

23개 채점 범주 중 상당수는 주요 범주를 더욱 세분화한 하위범주를 포함하고 있다. 저자들은 이러한 하위범주들이 휴리스틱적인 수치(heuristic value)라는 점을 강조한다. 즉, 구분되는 채점이 아니라는 것을 의미한다. 사실상 Johnston과 Holzman은 많은 하위범주가 상호간에 신뢰롭게 구분될 수 없다는 사실을 지적했다. 23개의 채점 범주와 4개의 심각성 수준은 다음에 간략하게 요약되어 있다.

.25 수준의 심각도

가장 약한 심각도 수준으로 대화에서 거의 눈치채지 못하고 넘어갈 수 있을 정도로 사고의 착오가 미약한 사례에 해당한다. 만일 그러한 경우가 비전형적으로 빈번하거나 심한 정도가 아니라면, 이 수준에 담겨 있는 해석적 의미는 거의 없다. .25 수준의 범주들은 급성 정신증 환자를 포함한 모든 수검자에게서 가장 빈번하게 채점되는 사고이탈의 사례가 될 것이고, 그래서 가장 신뢰롭게 채점되는 범주다.

1. **부적절한 거리**(inappropriate distance): 이 범주는 Rapaport의 '거리' 개념(Rapaport, Gill, & Schafer, 1946/1968)에 기반해서 수검자와 잉크반점을 구분하는 지각적 및 관점적 '거리'를 가리키는 5개의 하위범주를 포함한다. (a) '거리의 상실 혹은 증가(loss or increase of distance)' 수검자는 I번 카드에서 거리를 상실하고 다음과 같이 말할 수 있다. "오 이런! 저건 늑대인간처럼 보이네요. 나는 그걸 보고 싶지 않아요. 왜냐하면 그게 나를 지독하게 무섭게 하니까요(Oh God! That looks like a werewolf. I don't want to look at it because it scares the hell out of me)!" 여기서 잉크반점은 그 상징적 속성을 상실하고 정서적 반응을 유발하는 매우 위협적인 무엇이라는 글자 그대로의 묘사로 받아들여진다. 반대로, 다른 수검자는 동일한 카드에 대해 거리의 증가를 보여 주는 반응을 할 수 있다. "저건 늑대인간처럼 보이네요. 와! 늑대인간은 다른 사람들이 모두 짐승으로 변해서 사람을 쫓는 섬뜩한 영화가 떠오르게 하네요. 그건 나를 소름 끼치게 해요(That looks like a werewolf. Wow! Werewolves make me think of that creepy movie with all those people

1) (역자 주) CS의 WSUM6을 백분율 값으로 전환한 것과 유사하다.

changing into creatures and going after people. It just gave me the creeps)!" 이 사례에서 수검자는 증가한 거리와 원래 반응에 대한 개인화된 연상에 의해 촉발된 정서 반응을 했다. (b) '과도한 제약(Excessive qualification)'은 Rapaport의 '엄밀한 언어(exactness verbalization)' 채점에 기초한 것으로, 수검자의 경직된 완벽주의가 반응에 침투한 것을 말한다. 수검자는 잉크반점이 자기 마음속의 이미지와 완벽하게 닮지 않아서 곤란해 할 수 있다. (c) '구체성(concreteness)'에서 다시 잉크반점은 글자 그대로의 현실 묘사로 여겨진다. 수검자는 잉크반점이 상징적으로 표상되기 위해 요구되는 거리를 받아들이는 데 실패한다. (d) '과잉특정성(overspecificity)'은 과도한 제약과 유사한 반응이지만, 반응을 훼손하는 임의적이고 무관한 세부에 대한 상세한 설명이 수반된다. Holzman 연구 그룹(Coleman, 개인적 대화, 1992년 6월)에 따르면, 이러한 반응들은 드물고 불합리성(absurdity) 수준에 근접할 수 있다. 왜냐하면 수검자의 과도하게 엄밀한 접근이 반응에 기괴한 질적 속성을 부여하기 때문이다. (e) 과잉특정성은 부적절한 세부 요소가 수반되는 반면에, 혼합주의적 반응(syncretistic response)은 부적절한 추상화 및 과포괄화(overinclusive)하는 경향성에 관한 것이다.

2. **경솔한 반응**(flippant responses): 경솔한 반응은 1986년 개정판에서 채점 체계에 추가되었다. 수검자가 부적절하게 유머러스하고, 성적인 색채를 풍기며, 혹은 과제에 대한 진지함이 결여되었음을 반영하는 냉소적인 말을 불쑥 끼워 넣는 사례를 포착하기 위해 추가한 것이다.
3. **모호함**(vagueness): Holzman 그룹(Coleman & Levy, 개인적 대화, 1992년 6월)에 따르면, 모호한 반응은 비교적 드물다. 모호함 반응은 반응 내에서 표현된 의미가 빈곤한 것으로 규정된다. 모호한 반응을 한 수검자는 무엇이든 지각된 것을 명료하게 정교화하는 데 어려움을 겪거나 그들이 본 것을 명료하게 말하지 못한 채로 반응한다.
4. **특이한 언어와 반응**(Peculiar Verbalizations and Responses): 개정된 TDI 채점 매뉴얼에는 특이한 반응/언어의 세 하위유형이 기술되어 있다. (a) '특이한 표현(peculiar expressions)'은 한 구(phrase) 내에서 단어들의 이상한 조합으로 규정되며, 중복되고(redundant), 상반되며(contradictory), 모순되고(incongruous) 혹은 부적절한 언어 표현을 초래한다. 대부분의 청자는 그 표현들의 이상한 면을 느낄 수 있지만, 수검자가 무엇을 전달하려고 하는지는 이해할 수 있다. (b) '과장되고 부적절한 표현(stilted and inappropriate expression)'에는 어색하고, 과도하게 주지화된, 혹은 유사-과학적인(pseudo-scientific) 용어나 표현이 포함된다. 이것들은 과장되고 어색한 특징을 가진다. (c) '부적절한 단어

사용(inappropriate word usage)'에는 이상한 단어로의 대체(substitutions) 혹은 부적절한 환유(metonymy)가 포함된다.

5. **단어 찾기 곤란**(word-finding difficulty): 만일 수검자가 정확한 단어를 말하기 전에 두 번 정도 잘못된 단어를 말하거나 혹은 그들이 알고 있지만 떠올릴 수 없다는 것을 분명히 말하는 경우에 이 채점이 부여된다. 검사자가 이 채점을 하려면 단순한 지식의 부족으로 인한 어려움이 아니라는 것을 명확히 해야 한다.
6. **음향**(clangs)[2]: 이것은 비교적 드문 채점 범주이고, Pripro에서도 기술된 것이다. Pripro에서는 수검자의 언어가 단어의 의미보다 소리에 근거한 반응일 때 적용된다.
7. **보속성**(perserveration): 여러 카드를 넘나들며 연속적인 사고에 강박적으로 침투하는 과잉 사고로, 보속증적 처리과정을 반영한다. 이것이 채점되기 위해서는 형태질이 나쁜 동일한 반응이 적어도 세 개의 카드에서 나와야 한다.
8. **부적절한 조합**(incongruous combination): Johnston과 Holzman은 TDI에 네 개의 하위유형을 포함했다. (a) '합성 반응(composite responsc)'은 (Pripro에서도 동일함) 둘 혹은 그 이상의 지각을 떼어 내서 혼종 생물체(hybrid creature)나 사물로 비현실적으로 조합한 것이다. (b) '자의적인 형태-색채 반응(arbitrary form-color response)'은 수검자가 부적절하게 형태와 색채를 조합했다는 것에 대한 자각이나 관심이 없어 보일 때 채점된다. (c) '부적절한 활동 반응(inappropriate activity response)'은 한 대상과 한 활동 간에 응축이 일어나서 그것을 모순된 방식으로 기술한다. (d) '외부-내부 반응(external-internal responses)'은 .50으로 평정된다. 왜냐하면 그 반응은 추론의 위축을 반영하는 극단적 징후이기 때문이다.

.50 수준의 심각도

정상인(특히 스트레스, 불안, 혹은 피로를 겪고 있는)의 기록에서 .25 수준으로 채점된 반응들이 발생할 수 있는 것에 반해서, .50 수준의 반응에서 보이는 더욱 이상한 사고는 보통 비정신증적인 사람들에서는 발견되지 않는다. 8개의 채점이 이 심각도 수준에 제시되어 있다.

9. **관계성 언어**(relationship verbalization): 관계성 언어는 로샤에서 거의 발생하지 않는다(Coleman, 개인적 대화, 1992년 6월). 이것이 채점되려면 수검자가 새로운 반응이 앞선 반

2) (역자 주) 음향 연상과 동일함.

응과 연결된다는 것을 분명히 밝혀야 한다.

10. **기이한 상징주의**(idiosyncratic symbolism): 개정된 채점 매뉴얼에서 이 범주의 채점 기준은 오직 수검자가 확신을 갖고 부적절함에 대한 자각 없이 기이한 상징화 반응을 했는지만 묻는다. 두 가지 하위유형이 있다. (a) '색채 상징주의(color symbolism)'는 오직 색채에 대해서만 이상하거나 기괴한 방식으로 상징적인 해석이 일어났을 때 채점된다. 그리고 (b) '심상 상징주의(image symbolism)'는 구체적인 심상 혹은 공간적 세부 요소가 위축되고 기괴한 방식의 상징적 표상으로 취급될 때 채점된다.
11. **괴상한 반응**(queer responses): 이상한 언어는 간과되거나 일상적인 말에서 눈에 띄지 않을 수 있음에 반해, 괴상한 반응은 청자가 듣기에 이상하고 이해하기 어렵다는 인상을 준다. 이 둘을 구분하기 위한 유용한 경험 법칙(rule of thumb)은 다음과 같다. 이상한 반응은 실제 단어들이 부적절하거나 어색하게 사용되지만, 담겨진 의미는 청자가 이해할 수 있다. 반면, 괴상한 반응은 실제 단어들의 의미가 불명료하거나 의미는 명료하지만 만들어진 단어(made-up words)를 포함하고 있다. TDI에는 괴상한 반응의 세 가지 하위유형이 있다. (a) '괴상한 표현(queer expressions)'은 수검자가 확실함과 확신감을 가지고 극도로 이상한 표현을 사용한 것이다. 하지만 청자는 수검자의 의미를 알아듣지 못한다. (b) '괴상한 심상(queer imagery)'은 언어 표현과는 반대로 심상이 기괴하고 이해하기 어려울 때 채점된다. 예시로는 '찬양받는 비(glorified rain)' '터널의 창자(intestines of the tunnel)' '다채로운 숫자(colorful numbers)'와 같은 심상이 있다. 그 단어들 자체로는 특별히 언급할 만한 것이 아니다. 하지만 묘사된 이미지는 거의 이해되지 않는다. (c) '괴상한 단어 오용(Queer word misusage)'은 응답자가 의미한 바를 청자가 확실히 알 수 없게 하는 자의적 단어 사용의 보다 극단적인 형식들을 포함한다.
12. **혼란**(confusion): 다른 언어의 병리적 형태와는 달리 청자/채점자의 혼란은 혼란 반응의 채점과는 관련되지 않는다. 그 대신, 수검자가 잉크반점에서 경험한 것 그리고/혹은 본 것에서 혼란감을 드러낸다.
13. **느슨함**(looseness): Holt의 대치(displacement) 형식 범주에는 연상적 느슨함의 정도와 관련된 채점이 포함된다. Johnston과 Holzman은 Holt의 아이디어를 다듬어서 인지적 초점의 상실을 나타내는 느슨함 범주를 도입했다. 이는 수검자의 연상이 과제에서 거의 분리되어서 사고이탈(tangential)되거나 무관한(irrelevant)것으로 기술된다.
14. **우화적 조합**(fabulized combinations): 이 채점은 둘 혹은 그 이상의 구분된 대상이 공간적 근접성에 의해 비현실적인 관계를 표상하는 것으로 잘 알려져 있다.

15. **유희적 작화증**(playful confabulation): 작화증 중에서는 덜 심각한 일탈 반응이다. 유희적 작화증은 유별나거나 기발한 특징이 있다. 지각은 좋은 형태 수준을 보이지만, 그것들은 유희적이고 유머러스한 방식으로 정교화된다. 이는 (단순한) 작화증보다 관념 처리과정에 대한 더 큰 통제가 일어났음을 반영한다.
16. **파편화**(fragmentation): 조직화 및 통합에서의 실패가 우반구 피질 손상 환자의 기록에서 드물게 발견되곤 한다(Kestenbaum–Daniels et al., 1988). 파편화는 수검자가 여러 세부 요소를 응집성 있는 지각적 전체로 통합하는 자발적인 언어 표현을 할 수 없을 때 발생한다. 예를 들면, 수검자는 III번 카드에서 "나는 여기에서 다리를 봤어요. 그리고 이건 팔 같네요. 내 추측엔 아마도 발 혹은 신발이 아래쪽에 있을 거예요(I see legs here, and these could be arms, I guess, maybe feet or shoes at the bottom)."라고 말했다. 이 사례에서 수검자는 서로 구별된 부분을 인간 형태라는 전체 대상으로 통합할 수 없는 것이다.

.75 수준의 심각도

Holzman 그룹은 .75 수준의 채점을 일반적으로 정신증 경험을 반영하는 명확한 사고장해의 지표로 보았다. 거친 조합적 사고, 불안정하고 불합리한 생각, 심각하게 위축된 논리는 네 가지의 .75 수준 반응 범주의 특징이다.

17. **유동성**(fluidity): 유동성 반응은 연상 이완과 지각적 대응을 이루고 있는 것으로 볼 수 있는 드문 채점이다. 유동성은 수검자의 어떤 지각이 다른 무엇인가로 변화했음을 나타낼 때 채점된다. 추가적으로 이전에 기술한 지각을 기억하지 못하거나 위치를 찾지 못할 때에도 채점될 수 있다. 왜냐하면 지각이 소실되어 다시 찾지 못하는 것으로 보이기 때문이다.
18. **불합리한 반응**(absurd responses): 정의에 따르면, 불합리한 반응은 마이너스 형태 수준이고, 정신증 경험을 반영할 때에만 채점된다. 불합리한 반응은 맥락 혹은 통사적으로는 기괴하게 들리지 않을 수 있다. 하지만 본질적으로 잉크반점에서 알아볼 수 있는 객관적 지지가 전혀 없고, 심지어는 그 반응이 매우 상세할 때에도 그렇다.
19. **작화증**(confabulation): Johnston과 Holzman은 Rapaport가 사용한 이 용어를 주로 지나친 윤색에 의해 과도한 거리의 증가가 발생하는 반응을 묘사하기 위해 그대로 도입했다. TDI에서는 DW 반응과 과도하게 윤색된 반응이 이 범주에 속한다. Johnston과

Holzman은 연상적 정교화가 얼마나 극단적인가 및 얼마나 그 반응이 잉크반점에 기반하고 있는가에 따라 완전한 작화증(.75)과 작화증-경향성(.50) 반응을 구분했다.

20. **자폐적 논리**(autistic logic): 여기에는 비논리적 추론에 대한 명시적 발언이 필요하다. 종종 '왜냐하면'이나 '그것이 틀림없다(it must be)'와 같은 표현이 신호가 된다.

1.0 수준의 심각도

일부 연구자들은 1.0 수준 반응이 로샤 기록의 3퍼센트 미만으로만 나타날 정도로 모든 반응 중에서 가장 드물다는 것을 발견했다(Koistinen, 1995). 비록 이 수준에는 세 개의 채점만 있지만, 각각은 사고와 현실검증에서 정신증적으로 심각한 장해에 질병특유적인 것으로 고려된다.

21. **오염**(contamination): 로샤(1921/1942) 이래 모든 채점 체계에서 나오며, 오염은 적어도 두 개의 구분된 지각이 하나의 기괴한 반응으로 병합되어 있을 때 채점된다.
22. **지리멸렬**(incoherence): Rapaport의 최초 목록에서 채택한 것으로, 지리멸렬한 반응은 청자가 이해하는 것이 불가능하고, 심지어는 과제와 무관한 것으로 간주될 수 있다. 이 반응은 '말비빔(word salad)'의 질적 속성을 갖는다.
23. **신조어**(neologism): 신조어는 새롭게 만들어진 단어들이다. 이것은 언어적 응축의 결과물일 수 있다. 이것이 채점되기 위해서는 수검자가 새로 창조된 단어의 부적절성을 눈치채는 결정적 능력이 부족하다는 것이 확실해야 한다. James Joyce의 '밤의 언어(night language)'에서 발견되는 합목적성, 통제, 명민함, 미묘한 의미와 같은 창의적인 언어 유희 시도와는 대조적으로 채점 가능한 신조어는 정신증적 과정이 반영된 표현들로 구별된다. 창의적인 언어 유희 수검자는 Holt의 적응적 퇴행 개념을 떠올리게 한다.

심리측정적 속성들: 신뢰도, 규준, 타당도 연구들

신뢰도

Holzman과 동료들(2005)은 TDI의 신뢰도 확립과 관련된 과제들을 요약했다. 그들은

'dialipsis'[3]라는 용어를 사고장애 변인의 특성, 특히 조현병 환자들에게서 발생하는 특성을 나타내기 위해 사용했다. dialipsis는 연구자들이 "우리의 의도적인 신조어"(p. 72)라고 언급했으며, 규칙적일 것으로 예상한 수행이 일시적으로 붕괴되는 것을 나타낸다. 사고장애는 로샤의 각 카드마다 나타나는 것이 아니기 때문에 내적일관성의 반분신뢰도는 언제나 TDI의 적합한 신뢰도를 반영하지 못할 수 있다. 하지만 이러한 단점에도 불구하고, Johnston과 Holzman(1979)은 조현병으로 진단된 49명의 수검자 집단에서 통계적으로 유의미한 .78의 반분신뢰도를 확인했다.

원래의 신뢰도 연구에서 Johnston과 Holzman(1979)은 두 명의 독립된 채점자의 평정에 대한 평정자간 신뢰도 데이터를 기반으로 했다. 두 채점자 간 로샤 TDI 총점 일치도는 피어슨 적률상관계수 .82(통제)에서 .90(조현병 환자), .93(비정신증 환자)까지의 범위에 해당했다. 평정자간 신뢰도는 WAIS에 근거한 TDI 점수보다 다소 낮았다.

Solovay, Shenton과 Holzman(1987)은 로샤에 TDI 채점만 사용해서 사고장애의 비교 연구를 수행했고, 두 채점자의 평정자간 신뢰도는 TDI 총점에서 .89(피어슨-브라운 상관), 개별 채점 범주에서 .81, 심각도 수준에서 .79, 그리고 요인구조 채점(4개의 요인 그룹)에서 .84~.89 범위의 계수가 보고되었다.

매클레인 심리학 연구소(McLean Psychology Research Laboratory)와 힐사이드 병원 출신의 네 연구팀(Coleman et al., 1993)이 TDI 채점의 다양한 특징에 대한 종합적인 평정자간 신뢰도 연구를 수행했다. 여기에는 TDI 총점, 심각도 수준, 질적 변인이 포함되었다. 네 팀 간의 급간상관은 TDI 총점에서 .74, 서로 다른 채점 팀 간 스피어만 순위상관계수는 .81~.90($p<.01$) 범위에 해당했다. 서로 다른 심각성 수준에 대한 평정을 비교했을 때 급간상관은 .72(.25 수준)~.77(.50 및 .75 수준)에 해당했다. 1.0 수준의 심각도 채점은 너무 드물어서 평가할 수 없었다.

Coleman 등(1993)은 TDI 범주들에 대한 요인 그룹화를 활용해서 평정 팀이 얻은 급간상관을 무관한 침투 요인 .86, 조합적 사고 요인 .76, 자의적 언어 요인 .58로 보고했다. 모든 평정팀을 비교했을 때 .02 혹은 .01 수준 유의도의 상관이 도출됐다.

Coleman 그룹은 각 팀별 TDI 총점 평균을 비교해서 사고장애 '명칭(tagging)'에 따른 팀 간 역치가 서로 다르다는 것을 발견했다. 모든 팀은 사고장애 인지 여부와 한 기록과 다른 기록을 비교한 사고장애의 양적 순위 평정에서는 일반적으로 일치했다. 하지만 사고장애 총량에 대한 절대 점수는 종종 차이가 있었다.

---

3) (역자 주) 신조어로, 번역에 대응하는 한국어가 없음.

그 외의 신뢰도 연구들도 주목할 만하다. Arboleda와 Holzman(1985)은 아동 및 청소년 표본에서 두 팀의 심각도 수준에 따른 TDI 총점에서 적절한 평정자간 신뢰도를 보여 주었다. Carpenter, Strauss, Muleh(1993)는 4- 및 10-카드 로샤 프로토콜 사이의 평정자간 신뢰도에 대해 연구하고 매우 유의한 상관을 발견했다. 그중 4-카드 형식은 TDI 총점, 심각도 수준을 조합한 지표에서 매우 높은 적합도를 나타냈고, 질적 채점의 발생을 식별하는 데 보다 자주 기여하는 것으로 시사되었다. 마지막으로, Koistinen(1995)은 대규모 핀란드 연구(n=583)에서 두 평정 팀 간에 통계적으로 유의한 평정자간 신뢰도를 보고했다. 그들은 59개의 개별 로샤 채점들에 대해서 McLean 연구 그룹의 선행 연구와 매우 유사한 발견을 했다.

규준적 기반

Johnston과 Holzman은 TDI 총점이 수검자의 성별, 민족, 사회경제적 지위와 관련되지 않는다는 점을 발견했다. 하지만 WAIS의 언어성 소검사 수행에 대한 TDI 점수가 IQ와 부적 상관관계를 나타낸다는 그들의 발견은 놀라운 일이 아니다. Haimo와 Holzman(1979)의 다른 연구에서 TDI는 낮은 사회경제 수준인 비백인(nonwhites) 집단의 하위문화적(subcultural) 언어 패턴도 구별해서 장애적 사고를 평가하는 타당한 측정치라는 발견을 했다. TDI 총점은 흑인 및 백인 모두에서 조현병 환자와 조현병 환자의 부모를 정상 통제군과 정확하게 구분할 수 있었다.

다수의 연구자들은 정신증 환자를 정확히 식별할 수 있는 TDI의 절단 점수를 확립하려고 했다. Edell(1987)은 절단점 9.0이 정상 통제군과 정신과 환자를 구별할 수 있다고 했지만, 이 절단점은 25퍼센트의 정상인을 정신과 환자로 부정확하게 식별했다. Koistinen(1995)은 건강한 참가자를 정신과 환자군과 구분할 수 있는 절단점 확인에 착수했다. 하지만 그도 그런 절단점은 확보할 수 없었다. 그래서 절단 점수를 설정하려는 노력들은 거의 쓸모가 없었다. 왜냐하면 이들 절단점의 민감도와 특이도가 수용불가능한 수준의 오부정과 오긍정을 나타냈기 때문이다.

Johnston과 Holzman(1979)은 자신의 연구에서 정상 통제군의 TDI 총점 평균이 4.46이라고 보고했다. 정상 통제군의 후기 표본 중 하나는 TDI 총점 평균이 5.9였다(Holzman, Shenton, & Solovay, 1986). Edell(1987)의 정상 통제군의 TDI 총점 평균은 6.1이었다. Koistinen(1995)은 핀란드의 대규모 표본에서 건강한 참가자의 TDI 총점 평균이 11.7로 더 높다는 것을 발견했지만, 그 정상 통제 집단은 보다 이질적이었고, 약한 인지적 손상이나 정신병리를 가진 참가자를 배제하지 않았다고 결론지었다.

Arbolda와 Holzman(1985)은 79명의 정상 아동 표본에 대한 규준을 제작했고 연령에 따라 평균 TDI 점수가 감소한다는 것을 발견했다. 그들은 5~6세 아동(n=16)은 TDI 총점 평균이 9.30, 8~10세 아동(n=23)은 9.42, 11~13세 아동(n=22)은 7.78, 14~16세 아동(n=18)은 5.34의 평균 TDI 점수를 보고했다.

Holzman 연구 그룹의 여러 연구자들은 TDI 총점으로 심각도에서의 대략의 위계를 확립했다(Coleman & Levy, 개인적 대화, 1992년 6월). 0~10점은 낮은 사고장애(low thought disorder), 11~16점은 약한 사고장애(mild thought disorder), 17~22점은 중등도의 사고장애(moderate thought disorder), 22점 이상은 심각한 수준의 사고장애(severe levels of thought disorder)를 시사한다.

요인분석 연구들

Holzman과 동료들은 다양한 사고장애 형태의 질적 특성을 연구하기 위해서 다른 통계적 방법에 의해 추출된 네 세트의 TDI 요인을 검토했다(Johnston & Holzman, 1979; Holzman, Shenton, & Solovay, 1986; Shenton, Solovay, &Holzman, 1987; Solovay, Shenton, & Holzman, 1987). Johnston과 Holzman은 선험적인 개념적 이해에 따라 원래 채점 범주를 네 요인으로 할당했다. 그 다음에 연구자들은 변량 최대화 회전(variance maximization rotation)을 한 주성분분석을 사용하여 97명의 정신증 환자들의 두 번째 요인 세트를 추출했다. 6개의 의미 있는 요인들이 이 분석에서 나왔으며, 각각의 변인은 1.0 이상의 고윳값(eigenvalues)을 갖고 있었다. 이 요인들은 조합적 사고, 자의적 언어, 자폐적 사고, 유동적 사고, 불합리성, 혼란으로 명명되었다. Holzman과 동료들은 이러한 분류를 '경험적 요인(empiric factors)'이라고 불렀고, 이는 〈표 5-1〉에 제시되어 있다.

〈표 5-1〉 TDI 범주들에 대한 주성분(경험적) 분류

요인	범주(부하값)	고유값
조합적 사고 (combinatory thinking)	유희적 작화증(playful confabulation) (.83) 모순된 조합(incongruous combination) (.60) 경솔한 반응(flippant responses)(.58) 우화적 조합(fabulized combination)(.53)	2.11

자의적 언어 (idiosyncratic verbalization)	특이한 반응(peculiar responses) (.83) 괴상한 반응(queer responses) (.69)	4.06
자폐적 언어 (autistic verbalization)	자폐적 논리(autistic logic) (.79) 지리멸렬(incoherence) (.72)	2.04
유동적 사고 (fluid thinking)	유동성(fluidity) (.71) 오염(contamination) (.69)	1.53
불합리성 (absurdity)	신조어(neologism) (.86) 불합리함(absurd) (.49)	1.24
혼란 (confusion)	모호함(vagueness) (.76) 혼란(confusion) (.76)	1.18

출처: Holzman, P. S., Shenton, M. E., & Solovay, M. R. (1986). Quality of thought disorder in differential diagnosis. *Schizophrenia Bulletin*, 12, 360-371. Oxford University Press의 허가 하에 인쇄됨.

세 번째 분류는 사후분석 요인(post hoc factors)이라고 부르는 것으로, 조증과 조현병 환자를 가장 잘 변별하는 TDI 범주들에서 추출된 것이다. 사후분석 요인들은 무관한 침투(irrelevant intrusions), 조합적 사고, 유동적 사고, 자의적 언어로 명명되었다.

타당도 연구

독자들은 이제 Holzman, Levy와 Johnston(2005)이 TDI의 임상적 타당도 연구 영역에 대해 요약한 간명한 내용을 살펴볼 차례다. 연구들은 다음과 같은 것을 포함한다. (1) 조현병 스펙트럼 장애, 조증, 조현정동장애를 포함한 정신증 장애의 감별진단, (2) 정신증 환자들에 대비되는 비정신증 개인들에서의 사고장애, (3) 정신증 위험이 있는 아동 및 청소년기에 발병한 정신증에서의 TDI, (4) 우반구 뇌손상과 연관된 사고장애, (5) TDI 점수에서 약물의 영향이 그것이다. 이러한 연구의 집대성 결과는 사고장애의 음성 증상, 정신증적 사고장애의 감별진단, 아동 및 청소년에서의 장애적 사고 평가에 초점을 둔 이후의 장에서 찾아볼 수 있을 것이다.

TDI에 대한 마지막 생각들

다른 도구들과 마찬가지로 나는 나의 개관에서 TDI의 경험적, 개념적 및 임상적 공헌과 약점에 초점을 둔다.

경험적 기초들

35년 전에 개발된 이래로 TDI는 장애적 사고의 다양성을 연구하고 평가하기에 건전한(robust) 도구 중 하나로 인식된다. 과학적 관점에서 TDI는 장애적 사고를 연구하고 측정하는 로샤 방법의 위계에서 정상급의 고유한 지위를 차지하고 있다. 연구 도구로서 TDI가 심리통계학 및 임상적 타당성에 대한 확고하고 폭넓은 지지를 받는 점은 진심으로 인상적이다. 하지만 TDI가 다른 도구들과 구분되는 점은 사용과 응용을 개척한 연구자들의 지향에 있다. 비록 Holzman은 Rapaport의 학생이자 메닝거에서 훈련받은 정신분석가였지만, 그는 열렬한, 그리고 왕성하게 활동한 정신병리학 연구자였다. 그의 팀과 동료들은 임상가로서 훈련받았음에도 임상적 실무자가 아닌 정신병리학 연구자로서 주된 공헌을 한 것으로 알려져 있다. 이러한 관점에서 그들은 경험주의자인 Herman Rorschach의 발자취를 따른 것이다. Holzman, Levy와 Johnston(2005)이 TDI의 연구적 공헌들을 요약할 때 Rorschach의 '심리학적 실험(psychological experiment)'에 경의를 표한 것은 흥미로운 일이다(p. 89).

TDI의 과학적 DNA에 대한 또 다른 지표는 대량의 연구들이 출판되었다는 점에서도 찾아볼 수 있다. 주요 연구들은 『Schizophrenia bulletin』『Archives of general psychiatry』『Biological psychiatry』『Schizophrenia research』에 올라가 있다. Holzman 그룹 멤버들에 의한 소수의 선구적 연구들은 『Journal of abnormal psychology』(Coleman, Levy, & Lenzenweger, 1996)와 『Psychological assessment』(Coleman et al., 1993)와 같은 심리학 저널에서 찾을 수 있다. 그 두 저널은 모두 임상보다는 경험적 지향을 갖고 있는 것으로 알려져 있다. 그래서 TDI는 먼저 연구용 도구로 의도되었고, 그 후에 임상적 도구가 되었다고 결론 짓는 것도 무방할 것이다.

TDI가 본질적으로 연구 도구라는 마지막 증거는 그것이 사용되어 온 방식에 있다. TDI는 뇌 형상학(brain morphology), 신경생리학, 조현병과 기타 정신증 상태의 유전적 연결성에 대한 다양한 연구의 수량화 도구로 사용되었다(Gooding et al., 2012). Holzman, Levy와 Johnston(2005)은 국제적인 범위로 이러한 연구 조사들을 개관했다. 하지만 연구 관점에서 TDI의 우월성에도 불구하고, TDI를 사용한 연구들은 감소했다. 왜냐하면 정신증 연구자들의 관심사가 사고장애에서 다른 현상들, 즉 조현병 및 기타 정신증의 사회적 · 인지적 손상으로 이동했기 때문이다.

개념적 기반들

TDI가 가진 잠재적인 개념적 약점 중 하나는 채점이 서로 다른 심각도 수준에 할당되는 방식에 대한 것이다. 그렇게 할당한 경험적 근거는 찾을 수 없고, 개념적으로 늘 명확한 것도 아니다. Wahlberg(1994)는 TDI가 서로 다른 심각도 수준에서 특정 점수들 간의 선형적 관계를 가정함으로써 사고장애에 대한 인위적인 연속체(artificial continuum)를 구성할 수 있다는 Holzman(1978)의 초기 논평에 동의했다. Athey, Colson과 Kleiger(1993)는 심각도 자체의 구분은 각 수준에 포함된 점수들의 본질에 항상 일치하는 것은 아니라고 제안했다. 각 수준은 수준 내의 모든 심각도 점수가 동질한 측정치라는 것을 가정하지만, 항상 그런 것이 아닐 수도 있다. 예를 들면, '착륙 장치를 가진 박쥐(a bat with landing gears)'와 같은 심각한(severe) 모순된 조합은 "그건 그것의 머리에 있는 뿔 같은 구조물처럼 보여요(That looks like a hornlike construction on its head)."와 같은 약하면서(mild) 특이한 언어와 동일한 가중치를 받는다. TDI는 특정 채점 범주 내의 다양한 심각도 수준을 인식하지 못하기 때문에(어떤 특정 점수의 경향성이 언급된 경우에는 예외로 함) 두 반응은 모두 .25의 점수를 받게 된다. 하지만 대부분의 사람은 첫 번째 반응이 질적으로 더 기괴하게 들린다는 것에 동의할 것이다.

다른 연구자들은 각 개별 사고장애 범주들이 단일체(unitary entity)로 존재하는 것인지 혹은 심각도 연속체에 포함되는 것인지에 대해 의문을 제기했다. 앞에서 지적했던 바와 같이, 동일한 심각도를 가진 특정 채점 범주의 모든 사례를 배치함으로써 각 반응들의 단일체적 특성에 대한 가정은 세워졌다. 달리 말하면, TDI는 모든 모순된 조합의 심각도가 .50이면 모든 우화적 조합 .50과 동일한 심각도를 갖고, 모든 오염 반응은 1.0의 심각도 수준을 갖는다고 가정한다. 모순된 조합의 어떤 특정한 유형(즉, 유희적이고 대중적인 경우)은 정상인의 기록에서보다 일반적이지만, 다른 것들은 나쁜 질적 특성을 갖는 정신증 환자의 기록에서 주로 발견될 가능성이 있음을 고려하는 것은 합리적일 것이다.

다른 연구자들은 척도의 여러 항목에 대해서 서로 다른 가중치를 부여해야 한다고 주장했다(Wahlberg, 1994; Koistinen, 1995). Wahlberg는 모순된 조합은 .50의 가중치를 부여하는 게 보다 적절하다고 제안했다. 왜냐하면 그것들은 우화적 조합과 본질적으로 유사하기 때문이다. 반면 Blatt, Tuber와 Auerbach(1990)는 모순된 조합은 보다 심각한 장애를 나타내고, 우화적 조합은 오염 경향성과 좀 더 유사한 것으로 고려되어야 한다고 주장했다. 그러나 이는 비정신증 및 정상인 기록에서 나타나는 이러한 반응들의 빈도를 검토해야 부분적으로나마 대답할 수 있는 보다 경험적인 질문인 것 같다. Johnston과 Holzman의 원래 연구에서는 우화적 조합이나 오염 반응에 비해 모순된 조합이 정상인 및 비정신증 참가자 기록에서 더 빈번했다. 이와 유사하게 Exner(1991)도 700명의 비환자 성인기록에서 모순된 조합은 우화적 조합보다 더 빈번하게 나왔다는 점을 발견했다. 이러한 발견은 대부분의 모순된 조합은 사고장애의 덜 심각한 현상이며, 실제로도 더 낮은 심각도 수준을 할당하는 것이 적절하다는 것을 시사한다.

Koistinen(1995)도 TDI의 개별 항목에 부여되는 가중치에 대해 의문을 제기했다. 그는 조현병 스펙트럼 장애 환자에게서 나타난 보속증 반응은 현재 받는 보속성 항목의 최고 점수보다 더 높은 가중치를 받아야 한다는 자신의 주장을 뒷받침하는 경험적 자료를 제시했다. 보속성은 조현병 환자(및 조현병 어머니를 둔 고위험군 입양아)에게 전형적인 채점에 속하며, Koistinen은 보속성 채점은 .75의 가중치를 부여해야 한다고 제안했다. 하지만 Levy(개인적 대화, 1997년 12월)는 이러한 주장을 반박했다(Kleiger, 1999 참조).

TDI(및 거의 모든 로샤 사고장애 채점 체계)는 Holt가 통제와 방어 변인을 조작적으로 정의하려는 엄밀한 노력과 같은 시도를 거의 하지 않았다. 그래서 TDI는 내용이 부적절하다는 수검자의 의식, 혹은 잠재적 자각, 혹은 검사자에게 표현하는 소통 방식을 수정하려는 수검자의 노력을 체계적으로 평가하는 어떠한 방법도 제공하지 않는다. 그렇게 하지 않았기 때문에 TDI의 관점은 자아손상의 단일 요소를 측정하는 데 한정된다. 즉, 절대적 존재 여부(absolute presence), 양(quantity), 사고장애의 유형과 같은 것들이다. 그런 반면, 부여된 TDI 점수를 절대적으로 상승시키는 부정적 효과를 수정하는 자아의 자원 및 통제력에 대한 체계적인 고려는 거의 없다. 하지만 개발자에게 좀 더 공정하자면 그들의 과제는 Holt보다 제한된 관점에 따라 설계된 것이다. 그들의 의도는 일차 및 이차과정사고의 개념적 본질을 연구하기 위한 종합적 체계를 만드는 것이 아니었다. 다만, 사고장애를 측정하는 신뢰롭고 타당한 도구를 개발하는 것이었다. 그럼에도 불구하고 Holt의 DE 평정척도 같은 것들을 TDI 프로토콜에 적용하면 TDI가 유사한 수검자들의 적응 및 병리적 퇴행의 중요한 차이점을 식별하는 데 도움이 될 수 있을 것이다.

만일 어떤 사람이 채점 체계가 어떻게 되는지 혹은 사고장애 범주가 어떤 이론적 구성개념과 연결되는지에 대한 개념적 기초만 따진다면, 특히 그 구성개념이 본질적으로 심리학적 혹은 정신분석적인 것이라면 TDI는 거의 아무것도 제공하지 못할 것이다. Holzman은 Rorschach처럼 자신의 연구 결과에 정신분석적 개념을 부여하지 않았다. 이러한 관점에서 그는 Rapaport나 Holt의 후계자들과는 차이가 있다. Holzman의 관심사는 서로 다른 형태의 사고장애를 구별하고 정량화하기 위해 경험적으로 건전한 측정법을 개발하는 것이었다. 그는 Rapaport 및 Holt와는 다르게 포괄적인 이론을 개발하거나 사고 구조에 대한 기존의 이론과 연결하는 데에는 관심이 없었다. 하지만 Holzman이 사고장애와 언어장애 사이의 본질과 관련된 기저의 개념적 논점들을 설명할 때, 그는 단순명료하게 했다.

TDI와 관련된 개념적 기초가 부족한 것으로 성급하게 평가하지 않기 위해서 우리는 TDI 개발자들의 설명에 귀를 기울일 필요가 있다. 임상가나 정신분석가보다는 신경과학자로서 말이다. TDI에서 서로 다른 채점의 기초가 되는 심리학적 설명이 부족한 점은 조현병 및 기타 정신증의 신경생물학 및 유전적 기초에 대한 개념에 대한 실증적 연구로 충분히 채우고도 남는다.

임상적 고려사항들

TDI의 경험적 건전성이나 과학적 공헌에도 불구하고, TDI는 임상적 진단 도구로 우위에 선 적은 없다. 개발자들은 TDI를 병원에서 감별진단을 돕기 위한 임상적 자문에 사용했지만, TDI는 임상가들이 널리 사용하는 주요한 도구가 아니었다. 이것을 비판으로 받아들여서는 안 된다. 왜냐하면 공평하고 정확하게 말해서 TDI는 애초에 임상적 도구로 의도된 적이 없기 때문이다. 연구자들은 Holzman 팀원들, 가장 많이 알려진 사람으로는 Deborah Levy와 Michael Coleman이 제공하는 특별 훈련 회기에 참가해서 TDI를 배운다. 참가자들은 이수 일간의 회기에서 채점 체계의 기초를 배우고, Holzman 팀과의 평정자간 신뢰도가 수용할 만한 수준을 달성할 때까지 많은 로샤 반응에 대한 기호화 훈련을 받는다. 내가 알기로 TDI는 로샤로 사고장애를 채점하는 데 관심 있는 심리학자들을 위한 워크샵을 제공하지 않는다. 마찬가지로 기존의 심리검사 출판사를 통해서는 TDI에 접근할 수 없을 것이다. TDI에 대한 정보는 과학적 출판물과 저널에서만 볼 수 있다.

일상적인 임상 도구로 TDI를 사용하는 데 있어서 또 다른 어려움은 TDI가 채점되는 로샤 시행 기준과 관련된 것이다. 이전에 언급했던 바와 같이, Holzman과 그의 그룹은 각 카드별로 질문 단계를 시행하는 Rapaport-Menninger 전통을 따른다. 그들은 이렇게 로샤 방법론의 현대적인 전통에서 멀어졌다. 그들이 Rapaport의 시행 방법을 철저하게 따랐던 것은 TDI가 임상적 주류에서 더욱 배제되도록 했고, 로샤 검사자의 대부분은 현대적 체계나 보다 최근의 R-PAS 접근법을 따랐다.

마지막으로, TDI는 Holt의 Pripro와 유사하게 TDI 체계를 배우고자 하는 사람들이 접근하기에 쉽지 않았다. 비록 Holt 체계보다는 덜 복잡하고 배우기 쉬웠지만, TDI 사용을 원하는 사람들은 채점을 숙달하는 데 많은 시간을 투자해야만 했고, 이는 어렵고 많은 시간이 소요되는 일이었다. 평정자간 신뢰도는 높게 나타났지만, 평정자들은 TDI 총점이나 심각도 수준에 비해 개별 반응의 채점 신뢰도는 훨씬 낮다는 것을 확인하며 실망했다. 많은 현대 정신증 연구자들은 TDI가 거추장스럽고 시간 소모적이라고 생각하며, 사고장애 평가를 위해 임상적 면담 기법이나 BPRS 같은 전반적 임상 평정척도를 채택했다(Andreasen, 1979a, 1979b; Harrow & Quinlan, 1985; Marengo et al., 1986).

요약하면, TDI는 사고장애의 복잡성을 구분하는 데 있어 경험적으로 잘 검증된 도구다. 로샤에 대한 가장 격렬한 비판자(Wood et al., 2003)일지라도 사고장애 같은 정신증 증상을 측정하는 도구로 TDI의 타당성은 인정하고 있다. 많은 사람은 TDI를 로샤 기반 사고장애 채점 체계의 표준으로 여기고 있다. 전문적인 로샤 채점 방법에서의 순위와 무관하게 TDI는 분명히 사고장애에 대한 우리의 이해를 증진시켰고, 과학적 연구와 임상적 평가에 확고한 공헌을 했다.

참고문헌

Andreasen, D. B. (1979a). Thought, language, and communication disorders: I. Clinical assessment, definition of terms, and evaluation of their reliability. *Archives of General Psychiatry, 36*, 1315-1321.

Andreasen, D. B. (1979b). Thought, language, and communication disorders: II. Diagnostic significance. *Archives of General Psychiatry, 36*, 1325-1330.

Arboleda, C., & Holzman, P. S. (1985). Thought disorder in children at risk for psychosis. *Archives of General Psychiatry, 42*, 1004-1013.

Armstrong, J., Silberg, J. L., & Parente, F. J. (1986). Patterns of thought disorder on psychological testing: Implications for adolescent psychopathology. *Journal of Nervous and Mental Diseases, 174*, 448-454.

Athey, G. I., Colson, D., & Kleiger, J. H. (1993). *Manual for scoring thought disorder on the Rorschach*. Unpublished manuscript, The Menninger Clinic, Topeka, KS.

Blatt, S. J., Tuber, S. B., & Auerbach, J. S. (1990). Representation of interpersonal interactions on the Rorschach and level of psychopathology. *Journal of Personality Assessment, 54*, 711-728.

Carpenter, W. T., Strauss, J. S., & Muleh, S. (1993). Are there pathognomonic symptoms in schizophrenia: An empiric investigation of Schneider's first-rank symptoms. *Archives of General Psychiatry, 28*, 847–852.

Coleman, M. J., Carpenter, J. T., Waternaux, C., Levy, D. L., Shenton, M. E., Perry, J., Medoff, D., Wong, H., Monoach, D., Meyer, P., O'Brian, C., Valentino, C., Robinson, D., Smith, M., Makowski, D., & Holzman, P. S. (1993). The thought disorder index: A reliability study. *Psychological Assessment, 5*, 336-342.

Coleman, M. J., Levy, D. L., & Lenzenweger, M. F. (1996). Thought disorder, perceptual aberrations, and schizotypy. *Journal of Abnormal Psychology, 105*, 501–511.

Edell, W. (1987). Role of structure in disordered therapy in borderline and schizophrenia disorders. *Journal of Personality Assessment, 51*, 23-41.

Exner, J. E. (1991). *The Rorschach: A comprehensive system, advanced* interpretation (Vol. 2, 2nd ed.). New York: Wiley.

Gooding, D. C., Coleman, M. J., Roberts, S. A., Shenton, M. E., Levy, D. L., & Erlenmeyer-Kimling, L. (2012). Thought disorder in offspring of schizophrenic parents: Findings from the New York high-risk project. *Schizophrenia Bulletin, 38*, 263-271.

Haimo, S. F., & Holzman, P. S. (1979). Thought disorder in schizophrenics and normal controls: Social class and race differences. *Journal of Consulting and Clinical Psychology, 47*, 963-967.

Harris, O. (1993). The prevalence of thought disorder in personality-disordered outpatients. *Journal of Personality Assessment, 61*, 112-120.

Harrow, M., & Quinlan, D. (1985). *Disordered thinking and schizophrenic psychopathology*. New York: Garden Press.

Holzman, P. S. (1978). Cognitive impairment and cognitive stability: Towards a theory of thought disorder. In G. Serban (Ed.), *Cognitive defects in the development of mental illness* (pp. 361-376). New York: Brunner/Mazel.

Holzman, P. S., Levy, D. L., & Johnston, M. H. (2005). The use of the Rorschach technique for assessing formal thought disorder. In R. F. Bornstein & J. M. Masling (Eds.), *Scoring the Rorschach: Seven Validated Systems*. Mahwah, NJ: Erlbaum.

Holzman, P. S., Shenton, M. E., & Solovay, M. R. (1986), Quality of thought disorder in differential diagnosis. *Schizophrenia Bulletin, 12*, 360-371.

Johnston, M. H. (1975). *Thought disorder in schizophrenics and their relatives*. Unpublished doctoral dissertation, University of Chicago, IL.

Johnston, M. H., & Holzman, P. S. (1979). *Assessing Schizophrenic Thinking*. San Francisco, CA: Jossey-Bass.

Kestenbaum-Daniels, E., Shenton, M. E., Holzman, P. S., Benowitz, L. I., Coleman, M. Levin, S., & Levine, D. (1988). Patterns of thought disorder associated with right cortical damage, schizophrenia, and mania. *American Journal of Psychiatry, 145*, 944-949.

Kleiger, J. H. (1999). *Disordered thinking and the Rorschach*. Hillsdale, NJ: The Analytic Press.

Koistinen, P. (1995). *Thought disorder and the Rorschach*. Oulu, Finland: Oulun Yliopistd.

Marengo, J. T., Harrow, M., Lanin-Lettering, I., & Wilson, A. (1986). Evaluating bizarre-idiosyncratic thinking: A comprehensive index of positive thought disorder. *Schizophrenia Bulletin, 12*, 497–509.

Rapaport, D., Gill, M., & Schafer, R. (1968). *Diagnostic Psychological Testing* (Rev. ed.). New York: International Universities Press. (Original work publishedin 1946.)

Rorschach, H. (1942). *Psychodiagnostics* (5th ed.). Bern, Switzerland: Hans Huber. (Original work published in 1921)

Schafer, R. (1948). *The clinical application of psychological tests*. New York: International Universities Press.

Schafer, R. (1954). *Psychoanalytic interpretation in Rorschach testing*. New York: Grune & Stratton.

Shenton, M. E., Solovay, M. R., & Holzman, P. (1987). Comparative studies of thought disorders: II. Schizoaffective disorder. *Archives of General Psychiatry, 44*, 21-30.

Skelton, M. O., Boik, R. J., & Madero, J. N. (1995). Thought disorder on the WAIS-R relative to the Rorschach: Assessing identity-disordered adolescents. *Journal of Personality Assessment, 65*, 533-549.

Solovay, M. R., Shenton, M. E., Gasperetti, C., Coleman, M., Kestenbaum, E., Carpenter, T., & Holzman, P. S. (1986). Scoring manual for the thought disorder index. *Schizophrenia Bulletin, 12*, 485-492.

Solovay, M. R., Shenton, M. E., & Holzman, P. S. (1987). Comparative studies of thought disorders: I. Mania and schizophrenia. *Archives of General Psychiatry, 44*, 13-20.

Wahlberg, K. E. (1994). Vanhempian kommunidaation merkitys lapsen ajatvshairioissa. *Acta*

Universitatis Ouluensis, Series D, Medica, 305.

Watkins, J. G., & Stauffacher, J. C. (1952). An index of pathological thinking in the Rorschach. *Journal of Projective Techniques, 16*, 276-286.

Wood, J. M., Nezworski, M. T., Lilienfeld, S. O., & Garb, H. N. (2003). *what is wrong with the Rorschach: Science confronts the controversial inkblot test.* New York: Wiley.

Chapter 6 종합 체계(CS)와 로샤 수행평가 체계(R-PAS)

비록 그 둘을 구분해야 하는가에 대한 논란은 지속되고 있지만, 역사가 중첩되고 지적 · 경험적 DNA를 공유하기 때문에 종합 체계(Comprehensive System: CS)와 로샤 수행평가 체계(Rorschach Performance Assessment System: R-PAS)의 사고장애 채점 개념은 함께 검토할 만한 가치가 있다. 나는 사고장애와 관련된 현상들을 기술하고 범주를 기호화하는 데 있어 각 체계의 접근법에 대해 매우 좁은 초점을 유지할 것이다. 두 체계의 이야기는 모두 John Exner의 연구에서 시작되며, 여기에는 Irving Weiner의 공헌도 함께한다.

John Exner

CS: 특수점수, WSUM6, 지각-사고지표(PTI)

1970년대 이래로 21세기의 첫 10년 동안 John Exner의 CS는 로샤와 동의어로 쓰였다. Exner(1969, 1974, 1978, 1986a, 1990, 1991, 1993, 2003; Exner & Weiner, 1982, 1995)는 기존의 로샤 체계에서 가장 신뢰롭고 타당한 변인들을 통합하여 로샤가 심리측정적으로 건전한지, 그리고 임상적으로 타당한 도구인지에 대해 의문을 제기해 왔던 이전의 비판(Buros, 1965)에 대해 성공적인 설명을 제공했다. 로샤의 생존 가능성을 높인 Exner의 공헌에 대해 Margarite Hertz는 최고의 찬사를 남겼는데, 로샤검사의 대모로서 그녀는 Exner와 동료들에게 "우리의 대열에 규범을 제공했고, 우리의 분야에 낙관성을 가져왔다."(Hertz, 1986, p. 405)고 말했다.

Irving Weiner

처음 Exner가 종합적인 로샤 체계(1974)를 구축하려 했을 때에는 사고장애적 반응에 대한 모든 형식적 채점이 누락되어 있었다는 사실은 놀라워 보일 수 있다. 그가 Rapaport와 Holt의 채점 체계를 참조했음에도, Exner는 이 많은 채점이 신뢰롭게 기호화되는지, 그리고 경험적 연구로 지지되는지에 의문을 가졌다. 결국 로샤에서 Exner가 가진 가장 중요한 관심사 중 하나가 채점의 신뢰도였기 때문이다. 그래서 Exner는 그의 첫 번째 CS 교본에서 사고장애 채점은 일반적으로 정의상 명료함이 부족하고 신뢰도가 과도하게 낮아서 심리측정적 엄밀성을 확보할 수 없다고 결론지었다. 하지만 동시에 그는 드문 언어(unusual verbalization)는 해석적으로 유의미할 수 있다는 의견을 견지했다. 비록 그가 최초의 CS에서는 형식적 사고장애 범주를 배제하기로 결정했지만, 그는 자신의 사례에서 동일한 프로토콜 중 하나에 몇 개의 모순된 조합 채점을 포함시켰다.

얼마 지나지 않아 Exner는 CS에 신뢰롭고 타당한 특수점수(special scores)을 통합하는 방법을 모색하면서 사고장애 채점에 대한 진지한 연구를 시작했다. 첫 입문서를 출판한 직후, Exner와 Weiner Schuyler(1976)는 수용할 만한 수준의 평정자간 신뢰도와 경험적 타당도를 확보하기 위한 사고장애 채점 기준을 개발하기 시작했다. Exner와 Weiner의 협력으로 CS의 내용은 훨씬 풍부해졌다. 그보다 10년 전에 Weiner(1966)는 장애적 사고의 로샤 특성에 대한 폭넓은 저술을 했다. Exner와 동료들은 마침내 CS의 특수점수의 두 범주를 개발했다. 보속성과 특이한 언어반응(unusual verbalization)이다. 이는 후에 Exner(1986a)가 특이한 언어반응, 보속성, 통합 실패(integration failure)로 재명명했다.

특이한 언어반응

Exner와 동료들(1976)은 처음에 특이한 언어반응을 세 범주로 기술했다. 일탈된 언어, 부적절한 조합, 부적절한 논리가 그것이다. 그들은 이런 채점들이 진단적으로 특정적이지 않다고 느꼈다. 그리고 그 채점들이 종종 조현병 환자들의 기록에서 발견되기는 해도, 마찬가지로 비조현병 환자 및 정상 수검자의 기록에서도 나타났다. Exner와 동료들은 또한 이 채점들이 어린 아이들에게 보다 흔하고, 발달적 스펙트럼에 걸쳐서 봤을 때 항상 정신병리의 지표로 받아들일 수 있는 것은 아니라고 생각했다. 결국 Exner는 이 세 특이한 언어반응 범주를 다음에 기술한 6개의 결정적 특수점수로 세분화했다. 그 특수점수는 일탈된 언어, 일탈된 반응, 모순된 조합, 우화적 조합, 자폐적 논리, 오염을 포함한다.

■ 일탈된 언어(DV)

DV는 "수검자의 명료한 의사소통을 방해하는 왜곡된 언어의 사용 혹은 기이한 표현 양식"으로 규정된다(Exner, Weiner, & Schuyler, 1976, p. 47). 그 DV 반응의 분류에는 상당히 광범위하고 비특이적인 두 하위유형이 포함되는데, 이는 Rapaport의 특이한 그리고 괴상한 언어와 TDI의 신조어 범주를 포괄한다. Exner와 동료들이 처음에는 '괴상한(queer)' 및 '특이한(peculiar)'이란 용어를 그 두 하위범주를 기술하기 위해서 사용했지만, 그들은 그 용어를 Rapaport의 다소 모호한 구분과는 다른 방식으로 정의했다.

그들이 처음에 DV 하위유형을 구분할 때에는 '괴상한 반응(queer response)'이라고 다소 모호하게 언급했다. Exner 등(1976)과 Weiner(1966)는 괴상한 언어는 당면한 주제에 대해 이야기하면서, 다른 한편으로는 적절한 세트를 유지하는 데 실패한 결과라는 Holt의 발언에 따랐다. 그들은 "게, 하지만 나는 문어이길 바랐어요(A crab, *but I was hoping for an octopus)*."를 이상한 초점의 상실을 묘사하는 반응의 사례로 제시했다. 그 환자는 무관한 구(phrase)를 삽입하여 명백하게 원래 주제로부터 이탈했다.

두 번째 형태의 DV는 하위 문화적 용어로도 설명되지 않는 언어의 이상한 사용으로 규정된다. Exner와 동료들은 이러한 것을 '특이한(peculiar)' 반응이라고 했는데, 과장되고 중복되는 질적 특징으로 구분된다. 비록 이러한 단어 혹은 표현 중 일부는 로샤 검사의 문맥 안에서 적절할 수도 있지만, 그것들은 거의 항상 청자에게 이상하게 들린다. Exner와 동료들은 신조어를 특이한 DV의 일반적인 징후로 목록에 올렸다.

Exner는 1978년 책에서 그의 DV 하위유형 간의 차이점을 더 다듬고 정교화하려고 했다. 그는 '특이한'과 '괴상한'에서 용어가 다소 혼란스럽게 사용되는 경우를 배제했고, 다음과 같은 4개의 중복되는 DV 하위유형을 제시했다.

1. **부적절한 해설**(inappropriate commentary): 수검자는 매우 개인적인 연상을 다시 떠올려서 끼워 넣는다. 이러한 사례로는 "게, 하지만 나는 문어이길 바랐어요(A crab, *but I was hoping to see an octopus)*."와 같은 반응이 있다.
2. **적절한 세트의 상실**(loss of appropriate set): 수검자는 자신이 지각한 대상을 기술하다가 초점을 잃는다. Exner는 "아무도 본 적이 없는 괴물(A monster *that no one has ever seen)*"이라는 예시를 들었다(Exner, 1978, p. 22).
3. **이상한 언어의 사용**(odd use of language): 수검자는 과장되거나 중복된 방식으로 응답하는데, "어떤 유기체의 미시적 측면의 슬라이드(A slide of microscopic aspects of some

organism)" (과장된 반응: stilted response), 혹은 "남성의 남근(A male penis)" (중복 반응: redundant response)과 같은 것이 있다.

4. **신조어**(neologism): 수검자는 정확한 단어 대신에 부정확한 단어를 사용한다.

Exner(1986a)는 결국 DV 범주의 중첩된 부분을 제거하고 하위유형에 대한 초기 설명을 명료화해서 효율적으로 만들었다. 그는 '부적절한 해설'과 '적절한 세트의 상실'을 배제하고 새로운 일탈된 반응(Deviant Response: DR) 범주로 대체했으며, 두 개의 명료하지만 비교적 좁은 DV 하위유형으로 마무리지었다. 신조어와 중복사용(redundancy) 반응, 이것들은 '낯설고 특이한 질적 특성'이 둘 중 어느 한 가지 방식으로 표현된 응답으로 기술된다.

1. **부적절한 구**(inappropriate phrases): 이 반응은 원래 DV 범주의 '괴상한' 반응, 나중에는 '부적절한 해설' 반응에 포함되던 것이다. 여기에는 무관하거나 개인화된 삽입구가 포함된다. 이 하위유형에는 Exner가 이전에 '적절한 세트의 상실' DV로 설명한 것도 포함된다.
2. **우회적 반응**(circumstantial response): Enxer는 이것을 DV의 새로운 하위유형으로 추가했다. 이것은 유동적이고, 두서 없는, 모호한 혹은 부적절하게 정교화된 반응을 포착하기 위한 것이다. Exner는 우회적 DR의 많은 예시를 제공했는데, 수검자가 목표에서 벗어나 어떤 과도하게 개인화된, 과도하게 자세한 혹은 부적절하게 정교화된 발화를 하는데, 그것이 잉크반점이나 원래의 반응과 거의 관련이 없는 내용으로 이탈하는 경향성으로 규정된다. 수검자는 본론으로 돌아오지 않고 원래 초점에서 이탈할 수 있다. 수검자가 사용한 언어가 그 자체로는 기괴하지 않을지 몰라도, 그 경로를 이탈하는 과정이 DR 하위유형을 구분해 준다.

Exner와 Weiner(1995)는 연달아서 DR 정의를 세분화했다. 그들은 DR의 두서 없고 해체된 본질을 강조하는 방식으로 '거리의 증가'라는 Rapaport의 개념을 다시 상기시켰다. 거리의 증가에서 수검자는 자신의 원래 반응에서 이완된 연상을 하고 잉크반점에서 과도하게 거리를 유지한 채로 마무리짓는다. 그들은 또한 부적절한 구 DR을 '괴상한 반응(queer responses)'으로 부르기도 했는데, 이 범주와 Rapaport의 기괴한 언어 개념을 다시 연결지으려는 시도였다.

Exner와 Weiner는 검사자의 질문에 대한 수검자의 모호한 응답을 특징으로 하는 반응들을 포함하기 위해서 DR의 세 번째 하위유형을 추가했다. 그들은 이 유형의 DR이 검사자의 질문과 수검자의 응답 간의 단절 혹은 의사소통 붕괴의 결과라고 기술했다.

부적절한 반응결합

Exner와 동료들(1976)은 부적절한 반응결합이라는 용어를 Weiner(1966)가 '조합적 사고(combinative thinking)'라고 설명한 인지적 착오(cognitive slippage) 범주를 묘사하기 위해 사용했다. Exner와 동료들은 Weiner의 안내에 따라서 세 유형의 부적절한 반응결합을 열거했다. 모순된 조합(incongruous combinations), 우화적 조합(fabulized combinations), 오염(contaminations)이 그것이다.

■ 모순된 조합(INCOM)

CS에서 INCOM 반응은 Holt의 응축(condensation) 범주에서 나온 일부 채점들을 포함하며, TDI에서의 모순된 조합과 많이 중첩된다. Exner는 잉크반점 부분이나 심상이 하나의 모순된 비현실적인 대상으로 부적절하게 응축된다는 INCOM 정의를 사용해서 다른 체계들과 일관성을 유지했다.

하지만 INCOM에 대한 Exner의 정의는 TDI의 동일 범주보다 범위가 다소 좁다. INCOM은 채점의 신뢰도를 높이기 위한 노력의 일환으로 보다 엄밀하게 정의되었다. 예를 들면, TDI에는 두 개의 모순된 조합 하위유형이 있는데, 외적-내적(external-internal) 및 부적절한 활동 반응(inappropriate activity responses)은 CS에서 INCOM의 사례로는 명확하게 명시되지 않았다. TDI와는 달리 Exner는 외적-내적 반응을 FABCOM 범주 하에 두었고, 장해적 사고의 보다 심각한 징후로 간주했다.

더 나아가, Exner는 대상과 부적절한 활동의 조합[예를 들어, "웃는 곤충(a laughing insect)"]이 INCOM으로 채점되어야 하는지에 대해 명백한 입장을 보였다. 부적절한 반응조합의 더 큰 범주에 대한 최초의 기술(Exner, Weiner, & Schuyler, 1976)에서 Exner는 이러한 반응이 수검자가 "심상, 반점의 질적 특성, 대상들, 혹은 **대상들에 귀인된 활동들 간***(activities attributed to objects)*의" 비현실적인 관계를 추정했을 때 발생하는 것이라고 했다(p. 48, 강조는 추가된 것임). 하지만 Exner는 그의 후속작(Exner, 1978, 1986a, 1993)에서 INCOM에 대해 논의하면서도 부적절한 활동 반응들에 대해서는 구체적인 언급을 하지 않았다. 그가 색채와 형태의 부적절한 반응조합을 INCOM의 특별한 예시라고 일관되게 언급했음에도, 그는 대상과 그 활동 간의 모순성을 INCOM 반응의 하위유형으로 포함하는 것에 대해서는 분명한 입장을 보이지 않았다.

■ 우화적 조합(FABCOM)

Johnston과 Holzman처럼 Exner와 Weiner도 Holt의 선례를 따라서 수검자가 서로 다른 반점 요소들 간의 불가능한 관계가 가정된 세 종류의 반응을 묘사했다. 크기의 괴리(size discrepancy)에 기반한 관계, 자연 혹은 현실에서 함께 일어날 수 없는 관계, 자연과 초자연적 참조틀(frames of reference)이 혼합된 관계다. 하지만 한 가지 주목할 만한 차이점은 Exner의 FABCOM 범주는 불가능한 투명 반응(implausible transparencies)을 포함하고, TDI의 모순된 조합 범주(즉, 외부-내부 반응)의 심각도와는 다르게(.50 대 .25 수준) 채점된다는 사실이다. 그런 반응들은 비현실적인 방식으로 서로 다른 반점 요소들을 하나의 모순된 대상으로 응축하기 때문에 Weiner(1966)도 처음에는 투명 반응들을 INCOM에 지정했다.

Enxer의 INCOM에 대한 정의가 반점 요소들이 단일 대상으로 통합되는 것을 나타내고 있음을 감안하면, 투명 반응(transparency response)은 FABCOM 대신 INCOM으로 채점되는 것이 더 일관된 것으로 보인다. Exner가 이러한 명백한 불일치를 허용하고 이 반응들을 FABCOM으로 지정한 것은 그와 다른 사람들(Johnston & Holzman, 1979)이 보다 심각한 장해적 사고의 징후라고 믿었던 것을 포착하기 위해서라고 추정하는 것이 합리적일 것이다.

■ 오염(CONTAM)

Exner는 둘 혹은 그 이상의 인상 혹은 반점 요소가 하나의 기괴한 반응으로 융합된 것을 기술하면서 그는 심리적으로 한 반응이 다른 반응 위에 중첩되는 것을 표현하기 위해 사진의 이중 노출(photographic double exposure)[1] 은유를 사용했다. Exner는 자신의 이전 연구(Exner, Weiner, & Schuyler, 1976)에서 모든 CONTAM 반응은 마이너스 형태질(FQ)에 할당된다는 의견을 고수했다. 하지만 Exner(1986a)는 형태질(FQ)로 표현되는 지각적 처리과정과 두 생각을 통합하거나 하나로 지각하는 관념화 활동을 구분하면서 이 규칙을 변경했다. 이러한 구분은 Rapaport의 자아심리학 기반의 지각 및 연상 처리과정의 변증법에 부합하는 것이고, 오염된 반응의 유형에 있어서 심각도의 범위를 암묵적으로 인정하는 것이다.

부적절한 논리

Exner가 장해적 논리의 외현적 언급에 대한 하나의 구분된 범주를 확립할 때, 이는 다른

1) (역자 주) 사진의 이중 노출: 한 필름에 이미지가 두 번 인화되는 것.

체계에서 자폐적 사고(Autistic Logic: ALOG)라고 불리는 채점 사례와 부합하는 것이었다. 하지만 Weiner가 ALOG를 기술한 내용이나 이 범주의 TDI 정의는 모두 ALOG 반응의 약한 형태도 채점될 수 있음을 시사했지만, Exner는 ALOG에 약한 경향성을 배제한 Holt 방식에 가까웠다. Holt 및 Exner 체계 모두에서 ALOG 반응은 수준 1과 수준 2의 심각도 구분이 없다.

보속성 및 통합 실패

최초에 Exner는 인지적 역기능을 나타내는 특수점수의 두 하위범주를 기술했다. 바로 보속성(PSV)과 작화증(CONFAB)이다. 하지만 이 두 채점은 너무 드물기 때문에 나중에 CS에서 삭제되었다.[2)]

■ 보속성(PSV)

Exner와 동료들(1976)은 오직 두 유형의 보속성만을 기술했다. '카드 내' 보속성과 '내용' 보속성이다. 그는 후에 세 번째 유형을 추가했는데, 그는 이것을 '기계적 반복(mechanical perseveration)'이라고 불렀다. 이 채점 체계에서는 각 보속성이 발생하면 유형 간의 구분 없이 모두 PSV로 채점된다.

카드 내 보속(within card perseveration)은 수검자가 이전 반응에서 사용된 것과 동일한 위치, 결정인, 내용, 발달질(DQ), 형태질(FQ), Z 점수를 사용했을 때 채점된다. 비록 내용은 약간 다르더라도, 전반적 내용 범주는 동일한 것으로 본다. 예를 들어, V번 카드에서 먼저 '박쥐'로 보고, 그 다음에 '나비'로 보는 경우라도 앞에서 언급된 모든 특징이 동일하다면 PSV가 채점된다.

내용보속(content perseveration)은 수검자가 어떤 반응을 이전 반응과 동일한 것이라고 가리킬 때 채점된다. 두 반응은 종종 연속적이거나 동일한 카드에서 나온 것이 아니고, 보통은 어떤 채점도 공유하지 않아도 된다. 이러한 종류의 보속적 활동은 이전 Rapaport 체계와 TDI에서는 관계성 언어(relationship verbalization)로 채점되었던 것으로, TDI에서는 보속성 점수(.25)보다는 높은 심각도 가중치(.50)를 받는다.

기계적 반응반복(mechanical perseveration)은 Exner의 관점에서 신경학적 혹은 지능 손상, 혹은 과제에 대한 방어적 회피를 반영하는 것이다. 그런 경우, 수검자는 적합성에 대한 고려

2) (역자 주) 보속성(PSV)은 CS에서 삭제된 바 없으며, 저자의 착오로 보이나 원전을 그대로 번역하였음.

없이 여러 카드에 걸쳐서 단순한 동일 반응을 반복한다.

■ 작화증(CONFAB)

Rorschach(1921/1942)가 작화증적 DW 반응이라고 언급한 일종의 지각적 과잉일반화를 기술하기 위해서 1986년에 Exner는 CONFAB를 CS에 도입했다. Rapaport나 TDI 개발자들과는 달리 Exner의 CONFAB는 관념적으로 윤색된 반응들을 말하는 것이 아니다. 오직 수검자가 하나의 잉크반점 부분을 잉크반점의 더 큰 부분이나 전체로 부적절하게 일반화하는 전통적인 DW 처리과정을 말한 것이다. 이 반응의 형태질은 일반화의 자의적 특성 때문에 거의 언제나 좋지 않다.

Meloy와 Singer(1991)는 특수점수와 정신분석 이론을 연결지으려는 노력의 일환으로 CONFAB 범주는 폐기할 것을 권유했다. 왜냐하면 그 범주가 너무 드물게 채점되고 정신병리학적 민감도와 특이도가 부족했기 때문이다. 그리고 DR 범주는 CONFAB로 다시 명명되어야 한다고 했는데, 그들이 느끼기에 DR은 Rapaport의 작화증 개념과 본질적으로 동의어였기 때문이다. Kleiger와 Peebles-Kleiger(1993)는 그에 동의하지 않았으며, DR 채점에 대한 상세한 평가를 제시했다. 특히 그들은 Exner의 DR 범주는 오직 '정처 없이 떠나는(wandering away)' 현상(즉, 거리의 증가, 혹은 그의 용어에서 '우원성')을 설명하기 위한 것이지, 온전히 '환상에 몰입' 개념이나 부적절한 윤색 반응을 위해 개발된 것이 아니라고 지적했다.

앞에서 설명한 바와 같이, 현대의 CS는 더 이상 특수점수의 구성 요소로 PSV나 CONFAB를 포함하지 않는다. 이전에 명왕성이 행성이었던 것처럼,[3] 이러한 기호화 범주는 공식적인 과학적 등재 목록에서 우선적 지위를 상실했다. 그 빈도와 신뢰도에서의 문제 때문이었다. 그럼에도 불구하고 Exner(1974)는 사고장애 채점에 대해 처음 기술할 때, 신뢰로운 채점과 드문 빈도는 이 반응 변인들의 실존을 배제할 수 없고 그런 반응이 발생했을 때의 해석적 의미를 축소할 수 없다고 했다.

특수내용 점수

Exner는 구체적인 심리적 특질들을 반영하는 반응 특징들을 식별하기 위해 6개의 특수내용 점수를 CS에 추가했다. 6개 점수 중에는 추상화(Abstraction: AB) 채점이 병리적 사고처리

3) (역자 주) 2006년 명왕성은 태양계의 행성 목록에서 배제됨.

과정을 나타내는 가장 직접적인 지표다.

■ 추상화(AB)

처음에는 추상적 내용이라고 불리던 특수점수 AB는 인간의 정서, 감각 경험(내용 Hx로 기호화되는), 상징적 표상을 구체적으로 명시하는 반응에 사용된다. 후자의 반응 분류는 Rapaport, Holt, Johnston 및 Holzman이 자신들의 채점 체계에서 포착하려고 했던 일종의 기이한 상징화를 반영하는 것일 수 있다. Exner와 Weiner(1982, 1995)는 지적인 경향성이 있는 정상인 수검자들이 종종 로샤 카드에 대해 상징적 의미를 부여한다고 했다. 대략 14%의 비환자 성인이 상징화 반응을 한다. Exner와 Weiner는 상징화 반응이 비환자 기록에서 나타났을 때, 두 번째 혹은 세 번째 반응이거나 이미 완료된 반응들에 대한 갑작스런 윤색으로 나타난다는 점을 지적했다. Exner와 Weiner에 따르면, AB 채점이 보다 만연하고 확신하는 분위기를 나타내는 첫 번째 혹은 주요 반응에서 나타났을 때, 수검자는 부적절한 추상화 수준의 병리적 몰두를 나타낸 것이다.

비록 CS에는 구체적으로 구분된 AB 혹은 병리적 상징주의의 하위유형은 없지만, Exner와 Weiner는 '기이한 상징주의(idiosyncratic symbolism)'와 '과도하게 추상화된 윤색'이라는 두 부류의 일탈된 상징주의를 기술했다. 기이한 상징주의는 수검자에게 특이하게 느껴지고, 합의된 타당한 경험과는 매우 동떨어진 지시대상(referents)에 기반한다. 이러한 부류의 반응에는 TDI에서 .50 수준의 심각도로 채점되는 비관습적인 색채 및 심상 상징주의 반응이 포함된다.

과도하게 추상적인 정교화는 자신의 생활이나 현실에 부가된 추상적인 관념을 매우 자세히 설명한 반응들을 포함한다. 저자들은 이러한 유형의 반응에 대한 여러 사례를 제시했는데, 다음과 같은 IX번 카드의 반응이 포함된다. "그건 여기 위에서 나에게 자연의 느낌을 주고, 여기 아래는 지옥의 느낌을 주네요. 서로가 서로에게 맞서서 아름다움에 대항하는 사악함, 정말 높은 이상의 느낌이 여기 전체에서 나오고 있어요(It gives me a feeling of nature up here and of Hell down here, one against the other, beauty against evil, with a sense of really high ideals coming out of the whole thing)."(Exner & Weiner, 1995, p. 140)라는 반응이 포함되어 있다. 명백히 Rapaport와 TDI는 그런 반응을 심각한 작화증으로 채점할 것이다. Exner와 Weiner도 그런 반응에는 특수점수AB를 부여하는 데 더해서, DR 채점도 받을 만하다는 데 동의했다.

부적절한 M 반응

Exner는 인간 운동 반응이 한 개인의 사고의 질을 나타내는 민감한 지표가 된다고 했다. 그는 두 유형의 부적절한 M 반응을 일탈된 사고과정의 적절한 기표(signifiers)로 인식했다. 그들 중 첫 번째는 M- 반응이다. 1993년 CS 규준(Exner, 1993)에 따르면, M- 반응은 비환자 성인에게는 드문 반면(약 3%), 성격장애(32%), 우울증(40%), 조현병(80%)과 같은 다른 환자군에서는 상당히 빈번했다. Exner는 로샤 전통에 따라서 단지 하나의 M- 반응도 사고의 특이성을 시사할 수 있으며, 하나 이상의 M- 반응은 "혼란에 빠진, 매우 이상한 사고(disoriented, very strange thinking)"의 가능성을 높인다고 했다(Exner, 1993, p. 482). M- 반응이 수동인가 능동인가에 주의를 기울이는 것도 장애적 사고과정의 질을 평가하는 데 있어 중요할 수 있다. Exner는 수동 M- 반응은 '망상적 작용(delusional operations)'의 가능성을 반영할 수 있다. Exner에 따르면, 망상적 소재의 성질에 대한 가능한 단서를 찾기 위해 M- 반응의 내용인을 검토해 볼 것을 권고했다. 그는 반응성 정신증(reactive psychoses)을 겪는 환자들은 그런 수동 M- 반응에서 종종 "잘 확립된 망상적 체계"를 반영하는 동질한 내용의 반응을 한다고 덧붙였다.

장애적 사고의 지표가 되는 두 번째 유형의 부적절한 M 반응은 Exner가 형태 없는(formless) M 반응이라고 명명한 것이다. 이 반응들은 보통 정서나 감각에 초점을 맞춘 매우 상징화된 반응이다. 예를 들면, 한 잉크반점에 대한 "우울처럼 보이네요(It looks like depression)." 혹은 "화기애애한 즐거운 느낌을 떠올리게 하는군요(It reminds me of the joyful feeling of togetherness)."라는 반응은 잉크반점의 핵심적 특성들을 모두 무시한 것이다. 형태 없는 M 반응은 특수점수 AB, 어쩌면 DR(잉크반점의 자극 측면에 의해 지지될 수 없는 작화증적 윤색이 부여됨)도 받을 수 있다. Exner는 형태 없는 M은 "환각-유사 작용(hallucinatory-like operation)과 매우 유사한 특징을 가지고 있을 수 있다."고 언급했다(Exner, 1993, p. 482).

변인의 심각도 수준과 WSUM6

로샤 조현병 지표(Rorschach Schizophrenia Index: SCZI)가 개발된 이후, Exner는 6개의 결정적 특수점수에 부여된 가중치는 각 채점의 적절한 심각도를 반영하지 않는다고 결론지었다. 예를 들면, 일부 INCOM은 그 성격상 매우 심각한 것인 반면, 다른 것들은 보다 온건하고 발달적으로 드물지 않으며 아동의 기록에서 자주 발견되는 것들이다. Enxer는 동일한 특수점수의 이러한 두 가지 표현에 차별화된 가중치를 부여해야 한다는 점을 인식하고 있었다. 각 진단적 범주 내의 변동성을 설명하기 위해 가장 단순한 최선의 방법은 다음의 네 특수점수 범주에 1 혹은 2점을 부여하는 것이었다. DV, DR, INCOM, FABCOM이 그것이다. 수준 1 평정은 사고에서 약하거나 중등도의 비논리적인, 특이한 혹은 유동적인 착오를 반영한다. 이 반응들 대부분은 TDI에서 .25 수준의 심각도와 유사한 점수를 받을 것이다.

수준 2 평정은 사고의 유동성, 논리에서의 이탈, 혹은 추론이나 판단에서 보다 기괴한 사례들에서 중등도부터 심각한 정도까지의 손상을 반영한다. 이 반응들은 TDI 채점에서 .50, .75, 잠재적으로 1.0 수준의 심각도와 비견되는 것으로 간주된다. ALOG와 CONTAM은 로샤 사고장애 채점 연속선에서 심각한 극단에 가깝기 때문에 Exner는 그것들을 정의상 수준 2의 특수점수로 간주했다.

거의 81%의 비환자 성인이 하나 이상의 수준 1 특수점수를 받고 비환자 아동은 훨씬 더 많이 받기 때문에 Exner(1993)는 수준 2 점수의 존재를 더 심각하게 우려할 만한 근거로 봤다. 하지만 그는 적어도 하나의 수준 2 채점이 정상 아동의 기록(예를 들어, 13세 아동의 기록 중 약 25%)에서 나오는 일이 종종 있고, 비조현병 환자군의 기록(입원한 우울증 환자의 71%, 진단이 혼재된 외래환자 표본 중 약 38%)에서 더 빈번하다는 것을 알고 있었다. Exner는 이러한 규준적 결과에 근거해서 수준 2 채점은 보다 심각한 인지적 착오의 일반적 지표 외에는 특별한 진단적 유의성이 없을 수 있고, 단지 하나의 수준 2 채점을 사고장애의 질병특유적 징후로 간주해서는 안 된다고 결론지었다.

Exner는 환자 및 비환자 성인, 그리고 발달적 연령 집단의 빈도와 평균을 사용해서 비환자 및 환자 표본에서의 상대적 빈도에 따른 대략적인 특수점수의 심각도 위계를 구성할 수 있었다. 그의 규준 자료는 결정적 특수점수에서 심각성의 연속선을 경험적으로 도출하기 위한 핵심적 기초가 되었다. 예를 들면, 700명의 비환자 성인의 절반 이상(53%)이 적어도 하나 이상의 DV1, 46%는 하나의 INCOM1, 15%는 하나의 DR1, 16%는 하나의 FABCOM1, 1%는 하나의 DV2, .5%는 하나의 INCOM2, 4%는 하나의 ALOG, 2%는 하나의 DR2나 FABCOM2가 기록에 있었다. 반면, CONTAM은 하나도 없었다. 320명의 조현병 환자 중에서 227명은 적어도 하나의 수준 2 특수점수를 가지고 있었으며, 63%는 적어도 하나의 FABCOM2, 5%는 적어도 하나의 CONTAM, 그리고 어떤 조건에서든 흔치 않은 채점을 나타냈다. 이 조현병 환자 표본에서 기록당 평균 특수점수의 개수는 9였다. 환자 및 연령 집단에서의 확장된 규준 자료는 Exner의 저서 1권(1986a, 1993)에서 찾아볼 수 있다. Exner가 수준 1과 수준 2를 구분하기 전에 수집한 경계성 성격 및 조현형 성격 환자 표본에 대한 추가적인 규준도 활용할 수 있다(Exner, 1986b).

Exner의 표본에서 거의 81%의 비환자 성인(그리고 정상 아동의 대다수)은 적어도 하나의 특수점수가 기록에서 나타났기 때문에 그는 DR2, FABCOM2, CONTAM이 채점되지 않았다면 환자들의 기록에서 드문 빈도로 나오는 특수점수를 항상 사고장해의 증거로 해석해서는 안 된다고 경고했다. Exner는 규준 자료에 근거해서 특수점수의 연속선을 제시했는데, 심각도는 DV1, INCOM1, DR1, DV2, FABCOM1에서 시작해서 가장 심각한 극단으로는 INCOM2, ALOG, FABCOM2, CONTAM까지의 범위를 가지고 있었다.

Exner는 기록에서 3개 정도의 DV1은 거의 의미가 없지만, 하나의 DV2라도 있는 경우에는 우려할 만한 것이라고 느꼈다. 그는 또한 기록에서 적은 수의 INCOM1은 수검자가 보다 기괴한 응축(INCOM2)을 나타내기 시작한 것이 아니라면 특별히 해석할 수 없다고 지적했다. Exner는 FABCOM에 대해서도 아동과 조현병 환자, 성격장애 환자 기록에서 흔한 것이며, 성인과 청소년에게서는 2개 이상의 FABCOM1이 있거나 하나 이상의 FABCOM2가 있을 때에만 부정적인 징후로 고려되어야 한다고 했다. 물론 DR2, ALOG, CONTAM이 있다면 사고에서 보다 심각한 장해가 시사된다.

요약하면, Exner는 성인의 기록에서 적어도 5개 이상의 특수점수가 있어야 하고, 어린 아동에게서는 연령 평균에 비해 1 표준편차 이상 많아야만 사고장애가 시사된다고 결론지었다. 그는 정상 범위의 인지적 착오와 임상적으로 의미 있는 사고 병리를 구분하는 거친 절단점으로 WSUM6 9점을 제시했다. 하지만 그는 임상가들에게 경직된 양적인 접근을 경계하고 각 특수점수의 발생률을 구분해서 검토하라고 권유하기도 했다.

로샤 조현병 지표(SCZI)와 지각-사고 지표(PTI)

Exner가 처음으로 조현병을 탐지하기 위한 합성지표(SCZI)를 개발하려고 한 것은 그와 그의 동료들이 특수점수를 CS에 도입한 1976년이 조금 지나서였다. Exner는 그의 실험적 지표를 조현병적 특성에 대한 Weiner의 개념에 기반한 기준에 기초했다. Exner는 Weiner의 개념에 의거해서 네 가지 조현병의 로샤 지표를 찾아냈다. (1) 장해적 사고(나쁜 인간 운동 반응 [M-] 그리고/혹은 다섯 가지 특수점수의 사례(DV, INCOM, FABCOM, ALOG, CONTAM), (2) 손상된 현실검증(나쁜 형태 수준 혹은 낮은 X+, F+%), (3) 나쁜 정서적 통제(CF+C>FC), (4) 대인관계의 서투름, 순수 인간 반응의 부재 혹은 (H)>H가 그것이다.

6개의 결정적 특수점수는 상대적 심각도에 따라 다음과 같은 가중치가 부여되었다. DV

=1, INCOM=2, DR=3, FABCOM=4, ALOG=5, CONTAM=7이다. 낮은 X+% 및 적어도 하나의 M-가 존재하는 것에 더불어서 이들 여섯 점수에 대한 가중치 합(WSUM6)은 SCZI의 핵심적 요소였다. Exner(1986a)의 SCZI는 장해적 지각 및 사고와 관련된 다섯 변인으로 구성되었다. (1) X+%<.70 (좋은 형태 수준 반응의 합이 70% 미만), (2) Sum X->Sum Xu 혹은 X-% (나쁜 형태 수준 반응의 합이 드문 형태 수준 반응의 합보다 크거나, 혹은 나쁜 형태 수준 반응이 20%를 넘음), (3) M->0 혹은 WSUM6>11 (나쁜 인간 운동 반응이 0보다 크거나, 결정적 특수점수의 가중치 합이 11보다 큼), (4) DV+DR+INCOM+FABCOM+ALOG+CONTAM>4 (가중치가 부여되지 않은 결정적 특수점수의 합이 4보다 큼), (5) Sum DR+FABCOM+ALOG+CONTAM> Sum DV+INCOM 혹은 M->1 (DR, FABCOM, ALOG, CONTAM의 합이 DV, INCOM의 합보다 크거나, 나쁜 인간 운동 반응 총합이 1보다 큼)이다.

SCZI에서 5점은 조현병 진단이 강하게 고려되지만, 반면 4점은 오긍정(false positives)이 많을 수 있었다. 연구자들은 그 후 6년 간 SCZI를 조현병에 대한 민감도와 특이도를 더 높이려고 설계했다. SCZI는 오긍정과 오부정의 비율을 개선하기 위해 1990년에 다시 한 번 개정되었다(Exner, 1990). 개정 작업은 수준 1과 수준 2 채점과 S-%(공백 반응에서 마이너스 형태질) 변인이 지표에 추가되면서 크게 진전되었다. Exner는 상관 및 판별함수분석(discriminant function analysis)에 기초해서 개정된 SCZI의 총 10개 변인 중 6개 항목을 확정했다.

Exner와 동료들은 그것을 조현병 지표라고 부르기로 했기 때문에 SCZI가 조현병에 대한 충분한 민감도와 특이도를 확보해야 한다고 생각했다. 조현병 환자 식별을 위한 SCZI의 정확성을 극대화하고 오긍정 및 오부정을 최소화하기 위해 광범위한 연구가 진행되었다. Exner의 연구는 4점의 SCZI는 상당한 위험성으로 해석되어야 하지만, 6점의 SCZI는 상당히 높은 조현병 가능성을 나타낸다고 했다.

Hilsenroth, Fowler와 Padawer(1998)는 조현병과 기타 정신증 환자를 다른 집단과 구분하는 데 있어서 SCZI의 신뢰도, 내적 일관성, 진단적 효과성을 연구했다. 비록 그들은 SCZI의 총점이 DSM-IV 정신증 장애 여부와 유의미한 정적 상관을 갖는다는 것을 보여 주긴 했지만, Hilsenroth와 그의 팀은 SCZI가 경계선 및 A군 성격장애에서는 상대적으로 낮은 값(SCZI 평균이 약 3.0)을 갖는 장애적 사고의 연속선 상에서 평가된다고 지적했다. 그들은 4점은 정신증 장애를 온건한 성격장애와 구분할 목적으로는 적합하지만, 5점은 보다 심각한 경계선 및 A군집 성격장애를 구분하는 경우에는 진단적 효과성을 증가시킬 것이라고 제안했다.

보다 중요한 것은 Hilsenroth와 그의 동료들이 아마도 SCZI는 그 지표의 이름만큼 조현병 진단에 특이도가 확보된 것이 아니라고 결론지었다는 점이다. 그들은 지각적 부정확성, 손상된 현실검증, 일탈된 사고과정의 측정치인 SCZI는 양극성 장애, 망상장애, 조현정동적 정신증에서도 상승할 것이라고 말했다. 그래서 그들은 SCZI를 정신증의 차원적 측정치로 채택해야 하고, 보다 다양한 환자의 손상된 현실검증과 사고장애의 정도를 측정하기 위한 정신증 지표로서 새로운 명칭이 필요하다고 결론지었다. 이 무렵에 Holaday(2000)도 역시 PTSD 아동에 대한 로샤 연구에서 조현병의 오긍정 진단을 피하기 위해서 SCZI를 지각 사고 지표(Perception and Thinking Index: PATI)로 재명명할 것을 권고했다.

Exner(2000a, 2000b)는 개념적 및 심리측정적 이유로 SCZI를 지각적-사고 지표(Perceptual-Thinking Index: PTI)로 대체했다. Exner는 SCZI가 개념적 관점에서 잘못 명명된 것이라는 것을 인정했다. '조현병 지표'라는 명칭은 현실검증, 관념적 명료성과 같은 성격기능의 측정에서 벗어나 초점을 분산시켜 오해의 소지가 있고, 공식적 진단을 확정하는 데 저해가 된다는 것이 입증되었다. PTI는 5개의 검증 기준에 대한 9개 변인으로 구성된다. (1) XA% < .70 및 WDA < .75, (2) X-% > .29, (3) 특수점수 수준 2 > 2 및 FAB2 > 0, (4) R < 17 및 WSUM6 > 12, 혹은 R > 16 및 WSUM6 > 17(13세 이하에서는 조정됨), (5) M- > 1 혹은 X-% > .40이다. PTI는 SCZI에서의 X+%와 FQ- 변인을 XA%와 WDA%로 대체했다. 그리고 프로토콜의 길이와 연령에 따라서도 WSUM6를 포함한 특수점수가 조정되었다.

비록 PTI가 진단적 지표와는 달리 규정된 절단점이 없는 연속변인으로 간주되지만, 연구자들은 오긍정과 오부정의 균형을 맞추는 최적 분류 점수로 > 2(Smith et al., 2001)와 ≥ 3(Dao & Prevatt, 2006)이라는 절단점을 발견했다. 연구들은 사고장애 및 기타 정신증 장애 측정치에서 상승된 점수를 나타내는 아동 및 청소년의 식별(Smith et al., 2001), 주요 우울증 환자와 조현병 환자의 구분(Dao & Prevatt, 2006), 정신증과 비정신증 환자의 구분(Benedik et al., 2013; Biagiarelli et al., 2015), 그리고 만성과 급성기 조현병 환자의 구분(Gomilla, 2011)에 있어서 PTI의 타당성을 지지했다.

Exner가 2006년에 사망한 이래로 CS의 사고장애 채점에 더 이상의 발전은 없었다. 지난 10년 간 가장 중요한 로샤 관련 발전은 R-PAS의 출현이라 할 것이다.

R-PAS: 인지기호와 지각 및 사고 영역

Greg Meyer, Don Viglione, Joni Mihura, Robert Erard, Phil Erdberg는 깊은 교감을 가지고 R-PAS를 개발했다. 40년 전에는 '학생'이었던 John Exner가 어떻게 탁월한 다섯 학자의

로샤 체계로부터 가장 신뢰롭고 잘 타당화된 채점을 도입해서 CS로 통합했는지 생각해 보자. Exner에게는 다섯 명의 뛰어난 학생이 있었고(그들 대부분은 공식적으로 Exner의 로샤 연구 위원회에서 일을 했다), CS로부터 경험적으로 가장 확고한 변인들을 수용하여 자신들의 수정된 방법인 R-PAS로 통합했다(Meyer et al., 2011). Hertz(1986, p. 405)의 말을 빌자면, R-PAS는 그 전의 CS처럼 새롭게 "우리의 대열에 규범을 제공했고, 우리 분야에 낙관성을 가져왔다".

Greg Meyer

Don Viglione

Joni Mihura

Robert Erard

Phil Erdberg

일부 로샤 전통주의자들은 다수의 편리한 채점 변인들이 심리측정적 및 경험적 군집을 이루지 못하고, CS뿐만 아니라 R-PAS에서도 배제되었다는 사실에 실망하거나 불쾌할 수도 있다. 시행 방식과 가치 있는 신념의 변화는 언제나 어렵고 저항을 불러일으킨다. CS가 로샤검사에서 시행의 표준이 되었을 때가 바로 그런 경우였다. 이와 유사하게 지금 우리는 R-PAS가 우위를 차지하면서 로샤 공동체들이 직면하게 된 성장통을 인식하고 있다.

정신증 탐지를 위한 증거의 강도

비록 R-PAS와 CS는 유사한 증거-기반 전통을 가지고 있지만, 우리가 R-PAS를 구분하는 기준은 인지 및 지각적 처리과정을 표적으로 한 변인들에 대한 강력한 경험적 지지다. Exner(1974)가 첫 CS 안내서를 출판했을 때, 그는 특수점수가 신뢰롭게 채점될 수 없다고 믿었기 때문에 포함시키지 않았다. 그와 대조적으로 R-PAS에는 사고장애와 부실한 현실검증력을 평가하는 변인들이 소개되어 있다. 사실상 CS 변인들에 대한 Mihura의 기념비적인 메타분석 연구(Mihura et al., 2013)에서 PTI, 결정적 특수점수, 왜곡된 형태(FQ-)는 강력한 타당도 지지를 받았다. 로샤에 대한 오랜 비판자들도 인지적 손상 및 사고장애와 관련된 채점들에는 설득력 있는 증거가 있다는 점에 동의한다(Wood et al., 2015).

인지기호

R-PAS 개발자들은 사고, 판단, 지각에서의 문제를 측정하는 몇몇의 익숙한 변인을 확장하고 재명명했다. CS에서의 특수점수는 인지기호라고 불리며, CS와 동일한 채점을 포함하고 있지만 PEC(Peculiar Logic)로 다시 명명된 ALOG만은 예외다. CS와 유사하게 6개의 하위기호가 있고 그중 4개는 심각도 수준(수준 1 혹은 수준 2)이 채점된다. 세 개의 기호는 기이한 언어 혹은 반응의 정당화를 포함하기 때문에 언어 및 추론 점수(Language and Reasoning scores; DV, DR, PEC)로 기술된다. 반면, 지각기반 기호(Perceptually Based codes; INC, FAB, CON)는 심상이 응축되고 조합되는 방식에서의 이상성(oddities)을 반영한다. 각 기호는 1~7점의 가중치가 부여되며, 이는 사고에서 장해의 심각성을 반영한다. 인지기호에 대한 정의나 가중치는 CS에서 유래된 것이다(Exner, 2003).

지각 및 사고 영역

'지각 및 사고 영역' 하에 집합적으로 묶인 변인들의 세트는 정신병리의 심각성과 연관되는데, 여기에 속한 것들로는 사고 조직화(thought organization), 추론(reasoning), 현실검증(reality testing)에서의 장해가 있다. Meyer와 동료들(2011)은 이 영역에서의 높은 점수와 낮은 관여(low engagement), 낮은 생산성(low productivity), 인지적 복잡성의 부족(lack of cognitive complexity)이 조합되면 가장 병리적인 상태와 관련된다고 했다.

1. **자아손상지표-3**(Ego Impairment Index-3: EII-3): 이미 잘 연구되어 있는 자아손상지표(EII; Perry & Viglione, 1991; Perry, Viglione, & Braff, 1992)에 기반한 것으로, EII-3는 그중 가장 최신 버전이다(Viglione et al., 2011). EII-3는 지각 및 사고 영역의 핵심 변인으로, FQ-(현실 왜곡의 측정치), WSUMCog(장애적 사고의 종합지표), M-, PHR, GHR(사회적 오해석의 측정치), 결정적 내용(Critical Contents: 노골적이고 원시적인 사고 내용), 그리고 R의 조합으로 도출된 것이다. EII-3는 정신병리 심각성의 종합적 측정치이며, 보다 구체적으로는 사고와 현실검증의 장해에 대한 측정치다.
2. **사고 및 지각 종합지표**(Thought and Perception Composite: TP-Comp): EII-3와 유사하게 TP-Comp은 현실검증과 사고에서의 장해를 모두 평가한다. 하지만 EII-3와는 달리 결정적 내용은 포함되지 않는다. TP-Comp는 FQ-%, WD-%, M-, WSUMCog, FAB2, R에서 도출된 것이다. 원점수가 3.5보다 크면 극단적으로 높은 것으로 간주되며, 조현병 스펙트럼 장애, 양극성 장애 정신증, 약물에 의한 정신증에서 나타나는 것으로 보고되었다. 더욱이 저자들은 극단적인 상승이 꾀병이나 외상의 결과일 가능성은 낮다고 지적했다. 보고에 따르면, 중간 범위의 상승(원점수>2)은 정신증 유사 경험에 대한 취약성을 시사하고 경계선 수준의 기능 및 외상, 꾀병과 관련될 수 있다고 했다.
3. **가중치가 부여된 6개 인지기호의 합**(Weighted Sum of Six Cognitive Codes: WSUMCog): 장해적 사고 측정치인 WSUMCog는 기록에서 가중치가 부여된 모든 인지기호의 합을 반영한다. 평가자는 수준 1과 수준 2 기호를 구분할 수 있는데, 사고에서의 문제들이 미약한 이탈이거나 인지적 미성숙의 사례인 경우(수준 1)이거나 혹은 보다 일탈된 언어, 지각적 응축, 혹은 추론에서 심각한 위축(수준 2)인 경우에 채점된다.
4. **심각한 인지기호**(Severe Cognitive Codes: SevCog): SevCog는 가장 심각한 장애적 사고의 사례들을 나타내는 보다 좁은 범위의 변인들이다(DV2+DR2+INC2+FAB2+PEC+CON). 비록 저자들이 SevCog가 사고, 추론, 개념화, 언어에서의 정신증 수준 장해를 반영한다고 하지만, 그들은 또한 이 지표에서의 상승이 극적인 과장이나 검사자에게 충격을 주려는 시도, 혹은 관습을 무시하는 의도적 시도를 반영할 수도 있다고 경고했다.
5. **FQ 비율**(FQ Percentage): WD-%와 FQ-%는 둘 다 현실검증을 반영한다. 모든 반응 중에서 마이너스 형태 수준의 기호화(FQ-%)는 보다 흔하고 보다 쉽게 볼 수 있는 잉크반점 영역이 사용되었을 때의 마이너스 형태질(WD-%)과 대비된다.

Mihura의 메타분석 결과 중 하나는 M-가 더 이상 사고장애의 타당한 측정치가 아니라는 것이다. CS에서 M-는 장해적 사고 지표 중 하나로 간주되었다. 하지만 연구들은 이러한 주장을 지지하지 않았다. 그래도 여전히 M-는 사회적 자극들에 대한 오지각 및 오해석의 측정치로는 간주된다.

CS 및 R-PAS의 장애적 사고 평가에 대한 생각들

CS와 R-PAS는 모두 단순한 장애적 사고 채점을 넘어서는 완결된 해석 체계들이다. 그래서 나는 나의 요약적 발언들을 CS와 R-PAS가 장애적 사고를 평가하고 해석하는 데 있어서의 경험적 · 개념적 · 임상적 이슈에 대한 것으로만 제한할 것이다.

경험적 기초

Exner는 CS를 전세계 로샤 심리학자들의 공통적 도구가 된 경험적으로 건전한 체계로 확립했다. Exner와 Weiner는 처음에 사고장애 채점을 체계의 공식적인 부분으로 포함하는 데 망설였지만, 결국 일탈된 언어와 논리를 포착하기 위한 간결하고 효과적인 특수점수 세트를 포함시켰다. Meyer, Viglione, Mihura, Erdberg, Erard는 과학적으로 건전한 로샤 체계의 후속 세대로 R-PAS를 만들어 계승했다. 근소한 차이가 있지만 인지기호와 지각 및 사고 변인들은 특수점수와 WSUM6, PTI의 후손이다.

CS와 R-PAS의 사고장애 채점은 다른 기호 변인과 마찬가지로 엄격한 신뢰도, 타당도, 규준 연구의 대상이 되어 왔다. 두 체계 모두가 수용 가능한 평정자간 신뢰도를 확보해서 장애적 사고의 사례들을 명명하고 채점할 수 있었다. CS 특수점수, SCZI, PTI의 타당도 연구들은 일차적으로는 감별 진단, 정신증 위험성, 아동의 사고장애 식별에 초점을 두었다(Exner, 1986a; Singer & Brabender, 1993; Hilsenroth, Fowler, & Pawader, 1998; Smith et al., 2001; Viglione & Hilsenroth, 2001; Dao & Prevatt, 2006; Kimhy et al., 2007; Ilonen et al., 2010; Inoue, Yorozuya, & Mizuno, 2014; Rothschild-Yakar et al., 2015). Mihura와 동료들(2013)의 CS 점수에 대한 메타분석은 이 변인들로 정신증 장애 환자들을 탐지하고 변별하는 데 있어서 아마도 가장 확고한 경험적 지지를 제공했을 것이다. 게다가 한때 충분한 사용상의 이점이 없다고 믿고 로샤의 사용을 폐기하라고 요구했던 가장 열렬한 비판자들마저도 이제는 그 가치에 주목하고 있고, 임상 실제에서 특수점수와 FQ의 사용에 대한 풍부한 과학적 기반을 재차 강조하고 있다(Wood et al., 2015).

그런 확고한 연구 기반에도 불구하고, CS 및 R-PAS의 사고장애 변인에 대한 타당도 연구는 TDI의 임상적 타당성 연구에 비해 그 절대량이 부족한 편이다. 하지만 R-PAS는 비교적 새롭고 Mihura의 메타분석에서의 발견(어떤 의미에서는 R-PAS가 시작되는 데 도움을 준)이 갖는 장점이 있어서, 수년 내에 많은 사고장애와 정신증에 대한 R-PAS 연구들이 등장할 것으로 보인다.

CS의 규준적 기반은 그 후계 체계들에 아주 긴 미래를 열어 줬다. 특수점수는 다른 모든 CS 변인처럼 아동부터 성인까지 연령 범위에서 경험적으로 도출된 상당한 크기의 규준과 비교해서 평가한다. 하지만 연구자들이 국제 표본들, 특히 아동과 청소년 규준에서 타당도를 확인했을 때 CS의 규준은 약간의 공격을 받게 되었다(Meyer, Erdberg, & Schaffer, 2007). FQ-%와 같은 변인들의 규준 및 서로 다른 연령 집단 간의 규준에 대한 의문들은 R-PAS 개발의 또 다른 동력이 되었다. R-PAS의 강점 중 하나는 국제 규준을 사용하며, 아동 및 청소년에 대한 규준의 개정을 지속하고 있다는 것이다.

개념적 기반

CS와 R-PAS가 주로 경험적 자료를 따른다는 것은 분명한 사실이다. 두 체계는 가장 강한 경험적 지지를 받는 변인들을 선택했다. 비록 무시되는 것은 아니지만, 심리학적 근거에 대한 기술과 채점 범주 및 지표에 대한 개념적 기초는 부차적으로 중요하게 여겨진다. 두 체계는 채점 범주가 어떻게 언어, 사고, 현실검증의 특징들을 광범위하게 반영하는지 기술하고 있다.

게다가 두 체계는 심각도 수준에 대한 유용한 구분을 제공한다. 심각도에 따라서 사소한 착오, 미성숙한 사고, 변덕스러운 사고(수준 1)와 보다 혼란스럽고 기괴한 사고(수준 2)가 반영된 채점이 구별된다. R-PAS에는 가장 심각한 사고장애 반응 군집을 포착하는 확실한 방법으로 SevCog 변인이 있는데, 이것은 WSUMCog보다 더 좁은 범위를 갖는다. 원칙적으로 SevCog는 사고에서 가장 심각한 정신증 수준의 붕괴를 복합적으로 표상한다.

CS는 일탈된 언어(DV 및 DR), 부적절한 조합반응(INCOM, FABCOM, CONTAM), 자폐적 논리(ALOG)를 구분한다. 이러한 큰 범주들은 유사한 처리과정(언어, 조합, 논리)의 채점들을 집단으로 군집화하려던 것으로 알려져 있다. 하지만 그 채점 각각의 기저에 있는 심리학적 혹은 인지적 처리과정의 본질에 대한 설명은 거의 없었다. R-PAS는 기이한 방식의 정당화 반응인 언어 및 추론 인지기호(DV, DR, PEC)와 시각 이미지의 비논리적 조합이 담긴 지각에 기반한 인지기호(INC, FAB, CON)로 개념적 구분을 하고 있다. 인지기호와 지각 및 사고 영역 변인들에 대한 심리학적 근거를 제공하려던 노력에도 불구하고, R-PAS는 언어 및 추론과 지각에 기반한 인지기호를 보다 명확하게 구분하기 위한 추가 설명이 필요하다. 전자의 범주들은 좀 더 환자가 말한 것에 기초하고, 후자의 범주들은 환자가 본 것을 좀 더 반영하는 것처럼 보이기는 한다. 이러한 구분이 어느 정도 일리가 있기는 하지만, 첫 번째 그룹에서 언어와 추론을 조합한 것은 여전히 혼란스럽다.

특수점수와 인지기호는 WSUMCog(R-PAS)와 WSUM6(CS) 변인들에 대해 심각도의 7점 연속선을 따라 가중치를 부여한다. 비록 이들 지표가 경험적으로 도출된 것이지만, 심각도 연속선과 임상 연구에서 사고장애의 본질에 대해 알려진 것들 사이에는 여전히 혼란과 모순이 남아 있다. 예를 들면, DV2는 훨씬 높은 점수를 받는 수준 2의 다른 채점들, 가령 INC2 (4), DR2 (6), FAB2 (7)과 비교해서 오직 가중치 (2)만 받는다. 이러한 심각도 가중치에 대한 경험적 근거에 따르면, 약하고 상대적으로 흔한 II번 카드 반응인 "두 마리 곰이 서로 하이파이브를 하고 있어요(Two bears giving each other high fives)."는 FAB1 채점과 가중치 (4)를 받는다. 이것과 I번 카드 반응인 "이 거미들은 어리석음을 위해 존재하는 dracnoids[4]입니다(These spiders are dracnoids that exist for folly)."는 대조적이다. dracnoid는 신조어일 뿐만 아니라 그 반응은 전체적으로 말이 안 된다. 이 반응이 DV2를 받으면 가중치는 (2)를 받게 된다. TDI에서 신조어는 가장 높은 심각도 가중치인 (1.0)을 받는데, CS와 R-PAS에서는 DV2로 채점된다. Holzman 그룹(Shenton, Solovay, & Holzman, 1987)은 서로 다른 정신증 집단 간의 사고장애의 질적 구분에 대한 연구를 하면서 조현병 스펙트럼 장애 환자의 사고장애는 주로 혼란스럽고 심각하게 기이한 언어의 특징을 가지며, CS 및 R-PAS에서 DV2로 가장 빈번하게 채점된다고 했다. 그래서 왜 CS와 R-PAS의 기호화에서 DV2가 일탈된 언어나 사고에 대한 더 심각한 지표로 간주되지 않았는지 이해하기 어렵다. 이와 유사하게, 약한 FAB1인 "두 마리 곰이 서로 하이파이브를 하고 있어요."는 보다 기괴한 V번 카드 반응(INC2)인 '착륙 장치를 가진 박쥐(A bat with landing gears)'와 동일한 (4)의 가중치를 받는다.

특수점수와 인지기호의 많은 강점과 호소력에도 불구하고, 채점된 범주 세트의 신뢰도를 확립하려던 노력은 채점 가능한 DR의 범주를 제한했을 수 있다. CS와 R-PAS 개발자들은 간명성을 추구하는 과정에서 특정한 진단적 의미를 가질 수 있는 구분된 유형의 병리적 언어

4) (역자 주) dracnoids: 존재하지 않는 신조어.

를 압축하거나 무시했다. 이러한 압축된 혹은 과잉단순화된 경향성을 가진 범주들이 특수점수 안에도 존재하고 있다. 예를 들면, DV는 상당히 좁게 정의된 것으로 보인다. DV 채점을 중복반응이나 신조어로 한정했기 때문에 보다 광범위한 기이한 언어들이 간과될 수 있다. 기술적으로 괴상한 그리고 과장된 표현과 기이한 언어 및 심상이 사용된 경우에 TDI는 특이한 및 괴상한 언어로 채점한다. 반면, CS는 그것들이 중복반응이나 신조어가 아니기 때문에 DV로 채점하지 않는다. 더욱이 '상호 간에 올라가는 두 다리(two legs raising each other)'[5] '잠재적인 귀(potential ears)'[6] '잘못된 도깨비불(a perverted jack-o'-lantern)' '기만당한 우스꽝스러운 강아지(a foxed comic dog)' '그림의 메아리(an echo of a picture)'와 같은 반응은 중복반응이나 신조어를 포함하고 있지 않으며, 그래서 특수점수 DV로 채점되지 않을 수 있다.

DR 채점은 특이도(specificity)와 개념적 경계의 명료함이 부족하다는 점에서 훨씬 더 문제가 된다. Meloy와 Singer(1991)는 DR 채점을 Rapaport의 최초 채점 체계에서의 작화증 개념과 동일시했지만, DR은 조금 더 확장적인 범주라는 사실을 인정했다. 비록 수검자가 '표적에서 벗어나는(wanders off target)' 반응을 담아내기 위한 의도였지만, 나는 DR이 '다소 확장적인' 수준을 넘어선다고 생각한다. 그래서 DR은 너무 광범위해서 다양한 서로 다른 반응들을 집어넣는 '쓰레기통' 범주가 될 위험성이 있다고 생각한다. 특수점수와 TDI 채점 범주를 대략 비교해 보면, DR 범주는 다수의 구분된 TDI 범주를 포괄하게 된다. 예를 들면, TDI 범주는 대략 DR1 및 DR2와 동등한데, 이는 부적절한 거리, 경솔한 반응, 모호함, 혼란, 느슨함, 유희적 작화증, 작화증, 유동성, 지리멸렬한 반응과 같은 구분된 채점들을 포함한다. TDI는 요인들을 무관한 침투(irrelevant intrusion), 조합적 사고, 유동적 사고, 자의적 언어로 구분했는데, 이는 모두 CS에서는 DR1 혹은 DR2로 채점될 수 있는 것들이다.

DR 범주의 과도하게 광범위한 특성과 더불어서 역설적이게도 DR의 정의에는 좁은 측면도 있다. DR의 정의를 '표적을 떠도는' 것, 즉 수검자가 '부적절한 구(inappropriate phrase)' [예를 들어, "그건 박쥐입니다. 하지만 저는 나비이길 바랐어요("It's a bat but I was hoping for a butterfly)."] 혹은 '우회적 반응(circumstantial response)'을 하는 것으로 정의했기 때문에 DR의 의미는 수검자가 과제에서 이탈하여 부적절하게 산만해지거나 느슨해지는 반응으로만 한정되었다. 하지만 일부 수검자들은 잉크에서 벗어나 '떠돌지' 않지만 부적절하게 반점에 몰두해 버린다. DR의 정의에 따른 우회적인 상황은 아니지만, 이러한 수검자들은 잉크반점 그 자체에 대해 윤색하는 기술을 하다가 길을 잃는다. 예를 들어, "상처 입는 딱정벌레 같아 보

5) (역자 주) 두 다리를 꼬는 것에 대한 특이한 표현.

6) (역자 주) 가려진 귀에 대한 특이한 표현.

이네요. 그건 겁먹고, 화나고, 공격적이네요. 그리고 어… 매우 의도가 음… 공격하는 음… 괴롭히는 무엇인가에 복수로(Looks like a beetle that's been injured. It looks frightened, angry, and aggressive. And uh… very intent on… attacking in um… in retaliation for something that's bothering it)."라는 반응을 살펴보자. 이 반응은 명백하게 DR의 부적절한 구는 아니고 우회적이지도 않다. 수검자는 반응에서 벗어나 맴돌고 있는 것이 아니라 환상에 빠져들어가는 것이다. 대부분의 사람이 그런 반응은 DR 채점을 받아야 한다는 데 동의한다. 하지만 이러한 유형의 '환상에의 침잠(fantasy immersion)' 반응은 CS의 DR 영역에 명확하게 기술되어 있지 않다. CS와 R-PAS가 Rapaport의 '증가된 거리'와 '거리의 상실' 구분을 유지했다면 임상적으로 유용했을 것이다. 심하게 정교화되고 윤색된 DR은 잉크반점에서 적절한 거리를 유지하는 데 있어서 하나 혹은 두 종류의 문제를 반영하는 것일 수 있다. Exner의 DR 범주는 오직 '정처없이 떠도는' 현상[즉, 증가된 거리 혹은 그의 표현에 따르면 '우회성(circumstantiality)']은 설명하지만 '환상에의 침잠' 개념은 충분히 설명하지 못한다. Kleiger와 Peebles-Kleiger(1993)는 이러한 DR 범주에서 개념적 문제들을 설명하면서 이 후자 유형의 DR 처리과정에 대한적절한 기술이 결여되어 있다고 적었다.

Exner는 이전의 로샤 체계에서는 DW 채점만 적용했던 CONFAB를 유지했다가 그 후에 제거하는 방식으로 이미 혼란스러운 사안을 더욱 혼란스럽게 했다. Meloy와 Singer(1991)는 특수점수와 정신분석 이론을 연결하려는 자신들의 시도에서 CONFAB 범주를 폐지할 것을 권유했는데, CONFAB가 드물게 나타나고 민감도와 특이도가 부족하기 때문이었다. 그리고 DR 범주를 CONFAB로 재명명하기를 추천했는데, 왜냐하면 그들이 느끼기에 DR은 Rapaport의 작화증 개념과 거의 동의어였기 때문이다. Kleiger와 Peebles-Kleiger(1993)는 Meloy와 Singer의 DR, 작화증 동치 주장에 대해서는 동의하지 않았으며, Meloy와 Singer가 DR 범주의 이질성(heterogeneity)에 대해서 충분히 인식하지 못했다고 느꼈다. Kleiger와 Peebles-Kleiger는 그들의 DR 비판에 대해서 DR 채점은 보다 엄밀하게 하고, 작화증 처리과정의 서로 다른 미묘한 뉘앙스를 포착할 수 있도록 수정할 것을 제안했다.

임상적 유용성

비판에도 불구하고 CS와 R-PAS는 로샤의 주요 범주인 일탈된 사고와 언어를 포착하기 위한 경험적으로 타당하고, 쉽게 채점되며, 신뢰롭게 기호화되는 채점 변인의 세트로 구성되어 있음은 인정된다. 특수점수 및 인지기호는 채점하고 배우는 데 쉽기 때문에 TDI나 Holt의 Pripro와 같은 복잡하고 까다로운 방법을 대신할 매력적인 대안이 됐다. 채점 범주의 수를 제한한 것은 신뢰도를 제고했지만 동시에 우리가 채점하는 것이 무엇인지에 대한 개념적 이해를 불충분하게 할 위험성도 있다. 이미 정신증을 의심받는 환자들의 감별진단과 같은 보다 어려운 문제에 직면할 때, 임상가는 TDI와 같은 채점 체계를 사용하면서 좀 더 확신을 가질 수 있을 것이다. 더 나아가 의뢰된 환자의 정신증적 과정의 구체적 특성을 기술하는 것은 진단적으로 중요한데, 임상가가 TDI를 장애적 사고의 서로 다른 뉘앙스를 채점하기 위해서 사용한다면 보다 광범위한 채점 범주를 획득할 수 있을 것이다.

참고문헌

Benedik, E., Coderl, S., Bon, J., & Smith, B. L. (2013). Differentiation of psychotic from nonpsychotic inpatients: The Rorschach Perceptual Thinking Index. *Journal of Personality Assessment, 95*, 141–148.

Biagiarelli, M., Roma, P., Comparelli, A., Andrados, P., Di Pomponio, I., Corigliano, V., Curto, M., & Ferracuti, S. (2015). Relationship between the Rorschach Perceptual Thinking Index (PTI) and the Positive and Negative Syndrome Scale (PANSS) in psychotic patients: *A validity study. Psychiatry Research, 225*, 315–321.

Buros, O. K. (1965). *The Sixth Mental Measurements Yearbook*. New York: Gryphon Press.

Dao, T. K., & Prevatt, F. (2006). A psychometric evaluation of the Rorschach Comprehensive System's Perceptual Thinking Index. *Journal of Personality Assessment, 86*, 180–189.

Exner, J. E. (1969). *The Rorschach Systems*. New York: Grune & Stratton.

Exner, J. E. (1974). *The Rorschach: A Comprehensive System, Basic Foundations* (Vol. 1). New York: Wiley.

Exner, J. E. (1978), *The Rorschach: A Comprehensive System, Advanced* Interpretation(Vol. 2). New York: Wiley.

Exner, J. E. (1986a). *The Rorschach: A Comprehensive System, Basic Foundations* (Vol. 1, 2nd ed.). New York: Wiley.

Exner, J. E. (1986b). Some Rorschach data comparing schizophrenics with borderlineand schizotypal personality disorders. *Journal of Personality Assessment, 50*, 455–471.

Exner, J. E. (1990). *Rorschach Workbook for the Comprehensive System* (3rd ed.). Asheville,

NC: Rorschach Workshops.

Exner, J. E. (1991). *The Rorschach: A Comprehensive System, Advanced Interpretation*(Vol. 2, 2nd ed.). New York: Wiley.

Exner, J. E. (1993). *The Rorschach: A Comprehensive System, Basic Foundations* (Vol. 1, 3rd ed.). New York: Wiley.

Exner, J. E. (2000a). *A Primer for Rorschach Interpretation*. Asheville, NC: Rorschach Workshops.

Exner, J. E. (2000b). *2000 Alumni Newsletter*. Asheville, NC: Rorschach Workshops.

Exner, J. E. (2003). *The Rorschach: A Comprehensive System, Basic Foundations* (Vol. 1, 4th ed.). New York: Wiley.

Exner, J. E., & Weiner, I. B. (1982). *The Rorschach: A Comprehensive System, .Assessmentof Children and Adolescents* (Vol. 3). New York: Wiley.

Exner, J. E., & Weiner, I. B. (1995). *The Rorschach: A Comprehensive System, Assessmentof Children and Adolescents* (Vol. 3, 2nd ed.). New York: Wiley.

Exner, J. E., Weiner, I. B., & Schuyler, S. (1976). *A Rorschach Workbook for the Comprehensive System*. Bayville, NY: Rorschach Workshops.

Gomilla, M. V. (2011). The Rorschach Test in the differential diagnosis of 245 schizophrenic inpatients. *Annuary of Clinical and Health Psychology, 7*, 79–93.

Hertz, M. R. (1986). Rorschachbound: A 50-year memoir. *Journal of Personality Assessment, 50*, 396-416.

Hilsenroth, M., Fowler, J. C., & Pawader, J. R. (1998). The Rorschach Schizophrenia Index(SCZI): An examination of reliability, validity, and diagnostic efficiency. *Journal of Personality Assessment, 70*, 514-534.

Holaday, M. (2000). Rorschach protocols from children and adolescents diagnosed with posttraumatic stress disorder. *Journal of Personality Assessment, 75*, 143–157.

Ilonen, T., Heinimaa, M., Korkeila, J., Svirskis, T., & Salokangas, R. K. R. (2010). Differentiating adolescents at clinical high risk for psychosis from psychotic and non-psychotic patients with the Rorschach. *Psychiatry Research, 179*, 151–156.

Inoue, N., Yorozuya, Y., & Mizuno, M. (2014). Identifying comorbidities of patients at ultra-high risk for psychosis using the Rorschach Comprehensive System. Paper presented at the XXI International Congress of Rorschach and Projective Methods, Istanbul, Turkey.

Johnston, M. H., & Holzman, P. S. (1979). *Assessing Schizophrenic Thinking*. San Francisco, CA: Jossey-Bass.

Kimhy, D., Corcoran, C., Harkavy-Friedman, J. M., Ritzler, B., Javitt, D. C., & Malaspina, D. (2007). Visual form perception: A comparison of individuals at high risk for psychosis, recent onset schizophrenia and chronic schizophrenia, *Schizophrenia Research, 97*, 25-34.

Kleiger, J. H., & Peebles-Kleiger, M. J. (1993). Toward a conceptual understanding ofthe deviant response in the Comprehensive Rorschach System. *Journal of Personality Assessment, 60*, 74-90.

Meloy, J. R., & Singer, J. (1991). A psychoanalytic view of the Rorschach Comprehensive System "special scores." *Journal of Personality Assessment, 56*, 202-217.

Meyer, G. J., Erdberg, P., & Shaffer, T. W. (2007). Toward international normative reference data for the Comprehensive System. *Journal of Personality Assessment, 89*, S201-S216.

Meyer, G. J., Viglione, D. J., Mihura, J. L., Erard, R. E., & Erdberg, P. (2011). *Rorschach Performance Assessment System: Administration, Coding, Interpretation, and Technical Manual*. Toledo, OH: Rorschach Performance Assessment System.

Mihura, J. L., Meyer, G. J., Dumitrascu, N., & Bombel, G. (2013). The validity of individual Rorschach variables: Systematic reviews and meta-analyses of the Comprehensive System. *Psychological Bulletin, 139*, 548-605.

Perry, W., & Viglione, D (1991). The Ego Impairment Index as a predictor of outcomein melancholic depressed patients treated with tricyclic antidepressants. *Journal of Personality Assessment, 56*, 487-501.

Perry, W., Viglione, D., & Braff, D. (1992). The Ego Impairment Index and schizophrenia: A validation study. *Journal of Personality Assessment, 59*, 165-175.

Rorschach, H. (1942). Psychodiagnostics (5th ed.). Bern, Switzerland: Hans Huber. (Original work published in 1921)

Rothschild-Yakar, L., Lacoua, L., Brener, A., & Koren, D. (2015). Impairments ininterpersonal representations and deficits in social cognition as predictors of riskfor schizophrenia in non-patient adolescents. Paper presented at the annual meetingof the Society for Personality Assessment, Brooklyn, NY.

Shenton, M. E., Solovay, M. R., & Holzman, P. (1987). Comparative studies of thought disorders: II. Schizoaffective disorder. *Archives of General Psychiatry, 44*, 21-30.

Singer, H. K., & Brabender, V. (1993). The use of the Rorschach to differentiate unipolarand bipolar disorders. *Journal of Personality Assessment, 60*, 333-345.

Smith, S. R., Baity, M. R., Knowles, E. S., & Hilsenroth, M. J. (2001). Assessment of disordered thinking in children and adolescents: The Rorschach Perceptual-Thinking Index. *Journal of Personality Assessment, 77*, 447–463.

Viglione, D. J., & Hilsenroth, M. J. (2001). The Rorschach: Facts, fictions, and future. *Psychological Assessment, 13*, 452–471.

Viglione, D. J., Perry, W., Giromini, L., & Meyer, G. J. (2011). Revising the Rorschach Ego Impairment Index to accommodate recent recommendations about improving Rorschach validity. *International Journal of Testing, 11*, 349–364.

Weiner, I. B. (1966). *Psychodiagnosis in Schizophrenia*. New York: Wiley.

Wood, J. M., Nezworski, M. T., Garb, H. N., & Lilenfeld, S. O. (2015). A second look at the validity of widely used Rorschach indices: Comment on Mihura, Meyer, Dumitrascu, and Bombel (2013). *Psychological Bulletin, 141*, 236–249.

장애적 사고를 평가하기 위한 대안적 로샤 접근법들

연구 및 임상에서 주요 사고장애 채점 체계 외에도 로샤의 사고장애 채점에는 비교적 모호하지만 새로운 다수의 접근법이 있다. 특히 연구 목적인지 임상 실무 사용을 목적으로 개발되었는지에 따라서, 이들 '이차적' 체계들은 추가되고 수정된 새로운 개념에 일반적으로 인정되는 채점 개념들을 혼합해서 사용한다.

Singer와 Wynne(1966)이 만든 로샤에서 '의사소통 일탈(communication deviance)' 채점은 역사적으로는 좀 더 관심을 받았다. 다른 것으로는 Harrow와 Quinlan(Quinlan et al., 1972; Harrow & Quinlan, 1977, 1985)의 연구기반 채점 체계, Menninger 사고장해척도(Menninger thought disturbance scales; Athey, Colson, & Kleiger, 1993) 등이 로샤에서 사고장애의 핵심적 측면을 포착하는 새로운 방법을 제공했다. 임상적 접근으로는 Aronow, Reznikoff와 Moreland(1994), Schuldberg와 Boster(1985)의 2차원 모형(two-dimensional model)에 기반 체계가 있고, 크게 잘 알려지지는 않았지만 Burstein과 Loucks(1989)의 정신분석기반 체계도 있다. 이들은 주류에서 크게 벗어나 있지만, 로샤에서의 장애적 사고를 바라보는 흥미로운 아이디어를 제공한다. Wagner는 로샤로 '자폐증'을 탐지하기 위한 경험적이고 이론적 배경이 없는 방법으로 TRAUT 체계를 포함한 접근들을 개발했다(Wagner & Rinn, 1994; Wagner, 1998). 마지막으로, '오프-북(off-book)'이라는 사고장애 채점을 위한 새로운 접근은 장애적 사고 평가를 위한 두 가지 방법을 담고 있다. Carpenter 등(1993)의 방법과 Eblin 등(2014)의 방법이 그것이다.

TRAUT 체계

Wagner(Wagner & Rinn, 1994; Wagner, 1998)는 로샤에서 '자폐증'을 탐지하기 위한 경험적이고 이론에서 자유로운 방법으로 자폐증의 세 가지 분류(tripartite classification of autisms),

즉 TRAUT 체계를 개발했다. 그에게 '자폐증'은 사고장애를 나타내는 지각적 이상과 불합리한 반응 같은 것들을 의미했다. Wagner는 현행의 사고장애 채점 경향에 비판적이었다. 그는 Rapaport의 거리 설명이 실제적이지 않다고 했고, CS에는 반응을 사고장애로 판정하기 위한 논리적 근거가 전혀 없다고 비판했다. 더 나아가 그는 CS에서 WSUM6는 시간적 안정성이 부족하고 미묘하고 일시적인 장애적 사고의 징후를 식별하기에는 민감도가 충분하지 않다고 생각했다. 그는 이러한 개념적 및 심리측정적 문제를 해결하기 위해서 TRAUT를 로샤 과제 요구 맥락에서 자폐증을 관찰하는 경험적 도구로 개발했다. 수검자가 외현적 혹은 암묵적으로 (과제의) 요구에서 일탈했을 때, 그 반응들은 자폐증으로 간주된다. 로샤를 엄격한 지각 검사로 간주했기 때문에 Wagner는 "이것을 보고 무엇처럼 보이는지 이야기해 주세요."라는 표준 지시를 어떤 식으로든 위배하는 것이 자폐적 사고의 신호라고 했다. 그래서 그는 언어적 이상은 배제하고 지각적 이상만 한정하여 연구했다.

Wagner는 TRAUT의 세 주요 범주를 제안했는데, 그는 그것들을 HYPOs, HYPERs, RELERs라고 불렀다. TRAUT는 각각의 범주가 4~6개의 하위요소로 구분되어 총 16개의 하위점수로 구성된다. HYPOs(hypo-attentional errors)는 수검자가 잉크반점의 형태와 윤곽선을 다양한 수준에서 무시하고, 자극을 사적인 환상, 심상 혹은 감각을 표현하기 위한 발판으로 활용할 때 채점된다. HYPERs(hyper-attentional errors)는 수검자가 차별적으로 인식될 만한 형태를 무시한 채로 굳이 작고, 숨겨져 있는 부분을 찾거나 혹은 합의된 타당화를 고려하지 않아서 사적인 해석을 확정하기 위한 지각적 요소를 찾는 것이 불가능한 반응 경향성을 반영한다. HYPOs가 잉크반점의 현실을 무시하는 것인 반면, HYPERs는 반점에서 작거나 의미 없는 부분을 과잉해석하는 것이다. RELERs(relationship errors)는 사건 및 대상의 논리적 근거 대신에 공간적 근접성에 근거해서 잉크반점 영역 사이에서 혹은 그 안에서 의심스러운 관계형성을 수반한다. RELERs는 부적절한 조합반응(INCOM, FABCOM, CONTAM)뿐만 아니라 ALOG, CONFAB 반응도 포함한다.

Wagner는 로샤에서 장애적 사고를 선별하기 위한 단순하고 실용적인 방법을 고안했다. 그의 TRAUT 체계는 전통적인 주류 접근법에 대한 신뢰로운 대안을 제시하는 것으로 보인다. 하지만 이 장에서 제시할 다른 접근들과 마찬가지로, 새로운 체계를 적용하는 이점이 전통적이고 보다 널리 연구된 접근들을 배제하는 단점을 능가하는지는 고려해 봐야 한다. 새로운 언어 도입을 정당화하기 위해서 그 체계는 반드시 기존 체계에서는 찾을 수 없는 개념적 구조나 다른 고유한 특징을 가지고 있어야 할 것이다. 그래서 독자들은 Wagner의 범주가 이론적 근거가 충분하고 다른 채점 체계에서 적절히 설명하지 못하는 것이 있는지 의문을 가져야 할 것이다. 나는 Wagner가 기술한 것 중 많은 부분이 기존의 개념과 채점 범주로 설명되는 것이라고 믿는다. 예를 들면, 그의 HYPOs의 많은 것이 작화증적 사고의 변형으로 개념화될 수 있다. 추가적으로 Wagner는 TRAUT가 다른 체계는 설명하지 못하는 비전형적인 반응들을 설명할 수 있다고 주장한다. 그는 III번 카드에서 "이건 드럼을 치고 있는 두 사람이네요(보통 측면 및 중앙부 D), 그리고 이건 그들이 공중으로 던져버리는 드럼들이고요(상단 측면 붉은 D)."(Wagner, 1998, p. 740)라는 환자의 예시를 제시했다. 수검자는 질문을 받고 그는 드럼을 봤으며, 그것들은 정지해 있으면서도 동시에 공중에 떠 있다고 했다고 했다. Wagner는 이 반응을 "지금까지는 알려지지 않았던 RELERs의 아형이다."(Wagner, 1998, p. 740)라고 기술했다. 하지만 그런 반응은 이미 두 구분된 개념 및 공간적 참조틀이 (여기 저기에서) 합병된 것이라는 오염 반응으로 설명이 가능하다.

마지막으로, 모든 DV를 배제한 것은 심각한 누락으로 보인다. Wagner는 발화(verbalization)는 '그 자체로 흥미로울' 수 있지만, 이차적 발화가 아닌 지각은 사고장애적 반응을 구성하는 것 그 자체라고 했다. 이러한 주장은 사고장애에 대한 우리의 이해에 반하는 것이다. Wagner가 로샤의 지각적 모형에 대한 자신의 의견을 강경하게 고수했기 때문에 TRAUT는 특이한 및 괴상한 언어 혹은 DV, 지리멸렬한 반응, 신조어와 같은 명백한 사고장애적 반응들을 설명하지 못했다. 이러한 언어적 비정상은 장애적 사고의 존재와 광범위하게 연관될 뿐만 아니라 우리가 이후의 장에서 살펴볼 감별 진단적 함의도 갖는다.

단축된 카드 세트 방법

두 집단의 연구자들이 장애적 사고를 평가하기 위한 단축형 카드 세트 사용의 유용성에 대해 연구했다. 그들의 논거 중 일부는 바쁜 임상가들에게 10장의 카드를 시행하는 시간을 절약해 준다는 명시적인 명분을 내세우고 있다.

TDI 4 카드 세트

TDI 본문에는 4-카드 로샤 세트의 조합들과 표준 10-카드 세트의 TDI 점수 간의 비교 연구가 수록되어 있다(Carpenter et al., 1993). 세트 간 상관과 10카드 세트와의 상관은 .79에서 .97까지로 높았다. Holzman, Levy와 Johnston(2005)은 이 연구의 요약에서 서로 다른 카드 조합의 개별 TDI 범주 간 상관은 좋지 않았다고 지적했다.

저자들은 4-카드 세트는 임상 장면에서 대체될 수 있지만, 오직 사고장애의 총량이 필요할 때에만 가능하다고 결론 내렸다. 하지만 그들은 그들의 단축된 카드 세트 접근이 총량과 심각도, 장애적 사고의 질에 대한 심층적 이해가 필요한 상황에서는 유용하지 않다고 경고했다. 그런 경우라면, 그들은 10카드 표준 세트를 사용해야 한다고 주장했다.

TPAS

R-PAS의 선도적 개발자들은 최근에 표준 10-카드 세트와 그들이 TPAS라고 부른 대안적인 3-, 4-, 5-카드 세트의 유용성에 대해서 연구했다(Eblin et al., 2014). 그들은 다양한 문헌 속의 임상 및 비임상 표본에서 나온 자료를 분석해서 단축된 카드 세트들의 평균 점수가 동등하고, 표준 10-카드 세트와 단축형 간의 평정자간 신뢰도 및 타당도가 수용 가능한 수준이라는 것을 발견했다. 그들은 5-카드 세트가 가장 높은 부분–전체 신뢰도 계수와 가장 강한 타당도를 나타냈다는 점도 발견했다. 3-카드 시리즈를 사용했을 때에는 약간의 타당도가 희생되었지만 보다 많은 시간을 절약할 수 있었다. 연구자들은 3-카드 시리즈가 검사–재검사 시행에 사용할 수 있는 추가적인 이점을 제공하는 유일한 카드 세트라고 결론지었다. 그들의 결론은 4-카드 시리즈를 사용하는 것이 최적이었고, 5-, 3-카드 세트는 미래의 연구를 위해서만 사용되어야 할 것이었다.

Eblin과 동료들(2014)은 FQ 변인의 타당도가 기대했던 것보다 낮고, 사고 변인들의 타당도는 기대보다 높다는 놀라운 사실을 발견했다. 비록 그 결과가 예비적인 것이기는 했지만, 연구자들은 단축된 3- 및 5- 카드 시리즈가 정신증 평가의 과학 및 (임상) 실제에 공헌할 수 있을 것이라고 믿었다.

마지막으로, Choca, Rossini와 Garside(2016)는 그들이 'Herm'이라고 부른 단축형 4-카드 세트를 구성했다. 그들의 실용적인 로샤 접근방법은 바쁜 임상가들은 10장의 카드를 모두 시행할 충분한 시간이 없다는 신념에 기반한 것이었다. 그 그룹은 자신들의 4-카드 세트의 변인들과 표준적인 10카드 세트 시행에서 나온 유사한 변인들 간에 유의한 상관(.94~.97)을 발견했다. 특수점수도 유의미한 상관이 있었는데, 저자들은 자신들의 단축형 Herm 방법이 시간을 절약하면서도 표준 10-카드 접근만큼 정확하게 사고장애를 식별할 수 있다고 강조했다. Choca와 동료들은 그들의 실용적인 로샤 방법에 대해 열정적이었다. 하지만 그들은 법의학적 평가나 특별한 의뢰 사유와 같은 상황에서는 10-카드 시행법이 더 적합하다고 제안했다. TDI 및 TPAS 그룹이 보여 준 바와 같이, 주된 관심이 본질적으로 이분법적이라면, 즉 사고장애의 유무를 결정하는 것이라면 단축된 카드 세트가 유용할 수 있다. 하지만 내 의견으로는 그것들은 개인의 자아 기능이나 자기와 타인의 경험에 대한 내적 측면을 세밀하게 평가하는 데에는 그다지 적합하지 않을 것이다.

참고문헌

Aronow, E., Reznikoff, M., & Moreland, K. (1994). *The Rorschach Technique: Perceptual Basics, Content Interpretations, and Applications*. Boston, MA: Allyn and Bacon.

Athey, G. I., Colson, D., & Kleiger, J. H. (1993). Manual for Scoring Thought Disorder onthe Rorschach. Unpublished manuscript, The Menninger Clinic, Topeka, KS.

Burstein, A. G., & Loucks, S. (1989). *Rorschach Test: Scoring and Interpretation*. New York: Hemisphere Publishing.

Carpenter, J. T., Coleman, M. J., Waternaux, C., Perry, J., Wong, H., O'Brian, C., & Holzman, P. S. (1993). The Thought Disorder Index: Short for assessments. *Psychological Assessment, 5*, 75-80.

Choca, J., Rossini, E., & Garside, D. (2016). The Practical Rorschach: Adjusting the Rorschach for the 21st Century. Symposium presented at the annual meeting of theSociety for Personality Assessment, Chicago, IL.

Eblin, J. J., Meyer, G. J., Mihura, J. L., & Viglione, D. J. (2014). Development and Preliminary Validation of a Brief Behavioral Measure of Psychotic Propensity. Unpublished Manuscript.

Harrow, M., & Quinlan, D. (1977). Is disordered thinking unique to schizophrenia? *Archives of General Psychiatry, 34*, 15-21.

Harrow, M., & Quinlan, D. (1985). *Disordered Thinking and Schizophrenic Psychopathology*. New York: Garden Press.

Holzman, P. S., Levy, D. L., & Johnston, N. H. (2005). The use of the Rorschach technique for assessing formal thought disorder. In R. F. Bornstein and J. M. Masling (Eds.), *Scoring the Rorschach: Seven Validated Systems*. New York: Routledge.

Quinlan, D., Harrow, M., Tucker. G., & Carlson, K. (1972). Varieties of "disordered" thinking on the Rorschach findings in schizophrenic and nonschizophrenic patients. *Journal of Abnormal Psychology, 79*, 49-53.

Schuldberg, D., & Boster, J. S. (1985). Back to Topeka: Two types of distance in Rapaport's original Rorschach thought disorder categories. *Journal of Abnormal Psychology, 94*, 205-215.

Singer, M. T., & Wynne, L. C. (1966). Principles for scoring communication defects and deviances in parents of schizophrenics: Rorschach and TAT scoring manuals. *Psychiatry, 29*, 260-288.

Wagner, E. (1998). TRAUT: A Rorschach index for screening thought disorder. *Journal of Clinical Psychology, 54*, 719-762.

Wagner, E., & Rinn, R. C. (1994). A proposed classification scheme for Rorsch achautisms. *Perceptual and Motor Skills, 77*, 1-2.

장애적 사고의 로샤 징후에 대한 통합된 모형

현존하는 주요 로샤 체계들은 장애적 언어와 사고의 개별 사례와 합성지표를 식별하고, 기호화하며, 채점할 때 적절히 훈련받는다면 장애적 언어와 사고의 형태의 넓은 층을 담아내는 신뢰로운 점수를 얻을 수 있다고 믿는다. TDI, CS, R-PAS에서의 사고장애 요인들과 복합 지표들은 다양한 종류의 진단적 · 인구통계학적 · 발달적 집단의 장애적 사고에 대한 타당한 측정치로 간주된다. 하지만 점수들을 심각도 수준, 언어, 추론, 시각적 이미지의 적합성에 따라 광범위한 범주로 분류하려는 노력에도 불구하고, 지금까지 개념적으로 응집성 있고 사고장애에 대해 알려진 것과 일치하게 기존의 채점들을 구성하려는 시도는 거의 없었다.

개념적 관점에서 보면 이 체계들은 사고장애의 서로 다른 범주들이 사고와 지각, 신경인지적 곤란, 발달 이론, 자기 및 타인의 경험의 전형적인 양식에서 무엇을 나타내는가에 대한 심층적인 이해가 부족하다. 종종 그 채점들은 환자가 DR 혹은 FABCOM을 가지고 있다는 정도에서 우리의 탐구를 중단하도록 만들었다. 이러한 명칭들은 그 명칭 기저에 있는 심리학적, 발달적, 심지어는 정신분석적 개념으로 이해하려는 출발점의 역할을 하기보다는 너무 빈번하게 우리의 진단적 사고의 종착점이 되어 왔다. 게다가 사고장애 채점을 배열하고 그룹으로 나누는 현행의 방식들은 사고장애의 임상적 현상에 대한 현재의 이해, 혹은 심리적 기능에 대한 보다 넓은 관점들과 연결되지 않는다. 그래서 결국 우리는 검사의 언어에서 멈춰서 그것들의 심리학적 의미와 사고장애에 대한 보다 광범위한 임상적 · 정신병리학적 구성개념들과 연결해서 이해하려는 시도 없이 점수의 조합에만 만족하게 되었다. 이런 측면에서 전형적인 접근방법은 편협하고 순환론적인 것이 되었다. 종종 로샤 반응에 서로 다른 사고장애 기호를 할당하면서도 응답자가 사고장애를 가지고 있다는 (단순한) 결론만을 내리는 경우가 있다. 이런 것은 유용한 진단적 질문들을 탐색하지 않고 방치한 것이다. 가령, 이 채점은 환자가 세상을 바라보고, 정보를 조직화하며, 행동하는 경향성에 대해 무엇을 시사하는가? 환자의 특수점수 혹은 인지기호가 대표하는 임상적인 사고장애는 무엇인가? 본질적인 요점은 우리가 더 많은 것을 탐색하고 설명할 수 있다는 것이다.

이 장의 목적은 우리가 현재 로샤의 사고장애 채점 범주에 대해 알고 있는 것을 조직화하는 방식을 제안하는 것이다. 나는 기존의 채점들을 개념적으로 의미 있는 영역으로 배열하고자 한다.

사고장애 차원을 조직화하기 위한 개념적 모형

개념화와 이론이 심리진단적 검사자료의 추론과 통합에 어떤 역할을 하는지에 대한 많은 저술이 있었다(Schafer, 1954; Jaffee, 1990; Lerner, 1990, 1991; Sugarman, 1991; Kleiger, 1992a; 1992b, 1999; Holt, 2009). Weiner(1986)는 로샤의 개념적 접근들이 검사 채점 너머에 있는 것을 이해하는 기쁨을 줄 뿐만 아니라 임상가가 검사 변인과 검사하지 않은 행동 간의 연결성을 탐색하도록 독려함으로써 로샤 심리학적 이해의 지평을 넓혀 준다고 했다. 기존의 여러 요인 기반 사고장애 모형들은 로샤 사고장애 범주에 대해 알려진 것들을 체계화하는 개념적 기반을 제공할 수 있다.

DSM-III(American Psychiatric Association, 1980)는 (1) 이완된 연상, (2) 지리멸렬함, (3) 비논리적 사고, (4) 말 내용의 빈곤 등 네 가지 사고장애 징후를 열거했다. Caplan 등(1989)은 아동의 사고장애를 측정하기 위한 K-FTDS 도구에서 이러한 징후들을 조작적으로 정의했다. 처음의 두 징후는 조합될 수 있는데, 왜냐하면 그것들이 모두 언어의 연속성(sequencing)과 조직화(organization)를 포함하고 있기 때문이다.

조현병 증상학의 다른 요인 분석적 모형은 서로 다른 정신병리학적 차원 및 장애적 사고의 세부 특징들을 밝혀 냈다. Liddle(1987)은 다음과 같은 3-요인 모형을 제안했다. (1) 와해(형식적 사고장애, 부적절한 정동, 기괴한 행동), (2) 현실 왜곡 증상(즉, 망상 및 환청과 같은 양성 증상), (3) 정신운동성 빈곤(말의 빈곤, 정동의 둔화, 자발적 운동의 감소)이 그것이다. Liddle과 동료들(2002)은 로샤와 TAT 자료를 사용해서 사고장애를 평가하기 위한 대안적 도구로 TLI를 개발했다. 그들은 급성 및 만성 조현병 환자들의 사고장애 반응들을 요인분석한 뒤, 양성 및 음성 증상의 특징을 보여 주는 거의 독립적인 세 변인을 발견했다. (1) 빈곤한 사고 및 언어(말과 말 내용의 빈곤), (2) 와해된 사고 및 언어(이완, 특이한 언어 사용, 빈곤한 문법 및 논리), (3) 비특정적인 사고의 조절 곤란(보속증 및 주의산만)이 그것이다.

이 연구 결과들은 사고장애의 세 차원을 시사하는데, 이는 와해, 비논리성, 빈곤함으로 개념화될 수 있다. 1장에서 언급한 바와 같이, Kleiger와 Khadivi(2015)는 사고장애를 네 가지 관점으로 보다 광범위하게 접근했다. (1) 사상(事象, things)이 어떻게*(How)* 이야기되는가, (2) 무엇*(What)*이 이야기되는가, (3) 결론과 추론이 어디에서*(Where)* 유래된 것인가, 혹은 그것들이 어떻게 형성되었는가, (4) 그 사람의 사고와 말을 누구*(Who)*와 공유하고, 언제*(When)* 그것들이 의사소통되는가다. 우리는 사고와 언어의 처리과정에 초점을 맞추고 사고나 지각(즉, '무엇이 이야기되는가'는 망상이나 환청 같은 것들이다)의 내용은 배제하기 위해서 네 개의 관점을 다음과 같이 수정할 수 있다. (1) 사상이 어떻게*(how)* 이야기되는가, (2) 결론과 추론이 어디에서*(Where)* 유래된 것인가, 혹은 그것들이 어떻게 형성되었는가, (3) 그 사람이 지각하고, 생각하며, 말한 것이 충분한 적절성과 세부정보를 가지고 있는가*(whether)*, (4) 그 사람의 사고와 말은 누구에게 그리고 언제(With *Whom and When*) 공유되는가다. 앞의 세 관점은 (1) 와해(사상이 어떻게 말해지는가 혹은 전형적인 '형식적 사고장애'로 알려진 것), (2) 비논리성(그 사람의 결론과 추론이 어디에서 유래되는가 혹은 어떻게 그 사람이 추론하는가), (3) 빈곤(그 사람이 생각하고 말하는 것이 적절한가 그리고 충분한 세부정보로 정교화를 한 것인가 아닌가)다. 네 번째 측면은 그 사람이 말한 것의 사회적 적절성을 설명하는 것이다. 사고장애에 대한 우리의 이해에 이러한 요소를 추가함으로써 우리는 그 사람이 말한 것에 대한 사회적 함의를 자각하고 있는지 여부와 관련된 문제들을 포함할 수 있다.

사고장애의 개념화를 위한 통합된 로샤 모형

우리가 제안한 모형은 장애적 사고의 처리과정을 (1) 와해, (2) 비논리성, (3) 빈곤한 말과 사고, (4) 장해의 자각으로 개념화했다. 그 모형은 새로운 채점을 추가하거나 장애적 사고의 새로운 예시들을 담기 위해 기존의 채점 명칭을 수정하지 않는다. 그 대신, 그 모형은 CS와 R-PAS에서 수용 가능한 신뢰도와 타당도가 두루 인정되는 채점 범주들을 활용한다. 비록 Rapaport 및 Holt 체계, 그리고 TDI(뿐만 아니라 다른 비전통적인 체계들로부터 나온 것들도)에서 나온 많은 범주가 로샤에서 장애적 사고의 생생한 뉘앙스를 설명하는 데 공헌했지만, 여기서 우리는 기존 CS 및 R-PAS 범주들의 통합을 시도한다. 우리가 이 모형을 소개하는 목적은 진단가들이 단순히 채점을 넘어선 개념화를 하고, 임상 장면에서 사고장애에 대해 이해하는 바와 부합하도록 로샤 TD 채점을 조직화하는 것을 돕는 것이다.

와해된 혹은 기이한 말: 언어, 초점화, 필터링 문제

■ 일탈된 언어(DV)

DV는 언어 생산과 의미론(semantics)에서의 문제를 포함한다. 인출(retrieval)도 함께 제시될 수 있다. 우리가 DV를 부여할 때, 응답자는 자신의 생각을 표현하기 위해 부적절하거나 부정확한 단어 혹은 구를 선택한다. 보다 약한 DV(milder DV)는 말의 표본에서 일반적이고 상황적인 불안, 교육, 문화, 지역적 요인이 반영될 수 있다. 의미가 유지된 단어의 오용은 전형적으로 수준 1의 채점을 받는다. 단어와 구가 점차 사적이거나 창조된(private or invented) 언어가 되어 간다면, 그 응답은 DV2로 채점된다. 일부 사례에서 단어 사용은 눈에 띄지 않는다. 하지만 의미가 불분명하다. 불합리한(absurd) DV는 전혀 무의미하고 잉크반점의 어떤 것과도 무관한 구를 포함한다.

- "이건 벌레의 가지뿔처럼 보이네요(These look like the antler of the bugs)." (일반적인 단어의 대치; DV1)
- "이게 타오르는 방식이죠. 여기 제가 말하고 있는 것은 이 부분의 불폭발[1]일 뿐입니다(The ways these here flare out. It's just the flarage of this part here that I'm talking about)." (약한 신조어. 의미는 불분명하지 않다. DV1)
- "한 acncillarian vestige 돼지(an ancillarian vestige pig)" (전혀 의미 없는 신조어; DV2; Meyer et al., 2011, p. 114)
- "그림의 메아리(The echo of a picture)" (과도하게 사적이고 불합리하게 사용된 실제 단어들; DV2; Holzman, Levy, & Johnston, 2005, p. 68)
- "브라질의 비트와 조각들(Bits and pieces of Brazil)" (불합리한 DV2)
- "고양이의 죽은 입(The dead mouth of a cat)" (불합리한 DV2)

■ 일탈된 반응(DR)

DR은 초점화(focusing: 초점의 상실 혹은 과잉-초점화), 필터링[filtering: 억제(inhibition)], 자기-감찰(self-monitoring)의 장해를 반영하는 광범위한 반응 유형이다. DR은 실행기능에서의 한정된 기능 결손을 나타낸다. 반응에서 수검자들은 잉크반점에서 갑자기 이탈하거나 점

---

1) (역자 주) 신조어 flare + rage로 추정됨.

진적으로 멀어진다. 혹은 그들은 잉크반점의 부적절한 세부 정보에 귀인해서 의미를 부여할 수 있다. 어떤 경우, 응답자는 초점을 잃고 잉크반점에서 동떨어진 연상(associate *away*)을 한다. 다른 경우에 응답자는 과잉-초점화되고 잉크반점으로 들어가는(*into* the blot) 과도한 연상을 한다. 둘 중 어떤 사례이든 규칙 세트를 유지하는 데 실패한 것(즉, "이게 무엇 같나요?")이고, 잉크반점의 자극 특성에 대한 과제 지시를 처리하기에 연상 및 언어 필터링이 부적절했던 것이다.

DR을 바라보는 다른 방식은 Rapaport의 잉크반점에서의 거리 개념을 고려하는 것이다. 여기서 우리는 두 유형-연상적 거리(*associative distance*)와 해석적 거리(*interpretive distance*)-의 거리를 구분할 수 있다. 우리는 연상적 거리를 수검자가 카드에 대한 반응을 시작한 뒤, 후속 연상 시 첫 반응에서 이탈한다는 뜻으로 사용한다. 그래서 그 연상은 점진적으로 잉크반점과 첫 반응에서 멀어진다. 해석적 거리는 응답자가 카드와 첫 반응에서 더 멀리 이탈한다. 하지만 이때 점점 멀어져서 사라지는 것은 잉크반점에 대한 해석이지, 잉크반점에 대한 언어적 연상이 아니다.

DR에는 초점의 상실이나 세트의 상실이 나타나며, 이는 짧고 관련 없는 침투 혹은 두서없음으로 이어지는데, 가끔은 지리멸렬해지거나 로샤 과제로부터 완전히 이탈하거나 과제에 대한 과잉해석이 일어나기도 한다. 장애적 사고의 로샤 표상에서 DR은 전형적으로 산만한 말, 탈선, 느슨함, 사고이탈(tangentiality), 우원성(circumstantiality)을 반영한다. 하지만 일부 사례에서 그러한 처리과정에는 세부 정보의 양 조절에서의 실패나 잉크반점에 부적절한 수준의 특수성을 귀인하는 것이 포함된다. 여기서 문제는 과잉해석 혹은 외적 현실에 내적 생각을 중첩시키는 투사 중 하나가 된다.

DR 범주는 이질적인 반응 유형을 포함하고 있으며, 그것들 각각은 첫 반응에서의 탈선이나 윤색을 반영한다. 여기에는 여섯 개의 하위유형이 있다.

1. **부적절한 구 DR**(inappropriate phrase DR): 과제 및 반응과 무관하고 침투적인 짧고 부가적인 발언들
   - "그건 박쥐입니다. 하지만 저는 나비를 보길 바랐어요(A bat but I was hoping to see a butterfly)." (DR1)
   - "두 아이가 노는 것 같네요. 당신은 남자애들이 있죠? 그 아이들은 이런 게임을 하지 않죠(Look like two children playing. You have boys right? They don't play these games)." (DR1)

– "두 마리 서커스 동물들, 등을 맞대고. 나는 이렇게 동물을 다루는 서커스를 정말 혐오해요(Two circus animals, back to back. I really detest circuses with how the treat animals)." (DR1)

2. **우원적 반응 DR**(circumstantial response DR): 이 반응은 본질적으로 '연상 이완(loose associations)'의 로샤 사례들이다. 연상과 발화가 최초 반응에서 혼란스럽게 멀어진다. 이 반응들은 연상적 거리 유지의 곤란이 특징이다. 각각의 연속되는 연상은 다음과 같이 추가적인 탈선을 유발할 수 있다. 하지만 반응에서 서사의 질(narrative quality)은 두서 없고 관련성이 낮아 보여도 지리멸렬하지는 않다.
   – "이건 박쥐처럼 생겼어… 삼촌이 뒷마당에서 한 놈을 총으로 쐈지. 나는 박쥐가 정말 싫지만, 대기 오염에 온갖 문제가 있는 환경에는 좋다고 들었어. 정부는 정말 이 모든 것에 대해 뭔가를 해야 해. 기밀문서의 유출은 정부가 공중에 띄운 것에 대한 통제력을 상실했을 때 일어나는 일이지(This looks like a bat… My uncle shot one in his backyard. I really hate bats, but I'm told they are good for the environment, which has all sorts of problems with air pollution. The government really needs to do something about all of this stuff. The leaking of classified documents is what happens when the government loses control over what is put over the air)." (DR2; Kleiger & Khadivi, 2015, p. 105).
3. **유동적인 언어 DR**(fluid verbalization DR): 응집성의 상실을 제외하면 우원적 DR과 유사하다.[2] 우원적 DR에서 응답자는 이완된 연상을 하지만, 하나의 단위를 이루는 각 연상은 합리적으로 이해될 수 있다. 유동적 언어 DR에서 언어적 연상은 너무나 불안정하고 조직화되어 있지 않아서 반응이 지리멸렬하며, 자동적으로 DR2 점수를 받게 된다.
   – "여기 베개를 가진 두 마리의 동물이 쥐–뱀의 귀를 가졌고 부끄러움을 느꼈어요. 집 아래, 여기 아래에 있는 게 보이네요. 그들은 쥐와 뱀과 함께 숲에 집을 가지고 있었어요. 빗자루를 가져갔는데… (Two animals with their pillows right here, they got a rat–snake ears and their shame here, I see them down home, down here. They had a house in the woods with a rat and snake. I took the broom…)." (DR2; Meyer et al., 2011, p. 116)

2) (역자 주) 응집성(coherence)은 지리멸렬함의 반대 의미로 사용됨.

4. **경솔한 반응 DR**(flippant response DR): 수검자는 검사 상황의 일반적인 사회적 · 전문적 맥락에서 이탈하여 부적절한 부가적인 발언을 한다. 경솔한 반응은 조증적 사고장애의 진단적 특징일 수 있으므로 강조된다(Solovay, Shenton, & Holzman, 1987; Khadivi, Wetzler, & Wilson, 1997). 일부 사례에서 경솔한 DR은 로샤의 사회적 맥락의 위반을 반영한다. 달리 말하면, 수검자가 의도했든 아니든 간에 자신이 해서는 안 될 말을 한 것이다.
   - 질(a vagina). "이봐, 내가 섹스 중독자라고 생각하겠지. 그거 쓰지 마. 그들이 날 데려갈 거야!(Hey, you must think I'm a sex addict. Don't write that one down; they'll take me away!)" (DR1)
   - "이게 당신에게 도움이 되는 거야? 좋아, 도움이 안 된다면 안 할 테니까. 내 너그러운 성격 때문에… (Is this helping you? Good, 'cause I wouldn't do it if it wasn't helping you. Being my generous personality)." (Holzman, Levy, & Johnston, 2005)
5. **작화증적 DR**(confabulatory DR): 반응들은 부적절한 정도의 정교화, 윤색, 그리고 잉크반점의 자극 속성에 의해 정당화될 수 없는 의미 부여를 특징으로 한다. 이 반응들은 해석적 거리(interpretive distance)의 문제를 반영한다. 작화증적 DR은 과제 초점의 상실, 이탈, 탈선을 반영하는 전형적인 DR과 구분된다. 여기서 필터링 문제는 반응에 대한 관념적 정교화를 보유, 억제, 제한하지 못하는 것과 관련된다. 작화증적 DR은 초점이 상실되는 것이 아니라, 특정 세부 요소의 중요성을 과잉 초점화(hyper-focus)하고 부적절한 의미를 부여하며, 서사적 정교화 반응을 하는 것을 특징으로 한다(Kleiger & Peebles-Kleiger, 1993; Kleiger, 1999). 그렇게 작화증적 DR은 초점의 상실이나 탈선과 반대되는 해석 혹은 추론의 오류로 설명된다. 과잉해석과 부적절한 구체성(specificity)을 판단하기 위한 네 기준(Saunders, 1991)이 있다. (1) 잉크반점에서 보이지 않는 캐릭터들을 추가한다. (2) 시간 계열(time sequence)을 추가한다. '전에 있었던' 일이나 '이후에 올' 심상들에 대해 언급을 하려 한다. (3) 내적인 상태(사고, 복잡한 혹은 정교화된 정동, 동기)를 지각에 귀속시킨다. (지각에는) 정당화할 수 있는 형태적 특징(예를 들어, 눈이나 입 모양)이 있을 수 있기 때문에 '화난, 슬픈, 행복한 얼굴'과 같은 단순한 단일 정서에 대한 귀인은 DR 작화증에 해당하지 않는 것으로 간주한다. (4) 정당화되지 않는 특징(나이, 종, 유래, 유형)에 대해 귀인한다.
   - "사냥꾼에게 살해된 피묻은 토끼 두 마리(Two bloody rabbits that were killed by a hunter)" (보이지 않는 캐릭터 소개; DR1)

- "아기 새들. 그들은 굶주리고 겁에 질려 보인다(Baby birds. They look hungry and scared)." (내적 상태에 대한 귀인; DR1)
- "쇼핑하러 나갔다가 이후에 점심식사와 수다를 하러 들른 여자 두 명(Two women who were out shopping and later stopped for lunch and a chat)" (시간 계열에 대한 소개; DR1)

심각도 수준은 응집성의 상실과 잉크반점의 특징으로는 정당화할 수 없는 질적 특성에 대한 부적절한 (그리고 어떤 경우에는 불합리한) 귀인의 정도에 따라 결정된다.

- "다른 문화권에서 온 두 여자 같다. 그들은 같지만 다르다. 그들은 같은 배경을 가졌지만 각자의 길을 갔음을 알 수 있다. 그들의 표정과 자세는 서로 복수를 계획하는 적대적인 의도를 가지고 있음을 나타낸다. 아니면 둘 다 사랑하는 남자를 얻으려고 하는 것일 수도 있다. 그러나 그는 아마 어느 한쪽을 택했고, 지금 그들은 보복하려 하고 있다(It looks like two women from different cultures. They are the same but different. You can tell that they come from the same background but have gone their separate ways. Their looks and postures indicate that they have hostile intentions, plotting revenge against each other. Or maybe both are trying to get the same man who they fell in love with. But he probably chose one or the other, and now they are trying to settle the score)." (DR2; Kleiger & Khadivi, 2015, p. 106)
- "두 마리 슈나우저. 암컷으로 보이는데, 아마 3~4살 정도 되었을 겁니다(Two schnauzers. Look like females, probably three to four years old)." (과도하게 구체적인 특징 부여; DR2)

6. **과도하게 상징적인 DR**(overly symbolic DR): 작화증적 DR은 부적절한 수준의 상징성이 반응에 주입되는 것을 반영할 수 있다. 상징주의는 표상 과정의 일부분이다. 그러나 전형적으로 부정확한 상징은 잉크반점의 구체적인 특징(색상, 형태 또는 위치)에 대한 과도한 의미 부여의 결과다. 각각의 경우, 의미 파악에서 탈선이 있을 수 있다.
   - "심장은 그들이 사랑에 빠졌음을 나타내고, 옆에 있는 것들은 그들이 듣고 있는 음악을 보여 준다(The hearts indicate that they are in love and the things at the side show the music they are listening to)." (DR1)

– "여기는 하늘과 땅이다. 붉은색은 모든 생명체가 어떻게 불 속에서 시작되었는지를 상징한다. 푸른색은 우리가 여러 시대를 거쳐 진화함에 따라 생명이 냉각되어 감을 나타내는데, 그것은 (카드) 위쪽에 있는 우주의 궁극적인 장소에 도달한 모든 생물의 형상에 해당한다(Here is heaven and earth. The red symbolizes how all life began in the fire. The blue represents the cooling of life as we evolved throughout the ages, as is true for all life forms reaching for the ultimate place in the universe, which is at the top there)." (DR2)

CS 및 R-PAS 채점 전문가들(Viglione, 2010; Meyer et al., 2011)은 DR이 수준 2 임계점에 도달하는 때의 의사결정을 위한 2단계 운영 가이드라인을 제시했다.

비논리성: 추론의 오류와 개념적 사고 및 추측하기의 문제들

■ 조합적 추론

부적절한, 즉 양립할 수 없고, 그럴 듯하지 않으며, 비논리적이고, 불가능한 연결이 잉크반점의 개별적인, 종종 인접한 부분 간에 형성된다. 잉크반점 각 부분의 경계는 분리되어 온전하게 유지된다.

지각 및 사고*과정*(perceptual and thought process): 조합적 추론에서 지각적 현실은 개념적 현실을 능가한다. 잉크반점의 세부 요소는 논리를 위배하는 방식으로 결합된다. 일탈된 추론 과정은 공간적 또는 시간적 근접성에 기초하며, 가까이에서 함께 일어나는 일이라서 의미 있는 연관성을 가진다고 여겨진다.

두 가지 범주가 있는데, 두 범주는 모두 수준 1 또는 수준 2 점수가 부여될 수 있다. 만화 같은(cartoon-like) 조합이나 유별난(whimsical) 조합은 INC1 또는 FAB1 채점이 부여된다. 조합이 더 비논리적이고 기괴한 경우에는 INC2 또는 FAB2 채점이 부여된다. 독자들은 INC 및 FAB 반응의 예시를 위해 R-PAS 매뉴얼을 참조할 수 있다(Meyer et al., 2011, pp. 120-124). 유희적 조합은 INC 또는 FAB가 될 수 있으며, 이는 허황되고 부적절한 조합 및 과잉 정교화를 수반한다.

1. **모순된 조합 DR**(Incongruous Combinations: INC): 모순된 조합은 단일 대상 내에 있으며, 다음과 같은 관점에서 볼 수 있다.

– 부적절한 세부 조합: “부리를 가진 남자(a man with a beak)” (INC1)
– 부적절한 색채 조합: “붉은 곰(red bears)” (INC1)
– 부적절한 심상–행위 조합, 약한: “춤추는 곤충(dancing insects)” (INC1)
– 부적절한 심상–행위 조합, 기괴한: “피부를 탈피한 남자(A man shedding his skin)” (INC2)
– 부적절한 심상–물질 조합: “연기로 된 관목림(bushes made of smoke)” (INC2)
– 부적절한 공간 관계: 투명성: “몸통, 어깨와 이두박근을 보세요. 심장과 위장도 볼 수 있네요(Torso, see the shoulders and biceps. You can see the heart and stomach too).” (INC2)

2. **우화적 조합**(Fabulized Combinations: FAB): 부적절한 형태의 조합이 둘 혹은 그 이상의 대상 사이에서 발생하며, 두 대상은 각각 온전하게 유지된다. 부적절한 조합은 다음과 같은 관점에서 볼 수 있다.
– 부적절한 관계적 조합, 약한: “짝짜꿍하는 곰 두 마리(two bears playing patty cake)” (FAB1)
– 부적절한 관계, 기괴한: “두 소녀의 머리에서 벌레가 나오는 것(two girls with worms coming out of their heads)” (FAB2)
– 크기에 따른 부적절한 관계 조합: “크리스마스 트리를 오르는 사자(lions climbing up a Xmas tree)” (FAB1)

3. **유희적 조합**(playful combinations): 일부 INC나 FAB 반응은 ‘유희적 조합’(다르게는 ‘유희적 작화증’으로 부르는)을 특징으로 하는데(Solovay et al., 1986), 이는 조증 상태에 대한 진단적 유의성이 확인되었다(Solovay et al., 1987; Khadivi, Wetzler, & Wilson, 1997). 유희적 조합은 유머러스한 특질을 가진 공상적이고 장난스러운 심상들이다. 형태 수준은 유지될 수 있다.
– “디스코에서 턱시도 입은 개미들(ants in tuxedos at a disco)” (FAB1)
– “스테로이드 위의 나비(a butterfly on steroids)” (INC1)
– “마디 그라[3]를 축하하는 곤충들(insects celebrating at the Mardi Gras).” (FAB1)

■ 작화증적 추론

비록 우리가 개념적 목적으로 DR 채점을 유지했지만, 우리는 추론과 논리의 오류에 작화

3) (역자 주) 마디 그라: 사순절 직전의 축일.

증적 추론을 포함시켰다. 왜냐하면 근본적으로 작화증적 추론은 부적절한 의미 귀인을 특징으로 하는 잘못된 사고과정을 수반하기 때문이다.

■ 특이한 추론

다른 Rorschach 체계에서는 ALOG로 불리는 R-PAS의 PEC는 '제한된, 혼란된 또는 과도하게 구체적인 추론'을 반영하는 자발적이고 명시적인 표현에 기호화된다(Meyer et al., 2011, p. 118). R-PAS 설명서에 제시된 바와 같이, PEC 응답에서 비논리성은 간단하고 명시적인 논리로 드러나거나, 반응에 기괴한 내용 및 반복되는 일상적인 장황한 설명이 삽입될 수 있다. R-PAS의 PEC는 [반응 과정(Response Process: RP) 또는 명료화 과정(Clarification Process: CP)]에 자발적으로 나온 경우에만 채점된다. 검사자의 촉구가 있다면 채점할 수 없다. 독자들은 TDI에서 ALOG가 채점되는 경우와 다르다는 점에 유의해야 한다.

사고과정(thought process): 특이한 추론은 Arieti(1974)가 말한 '고논리적 사고(paleologic thinking)'를 반영한 것으로, 특이한 추론의 결론은 단순히 유사한 성질을 공유하는 두 실체(entities), 혹은 동일한 술어(predicate)를 공유하는 두 주체(subjects)에 기초한다. 어떤 PEC는 위치, 색채 또는 숫자와 같은 구체적 요소에 기반한 비논리적 결론을 반영한다. 다른 PEC들은 수다스럽고 장황한, 기괴하고 난해한 추리를 반영한다.

- "위쪽에 있으니 왕관이 틀림없다(It's on top, so it must be a crown)." [구체적 위치 PEC(concrete positional PEC); Meyer et al., 2011, p. 118]
- "녹색이니 단풍잎일 것이다(It's green, so it's gotta be a maple leaf.)." [구체적 색채 PEC(concrete color PEC); Meyer et al., 2011, p. 118]
- "두 사람이므로 남녀임에 틀림없다(It must be a man and woman because they are two)." [구체적 숫자 PEC(concrete number PEC); Meyer et al., 2011, p. 118]
- "그것이 말 옆에 있기 때문에 신장이어야 한다(It has to be kidneys because it is next to the horse)." [기괴한 PEC(Bizarre PEC); Meyer et al., 2011, p. 118]
- "동물이나 벌레. (무엇 때문에 그렇게 보였나요?) 색깔, 그것들이 순서대로 있는 방식… 나는 색을 움직이는 것과 연관 지었고, 동물들은 보통 멈춰 있지 않죠. 다채로운 것은 무엇이든 움직일 수 있고… 마치 벽은 단색으로 되어 있는 것 같고 그것은 일련의 색인데, 그래서 움직일 수 있고 동물들은 대개 매우 활동적이다(An animal or a bug. (What made it look like that?) The colors, the way they were in order… I associate

color with moving around and animals aren't very stationary usually; anything that is colorful is movable… like a wall would be of one color and that was a series of colors and therefore movable and animals are usually very active)." [기괴한 ALOG(bizarre ALOG); Rapaport, Gill, & Schafer, 1946/1968, p. 440]

PEC나 ALOG에는 수준 1과 수준 2의 심각도가 할당되지 않지만, 검사자는 엄격한 채점 기준을 만족시키지 않는 응답에서도 왜곡된 추리의 잠재적 특성들에 귀를 기울일 수 있다. 예를 들어, 질문 단계(R-PAS 용어로는 CP)에 뒤늦게 나온 반응에도 임상가는 PEC/ALOG 가능성에 주의를 기울여야 한다. 비록 검사자가 이 점수를 부여하지는 않겠지만, 결론의 정당화를 묻는 면밀한 질문으로 압박했을 때 수검자는 자신의 논리적인 왜곡을 드러낼 수 있다.

■ 응축된 추론

응축, 상징주의, 전치는 일차과정 관념의 세 가지 형태다. 응축된 추론에서는 둘 이상의 지각이나 관념이 구분된 정체성을 상실하고 혼합된다. 잉크반점 심상의 응축은 한 이미지에서 다른 이미지로의 부분적 침투를 반영하거나, 혹은 개별 심상들이 하나의 기괴한 이미지로 완전히 병합되고 융합된 것을 반영한다.

사고 처리과정(thought process): 응축은 경계의 다공성(porousness),[4] 침투 및 붕괴를 반영한다. 수검자는 자기와 비-자기(non-self) 간의 지각 및 관념적 경계(Blatt & Ritzler, 1974)나 별도로 구분된 참조틀(frames of reference)을 유지하는 데 어려움을 보인다.

구분된 선택적 심상들 간의 유동적 전환(fluid shifting)은 상호 침윤이나 침투보다는 약한 수준으로 한 이미지가 다른 이미지로 침투하지만 완전한 병합을 이루지는 못한다. 예를 들어, 다음의 응답은 어떻게 구분된 개념들이 자신의 구분된 정체성을 잃기 시작하는지를 보여 준다.

- "구름이나 개… 구름 위에 있는 개, 또는 개 위에 덮힌 구름… 구름 색깔의 개들… 하지만 제 생각엔 단지 구름일 뿐입니다(Clouds or dogs… dogs on clouds, or clouds covering dogs… kind of cloudy colored dogs but really just clouds, I guess)."
- "양탄자나 곰… 양탄자. 곰이나 양탄자처럼. 곰가죽 깔개. 털이 많은 어떤 양탄자나 다리가 네 개인 곰 같은 동물(A rug or a bear… rug. Like a bear or a rug. A bearskin

4) (역자 주) 다공성: 구멍이 많이 뚫린 상태.

rug. Some kind of furry rug or animal like a bear with four legs)."

나는 그런 반응을 '심상 유동성(image fluidity)'이라고 부른다. 불행하게도 CONTAM에는 심각도가 없기 때문에 이런 반응들은 경미한 오염으로 채점될 수 없다. R-PAS와 CS에서 적절한 채점은 DR2가 될 것이다. 하지만 임상가는 수검자의 반응에서 사고 응축의 기저 처리 과정을 확인하는 것이 중요하다. 오염 반응에는 융합과 동시성의 두 가지 하위유형이 있다.

1. **융합 오염**(fusion contamination): 이것은 두 개의 서로 다른 심상이 하나의 지각으로 병합되어 기괴하게 들리는 응축이다. 종종 신조어(neologism)를 생성한다.
   - "박쥐와 호박처럼 보인다. 배트-오-랜턴[5]처럼(Looks like a bat and pumpkin. Like a bat-o-lantern)." (CONTAM)
   - "빅풋 투탄카멘[6]처럼 보인다(Looks like bigfoot Tutankhamen)." (CONTAM)
2. **동시성 오염**(simultaneous contamination): 이것은 처음 나왔을 때에는 좀 더 부드럽게 들리는 반응이다. 그러나 우리는 수검자가 동일한 위치를 사용하여 부분과 전체를 (동시에)표현하고 있음을 나중에 알게 된다.
   - "박쥐처럼 생겼어. 전부(Looks like a bat. The whole thing)." (I번 카드. 수검자는 평범반응 W가 박쥐 전체이면서 박쥐의 얼굴이라고 설명한다.)
   - "새우를 먹는 두 여자(Two women eating shrimp)" (VII번 카드. W는 두 여자이면서 새우다.)

빈곤한 말과 생각: 파편화, 위축 언어와 생각의 빈곤

CS와 R-PAS에는 Rorschach 반응 현상에 대한 구체적 채점 범주가 거의 없다. TDI에는 파편화, 모호함, 혼란 반응과 같은 음성 사고장애 및 인지장애와 연관되는 일부 채점이 있다. 그러나 이러한 채점은 매우 드물고, 신뢰로운 채점을 위한 적절한 기준점(anchor point)의 설정이 어려울 수 있다. 그럼에도 불구하고 임상가는 진단 목적으로 '부드러운(soft)' 범주의 잠재적인 중요성에 대해 촉각을 세울 수 있다.

사고*과정*(thought process): 이 반응들은 지각적 · 관념적 · 언어적 과정의 빈곤 또는 손상을 반영한다. 인지 손상이 있는 경우, 응답자는 로샤를 다루기 위한 해석적 자원이 부족할 수

5) (역자 주) bat-o-lantern: bat과 jack-o'-lantern이 융합된 신조어.
6) (역자 주) 빅풋 투탄카멘: 전설 속의 동물 빅풋과 투탄카멘의 융합.

있다. 이러한 '해석적 자각(interpretive awareness)'의 결여로 인해 응답자는 해석하기보다는 잉크반점을 인식하려고 한다. 이러한 시도는 단어, 생각, 연상이 결핍된 상태에서 응답하거나 당혹감과 혼란을 드러내는 응답자에게는 무리한 과제일 수 있다. 로샤의 복잡성으로 인해 보속적 응답이 나올 수 있으며, 응답자는 카드에 대해서 모든 반응은 아니어도 동일하거나 동일한 응답이 약간만 변형된 반응들을 반복한다. 로샤의 보속성은 과제 관여에 대한 저항이나 방어, 발달적 미성숙, 무의욕, 무동기, 인지적 손상을 반영할 수 있다.

수검자는 단일 세부사항에 초점을 맞추거나, 반점 요소를 합성하거나, 반점을 드문 부분(unusual detail)으로 분할하는 것과 같은 더 복잡한 인지적 작업을 지각적으로 회피할 수 있다. Rorschach는 이러한 반응을 '정신박약성 세부 요소(oligophrenic detail)' 또는 'Do' 반응이라고 불렀는데, 응답자는 보통 반응에서 일반적인 D 또는 W를 사용하는 대신 반점 영역의 한 부분에만 초점을 맞춘다(Rorschach, 1921/1942). Rapaport는 III번 카드에서 '두 남자의 머리(heads of two men)'를 보지만 그들의 몸통이나 팔은 보지 않는 수검자의 사례를 제시한 바 있다(Rapaport, Gill, & Schafer, 1946/1968).

TDI에서 기호화한 Rapaport의 채점 중 두 가지는 모호함(vagueness)과 혼란(confusion) 반응이었다. Rapaport는 그 채점들을 "지각적 혹은 언어적 어려움으로 인한 괴멸적 반응(withering response) 그 자체"로 간주했다(Rapaport, Gill, & Schafer, 1946/1968, p. 448). 두 가지 모두 진단적으로 유용할 수 있다. 하지만 그 채점이 워낙 드물기 때문에 진단적 효용성이희생됐다. 모호함 반응은 응답에서 드러나는 의미의 빈곤이 특징이다. 모호함 반응에는 채점하기에는 너무 적은 정보만 포함되어 있다. 반응은 짧고, 암호 같은 문구이거나 긴 만담같은 우원적인 단락일 수도 있다. 모호함 반응은 수검자가 관여하기를 거부하는 태도를 반영할 수 있는데, 이는 은폐된 반응 회피시도다. 이러한 방어적인 태도를 배제하면, 모호함 반응은 지각의 유지와 반응 정교화 능력의 결핍을 반영할 수 있다. Rapaport에 따르면, "언어의 모호함은 수검자가 확고한 형태 지각을 고수하는 데 약점이 있음을 말한다. 혼란 반응은 응답 그 자체에서, 또는 수검자 응답의 경험 및 의사소통에서의 혼란을 의미한다"(p. 448). 많은 비전형적인 반응과 마찬가지로 우리는 그러한 무능력한 언어에도 DR을 부여할 것이다.

- "한 그림의… 깊이 같은 것, 거리 같은 것(A picture of… like depth and stuff, like distance)." [모호함 DR1(Vague DR1)]
- "이것은 마치… 에 대한 일종의 느낌… 개방적인 느낌을 가지고 있다. 그것은 마치… 하얀색 공간을 가지고 여기를 통해 열려 있는 것과 같다… (This just has a… sorta feeling

of… of openness about it, that… it's sort of like… open through here, with all the white space…)." [모호함 DR1(Vague DR1)]

검사자가 아닌 수검자가 자신이 보고 있는 것과 인식 혹은 해석하는 것에 혼란을 느끼게 되면 수검자의 난감함이나 무능감의 표현(Piotrowski, 1937)은 관념 혹은 보다 일반적 인지의 빈곤을 시사한다.

- "이것들이 함께 뭔가를 하고 있을 수도 있지만 전 뭐가 뭔지 모르겠어요. 아마도 사람들처럼 보이지만 저는 확신할 수 없습니다. 왜냐하면 그들은 제가 전에 봤던 어떤 것과도 닮지 않았고, 그 어떤 것도 말이 되지 않기 때문입니다. 그건 나머지 부분과는 어울리지 않는 것 같습니다. 그것은 어떤 식으로든 맞지 않습니다. 제가 그렇게 말했기 때문에 몇 가지 말을 함께했을 뿐입니다. 하지만 정말 잘 모르겠네요(These things could be doing something together but I don't know what. Looks like maybe people but I can't be sure because they don't look like anything I've ever seen before and none of it makes sense. It seems out of place with the rest of it. It doesn't fit in any way. I just said some things together because that's the way I said it. But I'm really not sure)." [혼란 DR2(confusion DR2)]
- "게, 어쩌면 붉은 다리를 가지고 있을지도… 모르죠… 그건, 그건… 바다에서 게를 본 지 오래됐네요. 바다가 아니라, 하지만… 내 말이 무슨 뜻인지 알겠지만… 당신은 언제가… 언제… 언제 거기에… 있는… 방식… 알고 있는… 그게… 거기에 뭔가 있고… 해야 할 것이… 물과 게, 하지만… 어… 내가 말하려던 건… 나는 모르겠네요, 내 말뜻은 게가… 보통 바다에서 그리 멀지 않고, 이 정도밖에 안 되는 물인데… 어… (A crab, maybe have red legs… I don't know… it's, it's… I haven't seen a crab in the ocean for a long time. Not ocean, but… you know what I mean… you know when the… when… when there is… is… a way… to know… that… there is something… to do… with… the water an' the crab, but… uh, I would say… uh… I don't know, I mean the crab… usually isn't that far in the ocean, it's only about this much water, in… a… uh…)." [혼란 DR2(confusion DR2)]

장해의 자각: 사고장애의 사회인지적 측면

이것은 사고장애의 가장 새로운 측면이다. 최근에야 연구자들은 사고 및 지각 장애에 대한수검자 스스로의 판단력, 즉 자각을 탐색하는 방법을 연구하기 시작했다. 자각 평가 방법들은 사고장애의 언제 그리고 누구에게(When and With Whom) 측면을 다룬다(Rothschild-Yakar et al., 2015). 환자가 보고 말한 것의 사회적 부적절성에 대한 환자의 자각을 평가하는 이 기법은 일반적으로 한계검증을 위한 사후-질문법으로 설명된다. 이 기법은 향후 로샤검사에서 장애적 사고를 평가하는 데 있어서 중요한 요소로 판명될 것이다.

우리가 제안한 이 모형은 경험적 지지와 전통으로 탁월함을 증명해 온 기존의 채점 체계를 대체하기 위한 것이 아니다. 이 통합 모형의 목적은 두 가지다. 첫째, 채점 자체를 넘어서 그 채점들이 대표하는 심리적 과정에 대한 보다 완전한 개념적 이해로 나아가려는 의도를 가진다. 이 장의 시작 부분에서 언급했듯이, 로샤 사고장애 채점은 구체화(reification)로 인해 어려움을 겪고 있다. 즉, 와해, 비논리성, 빈곤에 이름표를 붙이고 기호화해서 단순하게 이완된, 흐트러진, 장애적 사고의 지표라고 말하고 있다. 둘째, 우리가 제안한 모형은 임상적인 사고장애에 대한 이해와 부합하는 방식으로 점수 세트를 조직화하는 역할을 한다. 우리의 궁극적인 목표는 채점 자체에 공식적인 변화를 도입하는 것이 아니라, CS나 R-PAS와 같은 현재의 채점 체계를 비공식적으로 확장하는 것이다. 임상가들이 자신이 사용하는 채점과 기존의 임상적 개념과의 연결을 형성하는 기저의 처리과정을 이해하게 되면, 임상가들은 진단 자문 전문가로서 역할을 완수할 수 있을 것이다.

참고문헌

American Psychiatric Association. (1980). *Diagnostic and Statistical Manual of Mental Disorders* (3rd ed.). Washington, DC: Author.

Arieti, S. (1974). Interpretation of Schizophrenia (2nd ed.). New York: Basic Books.

Blatt, S. J., & Ritzler, B. A. (1974). Thought disorder and boundary disturbances in psychosis. *Journal of Consulting and Clinical Psychology, 42*, 370-381.

Caplan, R., Guthrie, D., Fish, B., Tanguay, P. E., & David-Lando, G. (1989). The kiddie formal thought disorder rating scale: Clinical assessment, reliability, andvalidity. *Journal of the American Academy of Child & Adolescent Psychiatry, 28*, 408-416.

Holt, R. R. (2009). *Primary Process Thinking: Theory, Measurement, and Research*(Vols. 1 & 2). Lanham, MD: Aronson.

Holzman, P. S., Levy, D. L., & Johnston, M. H. (2005). The use of the Rorschach technique for assessing formal thought disorder. In R. F. Bornstein & J. M. Masling (Eds.), *Scoring the Rorschach: Seven Validated Systems*. New York: Routledge.

Jaffee, L. S. (1990). The empirical foundations of psychoanalytic approaches to psychological testing. *Journal of Personality Assessment, 55*, 746-755.

Khadivi, A., Wetzler, S., & Wilson, A. (1997). Manic indices on the Rorschach. *Journal of Personality Assessment, 69*, 365-375.

Kleiger, J. H. (1992a). A conceptual critique of the EA: es comparison in the Comprehensive Rorschach System. *Psychological Assessment, 4*, 288-296.

Kleiger, J. H. (1992b). A response to Exner's comments on "A conceptual critique of the EA: es comparison in the Comprehensive Rorschach System." *Psychological Assessment, 4*, 301-302.

Kleiger, J. H. (1999). *Disordered Thinking and The Rorschach*. Hillsdale, NJ: The Analytic Press.

Kleiger, J. H., & Khadivi, A. (2015). *Assessing Psychosis. A Clinician's Guide*. New York: Routledge.

Kleiger, J. H., & Peebles-Kleiger, M. J. (1993). Toward a conceptual understanding of the deviant response in the Comprehensive Rorschach System. *Journal of Personality Assessment, 60*, 74-90.

Lerner, P. (1990). The clinical inference process and the role of theory. *Journal of Personality Assessment, 55*, 426-431.

Lerner, P. (1991). *Psychoanalytic Theory and the Rorschach*. Hillsdale, NJ: The Analytic Press.

Liddle, P. F. (1987). The symptoms of chronic schizophrenia: A re-examination of the positive-negative dichotomy. *The British Journal of Psychiatry, 151*, 145-151.

Liddle, P. F., Ngan, E. T. C., Caissie, S. L., Anderson, C. M., Bates, A. T., Quested, D. J., White, R., & Weg, R. (2002). Thought and Language Index: An instrument for assessing thought and language in schizophrenia. *The British Journal of Psychiatry, 181*, 326-330.

Meyer, G. J., Viglione, D. J., Mihura, J. L., Erard, R. E., & Erdberg, P. (2011). *Rorschach Performance Assessment System: Administration, Coding, Interpretation, and Technical*

Manual. Toledo, OH: Rorschach Performance Assessment System.

Piotrowski, Z. A. (1937). The Rorschach ink-blot method in organic disturbances of the central nervous system. *Journal of Nervous and Mental Disease, 86,* 525-537.

Rapaport, D., Gill, M., & Schafer, R. (1968). *Diagnostic Psychological Testing* (Rev. ed.). R. R. Holt, Ed. New York: International Universities Press. (Original work publishedin 1946.)

Rorschach, H. (1942). *Psychodiagnostics* (5th ed.). Bern, Switzerland: Hans Huber. (Original work published in 1921.)

Rothschild-Yakar, L., Lacoua, L., Brener, A., & Koren, D. (2015). Impairments in interpersonal representations and deficits in social cognition as predictors of risk for schizophrenia in non-patient adolescents. Paper presented at the annual meeting of the Society for Personality Assessment, Brooklyn, NY.

Saunders, E. A. (1991). Rorschach indicators of sexual abuse. *Bulletin of the Menninger Clinic, 55,* 48-71.

Schafer, R. (1954). *Psychoanalytic Interpretation in Rorschach Testing*. New York: Grune & Stratton.

Solovay, M. R., Shenton, M. E, Gasperetti, C., Coleman, M., Kestenbaum, E., Carpenter, T., & Holzman, P. S. (1986). Scoring Manual for the Thought Disorder Index. *Schizophrenia Bulletin, 1*, 485-492.

Solovay, M. R., Shenton, M. E., & Holzman, P. S. (1987). Comparative studies of thought disorders. *Archives of General Psychiatry, 44*, 13-20.

Sugarman, A. (1991). Where's the beef? Putting personality back into personality assessment. *Journal of Personality Assessment, 56*, 130-144.

Viglione, D. J. (2010). *Rorschach Coding Solutions: A Reference Guide for the Comprehensive System* (2nd ed.). San Diego, CA: Author.

Weiner, I. B. (1986). Conceptual and empirical perspectives on the Rorschach assessment of psychopathology. *Journal of Personality Assessment, 50*, 472-479.

Part 3

장애적 사고의 차원들

제9장 와해
제10장 비논리성
제11장 사고와 언어에서의 빈곤
제12장 지각 및 추론 오류에 대한 자각

와해
: 초점화, 필터링, 언어 사용에서의 문제

사고장애에서 와해 차원에 대한 논의를 하려면 우리는 다시 사고와 말에 대한 변증법적 논의로 되돌아가야 한다. 즉, 사고장애를 말의 문제와 사고의 문제 중 어느 쪽으로 바라봐야 더 정확한 이해가 되는지에 대한 논의가 필요하다. 이 문제는 1장과 8장에서 이미 소개가 되었고, 나는 로샤의 사고장애 점수들을 조직화하여 넓은 기반의 모형(broad-based model)을 제안한 바 있다. 비록 발화가 주가 되는 사고장애와 생각하기를 반영하는 사고장애 간의 엄격한 구분은 인위적이라고 할 수 있지만, 나는 좀 더 부드러운 구분을 해 보기로 했다. 이것은 말과 기저의 사고가 혼재되어 있지 않다는 뜻이 아니라 오직 명료함을 위한 것이다. 나는 일차적으로 와해가 표현된 말에서 관찰되는 차원에 초점을 맞출 것이다. 그러므로 이 장에서 나의 관심은 무엇이 말을 와해하게 하고, 그것을 어떻게 로샤로 포착할 것인가, 그리고 그것을 어떻게 다양한 관점(심리학적, 정신병리학적, 언어학적, 신경심리학적, 심리치료적, 정신분석적)으로 개념화할 것인가에 있다.

무엇이 말을 와해하게 하는가

이 부분의 제목은 독자들에게 뻔하고 불필요하게 들릴 수도 있다. 대부분의 사람은 와해된 말은 와해된 것으로 규정된다는 순환론적 정의를 받아들이고 싶어 한다. 하지만 순환론을 벗어나서 무엇이 말을 와해되게 들리도록 하는지를 설명하는 데 도움이 되는 조작적 개념을 제공하는 것은 유용할 것이다.

우리는 화자의 관점에서 발화가 순서와 방향, 연속, 구조, 연결이 부족한 것을 덜 조직화되었다고 간주한다. 청자의 입장에서 구어적 의사소통의 명료성이 부족하고, 혼란스러우며, 응집성을 상실하면 '와해되었다'는 말을 쓸 수 있다. 누군가 우리를 혼란스럽게 하는 방식으로 말을 할 때 우리는 사고장애 가능성을 고려한다. 사람들이 전통적인 순서를 거부하고, 문법적 규칙을 파괴하며, 무관한 정보의 조각들을 배제하는 데 실패하고, 우리를 혼돈 속에 남겨 두는 방식으로 단어들을 연결하면 우리는 그들의 말이 와해되었다고 생각한다. 누군가 단어를 기이하게 사용하고 오용하거나 아예 새로 만들면 의미와 응집성은 희미해지고, 우리는 사고장애의 가능성에 대한 합리적인 이유를 갖게 된다. 와해는 형식적 사고장애(formal thought disorder)라는 역사적 개념의 본질이다. 지금은 DSM-5에서 '와해된 사고(말)'라고 불린다(American Psychiatric Association, 2013, p. 88).

와해의 로샤 지표들: 기호화되는 것과 되지 않는 것

나는 8장에서 DV와 DR이 와해와 기이한 언어를 일차적으로 드러내는 로샤 하위범주라고 설명했다. 수년 간 다른 이름으로 불려오기는 했지만, 이 채점들은 기이한 언어와 와해된 구어적 표현을 반영하는 발화를 설명해 왔다. 하지만 평가자들은 일탈되고 와해된 발화에 대한 익숙한 기호에 주목하는 것 외에도, 전통적인 범주인 DV와 DR로는 포착되지 않는 해체된 발화 표현의 보다 미묘한 형태들에 대해서도 민감해야 한다. 그래도 우선은 DV와 DR에 대해서 보다 자세히 살펴보도록 하자.

전통적으로 채점되는 반응들

R-PAS 매뉴얼(Meyer et al., 2011, pp. 113-117)은 DV를 정의하고 설명하며, 수준 1과 수준 2의 심각성을 구분하는 데 매우 많은 노력을 들였다. 하지만 Holt가 최근 저서(2009)에서 우리가 사용하는 DV와 DR 범주를 구분해서 풍부한 사고장애 채점 용어들을 새로운 시선으로 검토한 것은 유용하다 할 것이다. 내가 와해라고 부르는 것과 Holt의 매뉴얼에서 로샤와 TAT로 일차과정 사고를 측정하는 여러 범주는 서로 동일한 것이다.

특히 Holt의 전치(displacement)와 발화(verbalization) 범주는 구어적 연상 혹은 언어적 반응 차원에서의 혼란을 반영한다. 예를 들어, 전치 반응은 CS나 R-PAS에서는 DR1과 DR2로 채점이 되는데, 유동적인 연상 사고(fluid associative thinking), 음향 연상, 말장난, 문법적 변칙(figures of speech), 상황에 걸맞지 않음(anachronisms), 구어적 실수(verbal slips) 등을 포함한다. Viglione와 R-PAS 팀(Viglione, 2010; Meyer et al., 2011)은 수검자가 최초 반응 초점에서 연상적 이탈을 할 때 DR로 채점하기 위한 두 가지 이상의 세부 내용을 명시했는데, 이는

Holt의 설명을 따른다. Holt의 전치 DR 반응의 예시는 다음에 제시되어 있다.

1. **연쇄적 연상**(D-Chain, chain association): 유동적인 연상적 사고로, 아무런 지시나 조직적 설정 없이 화자가 하나의 관념에서 또 다른 관념으로 이동하는 경우를 말한다. 최초 주제에서 적어도 두 번 이상의 일탈이 일어난다.
   - "별(질문). 이것과 이것 그리고… 6각의 별, 106번째 구역, 보세요. 제가 순찰하는 중이었나 봐요. 저는 보병은 아니었어요. 제 생각에 그 단어는 어떤 KP가 그들을(KP와 관련된 이야기를 늘어놓음) 부르는 단어라고 생각해요[A star(Query). This and this and… 6-point star, 106th Division, see I was in an ambulatory division, I wasn't a doughboy—I think is the word some KP call them(tells story about KP)…]." (Holt, 2009, p. 98).
2. **이격된 연상**(D-dist, distant association): 생각을 따라가는 것이 거의 불가능한 정도로 비이성적이거나 부적절한 정교화(elaboration)로 특징짓는다. Holt는 화자가 느슨한 기준(loose principle)이나 음향 연상(clang association)을 하면서 초점에서 벗어나는 경우에 D-dist로 채점할 것을 권고했다. 여기에는 한 수검자가 단순히 화제를 바꾼 것은 아니지만, 지속되어 온 발화와는 무관한 원래 관념의 일부 측면을 이야기하는 사례를 제시했다.
   - "토끼의 피: 여기에는 발이 있고-토끼의 이름은 조지입니다. 여성의 질(vigina), 거기에 우리 모두 절을 하려고 했죠. 나는 그게 가재인지 새우인지 확신하지 못했지만, 우리는 그것들이 냉혈 동물이라는 걸 잘 알고 있죠. 이건 질처럼 보일 수 있어요. 나는 그렇다고 말할 수는 없을 것 같네요. 그건 그 자체로는 재무제표로 읽기에는 어려움이 있어요(Blood of a rabbit: here's his paws—the rabbit's name is George. a woman's vagina, what we all try to bow to; I'm not certain if that is a crawfish or shrimp but we do know that they are cold-blooded. it could look like a vagina. I wouldn't say it was. It's hard enough to read a financial statement, let alone that)."(Holt, 2009, p. 99).
3. **언어 유희와 말장난**(D-Clang, puns and malapropisms): 하나의 단어를 다른 유사한 소리가 나는 단어나 동음이의어로 대체하는 것으로, 대체로는 유머러스한 의도가 있다. 말장난은 부정확한 단어로의 대체와 관련된다.
   - "그건 섹시한 스포츠카로 보이네요. 그건 자기성애적이죠(*That's looks like a sexy sports car, it's auto-erotic*)."

– "나방과 이것들은 손(다리)이고, 이건 느낌들(촉수)이네요[*A moth and these are the hands (legs) and its feelings(feelers)*]."

4. **언어적 실수**(DS, verbal slips): 하나의 단어를 다른 단어로 대체할 때 채점된다. 실수는 일차과정 관념(primary process idea)의 압력 하에서 일어나게 되는 언어적 붕괴를 반영하는 것으로 가정된다. 이는 침투적인 단어로 나타날 수 있다.
   – "박쥐들은 자는 것으로 같은데, 거꾸로 서 있네요(Bats are supposed to sleep, *standing* upside down)."[1] (Holt, 2009, p. 102).
   – "이것들은 두 여성이 풍선을 불고 있는 것 같이 보이네요. 그들이 가슴을 이렇게 유지하고 있어요(This looks like two women blowing up balloons. Just taking *breasts* as they keep doing this)."[2]

발화 반응(verbalization responses)에는 특이함(peculiarity), 괴상함(queerness), 언어적 응축(verbal condensation), 지리멸렬함(incoherence) 등의 구분된 채점 방식이 포함된다. Holt의 발화 범주 채점에 대한 사례가 다음에 제시되어 있다.

5. **특이한 발화**(VP, peculiar verbalization): 특이한 발화는 약간 음정이 맞지 않는(off key) 악보처럼 청자의 귀에 거슬린다. 하지만 괴상한 발화(queer verbalization)와는 달리 그 의미는 유지된다. 특이한 발화는 CS나 R-PAS에서는 DV1으로 채점된다.
   – "토끼처럼 보이네요. 귀를 닮았으니까요(Looks like a rabbit because it has resembling ears)."[3]
   – "입과 코 간에 차별이 있네요(There's a segregation between the mouth and nose)."[4] (Holzman, Levy, & Johnston, 2005, p. 67)
6. **괴상한 발화**(VQ, queer verbalization): 괴상한 발화는 언어 표현에서의 왜곡을 반영한다. Holt는 VQ 반응이 그 사람이 본 것을 말할 때 적절한 설정(appropriate set)을 유지하는 데 실패했음을 반영하는 것으로 보았다. 언어는 과장되고(stilted), 기이하며(idiosyncratic), 과도하게 사적인 방식일 수 있다. CS와 R-PAS에서 보통은 DV2로 채점된다.

1) (역자 주) '거꾸로 매달려 있네요'의 실수.
2) (역자 주) '숨을 쉬다(take breath)'를 비슷한 발음의 가슴(breasts)으로 대체함.
3) (역자 주) "토끼 귀를 닮았으니까요"의 실수. 청자는 거슬리지만 이해는 가능함.
4) (역자 주) "입과 코가 떨어져 있어요"의 실수. 대략은 이해가 가능함.

– "점착된 부가적인 연장선"(Holzman et al., 2005, p. 68).
– "기만된 우스꽝스러운 개"(Holzman et al., 2005, p. 68).

종종 발화된 것과는 반대의 이미지가 괴상한 발화로 표현되어서 알아듣기가 힘들다.

– "나무 머리 종류의 사람"(Holzman et al., 2005, p. 68).
– "영광스러운 비; 터널의 창자"(Kleiger, 1999, p. 86).

R-PAS 매뉴얼은 의도한 의미에 대한 명료성에 초점을 두고 특이한 반응(DV1)과 괴상한 반응(DV2)을 명확히 구분한다.

7. **언어적 응축**(Verbal Condensations: VC): 언어적 응축은 신조어(neologisms)나 서로 구분된 요소들이 응축된 혼성어(portmanteau words)를 말한다. 심각성의 수준은 약함(수준 1)과 심각함(수준 2)이 있다.
   – 'diaphragram' 도표(diagram)와 횡경막(diaphragm)의 응축. 수준 2 심각성.
   – 'ambisextrous' 양손잡이(ambidextrous)와 양성애적(bisexual)의 응축. 수준 2 심각성.
8. **언어적 지리멸렬 혹은 혼란**(VI, verbal incoherence or confusion): Holt는 언어적 지리멸렬을 연상이 극도로 기괴하고, 연결성이 생략되어 있거나 혹은 연결이 기이하거나 임의적인 근거에 따를 때 채점했다. "이러한 결과는 소통이 안 되고 이해가 불가능한 단어를 사용했기 때문이다. VI는 조현병과 기질적 정신증, LSD 중독, 혹은 다른 사고와 언어에서의 전반적 이상이 있을 때 외에는 잘 나타나지 않는다."(Holt, 2009, p. 134).
   – "멍청하게–자신을 두 번 찍은 것 같은데. [검사자 질문] 어–음. 뭐가 됐든지 간에 여기서 꼬여 있네요 (웃음) 나는 항상 마치 이렇게 느끼는 것처럼 보이지 않지요.–하지만 물론 나는 나 자신에 대해서 이야기하고 있고, 음, 관계는 (웃음). [검사자 질문] 음. 그래요. 내 말뜻은… 나는 아무것도 느낄 수 없습니다. 그건 바로 내가 추측하기로 이 상황을 파악할 수 없다는 것 같아서… [Dopey—like a double take of himself. [Examiner question] Uh–huh. For whatever twist at this point (laugh) I can't seem to always feel as if—but of course, I'm speaking about myself and that, well, relationship that (laugh). [Examiner question] Well, that, I mean, not that I can't feel anything, it's just that, I guess, I seem to lose grasp of the situation…]."(Holt, 2009, p. 134).

채점되지 않는 발화들

검사자가 수검자가 말과 언어의 사용을 듣고 그 표현에 쉽게 탐지되지 않고 전통적인 채점 범주로는 포착할 수 없는 문제가 있는지에 주의를 기울이는 것은 중요하다. 이는 로샤 반응에서 채점 가능한 형태의 와해된 발화를 탐색하는 것만큼 중요한 일이다. 나는 여기서 형식적 언어의 질, 즉 수검자의 운율, 속도, 리듬, 연관성, 그리고 말하고자 하는 것의 결속성(cohesion)과 응집성(coherence)에 대해 설명하고자 한다. 문장의 구조와 환자의 말에 있어서 운율의 전환과 미묘한 손상들에 대한 민감함은 환자 사고의 근원적 결손을 밝힐 수 있게 한다(Hussein, 개인적 대화, 2016년 3월 11일). 와해에 대해 보다 넓은 시각을 갖는 것은 우리가 지나치게 채점 체계에 얽매이지 않고 개인의 발화 및 사고의 형식적 질에 대한 추론을 유연하게 해 준다.

TAT에 대한 연구에서 Shentoub(1987)는 서사의 '가독성'('the readability' of the narrative)이 청자가 화자를 이해할 수 있는지를 결정하는 첫 번째 '필터'가 된다고 주장했다(Hussein, 개인적 대화, 2016년 3월 11일). 로샤 반응에서는 언어적 표본에 제약이 가해져 있기는 하지만, 수검자의 문장의 구조를 경청하는 것은 중요하다. Hussein은 관습적인 언어적 의사소통에서 문장은 전형적으로 주어, 동사, 목적어가 필요하다고 지적했다. 반면, 사고장애적인 언어의 문장에는 이러한 문법적 요소들이 거의 결여되어 있기 때문에 파편화된 언어적 의사소통으로 이어지게 된다. 청자로서 우리는 그 '빈 곳을 메꿀 수 있다'. 하지만 그렇게 함으로 인해서 수검자의 언어적 파편화가 사고의 파편화를 반영한다는 사실을 간과할 수 있다. 예를 들면, 수검자는 II번 카드에서 "동물… 피는 저쪽에. 보세요. 피 묻은 발을요(*Animal*… blood there. See. Bloody paws)."라고 응답할 수 있다. 우리는 수검자가 동물과 피에 초점을 두고 있다는 사실을 당연하게 여긴다. 하지만 주의 깊게 듣는다면 무언가 빠져 있다는 것을 발견하게 된다. '동물'과 '피' 사이에는 어떤 빈틈이 있다. 동물에게 무슨 일이 일어났는가? 두 단어 혹은 두 개념(동물과 피)은 어떻게 서로 어울리는가? 명백하게, 공식적으로 DV나 DR로 채점할 만한 가치가 있는 것은 아니다. 그렇다 하더라도 이러한 불완전한 문장으로 표현된 단축된 발화는 폭력적인 사고 내용에서 분화되어 나온 것일 수 있다.

CS나 R-PAS로는 채점되지 않는 다른 미묘한 언어 표현들은 Hussein이 언급한 언어적 반복 혹은 '정형적 반응(stereotypies)'을 포함한다. 보속성(perseveration) 수준에는 크게 미치지 못한다고 하더라도, 이처럼 반복된 단어나 구들은 검사자의 귀에 포착되어야 한다. 예를 들면, 수검자가 반복적으로 "어쩌면 그럴 수도 있죠(Maybe it might be)."라는 특정한 구를 반복

할 때, 그런 말이 사고장애를 바로 드러내는 것은 아니다. 그러나 이러한 다소 과장된 반복 속에는 뭔가 의미가 숨어 있을 수 있다. 수검자는 혼란감이나 당혹감을 살짝 내비치는 것이거나(어쩌면 기저의 사고장애를 시사하는), 숨기지 못한 방어적 의도(어쩌면 편집증적 경계심을 시사하는)가 드러난 것일 수도 있다. 어떤 경우이든 수검자가 말하는 것, 말하는 방식, 말하면서 빠트린 것을 포착하는 것은 중요하다.

심각성에서 연속성

말의 이완과 언어적 특이함이 채점이 되었든, 채점되지 않았든 심각도에는 연속성이 있음을 명심하는 것이 중요하다. 그 범위에는 비임상적인 집단이 말하는 병리적인 말하기, 발화에서 실수, 장난스러운 말실수에서부터 형식적 사고장애가 드러나는 심각한 DV와 DR의 사례까지 포함될 수 있다. 수준 1과 수준 2의 DR 및 DV를 구분하는 것이 어느 정도는 이 문제를 설명할 수 있을 것이다. 그렇지만 만일 우리가 로샤 채점을 넘어서는 수준까지 생각을 넓힌다면 와해된 사고/말의 연속성은 전 인구에게 나타나는 정신증 유사 현상의 연속적 속성을 다루는 현재의 관점에 부합할 것이다. 예를 들면, '정상'이라고 불리는 비임상 집단들은 사회적, 지역적, 교육적, 지적 수준, 그리고 불안이나 정서적 각성 여부에 따라서 다양한 차이를 나타낼 것이고, 결국 담화 응집성과 단어의 선택도 달라질 것이다.

와해의 개념화

와해된 발화를 언어와 사고에서의 와해과정으로 이해하고 설명하려는 시도가 순환논법에 빠지지 않기 위해서 우리는 여러 유용한 관점으로 주의를 돌려 볼 필요가 있다. 즉, 로샤 반응들을 주의 깊게 듣고 채점하는 과정에서 우리가 발견한 것들에 대한 다른 중요한 개념들을 추가적으로 고려해야 한다. 이러한 관점들 중 어느 것도 완전한 설명을 제공하지는 않는다. 다만, 장님 코끼리 만지기 속담처럼 그 관점 각각은 특이하게 와해된 혹은 특이하게 들리는 반응들의 미묘한 뉘앙스가 담긴 함의들을 인식하게 해 줄 수 있다.

심리학적 관점들

Rapaport(Rappaport, Gill, & Schafer, 1946/1968)의 가장 큰 공헌 중 하나는 로샤 채점 변인들에 심리학적으로 합리적인 근거를 제공하려고 노력한 것이다. 이전에 살펴본 바와 같이, 그는 병리적 발화의 구분되는 형태들을 개념화하기 위해서 잉크반점과의 거리(distance from the blot)라는 개념을 사용했다. 그 개념의 명료성이 부족하다는 이유로 비판을 받기는 하지만(Schuldberg & Boster, 1985), Rapaport는 특이하고 괴상한 발화(VP, VQ) 기저에 있는 심리학적 처리과정을 설명하기 위해 거리의 상실과 거리의 증가라는 개념을 활용했다. 예를 들면, 그는 II번 카드에서 "낮게 만들어진 낮은 두 마리 개(two low-built low dogs)"라는 이상한 표현의 반응에 대해 "수검자가 실제 개를 지각하고 있지만, 카드에 대해 매우 주관적이고 강렬한 정서가 부하된 태도로 소통하고 있다."(Rappaport, Gill, & Schafer, 1946/1968, p. 443)라고 했다. 그는 특이한, 그리고 괴상한 발화의 이러한 예들이 수검자가 카드를 인식하려는 시도를 반영한 것으로 생각했다. 그는 이러한 반응이 카드에 대한 해석이 아닌 인식을 하려는 수검자의 시도나 해석적 자각의 상실을 반영한다고 생각했다. Rapaport는 잉크반점과의 거리 증가를 반영하는 특이하고 기괴한 반응들의 예들도 제시했다. 그것들은 전형적으로 수검자가 질문에 응답했으나 그 반응을 정당화하거나 입증할 수 있는 아무런 증거도 제시하지 못하는 사례였다.

Schuldberg와 Boster(1985)는 DV와 DR(혹은 VP와 VQ)에 대한 이해에 공헌한 바 있다. 그들은 자신들의 요인분석 연구에서 DR을 주관적 의미(객관적 의미에 대응하는)와 유동성(경직성에 대응하는) 반응 차원에 부하된 반응으로 보았다. 그들은 두 번째 차원을 수검자의 주의 세트를 반영하는 것으로 보았다. 과도하게 경직된 반응에서 수검자는 새로운 반응을 하기 위해 기존의 정신적 세트를 깨트리는 데 어려움을 겪는다. 반대편 극단에서 수검자는 유동적이고 불안정한 태도를 보이는데, 이는 자신의 주의 초점을 유지하거나 통제하지 못하고 있음을 반영한다.

나는 누구도 Weiner(1966)만큼 장해적이고 와해된 발화의 기저에 있는 심리학적 처리과정을 명확하게 표현한 사람이 없다고 믿는다. Weiner는 사고과정을 인지적 초점화의 산물로 개념화하면서 다음과 같이 기술하였다. "사고는 지각기관에 인접한 자극을 스캔하고, 그 자극 간의 관계를 추론하며, 이러한 관계를 통합하는 개념형성을 수반한다."(p. 27) 그는 자신의 이론적 설명을 강조하면서 인지적 초점화는 연관된 세 가지 능력으로 규정된다고 했다. 주의 초점의 선택 및 형성, 과제 지속 기간 동안 주의 초점의 유지, 상황적 요구에 따른 주의와 인지적 세트의 전환이 그것이다. 이러한 주의의 핵심적 측면을 설명한 후, Weiner는 부가적 능력 세 가지를 추가했다. 연관된 측면에는 주의를 유지하고 관련되지 않은 것에는 배제함, 부적절하거나 기이한 연상의 표현을 억제함, 연상의 속도와 흐름을 일정하게 유지하는 것이다.

Weiner는 초점 설정의 문제들이 드문 반응(Dd%) 혹은 형태나 배경의 윤곽이 희미해지는 것(공백의 과도한 사용)에 반영될 수 있다고 지적했다. 그는 또한 음향 연상(clang association)이나 반향 언어증(echolalia)의 사례들은 발화된 의미가 아닌 음운학적 특성들(phonetic qualities)이나 단어의 소리(sounds of the words)에 부적절한 초점이 형성되었음을 반영하는 것이라고 제안했다.

인지나 주의 세트를 동시에 유지하는 것은 무관한 연상들(irrelevant associations)의 침투를 통제하는 것과 관련된다. 이 변인을 매개하는 핵심 심리 기능은 일차적 초점에서 불필요하고, 무관하며, 산만하게 하는 것들을 필터링하는 능력이다. Weiner는 필터링하지 못하는 것이 해리(dissociation)와 DV 반응에서 나타난다고 언급한 바 있다. Weiner는 해리가 생각들 간의 단절이라는 Bleuler(1911/1950)의 관점에 따라 설명했다. 사람들은 보통 유사성이나 근접성(similarity or contiguity)에 의해 어떤 생각을 떠올리는 반면에, 조현병 환자들은 서로 다른 생각들 간의 일치성(identity)을 잘못 가정하곤 한다(Arieti, 1974). 워싱턴과 그랜트, 아이젠하워에 대해서는 대통령이 된 장군들이라는 연상이 전형적임에도, "누가 초대 대통령인가?"에 대한 사고장애적인 응답은 "그랜트" 혹은 "아이젠하워"가 될 수 있다. 왜냐하면 유사성에 기반한 일치성을 가정했기 때문이다.

Weiner는 Cameron(1938)의 '비접합(asyndesis)'이라는 용어를 연상들 간의 인과성이 결여된 것의 또 다른 사례로 설명했다. Cameron은 비접합적 사고를 하는 사람은 느슨하게 연결된 무관한 생각들이 검사 반응에 침투하면서 초점을 잃게 된다고 기술했다. Weiner는 이러한 침투(intrusion)가 언어학적 요소들과 연관될 때, 특이한 혹은 괴상한 언어(DV)로 채점될 수 있다고 했다. 반면, 그러한 침투가 보다 근본적인 괴리 혹은 무관한 연상과 관련되는 경우, 응답자는 부적절한 정보의 침입을 필터링하거나 억제하는 데 실패하기 때문에 현재의 채점은 DR 범주로 매겨질 것이다.

속도와 흐름(pacing and flow)에 대한 Weiner의 논의는 언어 표현의 템포, 빠르기, 완결성(tempo, rate, completeness of verbal expression)에 대한 Hussein의 주제(Hussein, 개인적 대화, 2016년 3월 11일)와 유사한 면이 있다. Weiner는 한 사람의 연상에서 인과적 연결성의 부족은 검사자의 질문과 응답의 파편화나 우회적인 특성 간의 보다 미묘한 단절에서 분명해질 수 있다고 지적했다.

정신병리학적 관점들

병리적인 언어에 대한 용어학으로 잘 알려진 Andreasen(1978, 1979a, 1979b)은 형식적 사고장애를 두 유형으로 구분했는데, 첫째는 양성 사고장애(positive thought disorder)다. 1장에서 설명한 바와 같이, 양성 사고장애는 사고과정에서의 탈선(derailment), 와해(disorganization), 단절(disconnectedness)로 특징지어지고, 우회적 사고(circumstantial thinking), 사고이탈(tangentiality), 탈선(derailment), 산만한 말(distractible speech), 음향 연상(clang association), 지리멸렬(incoherence)로 드러난다. 그녀의 TLC 척도에서 여러 유형의 사고장애는 로샤의 DV, DR과 관련되어 있다. 이에 더해서 보다 미묘한 실수와 단절의 표현들은 〈표 9-1〉에 제시되었다.

〈표 9-1〉 와해를 반영한 형식적 사고장애의 TLC 범주들

장애 유형	정의	로샤 예시	로샤 채점
언어 압박 (pressure of speech)	자발적인 말의 양적 증가	"이것들은 두 마리 토끼처럼 보이는데 남자들은 '쎄쎄쎄'를 하고 있고, 폐와 로켓은 밤에(These look like two rabbits men playing patty cake lungs and a rocket at night)"(멈춤이 없는 발화 혹은 각각이 구분된 반응들을 나타냄)	채점 없음
산만한 말 (distractible speech)	수검자가 한 자극에 대해 응답을 하는 도중에 초점을 전환함	"이건 절벽을 오르는 두 마리 곰처럼 보이네요. 저기요, 그런데 하버드에 가 보셨나요(This looks like two bears climbing a cliff. Hey did you go to Harvard)?"	DR1
사고이탈 (tangentiality)	질문에 대해 어긋나고 무관한 방식으로 응답함	(이건 무엇일까요?) "음, 이런 것들은 한 페이지의 양면을 함께 눌러서 만들어지니까 어떤 것이든 될 수 있거나 아무것도 될 수 없을 거야(Well, these things are made by pressing two sides of a page together, so could be anything or nothing at all)."	DR1

탈선 (derailment)	관념들이 경로를 이탈하여 어긋나거나 무관한 다른 개념에 올라탐	"이건 박쥐처럼 보이네요… 내 삼촌은 뒤뜰에서 한 마리를 잡았죠. 나는 정말 박쥐를 싫어해요. 하지만 나는 그것들이 환경에는 좋다는 걸 확신합니다. 모든 종류의 대기 오염 문제에서 그렇죠. 정부는 이런 물건들에 대해 정말 뭔가를 해야 합니다. 이렇게 분류된 문서들의 유출은… (This looks like a bat… My uncle shot one in his backyard. I really hate bats, but I'm sure they are good for the environment, which has all sorts of problems with air pollution. The government really needs to do something about all this stuff. The leaking of all these classified documents…)."(Kleiger & Khadivi, 2015, p. 105)	DR2
지리멸렬(말비빔) (incoherence; word salad)	이해가 불가능한 말	"눈물들이 공기 중으로 솟아오르고, 피, 그리고 그들의 목을 부러뜨리고, 그러니까 거부된 거죠(Tears go up in the air, blood, and break their neck, you know reject)." (Holzman et al., 2005, p. 71)	DR2
음향 연상 (clanging)	의미가 아닌 소리에 의해 단어가 선택됨	"남자, 확실히 박쥐, 난 그게 순수한 배트맨이라고 확신합니다(Man, a bat for sure, I'm sure it's pure Batman)."	DV2
신조어 (neologism)	단어를 창조해 냄	"폐와 튜브, 그리고 intesticle[5]이 아래에 있네요(The lungs, tubes, and intesticles down here)."	DV2
단어 근사 (word approximations)	단어들을 새로운 방식이나 비전통적인 방식으로 사용함	"이건 곤충인데 더듬이나 감각 용기[6]를 가지고 있어요(This looks like a bug with his feelers or sense receptacles)."	DV1

5) (역자 주) 장기(intestines)에서 연상된 신조어.
6) (역자 주) 수용체receptor와 유사한 단어 사용.

과장된 말 (stilted speech)	과도하게 공식적이고 딱딱한 단어, 혹은 과도하게 감정적인 단어나 표현을 사용함	"이건 어떤 형태가 약간 인류 비슷하게 표상된 것을 닮았네요(This resembles a rather hominid-like representation of a figure)."	DV1
우원증 (circumstantiality)	말이 수다스러움에 의해 방해가 되고, 그 목표에 도달하기까지 방향이 없음	"이건 당신이 전형적으로 델러웨이에서 찾을 수 있는 물건 중의 하나이거나 혹은 대서양 중부의 다른 지역, 심지어는 북방의 주에서 풍부하게 즐길 수 있는 그런 게 같은 해산물요(This could be one of those things that you typically find in Delaware or other regions of the Mid-Atlantic or even the northern states that enjoys copious amounts of seafood like these crabs here)."	DR1

요인분석 연구들은 정신증과 연관된 다양한 임상적 증상의 구분된 정신병리학적 차원을 설명하려고 시도해 왔다. Crow(1980)는 최초로 양성 증상과 음성 증상의 존재에 따른 조현병의 두 하위유형을 제안했다. Liddle(1987)은 언어에서의 초점화, 필터링에서의 문제와 혼란을 포함하는 '인지적 와해(cognitive disorganization)'라고 명명한 세 번째 군집을 추가했다. Reininghaus, Priebe와 Bentall(2013)은 정신증의 증상 차원에 대한 연구에서 초기 및 만성 정신증 표본에서 다섯 요인을 확인했다. 그들은 양성 증상, 음성 증상, 조증적 흥분(manic excitement), 우울이라는 기존의 증상 군집에 더해서 개념적 사고에서의 곤란, 저조한 주의(poor attention), 지남력 상실(disorientation), 정형적 사고(stereotyped thinking), 이상한 매너리즘(odd mannerism)을 포함하는 '인지적 와해' 변인을 찾아냈다. 마지막으로, DSM-5 개발에 참여한 정신증 장애 작업 집단(psychotic disorder work group)은 8요인 모형을 제안했다(Barch et al., 2013). 그들은 자신들의 다요인 모형에 말의 결속성(cohesiveness)과 응집성(coherence)에만 초점을 맞춘 '와해된 말(Disorganized Speech)' 차원을 포함시켰다.

따라서 정신증 연구자들은 결국 하나의 구분된 차원을 경험적으로 확인했으며, 그 차원은 주로 인지적 와해와 기이한 말로 정의되었다. 로샤 검사자들은 정신병리 연구에서 그들의 DV와 DR의 채점을 기준으로, 정신증과 관련된 구분된 증상 특징인 와해되고 병리적인 발화를 구분할 수 있다.

언어학적 관점들

1장에서 나는 Berenbaum과 Barch(1995)가 임상가들과 언어학자들에게 장애적 사고와 말의 표본들을 채점하도록 한 연구를 소개한 바 있다. 그들은 사고장애의 핵심 차원으로 설명되는 네 범주를 발견했다. 유창성, 담화 응집성(discourse coherence), 내용(content), 사회적 관습에서의 장해가 그것이다. TLC와 TDI에서 나왔던 사고이탈, 탈선, 이완, 문법적 착오, 신조어, 지리멸렬, 느슨하게 연계된 연상을 반영하는 반응들은 유창성과 담화의 응집성에서의 장해를 표상한다. 이는 Berenbaum과 Barch의 유창성과 발화의 문제가 '언어 생성 체계(language production system)'에서의 장해를 반영한다는 가설로 이어진다. 그들은 언어 생성이 주의와 실행기능의 자원(resources)에 의해 매개된다고 했는데, 이 중 실행기능은 계획하기, 모니터링하기, 편집하기와 더불어서 음운학적 · 문법학적 정보의 정확성을 보장해 주는 역할을 담당한다. 그들의 '유창성(fluency)' 범주는 독립적이고 문법적인 발화를 이해 가능한(실제) 단어들로 생성하는 능력에서의 장해로 표현된다. 평가자들은 단어 근사, 단어 찾기의 어려움, 기이한 단어의 사용, 생소한 발화, 신조어와 같은 로샤 반응들을 유창성 범주에 속하는 것으로 채점한다.

담화 응집성 범주는 TLC의 말하기 표본 및 TDI의 언어적 와해 혹은 정보의 순차적 흐름에서 장해를 반영하는 로샤 반응들을 포함한다. 담화 응집성은 아직 결론이 난 것은 아니다. 여기에는 사고이탈, 이완, 탈선된 반응들 혹은 경솔한, 과장된, 모호한 혹은 지리멸렬한 언어가 있다. 이러한 일차적인 언어학적 요소들과는 반대로, 내용과 사회적 관습에서의 장해는 사고, 추론의 문제와 사회적 조망의 손상과 연관된다(Harrow, Lanin–Kettering, & Miller, 1989).

언어학적 관점에서 담화 응집성은 화자가 청자에게 명료하고 응집된 메시지를 제공하는 의사소통과 관련된다. 조현병 환자의 담화 응집성 결손에는 한 문장의 내용과 그 다음 내용이 얼마나 잘 묶이는지에 대한 결속적 연결성의 손상(impairment of cohesive links)이 포함된다(Rochester & Martin, 1979). 형식적 사고장애를 가진 환자들은 한 문장이나 문단에서 다음으로 전환될 때 사고를 처리하거나 조직화하는 데 어려움을 겪는다. 미세구조 수준(microstructural level; 즉, 단어나 문장 수준)에서 정상인 화자는 담화의 연속성 혹은 결속성을 확보하기 위해 전형적으로 문장의 경계에 걸친 단어들 간의 연결을 통한 단계적 구조(step–by–step construction)를 활용한다(Halliday & Hasan, 1976). 결속성을 위한 이러한 장치들은 화자가 문장들 내부와 문장들 사이에서 표현하는 관념들과 대상들, 주체들과 사건들을 함께 조합한다. 하지만 접속사(conjunctions)와 대명사(references; 지시 · 한정 · 비교 대명사)는 모호하게 청자를 혼동시켜서 담화 응집성을 상실하게 할 수 있다. 그 결과, 청자는 화자가 연결되지 않고, 와해되었으며, 병리적인 방식의 의사소통을 한다고 느끼기 쉽다.

문장과 문장 간의 결속성이 부족한 DR2 반응은 응집성을 훼손하고 환자가 뭐라고 말했는지에 대해 검사자를 혼동시킨다. 18세 학생인 로렌은 검사 중 자신의 정신과 의사에게 로샤 VII번 카드에서 다음과 같은 혼란스러운 반응을 했다.

> 나에게 한 사람이 떠오르는군요–숙녀, 여성 성별. 이건 꽤나… 이건 꽤… 좋아요… 엄마가 나를 키운 방법, 기른 건 아니고. 이건 매우 고정관념적인 그리고 나의 성차별적인 부분이네요. 그녀는 이 오래된 그림 같아요. 그건 현대적인 이미지는 아닌데, 그녀는 그래요. 과거에 그녀가 창 밖을 내다보고 거기서 블라우스와 드레스를 입는 법에 대한 가이드라인을 주는 이야기를 하는 것 같이 보여요. 블라우스는 걸려 있고, 허리는 매우 작아요. 여자를 떠올리게 하는데, 왜냐하면 사회와 미디어 때문이고, 그건 그들이 해야 할 것(a big up-do)[7]을 가지고 있는데, 그건 그녀가 항상 매우 자랑스러워 했던 거죠. 나는 그녀가 조금은 마음을 놓은 걸로 추측했고, 그녀는 마음을 놓지 않을 수 있는데 하지만 창문을 내다보지 않고 있어요.

어떤 사람은 거의 요점을 따라갈 수 있을지도 모른다. 하지만 로렌의 모호한 결속적 조합은 누가, 무엇을, 언제, 어디서에 대해 이야기를 하는지 불확실하게 만든다. 그녀는 잉크반점에서 어머니를 본 것인가, 여성적인 이미지를 본 것인가? 그녀는 VII번 카드에 대해 이야기를 하는 것인가, 아니면 현재의 지각과 과거의 환상을 혼합하고 있는 것인가? 이건 실로 불투명하다.

신경심리학적 관점들

Kraepelin과 Bleuler는 심리학적으로 조현병에서 주의 손상을 강조하여 사고장애의 신경인지적 기초를 검증하기 위한 후대의 연구들을 이끌었다. 연구자들은 인지–신경과학적 관점에서 장애적 사고를 개념화하기 위한 시도를 해 왔다(McGhie & Chapman, 1961; Nuechterlein & Dawson, 1984; Elvevag & Goldberg, 2000; Goldberg & Weinberger, 2000; Barch, 2005). 이러한 관점에서는 장애적 사고 혹은 말은 주의, 기억, 언어적 유창성, 실행기능,

7) (역자 주) 비문법적 표현을 의역함.

그리고 처리 속도와 같은 신경심리학적 기능에서의 손상으로 간주한다. Nuechterlein과 Dawson(1984)은 연구에서 조증 환자에 비해 조현병 환자들의 주의 손상이 보다 더 '기질적' 변인('trait' variable)에 가깝다고 결론지었다. 또 다른 일련의 연구들에서 Braff와 동료들은 조현병 환자들은 비환자 통제군에 비해 비정상적인 정보처리를 나타낸다고 했다(Braff & Saccuzzo, 1981; Braff & Geyer, 1990; Braff, Saccuzzo, & Geyer, 1991; Braff, Grillon, & Geyer, 1992). 주의와 정보처리 기능이 손상되었을 때, 조현병 환자들은 과도하고 잘 억제되지 않은 내적 · 외적 자극의 범람에 대한 반응으로 산만함이 증가한다. 이는 인지적 파편화와 현저한 장애적 사고로 이어진다.

작업기억의 결손은 조현병 환자들에게 발견되는 주의의 취약성과 관련된다. 작업기억 체계는 사람들이 관련 정보를 염두에 두고 다른 한 편으로는 문제해결을 할 수 있게 한다. 많은 연구에서 작업기억 결손과 사고 및 의사소통에서의 곤란 간의 연관성을 발견했다(Oltmanns & Neale, 1978; Goldberg & Weinberger, 2000). 게다가 정서적 각성은 취약한 사람들에게 더 심한 작업기억 장해를 유발할 수 있다.

Bentall(2003)은 의미기억에서의 손상이 연관된 관념들 간의 연상적 연결(associative links) 장해에 어떤 역할을 하는지에 주목했다. 관념과 지식을 저장하는 의미기억 체계는 연상에 의해 상호 결속되어 있는 개념들의 복잡한 연결망이다. 의미기억에서 손상은 생각들 사이의 연상적 연결성을 교란시키고, 이는 하나의 생각과 다음에 오는 생각을 느슨하고 단절되게 한다.

자기감찰 및 출처감찰(self- and source monitoring) 같은 실행기능도 장애적 사고에 영향을 미친다. 자기감찰은 화자가 자신의 말을 감시하며 청자의 관점과 의사소통 요구에 맞춰 말을 수정하는 능력을 말한다. 다른 사람들의 마음 및 요구를 자신의 마음과 구분하여 이해하는 능력은 마음의 이론(Theory of Mind: ToM) 능력을 반영한다. 마음의 이론(ToM)에서의 결손은 한 사람이 타인의 말을 이해하지 못한다는 사실을 자각하지 못하게 할 수 있고, 이는 결국 사회적 조망의 손상으로 이어지게 된다. 출처감찰의 결손(현실검증의 개념과 유사한)은 사람들이 특정한 자극의 출처를 식별하지 못하게 한다. 그래서 그 사람은 자신이 실제로 그것을 말한 것인지 혹은 생각한 것인지 확신하지 못하게 된다. 결과적으로 출처기억에 문제가 있는 사람은 말을 할 때, 타인에게 발화의 응집성을 형성하는 정보의 중요한 부분을 누락하거나 핵심적 결속성을 유지하는 것을 무시하게 된다. 사고장애에 대한 전통적인 개념에 도전하면서 Bentall(2003)은 작업기억과 의미기억에서 포괄적 상태의 결손, 자기 및 출처 감찰에서의 손상이 함께 더해져서 이완되고 타인이 이해할 수 없는 발화로 이어진다고 가정했다.

심리치료적 관점들

진단을 하는 임상가로서 우리는 종종 병리를 이해하려고 노력하기보다 식별하고 분류할 때 좀 더 편안함을 느낀다. Bentall(2003)은 정신증과 사고장애를 설명하는 전통적인 접근에 대한 비판에서 비록 평가자가 환자를 이해하는 데 어려움이 있다고 해도 환자는 자신에게 중요한 무언가에 대한 소통을 시도한다고 했다. Bentall은 Laing의 『구분된 자기(The divided self)』(1960)에서 언급된 장문의 사례를 예시로 제시했다. 이 사례에서 Kraepelin은 의대생들에게 한 정신증 환자를 보여 주었다. 이 남자와의 면담 후에 Kraepelin은 그 사람이 아무런 유용한 정보를 제공하지 않았고 오직 상황과 무관한 단절된 문장만을 말했다고 했다. Laing은 Kraepelin의 사례 설명 및 결론을 재해석했는데, 환자의 담화는 측정 상황과 환자를 전시용 표본을 보듯이 한 Kraepelin의 고압적인 면담 태도의 맥락에서 이해할 필요가 있다고 했다. Laing은 환자가 단순히 와해되고 지리멸렬하다는 Kraepelin의 생각은 보다 분명한 사실을 간과하게 했다고 결론지었다. 그 환자는 관찰되고, 측정되며, 시험되기를 거부했고 단지 들어주기만을 원했다.

Bentall(2003)은 Harrow와 Prosen(1978)의 또 다른 연구를 언급했는데, 그들은 환자가 응답한 속담 검사에서 나온 기괴하고 기이한 반응들에 대해 설명할 것을 요구했다. 그중 한 검사자는 조심스럽게 공감적으로 수검자의 마음에 있는 것을 알고자 하는 관심을 표현하면서 조화롭게 면담을 실시했을 때, 환자는 종종 그들의 와해되고 지리멸렬한 반응들을 응집성 있게 설명할 수 있었다. 이는 종종 그들의 기이한 언어와 와해된 발화가 개인적으로 의미 있고 정서적으로 부하된 관념의 침투를 반영한다는 것을 보여 준다. 검사자들과 Bentall은 환자들이 인터뷰에 응하거나 검사용 질문에 답을 할 때, 특히 그들에게 의미가 있는 사안들은 필터링하지 못한다는 결론을 내렸다. 우리가 이것을 자기감찰, 필터링 혹은 억제에서의 실패 중 무엇으로 해석을 하든지 간에 취약한 사람들은 정서적으로 각성이 되어 있거나 개인적으로 중요한 사안에 대해서 이야기를 할 때 보다 더 와해된 방식의 말을 할 가능성이 높다는 생각은 가치가 있다. 면담이나 로샤 혹은 다른 진단적 검사에서 사고장애 반응을 식별하려는 고정신호적 접근(static-sign approach)에서 사람들을 병리적 표본으로 다루는 것은 Kraepelin이 그 사람을 이해할 수 없다고 잘못 넘겨짚은 것과 같이 위험한 일이다. 이것이 의미하는 바는 우리가 로샤를 사용하면서 경직된 방식으로 평가하고 명명하기보다 DR, DV로 채점한 혼란스러운 반응에서 의미 있는 무언가를 찾고 이해하려고 노력해야 한다는 것이다.

정신분석적 관점들

이번 장의 마지막 부분인 정신분석적 관점으로 자연스럽게 넘어가고자 한다. 정신분석적 관점은 채점 그 자체로는 상대적으로 적은 관심을 받았지만, 반응에 대한 경험적 · 개념적 · 이론적 기반은 많은 관심을 받았다. 이번 목표는 와해와 기이한 언어의 로샤 표현을 가져와서 사고 및 사고장애의 다면적인 정신분석적 모형에 적용해 보는 것이다. 먼저 일차과정사고(primary process thinking)의 전통적인 프로이트식 해석을 개관하고서 나는 로샤에서 발견되는 와해된 말과 언어의 사례들의 이해에서 정신분석적 자아심리학의 연관성, 그리고 Klein과 Bion의 공헌을 다룰 것이다.

■ 일차과정: 에너지의 힘과 장애적 사고

Freud는 『과학적 심리학을 위한 프로젝트(Project for a scientific psychology)』(1895/1966)에서 '일차적(primary)'과 '이차적(secondary)'이라는 용어를 처음 도입했지만, 그는 이들 과정에 대한 주요한 설명은 『꿈의 해석(The interpretation of dreams)』(1900/1953)에 제시했다. Freud는 일차과정사고가 억제되지 않고, 자유로우며, 중화되지 않은 에너지와 관련되는 반면, 이차과정사고는 억제되고, 속박되고, 중화된 에너지와 관련된다는 입장을 고수했다. Freud는 일차과정을 욕동에 지배되고(drive-dominated), 소망적인 사고 내용과 동일한 것으로 간주했다. 그는 『꿈의 해석』에서 응축(condensation), 전치(displacement), 상징화(symbolization)가 꿈 작업과 일차과정적 정신 활동의 형식적 기제라고 기술했다.

다양한 연구가 사고장애를 억제되지 않은 욕동 에너지 혹은 일차과정적인 내용이 이차과정사고에 침투한 것으로 개념화하려고 했다. 우리가 살펴본 바와 같이, 자유로운 대 속박된(free versus bound) 정신 에너지 연구에 로샤가 사용된 경우는 Holt(1956, 1967, 1970, 1977, 2009)의 연구가 최초였으며, 그 후에 Meloy(1984, 1986)의 글에 게시됐다.

■ 일차과정사고의 기제

우리가 아는 바와 같이, Holt는 자신의 형식적 채점 변인들을 Freud의 세 가지 일차과정 기제로 구성했다. 응축, 전치, 상징화가 그것이다. Holt는 Freud가 발화의 특이성에 표상된 일차과정의 세부 내용에 대해서는 거의 언급한 것이 없다고 했다. 역사적으로 이러한 것들이 사고장애와 연관되어 있기 때문에 Holt는 발화 채점으로 구성된 별개의 채점 범주에 일차과정 기제들을 포함하기로 결정했다.

Holt는 전치가 유동적이고 부적절한 연상적 사고를 반영하는 채점에서 드러난다고 믿었다. 예를 들면, 연쇄(chian), 이격(distant), 음향 연상(clang association)이나 부적절한 언어적 표상, 언어 유희(puns), 말장난(malapropisms) 등이 있다. Holt는 1997년에 소개한 Rubinstein의 가설을 2009년 판에서 다시 소개했는데, 그 가설은 개념과 심상의 파편화(fragmentation)에 대한 것이었다. Rubinstein은 정신분석적 해석과 꿈의 형성에 대한 글에서 정신적 표상들은 깨지고, 그러한 파편들은 재조합되거나 한데 뒤섞일 수 있다고 주장했다. Holt는 이러한 파편화, 뒤섞임(shuffling), 재조합(recombination)의 결과로서 이미 존재했던 심상과 단어들, 그리고 그들 간의 일반적인 조합들은 응축되거나 전치될 수 있다고 했다. Holt는 Bentall(2003)과 매우 유사한 설명을 했는데, 정서적 ('매우 높은 온도의') 각성은 선천적인 인지적 취약성을 가진 사람들이 가진 감찰 및 조직화 능력을 무력화하고, 이상한 단어들과 이격된 연상이 나타나게 할 수 있다. Holt는 이런 관념들 간의 이완과 겉보기에 단절되어 있는 연상을 전치 기제라고 지적했는데, 특히 정신적 표상 간의 일상적 연결이 혼란되고 이격되며 단절된 생각들로 이동하는 수단으로서 전치를 강조했다.

Meloy(1986)는 일차과정과 형식적 사고장애의 관계에 대한 이해에 기여했다. 그는 응축과 전치를 원시적(primitive) · 고논리적(paleological) 사고를 설명하는 안정적이고 구조적인 차원으로 간주했다. Meloy는 Holt와 유사하게, 전치를 사고이탈적이고 유동적이며 두서없는 연상, 사고의 비약, 지리멸렬의 기저에 있는 원시적 처리 기제로 봤다. 그는 사고장애 환자들은 세 수준의 언어−내포(connotation), 외연(denotation), 발화(verbalization)−가 혼란되어 있다고 설명했다. Meloy는 사고장애적 의사소통에서의 유동적이고 빠른 연상의 이동은 내포(개념)나 외연(참조 대상)을 배제하고 오직 발화에만 기반한 것이라고 믿었다. 그래서 Meloy는 전치를 "추상(내포)에서 대상으로, 기능(외연)에서 음운(발화)으로의 수직 이동"으로 표현했다(p. 54). 즉, 사고장애가 있는 사람에게 있어 말의 흐름과 연속성은 단어의 소리에 의한 것이지 전통적인 유관성이나 유사성의 연합 법칙에 지배되는 것이 아니다.

■ 자아 기능 장애로서 형식적 사고장애

자아심리학은 어쩌면 형식적 사고장애의 개념적 기반에 대한 설명에서 가장 널리 사용되는 모형일 것이다. Freud(1911/1958)는 마음의 삼원구조 모형을 개발하기 전에 이미 자아 병리(ego pathology)와 사고 및 현실검증력의 정신증적 장해 사이의 연관성을 암시했다. 이후 Tausk(1919/1933)는 조현병을 자아 경계의 상실과 자아 강도의 결손으로 보고 그 관계를 상세히 설명했다. Freud(1923/1961)는 구조모형을 발표한 이후, 자아의 혼란이 조현병의 증상 형성에 결정적 역할을 한다고 강조한 바 있다. Hartmann(1953)은 조현병의 처리과정에서 자아 손상의 역할을 확장했지만, 어떤 구체적인 자아 기능이 손상되었는지 밝히는 것도 중요하다고 지적했다. Federn(1952)은 정신증 환자들을 이해하기 위해 정신분석적 원리를 적용하는 방식으로 자아 심리학의 또 다른 학파를 형성했다. 자아에 대한 그의 개념이 Freud나 Hartmann과는 크게 달랐지만, Federn은 조현병의 증상학을 설명하기 위해 '자아 경계' 혹은 자아 경계의 상실이라는 용어를 사용했다.

초기 자아 심리학자들은 다양한 자아 기능을 소개했다(Freud, 1937; Hartmann, Kris, & Loewenstein, 1946; Bellak, 1949). Beres(1956)는 '사고과정들(thought processes)'이라는 별도의 범주를 포함한 일곱 가지 기능을 제시했고, Arlow와 Brenner(1964)도 '사고'를 자아의 중추적 기능으로 열거했다. 사고와 현실검증력이 자아의 핵심 영역인 상황에서 '사고의 장해(disturbances of thinking)'는 자연스럽게 자아 기능의 구성요소로 간주되었다.

Rapaport(Rapaport, Gill, & Schafer, 1946/1968)는 정신분석적 자아심리학을 사고과정의 본질을 밝히는 데 깊이와 폭이 충분한 유일한 이론적 지침으로 봤다. 그는 구조적 기제를 포함하지 않는 정신에너지이론에 대한 초기 비판자이기도 했는데, 동기적 고려만으로는 정상적이거나 병리적인 사고 조직을 충분히 설명할 수 없었다. Rapaport는 자아가 사고의 변동을 이해하는 데 필수적인 개념일 뿐만 아니라, 지각, 주의, 집중, 개념형성, 추론 등 자아 기능의 구성 요소를 포함한 모든 사고의 측면에서의 사고과정 장해를 이해하는 데에도 필수적이라고 주장했다.

Weiner(1966)의 조현병에 대한 정신진단학적 연구도 자아심리학의 영역 안에 들어올 수 있다. 왜냐하면 사고장애에 대한 그의 가정에는 자아 기능의 손상이 필수적이기 때문이다. 우리가 앞에서 살펴본 바와 같이, Weiner는 와해되고 기이한 발화를 인지적 초점화와 필터링에서 결손으로 간주했다.

■ Klein 학파의 개념들

Melanie Klein은 장애적 사고와 언어 자체에는 관심을 두지 않았다. 하지만 그녀는 정신증에 대한 정신분석적 설명과 관련된 여러 개념을 소개했다(Klein, 1959). 그녀의 광범위한 이론과 임상적 공헌은 지금의 초점을 넘어서는 것이지만, 그래도 내재화된 분열, 부분-대상 표상(part-object representation), 편집-분열성 자리(paranoid-schizoid position)의 정신 과정적 특징들에 대한 선구적 아이디어들은 특히 형식적 사고장애와 관련된 것들이다. 그녀는 정신증이 부분-대상 표상과 편집-분열성 자리에서 유래된 편집증적 불안에 지배되는 것으로 가정했다. Klein은 자기의 부분이 분열되고 난 후 동일시된 대상인 타인에게 투사되는 과정인 투사적 동일시의 개념을 기술했다. 그녀는 조현병 증상들은 투사적 동일시의 극단적 사용에 의한 자기와 타인의 정신적 내용 간의 혼란에 의한 것이라고 믿었다.

Segal(1973)은 Klein의 아이디어를 상징화(symbolization) 능력에서의 손상과 연계하여 발전시켰다.[8] Segal은 상징이 구체적 사고(concrete thinking)로 인해서 원래의 대상과 동일시되는 상황을 기술하기 위해서 '상징적 동등화(symbolic equation)'라는 용어를 사용했다. 어떤 사람이 상징화를 적절히 사용하면 외적 현실과 내적 현실을 구분하는 데 도움이 된다. 하지만 정신증의 상징화는 상징과 대상을 동일한 것으로 여기는 것과 같은 더 퇴행된 처리과정으로 대체된다. 어떤 로샤 관련 문헌에도 수검자가 상징(잉크반점)을 상징화된 것과 구분하지 못하는 경우에 대한 해석적 설명은 없다. Rapaport는 경직성의 한 형태를 카드로부터의 거리 상실(loss of distance)이라고 명명하기는 했다. 우리가 이전에 살펴본 바와 같이, 그는 일부 특이하고 괴상한 반응들을 해석과는 반대되는 의미에서 카드를 인식하려는 시도로 간주했다. Leichtman(1996)은 Klein 학파가 아님에도 발달적 관점에서 로샤의 사고장애에 대한 저술을 하면서 상징(잉크반점)과 대상(표상적 지각), 그리고 자기(로샤 수검자)와 타자(검사자) 간의 붕괴가 어떻게 언어의 와해로 이어지는지에 대해 논의했다. 그 설명에서는 단어들이 내포적 · 외연적 참조점을 잃어서 와해되고 특이한 발화로 이어진다고 했다.

■ Bion: 연결에서 침범들

Bion(1959)은 Melanie Klein에게 막대한 영향을 받았음에도, Klein의 정신증적 사고 및 정신적 처리과정에 대한 원래 아이디어를 크게 넘어서는 발견을 이뤄 냈다. 그는 초기 발달과정에는 사람의 분열되어 버린(split-off) 정신증적 부분이 있고, 이는 생각, 연상, 말, 자각을 연결하는 마음의 모든 측면을 침범한다고 믿었다. 그는 정신증 환자의 사고장애를 반성적으로 사고하고, 생각을 연계하며, 상징을 형성하는 연결고리에 대한 침범의 결과로 봤다. 지각적 인상, 주의, 기억, 판단, 사고가 부분으로 쪼개지게 되면 결과적으로 파편화된 것들이 타인에게 투사된 채로 남는다. Bion은 병리적 파편화와 처리되지 않은 파편들에 대한 투사적 동일시를 '베타 요소(beta elements)'라고 불렀다. 이는 조종하고 겁 주는 기괴한 대상을 형성한다. Bion에 따르면, 정신증 환자는 상징적 사고를 위한 처리 용량(capacity)이 부족하다. 왜냐하면 대상과 상징의 연결이 이미 파괴되어 있기 때문이다. 더 나아가, 이처럼 퇴행된 상태

8) (역자 주) 분열, 투사적 동일시, 상징화 등은 모두 대상관계이론에서 제안된 주요 방어 기제임.

에 있는 사람은 반성적 태도로 생각할 수 없다. 그대신 그는 그 사람의 정신적 처리과정을 쪼개고 그 파편들을 타인에게 방출하려는 시도만 할 수 있다. 그래서 우리는 Bion 학파의 관점에서 로샤에서 혼란스러운 말, 두서없고 유동적인 발화, 기이한 말로 반응하는 것을 인지적 점착력(adhesiveness)과 단어, 문장, 담화에서 공유 가능한 의미를 부여하는 정신적 연결성에 대한 정신증적 침범으로 간주할 수 있다.

와해에서 의미 찾기

이런 다양한 개념적 · 의미적 관점을 요약하면서 우리는 로샤에서 DV와 DR로 나타나는 인지적 와해가 인지적 · 언어적 처리과정에서 손상을 반영한다고 했다. 연관된 자극에 초점을 맞추지 못하고 부적절한 단어와 무관한 연상의 침투를 차단하지 못하는 것은 실행 기능(억제), 감찰 기능(자기 및 출처), 그리고 마음의 이론(당신이 말하는 것을 타인이 이해하지 못한다는 것을 인식하는 것)에서의 문제를 반영한다. 이러한 결손들이 기저의 신경심리학적 손상의 결과인지, 상징 형성, 갈등에 의한 것인지, 혹은 언어적 · 인지적 요소의 연결성에서의 정신증적 파편화의 결과인지, 통합된 자기와 타인의 표상에 의한 결과인지를 엄밀히 구분하는 것은 주된 초점이 아니다. 분명하게 말하지만, 우리는 동일한 현상을 여러 관점으로 바라볼 수 있다.

로샤 임상가들의 주요한 관심은 DV와 DR에 대한 검사 기반의 고정된 정의를 넘어서 로샤 상황의 외부(outside of Rorschach situation)에 무엇이 제시되는가에 대한 이해로 옮겨 가고 있다. 인지적 와해에 대한 모든 설명의 관점에서 상호 연관되어 있는 원칙들 간의 다양한 연결성을 형성하는 일 외에도, 비효율적이더라도 무언가 중요한 것을 이야기하려는 사람에 대한 시각도 잃지 않아야 할 것이다. 우리는 한 개인을 채점 세트나 증상군으로 보는 대신에, 그 사람이 말하려는 것을 이해하고자 하는 진단적 노력을 갖출 필요가 있다. 어떤 사람이 그 사람의 와해된 문장과 혼란스러운 통사(syntax), 단어의 이상한 사용 등을 통해서 소통하고자 했던 내재된 의미를 밝히는 일은 충분히 신기하고 흥미로운 일이다. 이러한 노력은 우리가 그들의 생각을 보다 응집성 있게 표현할 수 있게 돕는 조건을 발견하는 데 도움이 될 것이다.

참고문헌

American Psychiatric Association. (2013). *Diagnostic and statistical manual of mental disorders* (5th ed.). Washington, DC: Author.

Andreasen, N. (1978). *The Scale for the assessment of thought, language, and communication*. Iowa City, IA: University of Iowa Press.

Andreasen, N. (1979a). Thought, language, and communication disorders: I. Clinical assessment, definition of terms, and evaluation of their reliability. *Archives of General Psychiatry, 36*, 1315-1321.

Andreasen, N. (1979b). Thought, language, and communication disorders: II. Diagnostic significance. *Archives of General Psychiatry*, 36, 1325-1330.

Arieti, S. (1974). *Interpretation of schizophrenia* (2nd ed.). New York: Basic Books.

Arlow, J. A., & Brenner, C. (1964). *Psychoanalytic Concepts and the Structural Theory*. New York: International Universities Press.

Barch, D. M. (2005). The cognitive neuroscience of schizophrenia. *Annual Review of Clinical Psychology*, 1, 321-353.

Barch, D. M., Bustillo, J., Gaebel, W., Gur, R., Heckers, S., Malaspina, D., Owen, M. J., Schultz, S., Tandon, R., Tsuang, M., van Os, J., & Carpenter, W. (2013). Logic and justification for dimensional assessment of symptoms and related clinical phenomena in psychosis: Relevance to DSM-5. *Schizophrenia Research, 150*, 15-20.

Bellak, L. (1949). A multiple-factor psychosomatic theory of schizophrenia. *Psychiatric Quarterly, 23*, 730-750.

Bentall, R. P. (2003). *Madness explained: Psychosis and human nature*. New York: Penguin Group.

Berenbaum, H., & Barch, D. (1995). The categorization of thought disorder. *Journal of Psycholinguistic Research, 24*, 349-376.

Beres, D. (1956). Ego deviation and the concept of schizophrenia. *The Psychoanalytic Study of the Child* (pp. 164-235). New York: International Universities Press.

Bion, W. R. (1959). Attacks on linking. *International Journal of Psycho-Analysis, 40*, 308-315.

Bleuler, E. (1950). *Dementia praecox or the group of schizophrenias*. (J. Zinkin, Trans.). New York: International Universities Press. (Original work published in 1911)

Braff, D. L., & Geyer, M. A. (1990). Sensorimotor gating and schizophrenia: Human and animal model studies. *Archives of General Psychiatry, 47*, 181-188.

Braff, D. L., Grillon, C., & Geyer, M. A. (1992). Gating and habituation of the startle reflex in schizophrenic patients. *Archives of General Psychiatry, 49*, 206-215.

Braff, D. L., & Saccuzzo, D. P. (1981). Information processing dysfunction in paranoids chizophrenia: A two-factor deficit. *American Journal of Psychiatry, 138*, 1051-1056.

Braff, D. L., Saccuzzo, D. P., & Geyer, M. A. (1991). Information processing dysfunctions in schizophrenia: Studies of visual backward masking, sensorimotor gating and habituation. In J. Zubin, S. Steinhauer, & J. H. Gruzelier (Eds.), *Handbook of schizophrenia: Neuropsychology, psychophysiology, and information processing*, (Vol. 5, pp. 303-334). Amsterdam: Elsevier.

Cameron, N. (1938). Reasoning, regression and communication in schizophrenics. *Psychological Monographs, 50*, 1-340.

Crow, T. J. (1980). Molecular pathology of schizophrenia: More than one dozen procedures. *British Medical Journal, 280*, 66-68.

Elvevag, B., & Goldberg, T. E. (2000). Cognitive impairment in schizophrenia is the core of the disorder. *Current Reviews in Neurobiology, 14*, 1-21.

Federn, P. (1952). *Ego psychology and the psychoses*. New York: Basic Books.

Freud, A. (1937). *The ego and the mechanisms of defense*. New York: International Universities Press.

Freud, S. (1953). The interpretation of dreams. *The standard edition of the complete psychological works of Sigmund Freud* (Vols. 4 & 5). London, UK: Hogarth Press. (Original work published in 1900)

Freud, S. (1958). Psycho-analytic notes on an autobiographical account of a case of paranoia(dementia paranoides). *In* J. strachey (Ed. & Trans.). *The standard edition of the complete psychological works of Sigmund Freud* (Vol. 12, pp. 1-82). London, UK: Hogarth Press. (Original work published in 1911)

Freud, S. (1961). The ego and the id. In J. Stranchey et al. (Trans.), *The standard edition of the complete psychological works of Sigmund Freud* (Vol. 19, pp. 12-66). London, UK: Hogarth Press. (Original work published in 1923)

Freud, S. (1966). The project for a scientific psychology. *In the standard edition of the complete psychological works of Sigmund Freud* (Vol. 1, pp. 283-397). London, UK:

Hogarth Press. (Original work published in 1895)

Goldberg, T. E., & Weinberger, D. R. (2000). Thought disorder in schizophrenia: A reappraisal of older formulations and an overview of some recent studies. *Cognitive Neuropsychiatry, 5*, 1-19.

Halliday, M. A. K., & Hasan, R. (1976). *Cohesion in spoken and written english*. London, UK: Longmans.

Harrow, M., Lanin-Kettering, I., & Miller, J. G. (1989). Impaired perspective and thought pathology in schizophrenic and psychotic disorders. *Schizophrenia Bulletin, 15*, 605-623.

Harrow, M., & Prosen, M. (1978). Intermingling and disordered logic as influences on schizophrenic thought. *Archives of General Psychiatry, 35*, 1213-1218.

Hartmann, H. (1953). The metapsychology of schizophrenia. *The Psychoanalytic Study of the Child, 8*, 177-198. New York: International Universities Press.

Hartmann, H., Kris, E., & Loewenstein, R. M. (1946). Comments on the formation of psychic structure. *The Psychoanalytic study of the Child, 2*, 11-38.

Holt, R. R. (1956). Gauging primary and secondary process in Rorschach responses. *Journal of Projective Techniques, 20*, 14-25.

Holt, R. R. (1967). The development of primary process: A structural view. In R. R. Holt (Ed.), *Motives and thought: Psychoanalytic essays in honor of David* Rapaport (pp. 345-383). New York: International Universities Press.

Holt, R. R. (1970). *Manual for the scoring of primary process manifestations and their controls in Rorschach responses*. New York: Research Center for Mental Health.

Holt, R. R. (1977). A method for assessing primary process manifestations and their control in Rorschach responses. In M. A. Rickers-Ovsiankina (Ed.), *Rorschach psychology* (2nd ed., pp. 375-420). New York: Krieger.

Holt, R. R. (1997). On the clinical psychoanalytic theory and its role in the inference and confirmation of particular clinical hypotheses. In R. R. Holt (Ed.), *Psychoanalysis and the Philosophy of Science: The collected papers of benjamin B. Rubinstein* (pp. 273-324). New York: International Universities Press.

Holt, R. R. (2009). *Primary process thinking: Theory, measurement, and research* (Vols. 1 & 2). Lanham, MD: Aronson.

Holzman, P. S., Levy, D. L., & Johnston, M. H. (2005). The use of the Rorschach technique for assessing formal thought disorder. In R. F. Bornstein & J. M. Masling (Eds.), *Scoring the Rorschach: Seven validated systems* (pp. 55–95). New York: Routledge.

Kleiger, J. H. (1999). *Disordered thinking and the Rorschach*. Hillsdale, NJ: The Analytic Press.

Kleiger, J. H., & Khadivi, A. (2015). *Assessing psychosis: A clinician's guide*. New York: Routledge.

Klein, M. (1959). Our adult world and its roots in infancy. In M. Masud & R. Khan (Eds.), *Envy and gratitude and other works 1946–1967* (pp. 247–263). London, UK: Hogarth Press.

Laing, R. D. (1960). *The divided self*. London, UK: Tavistock Press.

Leichtman, M. (1996). *The Rorschach: A developmental perspective*. Hillsdale, NJ: The Analytic Press.

Liddle, P. F. (1987). The symptoms of chronic schizophrenia: A re-examination of the positive-negative dichotomy. *The British Journal of Psychiatry, 151*, 145–151.

McGhie, A., & Chapman, J. (1961). Disorders of attention and perception in early schizophrenia. *British Journal of Medical Psychology, 34*, 103-116.

Meloy, J. R. (1984). Thought organization and primary process in the parents of schizophrenics. *British Journal of Medical Psychology, 57*, 279-281.

Meloy, J. R. (1986). On the relationship between primary process and thought disorder. *Journal of the American Academy of Psychoanalysis, 14*, 47-56.

Meyer, G. J., Viglione, D. J., Mihura, J. L., Erard, R. E., & Erdberg, P. (2011). *Rorschach performance assessment system: Administration, coding, interpretation, and technical manual*. Toledo, OH: Rorschach Performance Assessment System.

Nuechterlein, K. H., & Dawson, M. E. (1984). Information processing and attentional functioning in the developmental course of schizophrenic disorders. *Schizophrenia Bulletin, 10*, 160-203.

Oltmanns, T. F., & Neale, J. M. (1978). Distractibility in relation to other aspects of schizophrenic disorder. In S. Schwartz (Ed.), *Language and cognition in schizophrenia* (pp. 117-143). Oxford, UK: Lawrence Erlbaum Associates.

Rapaport, D., Gill, M., & Schafer, R. (1968). *Diagnostic psychological testing* (Rev. ed.). New York: International Universities Press. (Original work published in 1946)

Reininghaus, U., Priebe, S., & Bentall, R. P. (2013). Testing the psychopathology of psychosis:

Evidence for a general psychosis dimension. *Schizophrenia Bulletin, 39*, 884-895.

Rochester, S., & Martin, J. R. (1979). *Crazy talk: A study of the discourse of psychotic speakers*. New York: Plenum.

Schuldberg, D., & Boster, J. S. (1985). Back to topeka: Two types of distance in Rapaport's original Rorschach thought disorder categories. *Journal of Abnormal Psychology, 94*, 205-215.

Segal, H. (1973). *Introduction to the work of Melanie Klein*. London, UK: Hogarth Press.

Shentoub, V. (1987). Thematic apperception test (TAT). Théorie et méthode. *Psychologie française, 32*, 117-126.

Tausk, V. (1933). On the origin of the "influencing machine" in schizophrenia. *Psychoanalytic Quarterly, 2*, 519-556. (Original work published in 1919)

Viglione, D. J. (2010). *Rorschach coding solutions: A reference guide for the comprehensive system* (2nd ed.). San Diego, CA: Author.

Weiner, I. B. (1966). *Psychodiagnosis in schizophrenia*. New York: Wiley.

Chapter 10 비논리성
: 추론과 논리에서의 문제

나는 이전 장에서 어떻게 사상(事象)이 말해지고, 단어의 선택과 관념의 언어화가 어떻게 단절되고 와해되어 혼란한 의사소통을 유발하는지에 초점을 맞췄다. 나는 또한 어떻게 사상을 말하는지, 그리고 어떻게 그것에 대해 생각하는지를 '부드럽게' 구분하는 것에 주목했다. 총체적으로 비논리성이라고 불리는 추론과 논리에 있어서의 문제는 후자의 사고장애 구성요소와 관련된다.

전통적으로 사고장애에서 가장 많은 관심을 받은 것은 느슨하고 와해된 발화, 즉 형식적 사고장애다. 예를 들어, Andreason의 TLC 척도(1979)는 18가지 유형의 사고장애를 나열했다. 하지만 유일하게 비논리성만 생각하기(thinking) 그 자체를 고려한 것이다. 나머지 17가지 유형은 수검자의 발화 방식의 질적 특성을 다룬다. 더 나아가, 최근의 요인분석 연구들은 인지적 와해(Reininghaus, Priebe, & Bentall, 2013)와 와해된 언어(Barch et al., 2013)를 구분된 차원으로 확인했다. 와해된 언어 차원은 형식적 사고장애의 개념을 더 강조하는 반면, 사고, 추론, 논리와 관련된 속성은 덜 강조한다. 최근에 Ali Khadivi와 나는 사고와 추론이 사고장애의 전통적인 정의에서 덜 주목받아 왔다는 사실을 다뤘다.

우리가 우리의 믿음이 어떻게 형성되는지를 고려하지 않는 이상, 사고장애를 정의하는 것은 완전할 수 없다. 우리는 사람들이 관념과 믿음을 표현하는 방식을 해체된 것으로 들을 수 있다. 하지만 우리는 '생각하기' '추론하기(reasoning)' '추측하기(inference-making)'의 처리과정에 동등한 관심을 갖고 있으며, 이러한 처리과정은 해체된 혹은 해체되지 않은 방식으로 표현된 생소한 관념들과 기괴한 믿음들로 이어지게 된다(Kleiger & Khadivi, 2015, p. 28).

무엇이 사고를 비논리적으로 만드는가

우리는 이러한 의문에 답하기 위해서 네 가지 연관된 개념을 정의해야 한다. 추측 생성

(inference making), 추론(reasoning), 논리(logic), 인과성(causality)이 그것이다. 추측은 우리가 지각한 증거에 기반한 관념 혹은 결론이다. 추론은 추측을 연결하고 조직화하는 처리과정이다. 논리성은 그 자체로 복잡한 정신적 원칙들로, 추론하고 결론을 내릴 때 한 사람이 따라야 하는 공식적 · 비공식적 규칙을 포함한다. 인과성은 하나의 사건 발생을 다른 사건 발생과 연결하는 관념적 요소로, 앞선 사건이 다음 사건에 부분적인 원인이 된다. 그래서 비논리성은 오류가 있는 추측, 손상된 추론, 허위적 논리(fallacious logic), 인과성에 대한 잘못된 믿음의 결과일 수 있다.

아리스토텔레스식 논리는 형식적 논리학의 연역법(deductive method)으로, 삼단논법으로 가장 잘 표현된다. 삼단논법은 논리적 결론을 도출할 때 나오는 두 개의 가정인 대전제와 소전제를 포함한 연역적 추론의 단순한 형태다. 가정들은 사실, 추리적 진술문 혹은 가설들을 담고 있다. "모든 사람은 죽는다."(대전제) "존스는 사람이다."(소전제) "그래서 존스는 죽는다."(결론)라는 삼단논법은 두 가정의 주체('모든 사람'과 '존스')가 연관되어 있다는 추론의 형태를 반영한다.

아리스토텔레스식 논리는 세 가지 기본 법칙에 기반한다(Arieti, 1974). (1) 동일률(law of identity)은 A는 언제나 A이며, B가 아니라는 의미다. (2) 모순율(law of contradiction)은 A는 A이면서 같은 시간과 공간에서 A가 아닌 것이 될 수 없다는 진술이다. (3) 배중률(law of excluded middle)은 A는 A이거나 A가 아니거나 둘 중 하나여야 한다. 그 중간 상태는 있을 수 없다. Arieti가 언급한 비논리적 사고 중 '고논리적(paleologic)' 사고에서는 이 세 법칙이 무효화된다. 두 전제는 같은 서술어를 공유한다는 이유로 동등한 반면, 주어의 속성들은 대개 무시된다. 고논리적 사고에서 동일률은 A는 B일 수 있게 하고, B는 A와 동일한 성질을 공유하도록 해 준다[예를 들어, "나는 처녀다(I'm a virgin). 마리는 처녀였다(Mary was a virgin). 그래서 나는 Virgin Mary다(therefore I'm the Virgin Mary)."]. 이와 유사하게 A는 A이면서 동시에 B일 수 있다. 결국 고논리적 사고는 여러 주어를 응축하는 방식으로 배중률을 무시하고 많은 것을 A이면서 B인 합성물로 간주한다. 고논리적 관점에서 Descarte의 명제는 "생각하는 사람이 있고(존재하고), 나는 있고(존재하고), 그래서 나는 생각한다."라는 암묵적 추론에 근거하여 "나는 존재한다. 고로 나는 생각한다."가 된다. 사람들은 모든 존재하는 것이 감각이 있는 존재가 아니라는 사실에 따라서 이 결론이 얼마나 허구적인지를 쉽게 알아차릴 수 있다.

Arieti(1974)는 고논리적 사고에 포함된 술어의 세 가지 특징을 밝혀 냈는데, Weiner(1966)는 이를 로샤의 용어로 상세히 기술했다. '질적 술어(predicates of quality)'는 어떤 특질을 대상에 내재적인 것으로 귀속시키는 것으로 기술된다. 즉, 처녀라고 생각하거나 처녀로 존재하는 것이 (모든) 인간 존재의 특질이 되는 예가 있다. '공간적 접근성의 술어(predicates of spatial contiguity)'는 하나의 공간을 공유하는 두 사물이나 사건에 기반한다. Weiner는 어떤 사람이 경찰서 앞에 서 있는 여러 사람을 보고 경찰서와의 공간적 접근성에 의해 그들이 모두 경찰관이라고 결론짓는 사례를 제시한 바 있다. 이와 유사하게, '시간적 접근성의 술어(predicates of temporal contiguity)'에서 고논리적 사고를 하는 사람은 두 대상이 시간적으로 유사한 지점을 공유한다는 점에 기초해서 동일한 것이라고 추정한다.

Eilhard von Domarus(1944)는 조현병의 사고장애를 기술하기 위해서 '고논리적 사고'라는 용어를 사용했는데, 그는 두 사물이 유사하지만 서로 다른 주어를 갖고 있음에도 공통의 술어를 가지고 있다는 점에 근거해서 동일한 것으로 식별하는 것은 삼단논법적 추론 오류의 결과라고 했다. von Domarus 원칙은 특히 두 사상(事象)의 서술어가 아닌 주어가 동일할 때에만 그 둘을 동일한 것이라고 할 수 있다는 (아리스토텔레스의) 첫 번째 법칙과 모순된다. Ferud(1900/1953)는 von Domaurs보다 앞서 '술어적 사고(predicate thinking)'를 일차과정사고의 구성요소로 기술했으며, 여기서 이드(id)는 동일한 술어를 공유한다는 이유로 서로 다른 두 사물을 동일한 존재로 식별한다. 그래서 X양은 자신이 힐러리 클린턴이라는 망상을 가지고 있었는데, 왜냐하면 그녀는 민주당원이었고 클린턴 부인도 마찬가지였기 때문이다. 비논리적 사고는 동일률뿐만 아니라 모순률도 위배할 수 있다. 즉, 어떤 것이 동시에 서로 다른 두 개가 될 수 없다는 진술, 혹은 좀 더 엄밀하게 말해서 A는 같은 시간과 공간에서 (동시에) A와 B가 될 수 없다는 모순율을 무시할 수 있다. 그래서 K군(A)은 자기 자신인 동시에 르브론 제임스(B)라는 잘못된 결론을 내릴 수 있다. 왜냐하면 그들이 모두 클리블랜드에 살기 때문이다. 구분된 개인인 A와 B의 모순되고 양립 불가능한 실체가 동시에 존재하면서 둘 사이의 경계는 붕괴된다.

Weiner(1966)는 추론 장해를 세 가지 하위범주로 구성했는데, 그들 각각은 어느 정도 술어적 사고와 관련이 있다. 과잉일반화(overgeneralization)는 어떤 사람이 불충분한 근거로 오류가 있는 결론과 실제 자극 사건에 의해 정당화되지 않은 의미로 (논리적으로) 비약하여 귀속시킬 때 발생한다. 조합적 사고(combinative thinking)는 어떤 사람이 구분되고 개념적으로 무관한 요소들을 시간적 혹은 공간적 근접성에 근거해 연결하는 것이다. 즉, 어떤 사람이 둘 혹은 그 이상의 상황적 요소를 같은 시간 혹은 같은 공간에서 발생했다는 지각에 근거해서 그것들이 어떤 의미 있는 방식으로 함께 묶인다고 추정하는 것이다. 여기서 그 사람의 결론은 개념이 아닌 지각적 현실에 근거한다. 마지막으로, Weiner는 우회적 사고(circumstantial thinking)는 명백하게 서술된 결론이 부차적이거나 우연한 상황적 측면에 기반해 내려진 것이라고 기술했다. 과잉일반화 및 조합적인 사고는 둘 다 관련성이 낮은 세부 요소에 의해 결론을 내리는 우회적 사고의 존재를 반영한다. 그 차이점은 우회적 추론에서는 기저의 추론상 오류가 드러나는 명시적인 진술을 한다는 점이다.

인지신경과학에 대한 폭증하는 연구들은 인지적 · 신경심리학적 관점에서 추론과 추측의 편향을 검증해 왔다(Garety & Freeman, 2013). 현대적인 접근들은 비논리성을 사람들의 추론 및 인과성에 대한 귀인방식에서의 편향으로 간주한다. 이러한 새로운 연구 흐름은 술어적 사고의 초기 연구 이론과는 거리가 멀다. 하지만 추론 편향에 대한 현재의 관심과 오류적 추측 형성에 대한 오래된 이론 간에 연관성이 있다는 것은 놀라운 일이 아닐 것이다.

비논리적 사고의 연속성

정신증의 모든 차원과 마찬가지로, 추론과 논리성의 장해는 정상적인 범위 내의 비합리적이고 미성숙한 형태의 마술적 사고부터 궁극적으로 망상적 신념이 나타나게 하는 인지적 기반이 되는 심각한 형태의 비논리성까지의 연속선 상에서 발생한다. 과잉일반화의 예를 들어 보자. 어떤 사람이 가끔 과잉일반화를 한다고 해서 반드시 사고장애가 있을 필요는 없다. 과잉일반화의 규준적 사례에 덧붙여서 정신증의 범주 밖의 보다 가벼운 추론 오류는 다음과 같은 것을 포함한다. (1) 흑백논리, 양자택일적 사고(black-and-white, all-or-nothing thinking), (2) 파국화(catastrophizing), (3) 비약적 결론 내리기(jumping to conclusions), (4) 정서적 추론(emotional reasoning), (5) 과장(magnification), (6) 독심술 오류(mind reading), (7) 개인화(Personalizing)가 그것이다(Beck et al., 2009). 비이성적이고 미성숙한 사고의 또 다른 예로는 상관에 근거한 인과성 가정하기(assuming causality on the basis of correlation), 미신(superstitions), 고정관념(stereotyping)이 있다.

비논리성의 로샤 지표들

Weiner(1966)는 우화적 반응(fabulization)과 작화증 반응(confabulation), 불합리한 Dd(드문 부분 반응)가 로샤에서 과일반화된 사고를 표상한다고 생각했다. 4장에 언급한 바와 같이, Rapaport는 잉크반점에서 점진적 이탈이나 거리의 증가를 표시하기 위해 다양한 정도의 정서적 정교화로 묘사된 우화적 반응 개념을 도입했다. 단순히 '동물들'이나 '사람'이 아니라 '배고픈 동물들'이나 '못생긴 사람'과 같이 윤색된 반응들은 주관성의 증가와 잉크반점의 구체적인 현실로부터 이탈한 미묘한 변화를 시사한다. 4장과 8장에서 자세히 살펴본 바와 같이, 작화증 반응의 채점 개념은 로샤 연구에서 긴 역사를 가지고 있다. Rorschach가 이 용어를 도입했지만, Rapaport는 그 개념을 잉크반점의 현실적 측면으로는 정당화되지 않는 윤색 반응을 포함하는 것으로 확장했다. 불합리한 Dd는 잉크반점 그 자체의 특징만으로는 전혀 아무것도 정당화될 수 없는 작은 Dd에 구체적이고 정교화된 의미를 부여하는 것이다. 예를 들어, V번 카드의 작은 Dd 영역에 대한 콘클린 씨의 반응을 살펴보자. "두 사람, 어쩌면 한 명은 남자이고 한 명은 여자네요. 그들은 매우 가깝고, 약간은 연애를 하는 것 같은데, 왜냐하면 그들은 서로 옆에 있고 당신은 그들의 코를 볼 수 있으니까요. 그들은 서로에게 키스하려고 해요(Two people, maybe a man and a woman. They're very close, kind of romantic because they're next to each other and you can see their noses. They're about to kiss each other)." 나는 8장에서 작화증 반응 같은 오래된 용어들을 재도입하려는 시도를 하면서 혼란을 줄이기 위해 DR은 심하게 윤색된, 부적절하게 구체적인, 과도하게 해석된 반응들 중 가장 대표적인 사례라고 지적했다. 하지만 작화증적 DR은 탈선된, 사고이탈된, 우회적인 DR과 구분되어야 하고, 이들 DR은 마지막 장에서 기술된 바와 같이 다른 종류의 사고장애 과정을 반영한다.

Weiner(1996)는 모순된 조합(INCOM), 우화적 조합(FABCOM), 오염(CONTAM)을 로샤에서 조합적 사고의 표현으로 소개했다. 왜냐하면 이들 세 종류는 모두 구분된 심상과 요소의 비논리적 응축을 포함하고 있기 때문이다. Exner, Weiner와 Schuyler(1976)는 이러한 범주를 설명하기 위해 '부적절한 조합(inappropriate combinations)'이라는 용어를 사용했다. 하지만 8장에 제시된 통합적 채점 체계에서 나는 CONTAM 반응을 INCOM이나 FABCOM 조합 반응과는 다른 개념 범주에 배치했다. 왜냐하면 CONTAM으로 이어지는 심리적 처리과정은 서로 조화되지 않는 잉크반점 요소들 간의 부적절한 조합 이상의 것을 반영하기 때문이다. CONTAM은 구분된 세부 요소 간의 경계가 붕괴되어 하나의 이미지가 다른 이미지 위에 중첩되어 버리는 더 심각한 응축의 형태를 포함한다. CONTAM은 A는 A이면서 동시에 B일 수 없다는 아리스토텔레스 논리학의 세 번째 법칙을 위배한다.

마지막으로, Weiner(1966)는 우회적 사고가 종합 체계의 ALOG와 R-PAS의 PEC로 표현된다고 했다. 두 채점 모두 로샤의 술어적 사고와 동등한 것으로, 허구적 논리를 반영한 명시적 진술을 수반한다. 콘클린 씨가 V번 카드에서 두 사람을 보고 "두 사람, 어쩌면 한 명은 남자이고 한 명은 여자네요. 그들은 매우 가깝고, 약간은 연애를 하는 것 같은데, 왜냐하면 그들은 서로 옆에 있고 당신은 그들은 서로에게 키스하려고 해요."라고 결론을 내렸을 때, 그는 ALOG/PEC를 받을 수 있는 술어적 사고를 보여 준 것이다.

추론의 오류 차원이 비논리성의 약한 수준에서 심각한 징후까지 연속선 상에 위치하는 것처럼, 로샤 채점도 이러한 사고과정을 나타낼 수 있다. 크게 보면 INCOM과 FABCOM의 수준 1과 수준 2를 구분하는 것은 이러한 심각성의 연속성의 개념으로 설명할 수 있다. 하지만 나는 ALOG, 심지어는 CONTAM도 심각도 연속선 위에서 바라볼 수 있다고 믿는다. 7장에서 언급했던 메닝거 사고장해척도(Menninger thought disturbance scales)의 핵심 교리는 특정 유형의 사고장해 채점을 약한, 중등도의 혹은 심각한 징후로 지정하여 각 유형의 채점 범주 내에서 심각성 수준을 정의하는 것이었다. CONTAM 혹은 ALOG/PEC의 역치 아래(subthreshold)인 경우에는 CS와 R-PAS에서 채점되지 않겠지만, 역치보다 낮은 경향성을 임상가가 인식하는 것은 유용할 것이다. 예를 들어, 검사자가 이미 한 번 이상 질문을 하고 난 다음에 질문/명료화 단계에 자폐적 혹은 특이한 논리가 시사되는 반응을 들었다면 ALOG/PEC는 채점되지 않는다. 하지만 우리는 이러한 종류의 오류적 추론의 잠재적인 발생 가능성을 무시해서는 안 된다. 이러한 가능성은 수검자가 자신의 생각을 정당화해야 한다는 압박을 받았을 때 좀 더 명료해질 수 있다. 이와 유사하게, 일부 반응들은 CONTAM 채점이 불가능함에도 구분된 이미지 간에 상호침투와 이미지의 혼합을 통한 유동적 전환이 일어날 수 있다. 우리가 이 반응들에는 CONTAM에 특징적인 융합적 속성이 부족하다고 판단을 내렸다고 하더라도, 우리는 그 사람에게 개별 참조틀 사이의 구분이 붕괴될 취약성이 있다는 사실에 주의를 기울여야 한다.

비논리적 사고를 이해하기

우리가 이전 장에서 다양한 관점으로 와해 채점(DV 혹은 DR)을 검토한 것은 와해에 대한 이해를 확장하는 데 큰 도움이 되었다. 그와 마찬가지로 우리가 비논리성-특정적 채점들(INCOM, FABCOM, ALOG/PEC, CONTAM)을 서로 다른 심리학적 · 이론적 · 임상적 관점으로 개념화하는 것은 이들 채점과 그 함의에 대한 이해의 깊이를 더할 수 있을 것이다.

전통적인 심리학적 관점들

개념이란 공통적인 특징들의 집합을 공유하는 대상, 사건 혹은 생각에 대한 정신적 범주이며, 이는 우리에게 대상과 사건을 분류할 수 있게 해 준다. 개념 형성(concept formulation)과 식별(identification)은 다양한 관찰과 정보를 조직화하고 분류하기 위한 규칙 혹은 원칙의 생성이나 식별과 관련된 인지적 처리과정이다. 개념적 사고는 현실과 부합하는 적절한 수준의 일반화와 추상화를 활용하여 정보의 범주를 식별, 형성, 조작하는 능력을 말한다. 그래서 V번 카드에서 두 날개, 머리, 주둥이, 다리와 같은 것을 지각하고 "나는 생명체(a flying creature)"라고 말하는 것은 새, 나비 혹은 박쥐의 개념에 부합하는 것이다. 그 속성들은 함께 속해 있으며, 이들 각각의 범주와 일치한다. 하지만 두 날개, 머리, 주둥이, 다리와 같은 것을 지각하고 "부리와 날개를 가진 사람(a person with a beak and wings)"이라고 말하는 것은 인간의 개념적 특성에 위배된다. 여기서 우리는 개념적 사고의 붕괴를 알 수 있다. 세부 요소들은 개념 및 현실과 모순된 방식으로 조합된다. 우리는 이런 특정 사례에서 INCOM은 잉크반점 이미지의 지각적 현실에는 기반하지만, 이미지 내용의 개념적 현실에는 기반하지 않는다는 것을 알 수 있다. 수검자는 두 날개, 머리, 주둥이, 다리를 합리적으로 지각하고서 그것은 부리와 날개를 가진 사람이라고 결론지었다. 여기에는 자신의 반응이 개념적 현실을 위배했는지 감독하는 능력이 작동했다는 증거가 결여되어 있다. FABCOM도 유사하게 이해할 수 있다. 잉크반점의 지각적 특징들을 연결하고 분류하는 과정에서 현실과 양립할 수 없는 잘못된 지각이 발생한다. 그래서 VIII번 카드에 대한 "나비의 날개 위에 서서 걷는 사자(lions walking standing on a butterfly's wings)"라는 반응은 지각적 현실이 개념적 현실을 압도한 것이다. 이 반응에서 함께 섞일 수 없는 요소들은 부적절하고 비논리적인 방식으로 합성되었다.

추상적 사고는 직접적 감각 경험은 배제되고 경험의 정신적 표상은 포함하는 인지적 활동이다. 개념형성은 여러 요소의 구체적이고 감각적인 질적 특성을 배제하는 절차로서 하나의 통합된 원리를 표상(representing)하기 혹은 추상화(abstracting)하기를 포함한다. 그 단계가 요소들로부터 얼마나 멀리 벗어나 있는지가 개인이 한 추상화의 적절성을 평가하는 데 중요한 특징이 된다. 자극 속성들이 너무 가깝게 연결되었는지 혹은 너무 많이 배제되었는지? 수검자가 자극 요소들로부터 너무 먼 거리를 나타내고 있는지? 이러한 것은 Rapaport의 '잉크반점에서의 거리'라는 개념이 다시 나오는 것처럼 들릴 수도 있다. 왜냐하면 이는 과도하게 구체적(concrete)이거나, 반대로 카드의 자극 속성이 부적절하게 배제되거나 추상화된 반응을 이해하는 또 다른 방법이기 때문이다. 이러한 관점에서 DR-작화증 반응은 추상화 과정의 왜곡을 대표한다. 과도하게 상징적인 DR은 수검자가 반응에 부적절한 추상화를 부여한 좋은 사례다. 예를 들어, IX번 카드에서 "이건 지옥을 표상하는데, 삶의 다음 영역으로 가는 관문이 있고, 그곳은 아픔과 고통으로 가득하네요(This represents the inferno, with a gateway into the next realm of life, with all its pain and suffering)."라는 반응은 단순한 AB(추상화 반응)일 뿐만 아니라 기이하고 과도한 추상화의 사용을 반영한다. 이는 잉크반점의 특징으로는 정당화될 수 없는 관념들을 표상하기 위한 것이다.

Weiner(1966)는 기이한 상징화 반응의 두 하위유형을 제안한 바 있다. 음영 혹은 색채에 대한 상징적 해석과 구체적 이미지에 대한 상징적 해석이 그것이다. 이것들은 적절한 추상화 수준에 맞춰 개념을 형성하는 능력의 결손을 보여 주는 것일 수 있다. Weiner는 과포괄적인 개념적 사고(overinclusive conceptual thinking)를 반영하기 위한 또 다른 반응 범주를 기술한 바 있다. 그는 이러한 것을 '추상적 몰두(abstract preoccupation)'라고 불렀으며, 이는 수검자가 적합한 세부 요소에 주의를 기울이는 대신 매우 추상적인 관념에 과도하게 초점을 두는 것이다. 이것들은 전형적으로 수검자가 구체적인 내용없이 모호한 힘이나 압력에 몰두하는 매우 작화증적인 반응이다.

인지신경과학적 관점들

인지신경과학 연구자들은 양성 증상과 관련된 추론 편향을 연구해 왔고, 특히 망상의 형성과 유지, 발생 경향성에 대해서 연구했다. 귀인과 추론의 인지적 편향들은 망상적 사고와 연관되어 있다. 외재화(externalizing)와 개인화(personalizing) 귀인 편향은 어떤 사람이 자신의 부정적인 경험이 외부 출처와 개인적 중요성에 의해서 발생했다고 믿는 것을 말한다. 추론 편향에는 한 개인이 자료를 수집하고, 증거를 가늠하며, 결론을 도출하는 방식이 포함된다. 정신증 연구에서 가장 널리 연구된 추론 및 자료 수집 편향은 '결론으로의 비약(jumping to conclusions)' 혹은 JTC라고 불리는 것이다. JTC는 부정확한 관념을 수용하고 대안적 설명을 고려하지 않는 것을 특징으로 하는, 조급하고 충동적인 의사결정 스타일로 정의된다. JTC에 대한 최근의 개관 및 메타분석 연구들에서 연구자들은 정신증 환자들이 더 적은 정보에 기반해 의사결정을 하고, 이는 더 적은 증거에 기반해 결론을 내리도록 해서 망상 발생 가능성을 증가시킨다는 점을 발견했다(Dudley et al., 2015). JTC와 망상적 믿음에 대한 다른 개관 논문에서 선도적 연구자들은 JTC와 신념의 경직성이 망상 발달의 취약성을 증가시키는 안정적인 특질이라는 충분한 증거가 있다고 했다(Garety & Freeman, 2013).

로샤와 추론 오류 평가의 관련성은 우리가 ALOG 혹은 PEC 반응의 구조를 검증할 때 명확해진다. 일반적으로 이런 채점이 부여되는 추론 과정의 특징들은 즉각성(immediacy), 환원주의(reductionism), 선택성(selectivity), 확실성(certainty)이 있다(Kleiger, 1999). 로샤 검사에서 자폐적 추론은 JTC 추론 편향처럼 수검자가 상황의 한 요소만을 재빨리 포착하여 다른 요소들을 성급하게 배척하거나 배제한 채로 결론을 내리기 때문에 즉각적 특질을 가진다. 또한 이러한 유형의 추론 편향은 복잡성을 무시한 단순하고 일차원적인 관찰에 의한 결론에 기반하기 때문에 환원주의적이다. 선택성은 또 다른 특징이다. 괴리와 모순 혹은 단절성은 배제되거나 무시되며 오직 자신의 결론에 부합하는 특질들만 선택된다. 선택성은 '확증 편향(confirmation bias)'이라는 다른 종류의 인지적 편향을 반영한다(Nickerson, 1998). 마지막으로, JTC에서처럼 ALOG/PEC 반응에도 강한 확실성이 수반되는데, 여기서 수검자는 확신에 찬 자신의 결론을 명시적으로 표현한다. 여기에는 거의 의심의 여지가 없다.

인류학적 · 발달적 관점들

비논리성에 대한 연구는 사회인류학과 발달심리학 영역까지 확장됐다. 성인들과 서구인들이 '마술적 사고(magical thinking)'라고 부르는 것은 일부 비-서구, 토착 사회, 어린 아동의 규범을 고려한 것이다. 불행하게도 '원시적(primitive)'이라는 경멸적인 용어는 초기 인류학적 문헌에서 토착적이고 비-서구적인 사회의 신념 구조를 설명하기 위해 자유롭게 사용되었다. 이제 이러한 용어는 시대착오적인 위상을 반영하는 인용문에서만 찾을 수 있다.

■ 근접성의 마술

Werner(1948)는 '원시적' 및 마술적 사고에 대한 연구에서 '근접성의 마술(magic of contiguity)'이라는 용어를 도입했다. 근접성의 마술은 한 사물의 특징이 또 다른 실체와 접촉했을 때 그 실체에 스며들 수 있다는 믿음을 기술하는 것이다. 그는 파푸아 문화에서 어떤 사람이 바위의 강인함을 함께 나누기 위해 자신의 등과 다리를 바위에 문지르는 의식을 묘사했다. 그 사람의 신체와 단단한 물체 간의 접촉 혹은 촉각으로 매개된 공간적 연결은 욕망했던 단단함의 특질이 자신의 몸으로 옮겨 오는 것을 의미한다. 이러한 유형의 사고과정에서 조합적 활동은 (오염에 가까운 질적 특성인) 강한 경계투과성(permeability of boundaries)을 내포하고, 이는 전형적으로 우화적인 조합적 사고(fabulized combinative thinking)보다 더 심하다고 할 수 있다. 만일 이러한 마술적 의식이 로샤 반응의 형태로 표현된다면 그건

FABCOM을 받을 것이다. 왜냐하면 움직이는 대상과 움직이지 않는 다른 대상을 공간적으로 연결해서 그 둘 간의 경계를 암묵적으로 파괴했기 때문이다. 하지만 이러한 것을 로샤 반응과 연계해 논의한다면 이는 특정 문화적 맥락에서 우리의 채점 개념을 적용하는 것이기에 부적절하다.

Werner는 근접성의 마술을 어린 아동과 정신증 환자의 추론에서 특징적인 것이라고 지적했다. 발달적 관점에서 어린 아동이 강한 대상과의 시간적 혹은 공간적 근접성으로 인해 욕망하던 혹은 욕망하지 않던 특질을 획득할 것이라고 마술적으로 가정하는 것은 적절할 것이다. 그래서 2세 아동이 검은 빗으로 머리를 빗으면서 그 빗이 자신의 머리를 검게 만들 것이라는 소망을 갖는 것은 마술적인 조합적 사고의 형태를 보여 준다.

■ 병렬 왜곡과 전조작적 사고

Friedman(1952)은 우화적 조합과 오염이 '근접성 마술'의 산물이라고 믿었다. Goldfried, Stricker와 Weiner(1971)는 Sullivan의 기능적 병렬 양식(parataxic mode)이라는 개념을 도입하여 이러한 연결성을 확장했다. Sullivan(1953)에 의하면, 병렬적 사고는 유아기 후반에 발생하며, 기호(signs), 상징(symbols), 신호(signals)에 의존하는 원시적이고 잘못된 논리를 포함한다. Hall과 Lindzey(1957)는 병렬적 양식을 '유사논리적 사고(quasilogical thought)'로 서술했다. 그들은 Sullivan의 '병렬적 왜곡' 개념을 로샤의 병리적 조합 개념에 훨씬 더 근접하게 만들었는데, 그들은 사고의 병렬적 양식은 "거의 동시에 발생하지만 논리적으로 관련이 없는 사건들 간의 인과관계를 보는 것과 일치한다."(pp. 140−141)라고 말했다.

엄밀하게 말해서 Piaget(1959)의 전조작기 시기가 Sullivan의 병렬적 양식과 일치하는 것은 아니지만, 그 두 발달적 구성개념은 모두 근접성의 마술적 사고라는 특징을 가지고 있다. 아동은 2~4세까지의 이른 전조작기 동안에 세상을 자기중심적으로 바라본다. 또한 세상에 대한 자기중심적 시각으로 처리된 즉각적 지각에 따라서 사고한다. 전형적으로 전조작기 아동은 한 번에, 하나의 대상에 대해, 오직 하나의 원인에만 초점을 둔다. 따라서 아동이 느끼기에 공간적 혹은 시간적으로 근접한 사건은 복잡한 사건의 가장 현저한 특징이 되고, 그 사건은 아동의 느낌과 의미 있는 인과관계로 짝지어진다. 예를 들면, 세 살짜리 아동이 낯선 이의 목소리를 듣고 겁먹었다면 그 아이는 그 낯선 사람이 자신을 겁주려고 한다고 결론지을 수 있다. 아동이 전조작적 사고를 벗어나 세계에 대한 보다 정교한 표상을 발달시키면서 그들은 '탈중심화(decentering)'를 하고 주의 초점을 다양화할 수 있다. 아동은 한 상황에서 오직 하나의 현저한 지각적 측면(예를 들어, 근접성)에만 경직되게 고착되는 대신에, 한 번에 둘 이상의 속성을 고려할 수 있는 능력을 갖게 된다.

우리는 병렬적 사고와 전조작기적 사고의 개념을 소환함으로써 로샤에서의 비논리성을 미신적 · 자기중심적 · 상관적(correlational) 사고와 공통점을 갖는 것으로 볼 수 있었다. 대부분의 미신적인 믿음은 시간적 혹은 공간적 근접성에 근거하여 본질적으로 무관한 두 사건에 대해 어떤 특별하고 의미 있는 연결성을 단정지음으로써 이루어진다. 한 선수가 홈런을 쳤을 때 쓰고 있던 모자는 영속적으로 특별한 힘이 부여된 부적이 된다. 자기중심적 사고를 하는 어린 아이는 만일 엄마가 화가 났고 자신이 근접해 있다면 그 아이는 자신이 엄마를 화나게 했을 거라고 추정한다. 보다 엄밀한 과학적 관점에서 상관적 사고는 함께 발생한 두 사상(事象)이 인과관계를 가지고 있다고 잘못 추론하는 것이다.

미신적 믿음과 자기중심적이고 상관적인 사고는 부적절한 조합적 사고의 명백하고 경험적인 사례들이다. 그들 각각은 미성숙한 인지와 세계에 대한 과도하게 주관적이고 자기중심적인 조망에 기초한다. Exner의 규준 자료(1986, 1993)에서 FABCOM과 INCOM이 어린 아동에게 더 많이 나타나고, 나이가 들수록 감소한다는 것은 전혀 놀라운 일이 아니다.

Sullivan은 병렬적 사고가 유아기(late infancy)에 나타난다고 보았지만, 많은 성인기의 사고는 서로 무관한 경험들 간에 인과성이 존재한다고 추정하는 보다 원시적인 수준은 넘어서지 않는다고 주장했다. 자기중심적이고 상관적인 사고는 한 개인이 '탈중심화' 혹은 객관화하는 능력과 하나 이상의 관점을 고려하는 능력을 배제하고 자신의 지각적 경험을 즉각적으로 확신한다는 특징을 갖는다. 조합적 사고는 신중하고 반성적인 과정이 배제된 즉각적이고 현저한 지각에 기반해 결론을 내리는 인지적 경직성을 반영한다. 우리는 대략적으로 Shapiro(1965)가 '충동적 스타일'이라고 부른 미성숙한 인지적 스타일에 대해 기술하고 있다. 진단적으로 행동-지향적인 인격장애(action-oriented character disorder)를 고려하게 되는 충동적인 인지적 스타일을 가진 사람들을 기술할 때, Shapiro는 다음과 같이 적었다.

> 첫째, 우리가 충동적인 사람의 주의가 능동적이고 분석적인 탐색을 하지 않는다고 말할 때, 우리는 그의 주의가 매우 쉽게 그리고 완전하게 사로잡힌다는 점을 덧붙일 수 있다. 그는 자신에게 불쑥 다가온 무언가를 보고 나면 그것은 단지 인지적 통합 과정의 출발점일 뿐만 아니라 실질적인 결론이 된다. 이런 측면에서 그의 인지는 수동적(*passive*)이라고 할 수 있다. 둘째, 만일 그가 탐색을 하지 않는다면—이런 측면과 저런 측면을 비판적으로 검토하지 않는다면—그는 그것들의 가능성과 논리적인 중요성이라는 측면에서는 사물을 지각하지 못한다. 대신 그는 가장 현저하고 즉각적이며 개인적으로 관련된 특질의 측면에서만 바라본다. 이러한 면에서 충동적인 인지 양식은 비교적 **구체적**(*concrete*)

이라고 할 수 있다(pp. 150-151).

■ 발달 이론, 사고장애, 그리고 로샤

Leichtman(1988, 1996)은 로샤의 사고장애 채점을 설명하기 위한 발달 이론을 제안했다. Leichtman은 어린아이들은 전형적으로 로샤에서 많은 사고장애 채점을 받게 되지만, 발달적 정상 상태(developmental normalcy)를 성인의 정신병리와 동일시해서는 안 된다고 했다. Leichtman은 Werner(1948, 1957; Werner & Kaplan, 1963)의 발달 이론이 로샤 반응의 처리과정을 명확하게 설명했다고 믿었다. Werner의 이론에 따르면, 정신 기능의 '원시적' 상태는 덜 복잡하고 미분화되어 있으며, 확산적이고, 경직되고, 불안정한 경향성이 있다. 이와 대조적으로 보다 성숙한 정신 기능은 더 잘 분화되어 있고, 조율되어 있으며, 통합되어 있고, 유연하며, 안정적인 상태를 반영한다.

Leichtman(1988)은 어떻게 어린 아동이 로샤를 할 수 있게 되는지를 설명하는 3단계의 발달 과정을 제안했다. Leichtman에 따르면, 각 단계는 로샤를 주고 받는 방식의 전환을 특징으로 한다. 최종적으로 각 발전 단계는 이전 단계를 통합하게 된다. Leichtman은 이 3단계를 이렇게 명명했다. I. 로샤에 대한 보속적 접근(perseverative approach), II. 로샤에 대한 작화증적 접근(confabulatory approach), III. '로샤(Rorschach)'. 이 단계들은 나이가 아닌 구체적 패턴에 의해 정의된다.

Leichtman에 의하면, 3~4세 아동은 질적으로 구분되는 II단계의 특징적 태도로 로샤 검사를 받는다. 아동은 더 이상 잉크반점에 구체적이고 보속적인 태도로 반응하지 않는다. 그 대신 각 반점에 대해 독특한 공상을 위한 발판이 되는 다른 반응들을 한다. 그러한 아동의 로샤는 보다 친숙한 형태를 취할 수 있고, 아동의 성격 기능에 대해 보다 많은 것을 드러낸다. 대부분 반응들의 형태 수준이 보속적인 유아기보다는 낮다고 해도, 3~4세 아동의 반응 대다수는 작화증적이다. 아동은 개념적 현실을 넘어서는 관념에 사로잡히게 된다. 현실과 공상의 경계는 서로 침범이 가능하고 정동 상태는 지각에 영향을 미치게 된다.

Leichtman은 아동이 II단계에서 III단계로 넘어감에 따라서 반응 수와 (전체 반응이 아닌) 큰 부분 반응이 증가한다고 했다. Klopfer, Spiegelman과 Fox(1956)는 이러한 과도기가 '우화적 조합'의 도입으로 분명해진다고 믿었다. 그들은 우화적 조합을 본질적으로 주제적으로 윤색되고 모순된 조합으로 정의했다. Ames와 동료들(1952)과 같은 연구자들은 5세 아동의 로샤에서 작화증 반응은 덜 작화증적이고 덜 모순된 조합을 특징으로 한다는 점에 주목했다.

Leichtman은 가장 현저한 로샤 사고장애 채점은 상징적 매개물과 참조하는 대상을 조율하는 데에서 나타나는 장해의 표식이라고 믿었다. 즉, 로샤의 상징적 상황에는 대상 및 개념과 그것이 정신적으로 표상된 방식 간에 어떤 불연속성이 존재한다는 것이다. 이러한 대상/개념과 상징적 표상 간의 조율 결여의 결과로는 INCOM, FABCOM, 작화증 반응, 오염반응과 같은 익숙한 채점들이 포함된다.

Leichtman은 비교발달적 관점이 정신병리 연속성에 따르는 네 가지 순차적 채점 방식을 지지한다고 보았다. 로샤 사고장애 연구자 대부분은 오염 반응이 가장 심각한 사고장애 채점이고, 그다음으로 작화증 반응, 우화적 조합이 뒤따르는 것으로 봤다(Blatt & Ritzler, 1974; Johnston & Holzman, 1979). 이와 유사하게, 아동 로샤의 규준 자료도 이러한 채점들이 발달적 연속선 상에서 발생한다는 것을 보여 준다. 연속선 상에서 더 낮은 수준의 채점은 보다 낮은 연령에서 나타나고(오염 반응은 예외), 보다 분화되고 잘 통합된 채점은 보다 늦은 연령에서 나타난다. 그래서 Leichtman은 아이들의 로샤 기록에서 분화와 통합이 증가하는 것을 로샤 사고장애 채점에서 정상적인 발달의 전형적인 진행 과정의 일부로 인식했다. 반면, 그는 보다 나이 많은 아동, 청소년, 성인의 기록에서 그런 채점들을 퇴행적인 '비-분화(de-differentiation)와 비-통합(dis-integration)'의 사인으로 간주했다. Leichtman의 모형은 발달과 정신병리에 대한 생각의 전환을 나타낸다. Leichtman은 사고의 병리를 퇴행적 현상으로 바라보는 대신, 로샤 사고장애 징후를 진행적이고 적응적인 방식으로 설명했다.

정신분석적 관점들

■ 일차과정사고

비논리성은 전통적으로 응축과 상징화 기제에 의해 매개된 일차과정사고의 발현으로 이해되어 왔다. 일차과정사고는 심상과 관념들의 유동적인 전환을 특징으로 하는 정보처리 체계다. 이는 욕동 에너지에 대한 경제이론(economic theory of drive energies)에 동의하는지와는 무관한 것이다. 이차과정사고와는 달리 일차과정에 의해 매개된 관념과 그 참조 대상은 질서와 안정성이 결여되어 있다. 결과적으로 심상과 관념들은 서로 혼합되고 외부 현실과 모순된 방식으로 응축된다. 구분된 심상들은 조합되거나 융합되어 여러 심상과 관념이 부적절하게 연결되거나 병합되어 표상된 기괴한 혼종이 된다.

Holt(1956, 1967, 1970, 1977, 2009)는 관념과 심상의 응축이 자의적이고 부적절한 조합을 반영하는 로샤 채점의 연속체로 표현된다고 믿었다. 그는 응축의 가장 극단적인 사례가 오염 반응이며, 중첩된 심상이 하나의 지각 대상으로 융합되는 것이라고 기술했다. Holt는 처음에는 이 연속선에 내부–외부 반응(internal-external response)을 포함시켰는데, 수검자가 동일한 반점 영역에 대한 두 지각을 변별하는 데 어려움을 겪는 것을 반영하는 두 개의 채점이 뒤따랐다. Holt(1977)는 나중에 부분적인 융합 처리과정을 포착하기 위한 '상호침투(interpenetration)'라는 용어를 도입했는데, 이는 오염 반응 경향성으로 볼 수 있다.

■ 접촉경계 장해와 대상관계

접촉경계 장해는 역사적으로 자아 영역에서 특별하게 언급되는 정신증과 연관된다. Blatt과 Ritzler(1974)는 로샤 사고장애 채점을 (자기와 타인 간, 그리고 내부와 외부 경험 간의) 서로 다른 정도의 접촉경계 붕괴로 개념화하여 대상관계 이론에서의 Tausk와 Federn의 자아 경계 개념을 통합할 수 있었다. Blatt과 Ritzler의 혁신적인 연구의 초점은 접촉경계 장해 수준에 따른 진단적 유의도, 경계 침범의 다양한 정도, 서로 다른 로샤 사고장애 채점, 정신병리의 수준과의 관계를 포함하고 있었다. 그들은 접촉 경계 혼란의 수준과 현실검증 붕괴, 인지적 처리과정의 손상, 대인관계와 치료적 반응과의 상관을 정확하게 예측했다.

Blatt과 Ritzler는 세 가지 전통적인 사고장애 채점을 접촉경계 장해 수준에 따라 정의했다. 공간적 근접성 때문에 비논리적으로 조합되는 독립된 지각 대상으로서 우화적 조합은 무관한 사건, 경험, 대상 간의 부적절한 관계를 추측하는 처리과정을 표상하는 것으로 가정했다. 지각 대상 간의 병합이나 융합이 일어나지 않은 경우 각각은 정확히 지각되었지만 상호관계가 비현실적인 것이다. 작화증 반응에서는 외부 지각과 내부 경험 간에 경계의 붕괴가 일어났다고 언급된다. 그래서 Blatt과 Ritzler는 현실검증, 즉 내부와 외부 현상의 구분과 작화증적 사고 간의 관계를 기술했다. 마지막으로, 그들은 오염 반응이 독립적인 대상, 개념 혹은 심상 간의 경계 상실을 반영하는 것으로 가정했다. 오염된 사고는 대상관계이론 용어에서 자기와 타인을 구분하는 잠재적인 능력의 상실을 나타낸다.

Lerner, Sugarman과 Barbour(1985)는 Blatt과 Ritzler의 패러다임을 확장해서 신경증, 경계선(외래 및 입원 표본), 조현병 환자의 접촉경계 장해와 사고장애의 발달적 연속선을 연구했다. 그들은 (사고장애 채점의 세 범주로 대표되는) 접촉경계 장해가 네 환자 집단 모두에게서 나타나며, 입원한 환자들이 외래 환자보다 가중치가 부여된 접촉경계 장애점수(그리고 사고장애 점수) 총점이 더 많다는 사실을 발견했다. 그들의 가장 흥미로운 발견은 작화증 반응 점수가 내부와 외부 경험 간의 접촉경계 유지의 장해를 반영하여 경계선 입원 환자를 다른 집단과 구분한다는 원래 가설을 확인한 것이다. 반면, 오염 반응은 조현병 집단에서만 특징적으로 나타났으며, 이는 자기와 타인 간의 접촉경계를 유지하는 데 있어서 발달적으로 더 심각한 장해를 반영한다.

Blatt, Tuber와 Auerbach(1990)는 재가 치료를 받는 청소년 환자 집단에서 대인관계의 질을 측정하는 로샤 측정치가 정신병리의 심각성 및 특정 사고장애 점수와 높은 상관을 갖는다는 것을 발견했다. 자율적 상호성 척도(Mutuality of Autonomy Scale: MOA; Urist, 1977)는 7점 서열척도로 로샤에서 인간, 동물, 사물 간의 상호작용을 평가하여 대상관계의 질을 측정한다. 높은 MOA 점수(5점, 6점, 7점)는 권력에 있어서의 심각한 불균형, 포위(envelopment)와 융합, 그리고 높은 적의와 공격성이 있을 때 부여된다. Blatt과 동료들은 MOA를 사용해서 로샤에서 적의에 찬 상호작용을 하는 것으로 묘사된 내용들이 우화적 조합, 작화증 반응, 오염 반응과 유의미하게 관련된다는 것을 발견했다. 이 중 적의에 찬 상호작용과 작화증 반응 채점 간의 상관이 가장 높았다.

이와 유사한 연구에서 Berg Packer와 Nunno(1993)는 MOA를 사용하여 조현병 · 경계선 · 자기애성 성격장애 환자들의 사고의 병리와 대상관계를 검토했다. 하지만 Blatt과는 달리, Berg와 동료들은 MOA 점수와 종합 체계의 결정적 특수점수의 상관을 관찰했다. 또한 로샤 사고장애 조합 점수(WSUM6)를 사용해서 병리적 대상 관계와 사고장애 사이에 관계가 있음을 주장했던 초기 이론가들의 관찰(Klein, 1930/1968; Isaacs, 1948; Kernberg, 1967)을 지지하는 경험적 증거를 확보했으며 WSUM6 조합 점수와 가장 병리적인 MAO 점수(5점, 6점, 7점) 간의 매우 유의미한 상관을 발견했다. 그들은 개별 점수에서 ALOG, FABCOM2, INCOM2 점수와 MOA 5점, 6점, 7점 사이에서 가장 높은 상관을 발견했고, Berg와 동료들은 이것이 병리적 대상관계가 이차과정사고에 침투하는 일차과정적 징후를 막지 못해서 일어나는 방어의 실패와 연관된다는 사실을 시사한다고 했다.

Berg와 동료들은 MOA와 종합 체계의 특수점수 간에 중첩되는 정도를 검토하고 나서, MOA 6점에서 두 척도는 심리학적 기능의 서로 다른 측면을 측정하고 있다는 사실을 발견했다. 하지만 MOA 7점으로 정의된 심한 정도의 융합과 공격적 포위(aggressive envelopment)는 MOA 7점과 결정적 특수점수 간에 유의미한 중첩이 있음을 나타냈다.

Smith(1980)는 Klein(1959), Mahler(Mahler, Pine, & Bergman, 1975), Kernberg(1967), Rinsley(1982)의 대상관계이론을 로샤의 사고 조직화 및 현실검증 측정치와 통합하려 했다. Smith는 정신증 범위를 세 가지 발달단계를 설명하는 데 대상관계 개념을 사용했다. 자폐증(autism), 공생(symbiosis), 분화(differentiation)가 그것이다. Smith는 Mahler의 이론에 따라 자폐증 환자를 외부 대상에 대한 관심 없이 '대상이 없는(objectless)' 세상에서 살아가는 것으로 기술했다. 그는 외부 현실에 대한 관심 철수의 신호인 F- 반응 같은 형식적 로샤 채점과 오염 채점은 가장 '원시적인' 기능 수준의 특징이 된다고 가정했다. 이와는 대조적으로, 공생적 기능은 연결되고 의도적으로 동참하는 내용을 담고 있는 대상들이 반영된 로샤 내용이나 한 사람의 외적 현실에 대한 지각으로 내적 표상이 흐려지는 작화증 반응을 특징으로 한다. 그래서 Smith는 병합 주제를 가진 우화적 조합과 작화증 반응이 대상관계의 공생적 수준을 대표할 것이라고 주장했다.

■ 장애적 사고와 자기경험

자기의 심리를 개념화하는 한 가지 유용한 방법은 다음과 같은 차원을 따르는 것이다. (1) 응집 대 파편화(cohesion versus fragmentation), (2) 통합 대 분열(integration versus splitting), (3) 실제성/현실성 대 비실제성/허위성(authenticity/realness versus inauthenticity/falseness), (4) 생명력 대 고갈(vitality versus depletion), (5) 내적 대리자 대 외적 통제성(internal agency versus external locus of control), (6) 분화 대 융합(differentiation versus fusion) (7) 연결 대 단절(continuity versus discontinuity)이 그것이다(Kohut & Wolf, 1978; Stern, 1985). 이러한 차원 목록은 자기경험의 필수적 구조 요소들을 나타내고 있으며, 이는 일부 로샤 사고장애 범주를 반영하는 것일 수 있다.

Arnow와 Cooper(1988)는 로샤에서 자기심리학을 탐구했지만, 장애적 사고와 장애적인 자기경험 간의 접점에 대해서는 구체적으로 설명하지 않았다. 그 대신 그들은 일부 로샤 특징들을 Kohut과 Wolf(1978)가 기술한 자기병리적 증후군과 관련된 것으로 개념화했다. 예를 들면, 그들은 과도한 자기현시(self-display)와 경탄에 대한 욕구를 가지고 있어서 결국 자기대상(self-object)이 연장된 자기로 활용되는 '과도하게 자극된 자기(overstimulated self)'를 언급한 바 있다. Arnow와 Cooper는 이 환자들의 웅대한 환상은 반응 내용과 구조에서 모두 관찰될 수 있다고 주장했다. 구조적으로 이들은 그들의 통합 혹은 종합 능력을 넘어서는 독창적이고 뛰어난 반응을 하고자 하는 필요를 느낀다. 이전 절에서 설명한 대상관계 경험과 같이, 우리는 이러한 것을 자아 용량(ego capacity)과 자아의 어떤 측면들 간의 또 다른 연결점으로 볼 수 있다. Arnow와 Cooper는 이런 웅대화된 사람들은 잉크반점의 현실이 타당화해 주지 않는 성공적이지 않은 조합 반응들을 생성하려고 과도하게 애쓰고 있다고 가정했다. 그래서 W+ 작화증 반응과 우화적 조합은 나쁘거나 설득력이 없는 형태 수준을 갖고, 이는 과도하게 애쓰는 웅대화된 자기가 적응적인 목적으로 활용하거나 적절히 사용하지 못하는 욕구들을 반영한다.

Arnow와 Cooper는 Kohut과 Wolf의 '자기파편화(fragmenting self)'가 "내 눈 앞에서 산산

조각 나는 사람이요(It's a person blowirg into pieces before my eyes)."와 같은 정신증적 작화증 반응을 드러낼 수 있다고 주장했다(Arnow & Cooper, 1988, p. 65). 파편화의 또 다른 표현으로는 '머리가 없는 사람'과 같은 다양한 모순된 조합 혹은 수검자가 보통 전체 대상으로 보는 영역에서 그 대상의 일부분만 보는 Rapaport의 '정신박약적(oligophrenic)' 반응이 포함될 수 있다.

'통합' 대 '분열'의 가설적 차원은 모순된 자기-경험(혹은 대상표상 그 자체)의 차폐나 분해를 막는 인지적 조직화와 정서적 감내력의 정도를 다룬다. 이러한 종류의 부적절한 조합 반응은 자기의 분열 혹은 통합 결여를 반영할 수 있다. Schafer(1954)는 '채점, 심상, 태도의 통합성'을 한 개인의 로샤 반응이 반영하는 방어와 적응 기제의 전반적 성패를 결정하는 6개의 기준 중 하나로 포함했다. 그는 단일 반응에서 심상의 극적인 대비는 그 개인의 적응과방어 기능의 실패를 의미한다고 지적했다. 로샤 반응에서 통합 결여를 나타내는 Schafer의 사례로는 '분홍색 북극곰' '팔이 오그라든 끔찍한 괴물' '송곳니 난 아기'와 같은 것이 있다(Schafer, 1954, pp. 180-181). 비록 Schafer가 고전적인 충동-방어 전통에 따른 분석을 시도했지만, 자기심리학적 해석에서는 이러한 모순된 조합을 자기경험의 이질적 측면들 간의 통합의 결여로 본다.

'분화' 대 '융합'의 차원은 자기경험의 핵심 차원과 대상관계의 구조적 요소 간에 내재된 중첩을 반영한다. 합병되고(merger), 함입되며(engulfment), 속박되고(enmeshment), 융합된(fusion) 내적 표상은 패러다임적 대상관계 경험(paradigmatic object relation experience)의 게슈탈트와 불가분의 주관적 자기감을 동시에 표현한다. 그래서 우리가 이전 장에서 본 것과 같이, 응축이 기반이 된 어떤 사고장애 점수들은 모두 관계적 패러다임(relational paradigms)뿐만 아니라 자기경험의 느낌을 표상할 수 있다.

Lerner(1998)는 거짓 자기에 대해서 저술할 때, 실제성 대 비실제성의 로샤 표현을 개념화했다. Winnicott(1961/1965), Schachtel(1966), 그리고 그의 초기 저술(Lerner & Lerner, 1988)을 바탕으로 Lerner는 환경적 요구에 대한 수동적 복종과 순응이 실패한 자기에서 매우 특징적이며, 이는 FCarb 반응(Rapaport식 하위유형으로는 INCOM 반응)[1]에 반영된다는 이론을 세웠다. FCarb 반응은 수검자가 단지 그 상황에서 색채가 제시되었다는 이유만으로 부적절한 색채를 포함하려고 버티는 것이다. Winnicott(1961/1965)는 개인이 환경과의 거리 유지를 하지 못하고 그 환경에 과도하게 의지할 때 자기의 발달이 저해된다고 제안했다. Lerner는 FCarb 반응을 한 개인이 보다 객관적이고, 비판적이며, 판단적인 태도를 포기하는 적응적 분리의

1) (역자 주) 특히 부적절한 색채가 포함된 INCOM 반응.

상실 혹은 조망의 상실로 간주했다. 한 사람의 삶에서 일어나는 사건들이나 중요한 대상의 지시들은 비판적으로 검토되지 않고 가장 현저한 표면적인 특질에 기초해서 수용된다. 순응하는 자기(compliant self)는 외부 세계를 수용하라는 암묵적 요구에 수동적으로 따르지만, 이는 내적인 지각 경험과 어떤 방식으로든 어울리지 않고 비현실적거나 허위적인 느낌을 남긴다. 그래서 '분홍색 북극곰' 반응은 비판적 사고의 결여와 허위성, 비현실성의 주관적 느낌을 동시에 반영한다.

Mayman(1977)은 로샤 인간 운동 반응의 의미에서 조금 다른 뉘앙스를 찾아냈다. Mayman은 M 반응의 관념적 · 운동감각적 · 관계적 측면에 대한 환상을 해석하는 데 더해서 특정 종류의 인간 운동 반응은 개인의 공감 능력을 드러낼 수 있다고 제안했다. 그는 동일시에 기반한 공감적 관계성과 자기애적인 관계성을 구분하고, 공감은 자기–타인 경계 유지에서의 두 가지 방식의 처리과정을 내포하고 있다고 말했다. 반면, 동일시는 구분된 대상의 존재가 고려되지 않음을 시사한다. 타인에 대한 적극적인 동일시를 근거로 자기애적 관계성에는 자기의 특징을 타인에게 귀속시키거나 투사하는 것이 포함된다. 그래서 Mayman은 이론과 임상적 관찰을 기반으로 자기애적 수준에서 타인과 관계 맺는 사람은 자신의 측면들이 주입된 M 반응을 생성하는 경향성이 있을 것이라고 추정했다. 더 나아가, Mayman은 이러한 M 반응들이 매우 우화적이며, 선명함과 확신을 가지고 표현될 것이라고 했다. 수검자는 이런 M 반응들에 몰입해서 잉크반점의 현실에서 상당히 이탈된 속성들로 그 반응들에 활기를 불어넣을 것이다. 이러한 처리과정은 한 질투심이 강하고 자기몰입적인, 하지만 자신의 삶에 대해서는 매우 불만족해 하는 여성이 VII번 카드에 반응한 것에서 극적으로 그려진다. 다음에 그녀의 과장된 작화증적 DR 반응이 있다.

> 두 부인이 아침 10시에 커피를 마시면서 이야기를 나누고 있는 것 같고, 제 추측에 이 아래는 그들이 주부이자 아내로서 함께 묶는 실을 상징하는 것 같아요. 그들은 같은 브리지 클럽에 있는데, 그 모든 것이 온통 끈으로 함께 묶여 있네요. 어떤 거만함과 자만이 그들의 손에서 드러나고 있군요. 그들은 부자이기도 하군요. 땋아 올린 머리가 나에게 건방진 상류계층의 여성을 생각나게 하네요(Could be two matrons having a talk over coffee at 10:00 in the morning, and I suppose the bottom is symbolic of the thread that binds them together as homemakers, wives. They're in the same bridge club, bound together by all those ties. Kinda haughty and pretentious with their hands out. They're wealthy too. Pigtails up makes me think of uppity society women).
>
> (Kleiger, 1999, p. 181)

심리치료적 관점들

여러 저자가 로샤 반응의 비논리성에서 그러한 반응들이 가진 치료적 함의로 초점을 전환했다(Athey, 1974, 1986; Peebles, 2012; Bram & Peebles, 2014). Athey는 로샤에서 보여지는 환자들의 퇴행된 사고 조직화가 그들의 심리치료 내의 전이에서 대상관계가 경험되는 방식과 어떻게 대응하는지를 탐색했다. Athey는 사고 조직화와 대상관계를 연계해서 개념화하려고 애쓰면서 Blatt과 Ritzler의 경계-결손 가설(boundary-deficit hypothesis)은 로샤 사고장애 지표들의 기반이 되는 특정 심리학적 · 대상관계적 과정을 설명하는 데 충분하지 않다는 사실을 발견했다. 그의 연구는 치료에서 질적으로 다른 유형의 관계성 지표로 이 채점들을 사용하는 것이 가치 있음을 입증했다. Athey에 의하면, 사고장애 지표들은 "다른 사람에 대한 대상관계의 표상에서 질적으로 다른 퇴행된 심리적 과정의 발생과 치료 중 환자의 사고 흐름과 경험의 조작을 측정하는 데" 중요하다(1974, p. 162). Athey는 특히 임상가가 심리치료에서 일어날 수 있는 다양한 전이 패러다임을 예상하는 데 도움이 되는 사고 조직화의 질적 구분을 개념화하려고 노력했다.

Athey는 두 조현병 환자의 세부적인 치료 과정 기록을 검토했는데, 한 명은 오염 반응이 있는 것이 특징적이었고 다른 한 명은 작화증 반응이 있는 것이 특징이었다. 그는 그중 한 환자의 프로토콜에 나타난 우화적 조합의 관계적 함의를 대상관계 개념에 맞춰 논의했다. Athey는 일부 우화적 조합 내용은 특정한 종류의 자기-타인 관계에 대한 몰두를 반영한다고 주장했다. 예를 들어, "족제비가 나비를 올라가고 있어요(A weasel climbing on a butterfly)."라는 VIII번 카드의 반응은 가학피학적 관계 패러다임에 몰두하고 있음을 드러낸다.

Athey는 처음에 작화증 양식을 정확하게 지각한 현실에 과도한 환상을 부여한 것으로 규정했다. 그는 환자 B의 전이적 의미를 기술했는데, 그의 로샤 반응은 많은 작화증 반응이 특징적이었다. 그의 작화증 반응은 치료자에 대한 지각에 정서적으로 부하된 환상(affect-laden fantasies)이 채색된 것이었다. 그 환자는 화가 났을 때, 치료자에게 거절당했던 정서가 지배하는 환상(affect-dominated fantasies)을 쏟아내며 반응했다. 그의 반응은 처음에는 대인관계 사건에 대해 정확한 지각으로 시작되었지만 이후에는 환자의 대인관계적 몰두에 따라 과장되고 작화증적이 되어 결국 현실과 유리되어 버렸다.

마지막으로, Athey는 오염 양식(contaminatory mode)을 서로 다른 참조틀(different frames of reference) 구분의 실패와 응축으로 기술했다. Athey에 따르면, 참조틀은 현실이 구조로서 표상되는 개념적 차원이다. 이러한 차원에는 시간(과거 대 현재 대 미래), 공간(여기 대 거기),

언어의 수준들(참조대상 대 지시대상 대 상징: reference vs. referent vs. symbol), 관계 표상들(자기 대 타인, 대상1 대 대상2) 같은 사례가 포함된다. Athey는 오염적 전이를 구분된 인물들 간의 관계가 응축되어 내적 상태가 변질된 것으로 경험되는 치료자와의 극단적인 융합으로 규정했다. 그는 치료자에게 물리적 위해를 가하고서 공포에 질린 한 환자 사례를 언급했는데, 이는 그녀의 치료자에게 상처를 입히는 내적 환상과 외적 현실이 응축되었기 때문이다.

Athey는 작화증 양식과 오염 양식에서 다른 수준의 정신증 경험이 나타날 수 있다고 지적했다. 하지만 그는 동일한 환자가 서로 다른 사고 조직화(혹은 와해) 수준과 관련된 대상관계적 함의를 가진 경험 수준 내에서 변동할 수 있다고 했다. 예를 들면, 오염에서 작화증 양식으로 진행하는 것은 내부 자기를 타인 표상으로부터 분리해 낼 수 있는 능력이 생겼다는(긍정적인) 신호가 된다. 진단가들은 이러한 진보적 전환을 촉진하는 조건에 주의를 기울여야 한다. 반면, 우화적 조합에서 작화증적 양식 경험으로 퇴행하는 것은 현실에 기반한 관계 표상을 정서가 부하된 기이한 환상으로 대체하는 것과 관련된다. 이처럼 개인이 기능적 퇴행을 나타내도록 하는 취약한 상황을 진단적으로 이해하는 것은 중요한 치료적 의미를 갖는다.

Peebles(2012)와 Bram[Bram & Peebles(2014)]은 그들의 개별 연구와 공동 연구에서 사고장애 채점을 구체적인 치료적 함의와 연계하는 실제적인 접근을 했다. Peebles는 임상 장면에서 작화증적 · 조합적 · 오염적 추론을 보이는 환자들에 대한 치료적 개입에 대해서 저술했다. Peebles와 Bram의 저술에는 각 양식의 사고에 대한 행동적 예시가 임상적 맥락에서 제시되어 있다.

창의적 관점들

우리가 발달적 혹은 비교문화적인 관점으로 생각하지 않는다면, 임상가로서 우리는 보통 비논리성을 병리적인 것으로 바라볼 것이다. 하지만 관습적인 논리에서의 일탈은 특정한 조건 하에서는 적응적일 수 있고, 심지어는 창의적일 수 있다. 응축에 대해 생각해 보자. 응축은 병리적 처리과정으로, 병합되고자 하는 퇴행적 소망 혹은 모순되고 상충되는 인상들의 혼합을 억제하는 능력의 결손을 반영한다(Schwartz & Lazar, 1984). 게다가 병리적 응축은 시간, 공간, 개인적 정체성, 감각적 사건(운동, 사고, 느낌)과 같은 서로 다른 참조틀 간에 경계의 예기치 못한 붕괴와 관련된다. 임상적 맥락에서 그러한 지각적 · 개념적 응축은 전형적으로 수동적이고, 비-반성적인 처리과정을 반영한다. 이는 의도적이고 동기화된 처리과정과 대조적인 것이다. 적응적(특히, 창의적)인 응축과 병리적인 응축을 구분하는 데 핵심이 되는 질문은 응축의 기제를 사용하는 사람의 태도와 의도에 관한 것이다.

병리적 응축이 의도적인 설계가 없는 손상된 조망의 맥락에서 발생하는 것인 반면에, 대부분의 적응적인 응축은 충분히 의도되고 의식적으로 동기화된 것이다. 응축은 적응적 측면에서 특정한 사고, 느낌 혹은 경험을 표현하는 기제로 사용된다. 핵심적으로는 일차과정적 기제가 이차과정적 설계에 따라 활용되고, 이는 의미 전달, 문제 해결, 농담, 상품 판매와 같은 구체적 목적을 위한 것이다. 자아에 봉사하는 퇴행의 개념은 적응적 · 창의적 목적으로 일부러 비논리적 추론을 적용하는 것이 핵심이다(Kris, 1952).

적응적 응축은 창의성의 주제와 밀접한 관계에 있고 예술과 문학 작품에서 가장 빈번하게 나타난다. Rothenberg(1971, 1976)는 창의적 처리과정에 대한 글에서 '야누스적 사고(Janusian thinking)'라는 용어를 만들었는데, 이것은 둘 혹은 그 이상의 대립되는 생각, 개념, 심상을 동시에 인식하여 활용하는 의도적 능력을 말한다. Rothenberg는 전통적인 논리를 거스르는 이러한 인지적 처리과정이 창의적 혁신의 핵심이라고 믿었다. Rothenberg는 적응적 응축을 반영하는 또 다른 연관된 용어도 소개했는데, 그는 이것을 '단일공간적 처리과정(homospatial process)'이라고 불렀다. 그는 이 용어를 동일 지각-인지 공간 내에서 두 구분된 실체를 동시에 배치하는 것을 기술하기 위해 사용했다. Rothenberg는 야누스적 사고를 Eugene O'Neill의 연극 〈아이스맨이 온다(The iceman cometh)〉에 대한 1969년의 연구 맥락에서 처음 기술했다. Rothenberg에 따르면 아이스맨 상징은 적어도 세 가지 의미를 갖는다. 죽음, 그리스도, 간통하는 성적으로 강한 사람이다. 만일 어떤 사람이 연극에서 이러한 의미들을 대체한다면 '아이스맨의 접근'은 논리적으로 상반된 다수의 생각을 산출하게 된다.

Dali나 Magritte 같은 초현실주의 예술가들은 종종 모순된 심상들을 병합한 혼란스러운 꿈과 같은 장면을 만들어 냈다. 특히 Dali는 꿈의 기제와 무의식적 정신 처리과정에 대한 Freud의 저술에 영향을 받았다. Dali의 특징적인 기법은 변형된 쇠사슬로 묶인 일상적인 대상들을 사용하는 것으로, 그 대상들은 점진적으로 혹은 급격하게 응축되어 악몽 같은 심상으로 변화한다.

시인이 본질적으로 다른 것들의 유사성을 보는 것처럼, 시에서는 창조적인 응축이 풍부하다. 응축은 은유 창조의 기반이 되고, 은유적 언어는 시의 본질적 요소 중 하나다. 유머와 코미디는 응축을 자유롭게 사용한다. Freud(1905/1960)는 어떤 꿈들은 농담과 닮아 있다는 것을 깨닫고 나서 위트와 유머의 심리학에 대해 글을 썼다. 말장난과 단어 놀이보다 창의적 응축이 더 명확하게 드러나는 경우는 없다. Freud는 말장난에서의 중의성이 농담을 할 때 선호되는 기법 중 하나라고 했다.

물론 핵심적인 문제는 의도성이다. 다음의 짧은 두 일화는 어떻게 의도성이(혹은 의도성의 결여가) 창의적인 비논리성과 병리를 구분하는지를 강조하고 있다. 첫 번째 글은 자주 인용되는 것으로, 비논리성과 와해가 직접 연관된 것으로서 딱 맞는 일화다. 그 이야기는 C. G. Jung과 James Joyce가 Joyce 딸의 정신질환의 특성에 대해 나눈 전문적인 대화다. Joyce는 자신의 22세 딸 Lucia가 명백한 조현병으로 정신착란이 심해질 때, 그의 후원자로부터 스위스의 저명한 정신과 의사를 만나 보라는 권유를 받았다. Joyce는 아마도 자포자기한 나머지 Lucia의 시에는 새로운 형식의 문학의 실마리가 담겨 있다고 주장했다. 20번째 의뢰된 의사로서 Jung은 검사를 한 후에 Joyce에게 Lucia는 조발성 치매(dementia praecox)[2]를 앓고 있고 그녀의 시는 '무작위적(random)'인 것이라고 했다.

> "그걸 어떻게 압니까, Jung 박사?" Joyce는 물었다. Jung은 그녀의 사고와 언어는 너무나 일탈되고 왜곡되어 있어서 그녀가 특정한 광증(madness)으로 고통받고 있다고 결론지을 수 있었다. Joyce는 자신이 의도적으로 영어를 남용하고, 단어를 왜곡했으며, 사고와 심상을 융합했던 그의 글로 반박했다. 그는 "무슨 차이가 있소?"라고 물었다. Jung은 Joyce와 그의 딸은 강 바닥을 걸어 가고 있는 두 사람과 같지만, Joyce는 깊은 물속으로 다이빙한 반면, 그의 딸은 물에 빠진 것이라고 했다. Jung은 후일 "평범한 환자는 말하고 생각하는 것을 그런 방식으로 밖에는 하지 못한다. Joyce는 그걸 의도해서 했고, 더 나아가 그걸 자신의 모든 창의적 역량으로 발전시켰다."고 기록했다.
>
> (Johnston & Holzman, 1979, p. 16: Ellmann, 1959, p. 692에서 인용)

창의성과 비논리성 그리고 의도성에 대해 내가 가장 좋아하는 예시는 Bob Zumda의 인터뷰에서 나오는 이야기다. Bob Zumda는 후기 컬트 코미디언 Andy Kaufman의 동료이자 친구다.[3] 그는 인터뷰 중에 "Andy Kaufman은 미쳤나요?"라는 날카로운 질문을 받았다. Zumda는 침착하게 잠시 말을 멈추고는 효과적으로 대답했다. "네, 그렇습니다… 그러나 그는 그걸 아주 힘겹게 해내고 있죠!"

---

2) (역자 주) 조발성 치매: 조현병의 옛 명칭.

3) (역자 주) 컬트 코미디: 주로 바보와 얼간이들이 나오는 엽기적인 코미디 장르.

참고문헌

Ames, L. B., Learned, J., Metraux, R. W., & Walker, R. N. (1952). *Child rorschach responses.* New York: Paul B. Hoeber.

Andreasen, N. (1979). Thought, language, and communication disorders: I. Clinical assessment, definition of terms, and evaluation of their reliability. Archives of General Psychiatry, 36, 1315-1321.

Arieti, S. (1974). *Interpretation of schizophrenia* (2nd ed.). New York: Basic Books.

Arnow, D., & Cooper, S. (1988). Toward a Rorschach psychology of the self. In H. D. Lerner & P. M. Lerner (Eds.), *Primitive mental states and the Rorschach* (pp. 53-70). New York: International Universities Press.

Athey, G. I. (1974). Schizophrenia thought organization, object relations, and the Rorschach test. *Bulletin of the Menninger Clinic, 38*, 406-429.

Athey, G. I. (1986). Rorschach thought organization and transference enactment in the patient-examiner relationship. In M. Kissen (Ed.), *Assessing object relations phenomena* (pp. 19-50). Madison, CT: International Universities Press.

Barch, D. M., Bustillo, J., Gaebel, W., Gur, R., Heckers, S., Malaspina, D., Owen, M. J., Schultz, S., Tandon, R., Tsuang, M., van Os, J., & Carpenter, W. (2013). Logic and justification for dimensional assessment of symptoms and related clinical phenomena in psychosis: Relevance to DSM-5. *Schizophrenia Research, 150*, 15–20.

Beck, A. T., Rector, N. A., Stolar, N., & Grant, P. (2009). *Schizophrenia: Cognitive theory, research, and therapy*. New York: Guilford Press.

Berg, J. L., Packer, A., & Nunno, V. J. (1993). A Rorschach analysis: Parallel disturbance in thought and in self/object representation. *Journal of Personality Assessment, 61*, 311-323.

Blatt, S. J., & Ritzler, B. A. (1974). Thought disorder and boundary disturbances in psychosis. *Journal of Consulting and Clinical Psychology, 42,* 370-381.

Blatt, S. J., Tuber, S. B., & Auerbach, J. S. (1990). Representation of interpersonal interactions on the Rorschach and level of psychopathology. *Journal of Personality Assessment, 54,* 711-728.

Bleuler, E. (1950). *Dementia praecox or the group of schizophrenias.* (J. Zinkin, Trans.). New York: International Universities Press. (Original work published in 1911)

Bram, A. D., & Peebles, M. J. (2014). *Psychological testing that matters: Creating a road map for effective* treatment. Washington, DC: American Psychological Association.

Dudley, R., Taylor, R., Wickham, S., & Hutton, P. (2015). *Schizophrenia Bulletin*. DOI: 10. 1093/schbul/sbv150.

Ellmann, R. (1959). *James Joyce*. New York: Oxford University Press.

Exner, J. E. (1986). *The Rorschach: A comprehensive system, basic foundations* (Vol. 1, 2nd ed.). New York: Wiley.

Exner, J. E. (1993). *The Rorschach: A comprehensive system, basic foundations*(Vol. 1, 3rd ed.). New York: Wiley.

Exner, J. E., Weiner, I. B., & Schuyler, S. (1976). *A Rorschach workbook for the comprehensive system*. Bay ville, NY: Rorschach Workshops.

Federn, P. (1952). *Ego psychology and the psychoses*. New York: Basic Books.

Freud, S. (1953). The interpretation of dreams. *The standard edition of the complete psychological works of Sigmund Freud* (Vols. 4 & 5). London, UK: Hogarth Press. (Original work published in 1900)

Freud, S. (1960). Jokes and their relation to the unconscious. *The standard edition of the complete psychological works of Sigmund* Freud (Vol. 8, pp. 9-236). London, UK: Hogarth Press. (Original work published in 1905)

Friedman, H. (1952). Perceptual regression in schizophrenia: An hypothesis suggested by the use of the Rorschach test. *Journal of Genetic Psychology, 87*, 63-98.

Garety, P. A., & Freeman, D. (2013). The past and future of delusions research: From the inexplicable to the treatable. *British Journal of Psychiatry, 203*, 327–333.

Goldfried, M. R., Stricker, G., & Weiner, I. B. (1971). *Rorschach handbook of clinical and Research application*. Englewood Cliffs, NJ: Prentice-Hall.

Hall, C. S., & Lindzey, G. (1957). *Theories of personality*. New York: Wiley.

Holt, R. R. (1956). Gauging primary and secondary process in Rorschach responses. *Journal of Projective Techniques, 20*, 14-25.

Holt, R. R. (1967). The development of primary process: A structural view. In R. R. Holt (Ed.), *Motives and thought: Psychoanalytic essays in honor of David Rapaport* (pp. 345-383). New York: International Universities Press.

Holt, R. R. (1970). *Manual for the scoring of primary process manifestations and their controls in Rorschach responses*. New York: Research Center for Mental Health.

Holt, R. R. (1977). A method for assessing primary process manifestations and their control in Rorschach responses. In M. A. Rickers-Ovsiankina (Ed.), *Rorschach psychology* (2nd ed., pp. 375-420). New York: Krieger.

Holt, R. R. (2009). *Primary process thinking: Theory, measurement, and research*(Vols. 1 & 2). Lanham, MD: Aronson.

Isaacs, S. (1948). The nature and function of phantasy. *International Journal of Psycho-Analysis, 29*, 73-97.

Johnston, M. H., & Holzman, P. S. (1979). *Assessing schizophrenic thinking*. San Francisco, CA: Jossey-Bass.

Kernberg, O. F. (1967). Borderline personality organization. *Journal of the American Psychoanalytic Association, 15*, 641-685.

Kleiger, J. H (1999). *Disordered thinking and the Rorschach*. Hillsdale, NJ: The Analytic Press.

Kleiger, J. H., & Khadivi, A. (2015). *Assessing psychosis: A clinician's guide*. New York: Routledge.

Klein, M. (1959). Our adult world and its roots in infancy. In M. Klein (Ed.), *Envy and gratitude and other works 1946-1967* (pp. 247-263). London, UK: Hogarth Press.

Klein, M. (1968). The importance of symbol-formation in the development of the ego. In M. Klein (Ed.), *Contributions to psycho-analysis, 1921-1945* (pp. 236-250). London, UK: Hogarth Press. (Original work published in 1930)

Klopfer, B., Spiegelman, M., & Fox, J. (1956). The interpretation of children's records. In B. Klopfer (Ed.), *Developments in the Rorschach technique* (Vol. 2, pp. 22-44). New York: Harcourt, Brace & World.

Kohut, H., & Wolf, E. (1978). The disorders of the self and their treatment: An outline. *International Journal of Psychoanalysis, 59*, 413-425.

Kris, E. (1952). *Psychoanalytic explorations in art*. New York: International Universities Press.

Leichtman, M. (1988). When does the Rorschach become the Rorschach? Stages in the mastery of the test. In H. D. Lerner & P. M. Lerner (Eds.), *Primitive mental states and the Rorschach* (pp. 559-600). Madison, CT: International Universities Press.

Leichtman, M. (1996). *The Rorschach: A developmental perspective*. Hillsdale, NJ: The Analytic Press.

Lerner, P. (1998). *Psychoanalytic perspectives on the Rorschach*. Hillsdale, NJ: The Analytic

Press.

Lerner, H., & Lerner, P. (1988). Rorschach measures of depression, the false self, and projective identification with narcissistic personality disorders. In H. D. Lerner & P. M. Lerner (Eds.), *Primitive mental states and the Rorschach* (pp. 71-94). Madison, CT: International Universities Press.

Lerner, P., Sugarman, A., & Barbour, C. G. (1985). Patterns of ego boundary disturbance in neurotic, borderline, and schizophrenic patients. *Psychoanalytic Psychology, 2*, 47-66.

Mahler, M., Pine, F., & Bergman, A. (1975). *The psychological birth of the human infant*. New York: Basic Books.

Mayman, M. (1977). A multidimensional view of the Rorschach movement response. In M. Rickers-Ovsiankina (Ed.), *Rorschach psychology* (pp. 229-250). Huntington, NY: Krieger.

Nickerson, R. S. (1998). Confirmation bias: A ubiquitous phenomenon in many guises. *Review of General Psychology, 2*, 175-220.

Peebles, M. J. (2012). *Beginnings: The art and science of planning psychotherapy* (2nd ed.). New York: Routledge.

Piaget, J. (1959). *The language and thought of the child*. London, UK: Routledge & Kegan Paul.

Reininghaus, U., Priebe, S., & Bentall, R. P. (2013). Testing the psychopathology of psychosis: Evidence for a general psychosis dimension. *Schizophrenia Bulletin, 39*, 884-895.

Rinsley, D. B. (1982). *Borderline and other self disorders: A developmental and object-relations perspective*. New York: Aronson.

Rothenberg, A. (1969). The iceman changeth: Toward an empirical approach to creativity. *Journal of the American Psychoanalytic Association, 17*, 549-607.

Rothenberg, A. (1971). The process of Janusian thinking in creativity. *Archives of General Psychiatry, 24*, 195-205.

Rothenberg, A. (1976). The process of Janusian thinking in creativity. In A. Rothenberg & C. Hausman (Eds.), *The creativity question* (pp. 305-327). Durham, NC: Duke University Press.

Schachtel, E. (1966). *Experiential foundations of the Rorschach test*. New York: Basic Books.

Schafer, R. (1954). Psychoanalytic interpretation in Rorschach testing. New York: Grune & Stratton.

Schwartz, F., & Lazar, Z. (1984). Contaminated thinking: A specimen of the primary process. *Psychoanalytic Psychology, 4*, 319-334.

Shapiro, D. (1965). Neurotic styles. New York: Basic Books.

Smith, K. (1980). Object relations concepts as applied to the borderline level of ego functioning. In J. Kwawer, H. Lerner, P. Lerner, & A. Sugarman (Eds.), *Borderline phenomena and the Rorschach test* (pp. 59-87). New York: International Universities Press.

Stern, D. N. (1985). *The interpersonal world of the infant*. New York: Basic Books.

Sullivan, H. S. (1953). *The interpersonal theory of psychiatry.* New York: Norton.

Tausk, V. (1933). On the origin of the "influencing machine" in schizophrenia. *Psychoanalytic Quarterly, 2*, 519-556. (Original work published in 1919)

Urist, J. (1977). The Rorschach test and the assessment of object relations. *Journal of Personality Assessment, 41,* 3-9.

von Domarus, E. (1944). The specific laws of logic in schizophrenia. In J. S. Kasinin (Ed.), *Language and thought in schizophrenia* (pp. 104-114). New York: Norton.

Weiner, I. B. (1966). *Psychodiagnosis in schizophrenia*. New York: Wiley.

Werner, H. (1948). *Comparative psychology of mental development.* New York: Follett.

Werner, H. (1957). The concept of development from a comparative and organismic view. In D. B. Harris (Ed.), *The concept of development* (pp. 125-148). Minneapolis, MN: University of Minnesota Press.

Werner, H., & Kaplan, B. (1963). *Symbol formation: An organismic developmental approach to language and the expression of thought*. New York: Wiley.

Winnicott, D. (1965). Ego distortions in terms of true and false self. In D. W. Winnicott (Ed.), *The maturational processes and the facilitating environment* (pp. 140-152). Madison, CT: International Universities Press. (Original work published in 1961)

Chapter 11 사고와 언어에서의 빈곤

빈곤은 역기능적 사고와 발화의 질적 특징 중 하나다. 빈곤은 와해와 비논리성처럼 사고장애의 구분된 특징이 될 수 있다. 하지만 와해, 비논리성이 보다 흔하고, 핵심적이며, 구체적인 특징을 가진 사고장애인 반면, 빈곤은 더 광범위하고 덜 구체적인 범주다. 사고장애를 나타내는 사람들, 특히 조현병을 앓고 있는 사람들은 빈곤한 방식으로 의사소통을 하곤 한다. 그러나 다양한 다른 조건이 이와 유사한 사고 및 언어 표현과 연관될 수 있다. 이 장의 목표는 빈곤의 범주를 검토하고, 그 구성요소의 특징을 정의하며, 관련된 로샤 특징들을 개관하고, 로샤에서 빈곤한 사고 및 언어와 관련한 발달적 · 정신병리적 · 신경심리학적 관점을 연결하는 것이다.

무엇이 사고와 말을 빈곤하게 하는가

빈곤은 '가난(poverty)'에서 유래된 단어로, 자원과 활력의 소진, 힘의 박탈, 부의 고갈을 의미한다. 빈곤은 인지와 언어에 적용될 때 사고, 관념, 말의 양적 측면과 질적 측면 모두에 대한 개념일 수 있다. 양적인 측면에서 관념과 말은 모두 빈약해질 수 있다. 관념의 흐름과 관념들 간의 연합은 약하거나 희박한 연결성으로 제한될 수 있다. 외견상으로 말의 요소들은 단순하고 결핍되어 있으며, 반복적이고, 상세함, 정교화, 표현의 다양성이 부족할 수 있다. 사고가 빈곤한 사람은 연결성이나 통합성이 제한되고, 자극 장의 구체적인 특질들을 넘어서는 데 어려움이 있을 수 있다. 빈곤한 사고를 하는 사람은 표상하고 상징하는 능력이 제한되거나 전혀 없고, 대상이나 환경의 문자 그대로의 특징들에서 추상적인 의미를 도출하지 못한다.

연상의 위축과 자극의 구체적 측면에 대한 과도한 의존은 반복적이고 정형화된 관념으로도 이어질 수 있다. 따라서 유연성의 부족은 어떤 사람은 구체적인 것에서 추상적인 것으로 옮겨 가지 못하게 하고, 어떤 사람은 무엇인가를 지각해도 새로운 것을 찾지 못하게 해서 빈곤한 사고를 하는 사람이 계속 같은 것을 보거나 말하게 한다. 심지어는 조건과 자극이 변화했는데도 말이다.

인지적 복잡성(cognitive complexity)이나 인지적 복잡성의 결여는 앞에서 기술한 빈곤의 거의 대부분의 측면을 하나로 묶는 개념이다. 복잡성은 지각과 생각의 분화, 통합, 유연성, 생산성의 한 기능이다(Meyer et al., 2011). 인지적 복잡성이 부족하게 되면 정보처리과정과 발화가 단순화되고, 위축되며, 분화되지 않고, 반복되는 경향성이 있다.

빈곤한 사고의 연속성

빈곤한 사고는 와해, 비논리성과 유사하게 심각성의 연속선 상에서 바라볼 수 있다. 하지만 다른 두 범주와는 달리 빈곤은 보다 광범위한 요인들의 산물일 수 있다. 지능, 신경학적 상태, 교육, 사회경제적 상태, 언어 처리과정, 정신병리, 참여하고 의사소통하고자 하는 의지와 같은 것들은 관념화와 말에 양적, 질적으로 영향을 미치는 매개 변인이 될 수 있다. 사고와 말하기의 간결함과 편협함을 인지적 · 인격적 기능의 양식적 차이로 보고 그 개념을 탈병리화하는 것도 가능하다. 흔히 그렇듯이, 사람들은 다른 이유로 유사한 행동을 보일 수도 있다. 다양한 기저의 원인들은 구체적인 로샤 채점 범주들에서 빈곤을 식별하기 어렵게 하며, 더욱이 구체적인 사고장애와 연결하는 것은 말할 것도 없다. 따라서 다음과 같은 의문이 남는다. 가난한 사고 및 말이 지적 · 교육적 제한점, 표현성 언어장애, 뇌손상, 우울증, 외상성 무감각(traumatic numbing), 불안, 사고장애 또는 단순히 자신의 사고와 느낌에 접근하고 공유하는 데 있어서의 경계적이고 방어적인 접근 방식을 반영하는 때는 언제인가? 로샤에서 빈곤한 사고장애를 범주화하는 신뢰로운 방법이 부재한 상황에서 우리는 잉크반점에서 이러한 역기능적 사고의 보다 파악하기 어려운 특질들을 포착하는 데 사용되어 온 (역사적인) 방식들을 검토해 볼 수 있다.

빈곤한 사고의 로샤 지표들

Rorschach(1921/1942)는 특정 수검자 집단에서의 반응과정에 대해 저술하면서 사고의 빈곤이라는 문제를 다뤘다. 그는 가장 먼저 어떤 응답자들은 그의 잉크반점 실험의 해석적 성격을 이해하지 못하는 것 같다고 지적했다. Rorschach에 따르면, "대부분의 기질성 사례(노인성 치매, 마비), 뇌전증, 많은 조현병 환자, 많은 조증 환자, 거의 대부분의 심신미약 수검자(feebleminded subjects), 아주 많은 정상인이 동화적 노력(assimilative effort)을 인식하지 못한다. 이러한 수검자들은 그림을 해석하지 않고 그것들의 이름을 짓는다."(p. 17). 3장에서 살펴본 바와 같이, Bohm(1958)은 로샤에서 암묵적 과제를 '해석적 자각(interpretation awareness)'이라고 불렀고, 여기서 수검자는 의식적으로 검사가 문자적 인식이 아닌 해석의 일종이라는 것을 인식하고 있다. Bohm은 또한 해석에 대한 저하된 인식은 대체로 조현병 환자 혹은 지적 제한이 있는 사람들에게서 나타난다고 말했다. 그 개인들은 "이것이 무엇일까요(What might this be)?"라는 촉구에 대해 "이걸 뭔가 구체적인 걸로 생각할 수 있을까요?" "나중에 그게 진짜 뭔지를 나에게 말씀해 주시겠어요?"(p. 90)와 같은 말로 그들의 해석적 자각의 결핍을 드러낼 수 있다. 분명히 이러한 질문들은 그 자체로는 채점이 불가능하지만, 그 수검자가 과제의 표상적 혹은 해석적 본질을 어려워하고 있음을 시사할 수 있다. 이것은 표상되거나 상징화된 것이 아니라 잉크반점의 지각적 현실이 지배적이라는 신호다. 빈곤한 사고를 하는 사람은 잉크반점을 해석하지 않고, 인식하려는 쪽으로 이끌린다.

앞서 언급한 바와 같이, Rorschach는 지각적이고 관념적인 빈곤의 또 다른 측면을 기술하기 위해 특별한 종류의 Dd(작은 세부 영역 채점)를 도입하면서 그것을 '정신박약적 세부 영역(oligophrenic detail)' 혹은 Do라고 불렀다. '정신박약적'이라는 표현은 시대착오적이고 현대의 서구적 사고에는 부적합한 용어다. 그것은 원래 선천적 정신지체와 인지기능에서 전반적인 손상 혹은 광범위한 기질적 장해를 기술하기 위한 러시아의 진단명이었다(Gindis, 1988). Rorschach는 Do 반응을 대부분의 사람이 전체 형태로 보는 곳에서 한 대상(보통 동물이나 인간)의 오직 한 측면만을 보는 것이라고 정의했다. Rorschach는 I번 카드의 D4를 전체 인간(여성)의 몸 대신 '손 혹은 다리'라고 응답한 예를 들었다(Rorschach, 1921/1942, p. 40). 오늘날 우리는 그런 반응들을 종합적인 전체에 대비되는 개념으로서 파편화된 혹은 통합되지 않은 부분으로 언급할 수 있다.

Rorschach를 추종하는 많은 사람은 지적장애와 신경학적 손상을 가진 수검자들의 빈곤 문제를 탐색했다(Piotrowski, 1937; Bohm, 1958). 그들은 '기질적 상태(organic conditions)'를 가진 환자의 감별 진단을 확립하는 데 가장 큰 관심을 갖고 있었지만, 그들의 발견들 중 대다수는 인지적 빈곤의 광범위한 측면들에 관련되었을 뿐이다. Piotrowski는 Goldstein(Goldstein & Scheerer, 1941)을 교사로 삼아 함께 뇌손상이 로샤 반응에 미치는 영향을 연구하기 시작했다. 그들의 연구를 통해서 뇌손상 여부를 식별할 수 있는 질적 징후로 구성된 10점 척도가 산출되었다. (1) R, 전체 반응 수가 15 미만임, (2) T, 반응당 평균 시간이 1분 이상임, (3) M, 인간 운동 반응의 수가 1 이하임, (4) Cn, 색채 명명(color denomination) 혹은 색채 이름 대기 반응이 채점됨, 수검자가 잉크반점에 대해 단순히 색깔 이름을 말하거나 색채를 기술하는 경우, (5) F%, 좋은 형태 비율이 70% 미만임, (6) P%, 평범 반응 비율이 25% 미만임, (7) Rpt, 반복(보속성)이 채점됨, 수검자가 여러 잉크반점에서 같은 반응을 하는 경우, (8) Imp, 불능, 보속성에서 나타남, 수검자가 그것이 부적절함을 인식하면서도 반응을 할 때 채점함, (9) Plx, 당혹(perplexity)은 수검자가 자신의 능력에 대한 불신을 보이고 안심을 구할 때 채점됨, (10) AP, 자동적 어구(automatic phrases), 수검자가 동일한 구를 반복적이고 무분별한 방식으로 사용할 때 채점되는 것이다. Piotrowski는 이 사인들 중 최소한 5개가 있는 경우를 대뇌피질 병리로 인한 성격 변화의 진단적 증거로 간주했다. 하지만 그가 5개 미만의 사인들에 대해 언급할 때에는 명확히 뇌손상의 가능성을 배제하지 않았다는 점도 분명히 했다.

Goldfried, Stricker와 Weiner(1971)는 Piotrowski 사인들의 타당성을 개관하면서 10개의 징후 중에 가장 변별력이 높은 것은 불능이고, 가장 변별력이 없는 것은 M, P%, Cn이라고 보고했다. 불능은 16개 중 10개의 연구에서 유의미하게 뇌손상 수검자를 구분했으며, 그 다음으로 성공적인 징후인 보속성은 50%의 연구에서만 유의미하게 변별했다. 당혹과 자동적 어구도 유효한 징후에 포함된다고 했다.

Rapaport, Gill과 Schafer(1946/1968)는 세 채점의 연속선을 소개했는데, 이는 거리의 증가 혹은 상실을 반영하는 것이었다. 모호함(vagueness), 혼란(confusion), 지리멸렬(incoherence)이 그것이다. 그들은 이 채점을 "지각적 곤란이나 언어적 곤란으로 인해 응답 자체가 괴멸적이라는 관점에서 연속성"(p. 448)이라고 했다. 나는 9장에서 지리멸렬함을 와해된 발화의 특징으로 다뤘다. 나는 다시 모호함과 혼란 반응에 초점을 맞출 것이다. 왜냐하면 그것들은 우리의 빈곤에 대한 논의와 더 근접해 있기 때문이다. '반응의 괴멸(withering of the response)'에 대한 기술에서 Rapaport 등은 모호함과 혼란을 다음과 같이 정의했다.

> 모호함은 수검자 자신이 생생한 지각적 상태를 유지하지 못하는 것을 의미한다. 혼란 반응에서 완전한 지각은 절대 형성되지 않으며 전혀 소통되지 않는다. 그리고 지리멸렬한 반응에서 원래 지각의 흔적은 거의 남아 있지 않고 의사소통은 전혀 효과적이지 않다. 이러한 발언은 쉽게 인식될 수 있어서 진단적 주의가 필요하지는 않다. 그것들은 조현병적인 사고장애의 본질적 특성을 드러내기보다는 은

폐한다(pp. 448-449).

Rapaport와 동료들은 이들 각각의 채점에 대한 몇 가지 사례를 제공했다. 모호함 반응에서 수검자들은 자발적으로 흐릿한 지각적 특질에 대한 느낌을 이야기했는데, 이는 보통 다른 대부분의 수검자에게서는 선명하게 보이는 것이다. 예를 들면, 그 수검자는 일반적인 지각적 심상을 보지만 약간의 불확실함을 표현한다. 연구자들은 전-정신증적인(prepsychotic) 혹은 정신증 상태에서 모호함이 나타날 때, 수검자들은 대개 모호함의 느낌을 표현하지 않는다고 말한다.

> 이들 사례에서 첫 지각적 인상은 희미해지고 빠르게 씻겨 내려가고, 끈질기고 즉각적인 질문에도 수검자는 다시 지각을 형성하지 못한다. 검사자는 그런 질문에서 마치 유사(流砂)를 파내고 있다는 느낌을 받는다. 그처럼 희미해지는 인상은 일련의 발화에 보통 한 단어나 두 단어로 흔적만을 남긴다. 다른 경우에 그런 인상은 단순히 지리멸렬해 보일 수도 있는데, 보통의 잘 정의된 반응에서는 모호함의 단서가 되기도 한다(p. 449).

혼란 반응은 명시적으로 표현되든, 발화에서 유추되든 간에 수검자의 당혹감이 반영된 반응을 한다. Rapaport와 동료들(1946/1968)은 수검자가 어떻게 개념적 수준에서 카드에 반응하는지, 잉크반점의 지각적 특질에 대해 경직되게 반응을 하는지, 혹은 잉크반점과 관련된 주관적 경험에 기초하여 반응하는지 여부에 따라 혼란의 양상을 기술했다. 로샤에서 혼란 반응은 일상에서의 혼란을 반영하는 것으로 여겨졌다. 하지만 Rapaport와 동료들은 그들이 모호하고 혼란된 반응들을 임상적으로 명료하게 정의할 수 없다는 점을 명시하면서 이들 개념을 채점하는 데 문제가 있다고 했다. 이 연구자들에 따르면, 많은 경우에 모호함과 혼란은 미묘하고 충분히 명확하지 않다. 우리는 Rapaport 저술의 핵심을 이해하려고 노력했지만, 불행히도 모호함과 혼란 채점에 대한 그 정의가 오히려 모호하고 혼란스러웠다.

Rapaport와 동료들의 채점에 기초한 TDI는 사고장애 채점 범주에 모호함, 혼란, 지리멸렬을 포함한 선례를 따랐다. Holzman의 TDI 연구 집단에 따르면, 모호함과 혼란 반응이 비교적 드문 편이다(Coleman과 Levy, 개인적 대화, 1992년 6월). 그렇지만 그들은 TDI에서 모호함과 혼란의 정의를 좀 더 다듬으려고 했다. 그들은 모호함 반응을 하나의 반응으로 채점되기에는 너무 적은 정보를 담고 있는 것으로 기술했다. 그런 반응들은 "짧고 수수께끼 같은 어구이거나 길고 만담 같으며 우회적인 단락이다. 그것은 정보의 조직화 및 소통의 무능력에서 기인한 결과일 수 있다."(Holzman, Levy, & Johnston, 2005, p. 66)고 했다. 본질적으로 모호함 반응은 표현된 의미의 결핍을 특징으로 한다. TDI 채점자들은 수검자가 사고의 흐름을 잃은 채 자신이 본 것이나 말한 것에 당황했음을 표현한 언어적 증거를 혼란 반응의 핵심적 요소로 주목했다.

지금까지 독자들은 모호함과 혼란 반응이 Piotrowski의 불능(impotence)과 당혹(perplexity) 징후를 참조했다는 것을 쉽게 눈치챌 수 있었을 것이다. 이들 두 반응의 특징에 더해서 Piotrowski의 여러 다른 징후들은 복잡성, 생산성, 해석적 자각의 결여와 더불어 위축과 경직성을 표현하고 있으며, 이는 빈곤한 사고 및 발화를 특징으로 한다.

특히 초기 연구자들이 다른 형태의 조현병과 신경학적 상태를 로샤 프로파일로 구분하려고 노력했던 점은 흥미롭다. Braekbill과 Fine(1956)은 만성 혹은 '진행성' 조현병 환자들이 많은 Piotrowski 징후를 나타냈고, 급성 조현병 환자들보다 훨씬 많다는 점을 발견했다. Lezak(1976)은 만성 조현병 환자 표본과의 비교 연구를 제외한 11개의 연구들에서 Piotrowski의 사인이 최소 51%, 많게는 97%의 환자들의 진단 범주를 정확히 식별했다는 점을 지적했다.

Schuldberg와 Boster는 1985년의 Rapaport '거리' 개념에 대한 연구를 통해 로샤에서 빈곤의 특성을 명확히 할 수 있었다. 두 사고장애 차원에서 낮은 쪽의 극단은 빈곤한 사고와 발화를 반영한다. 주관적 의미에 대비되는 객관적 의미에서 낮은 극단에 해당하는 요인인 차원 1은 혼란 반응과 문자 그대로 '인식(recognizing)'하려는 시도를 포함한다. 반면, 차원 2(경직된 언어적 유동성의 세트)의 낮은 쪽의 극단은 보속성과 관계 반응들(relationship responses)을 포함하며, 그 둘 다 카드에 대한 수검자의 경직성에 초점을 맞춘다.

Weiner(1966)는 모호하고 유동적인 로샤 지각이 종종 자아 경계의 장해를 반영한다고 지적했다. 그는 조현병 환자 기록에서 빈번하게 나타나는 모호함과 형태 없는 지각이 자아를 통합하는 능력 결손의 산물이라고 여겼다. 모호함 비율은 R-PAS 변인 중 하나이며, 이는 극도로 단순한 처리과정을 반영한다. 정의되고 분화된 방식으로 심상을 지각하는 능력의 손상은 인지적 복잡성의 부족을 반영한다. 이는 인지적 결손, 방어적 회피, 충동성, 스타일 혹은 상황적 요인에 의한 결과일 수 있다(Meyer et al., 2011).

우리는 인지적 경직성과 통합에서의 실패를 나타내는 두 범주의 특수점수(보속성, PSV와 작화증, CONFAB)가 CS의 초기 버전(Exner, Weiner, & Schuyler, 1976; Exner, 1986)에 포함되는 과정을 살펴본 바 있다. Rorschach(1921/1942)는 조현병 및 신경학적 손상이 있는 환자의 프로토콜에서 나온 보속성 및 작화증적 전체 반응(CS에서는 CONFAB라고 부르는)에 대한 예시를 제시했다. 로샤 문헌에서 오랜 역사를 갖고 있음에도, PSV와 CONFAB는 채점되는 경우가 통계적으로 매우 드물다는 이유로 특수점수의 공식 목록에서 제외되었다(Exner, 1993).

CS는 특수점수를 단순히 인지적 빈곤 측면을 식별하는 것 이상으로 간주했다. 대처 손상지표(CDI), Lambda, 처리 효율성(Zd)과 같은 지표도 처리 능력 및 적응 능력의 빈곤과 일상적 요구에 대해 사고하고 대응할 수 있는 심리적 자원의 부족을 반영한다. CDI가 3 이상일 때 수검자는 일상의 경험들에 비효율적으로 대처할 것으로 생각된다. Weiner(1998)에 따르면, CDI의 상승은 이제는 사용되지 않는 '부적절한 성격(inadequate personality)' 진단의 특징인 문제해결에서의 무력감과 비효율성을 나타낸다. 높은 Lambda 점수는 잉크반점에 대해 매우 협소한 방식으로 답하는 사람들을 나타낸다. 그런 사람들은 복잡성에 대한 인내력이 부족하고, 단순하고 구조화된 상황을 선호하는 것으로 고려된다. Zd는 사람들이 처리와 해석에 얼마나 많은 시간과 사고를 소모하는가를 반영한다. 낮은 Zd를 나타내는 사람은 '과소통합자(underincorporators)'라고 불리며, 보다 적은 정보를 포착하고, 자신의 경험을 덜 총체적으로 검토하며, 최소한의 단서만으로 성급하게 의사결정을 내린다.

이들 CS 변인들은 정보처리적 측면 혹은 인지적 조작의 복잡성을 측정한다. 이들 지표 중 어떤 것도 구체적인 진단을 고려한 것은 아니며, 정신증 혹은 사고장애와 구체적으로 연관되는 것도 아니다. 하지만 일반적으로 이들 징후들은 지각, 연상, 통합에서 인지적 활동의 결핍을 나타내며, 빈곤의 중요한 특징들에 대한 묘사와 근접해 있다.

비록 R-PAS에는 사고의 빈곤을 나타내는 인지적 채점이 없지만, R-PAS는 분화적인, 통합적인, 유연한, 생산적인 처리 활동의 특성으로서 복잡성 개념을 중요하게 다룬다(Meyer et al., 2011). R-PAS 변인 중 복잡성(complexity), 혼합(blends), 통합(synthesis)에서 낮은 점수를 받은 수검자는 단순화되고, 위축되며, 인상주의적이고, 다소 모호하며, 비효율적인 방식으로 지각하고 사고하는 것으로 서술된다.

빈곤한 사고를 이해하기

우리는 연관된 심리학적 · 발달적 · 진단적 · 신경인지적 개념을 채택하여 로샤에서 빈곤한 사고와 발화에 대한 관점을 확장할 것이다. 이러한 관점들이 모든 것을 포괄하는 것은 아니지만, 우리가 빈곤한 로샤 지각과 처리과정, 발화에서 위축, 경직성, 구체성(concreteness)의 다양한 의미와 함의를 이해하는 데 도움이 되는 연결점을 제공할 것이다.

심리학적 관점들

뇌손상 환자들과 조현병 환자들의 추상적 사고 능력 부족은 Goldstein과 Scheerer(1941)의 고전적인 연구에 잘 나타나 있다. 그들은 '추상적 태도(abstract attitude)' 능력의 여덟 가지 특징을 기술했다.

- 외부 세계 혹은 내적 경험으로부터 자아를 분리함
- 정신적 세트(mental set)를 가정함
- 행동을 자신에게 설명하고 말로 표현함
- 반성적으로(reflectively) 한 상황의 한 측면에서 다른 측면으로 이동함
- 한 상황의 다양한 측면을 마음속에서 동시에 염두에 둠
- 부분을 분해, 분리, 재조합하는 동시에 전체에서 핵심적인 속성을 파악함
- 공통 속성들을 추상화하고 위계적인 개념을 형성함
- 관념적으로 계획을 세우고 상징적 사고를 함

Goldstein과 Scheerer의 추상적 태도 이론은 조현병의 사고장애를 설명하려는 초기의 단일 공식 중 하나가 되었다. 최초의 이론가들은 조현병 환자들이 과거 자극에 결속된 경직성에서 벗어나지 못하고 추상적으로 사고할 수 있는 능력이 없다고 믿었다. 그 대신 그들은 자극의 속성 그 자체의 수준에 갇혀서 여러 관찰을 검토하고 통합하여 구체성에서 벗어나 연역적으로 추론하는 보다 검증 가능한 높은 수준의 가설을 형성하지 못한다고 했다.

구체성이나 추상적 태도의 결여는 해석적 자각이 없음, 혹은 Schuldberg와 Boster의 '대상 의미(object meaning)' 반응(1985)을 반영하는 대표적인 로샤 징후다. 구체성은 인지적 결손, 방어적 혹은 스타일적 요인, 미성숙한 발달의 결과로 추정된다.

발달적 관점들

Leichtman(1996)은 아동이 어떻게 로샤 검사를 받을 수 있게 되는지를 설명하기 위한 발달적 개념 틀을 제안했다. 이전 장에서 기술한 바와 같이, 그의 모형은 로샤의 상징적 특성을 다룰 수 있도록 하는 인지 발달의 3단계 진행과정으로 구성되었다. Leichtman은 1단계 로샤를 본질적으로 '보속적'인 것으로 규정했다. 그는 연구자들과 임상가들이 유아들은

열 개의 카드가 마치 거의 차이가 없는 것처럼 반응한다는 것을 오랫동안 알고 있었다고 했다(Klopfer & Margulies, 1941). 어린 아동은 과제 그 자체의 난이도 때문에 보속적이 된다. Leichtman은 같은 반응을 하는 경직된 집착이 로샤의 불확실성과 모호함을 다루는 합리적인 방법이 되며, 로샤의 해석적 특성은 아동에게 그들의 인지적 용량을 넘어서는 상징적 사고를 하게 만드는 도전이라고 했다.

> 낯선 물체에 직면해서 그들은 그것이 친숙하지 않아 아무것으로도 보이지 않음에도 그게 무엇처럼 보이는지 질문 받는다. 더욱이 '무엇을 닮았는지'라는 어구 속 검사자 요구의 함의를 이해하기 위해서는 이들 수검자들의 연령을 넘어선 언어적 뉘앙스의 구사능력이 필요하며, 이 검사를 완수하기 위해서는 이제 막 발달하기 시작한 표상 능력이 필요하다(p. 185).

Leichtman은 보속적 패턴이 유아의 적응적 문제해결 방식일 수 있다고 지적하면서 Klopfer와 Margulies의 관점을 정교화했다. 아이들은 로샤와 같은 어렵고 익숙하지 않은 과제에 직면했을 때, 임의대로 첫 반응을 하고 나서는 검사 초반에 효과적인 것으로 보였던 방식을 고수할 수 있다. 카드 I이 먼지나 잉크 얼룩 외에 '무엇을 닮은' 것이 없다면, 카드 II, III, 이후의 카드는 정말로 카드 I을 '닮은' 것이다. 유아는 3세가 되기 직전에 보속적 패턴에서 약간의 변화를 보일 수 있다. 불합리한 보속성이 여전히 지배적임에도 불구하고, 2세 반 정도의 아동은 일부 카드에 대해서는 반응을 거부하거나 전과 다른 새로운 반응을 할 수 있다.

Leichtman은 보속적 반응의 발달적 중요성에 대해 설명한 바 있다. 하지만 이러한 정보처리 모드가 그보다 늦은 아동기, 청소년기, 성인기로 이어지게 되면 보속성은 신경인지적인 결손 혹은 퇴행의 표식으로 고려될 수 있다. 보다 고연령의 수검자가 로샤와 같은 문제 해결 과제에서 보속성을 보인다면 우리는 이 과제의 표상적 · 해석적 특성이 그들이 다루기에는 인지적으로 너무 복잡하다고 추정할 것이다.

정신병리학적 관점들: 음성 증상

음성 증상은 정신증의 증상학에서 구분된 다른 영역으로 정의된다. 음성 증상에서 관찰되는 광범위한 빈곤은 의사소통, 정동, 사회적 활동, 동기, 정신운동적 행동의 복잡성과 범위를 축소한다. Kirkpatrick(2014)은 요인분석 연구에서 밝혀진 음성 증상의 두 차원에 대해 기술했다. 첫 번째 차원은 둔마된 정동(blunted affect)과 무언증(alogia, 운동성 실어증)을 반영하는 표현적 요인이다. 두 번째 차원은 무쾌감증(anhedonia), 무의욕증(avolition), 무사회증(asociality)이 조합된 요인이다. Kirkpatrick은 예비적 연구에서 무의욕증 요인이 전반적 기능장해의 보다 강력한 예측 변인으로 시사되었다고 했다. 무언증은 말 생산성의 빈곤을 기술하는 데 사용되는 용어다. 무감동(apathy), 무의욕증, 무쾌감증은 동기와 의지의 결여를 반영하며, 활동에 있어 흥미, 열정, 즐거움의 상실도 나타낸다. 무반응(anergia, 혹은 무력증)은 문제해결적 활동에서의 수동성 및 자발성 결여를 말한다. 정동의 둔화(flat affect)는 눈에 보이는 정서의 표현 및 유연성의 부재로 기술된다.

무언증의 주요 범주로는 짧고 정교화되지 않은 말(언어의 빈곤), 의미 있는 정보가 결여된 공허한 말(사고 내용의 빈곤), 반복적이고, 경직되며, 정형적인 반응들(보속성)이 있다. 면담 혹은 질문에 답을 할 때에는 종종 동일한 한정된 정보가 담긴다.

■ 사고(말)의 빈곤

구어적 반응이 감소하고 자발적인 정교화, 첨언 혹은 확장이 결여되어 있다. 질문이 무엇이 됐든 그에 대한 반응은 단음절(monosyllabic)의 한 단어 응답으로 이루어진다. 사고나 말의 빈곤이 조현병 음성 증상에서만 고유한 것이라고 가정할 수 없기 때문에 이에 대한 병인론(etiology)을 결정할 필요가 있다. 우울증과 의심은 분명히 극도의 반응위축을 유발할 수 있다. 이와 유사하게, 대사 장해 및 치매와 같은 의학적 상태도 이러한 형태의 빈곤한 의사소통의 기저 원인이 될 수 있다.

■ 내용의 빈곤

내용의 빈곤은 말의 빈곤과는 달리 질문에 답할 때 충분한 양의 단어를 제공하거나 자발적인 말을 할 수 있다. 여기서의 문제는 의미의 빈곤에 있다. 반응은 길지만 의미가 결여된 두서없고 와해된 생각들만 드러난다. 말의 빈곤처럼 무언가 결여되어 있다는 것이 즉각적으로 분명해진다. 면담 · 평가 시 단어량이 부족하고, 빈번한 반응 촉구가 필요하기 때문에 의사소통은 실패로 돌아간다. 내용의 빈곤이 있어도 처음에 청자는 그들의 의사소통 파트너가 충분한 내용을 담고 있는 걸로 착각할 수 있다. 하지만 그들이 말하는 것을 짧게 요약해서 이해하는 것은 매우 힘들다. 왜냐하면 그 사람의 대화에는 아무런 요점이나 목표가 없어 보이기 때문이다.

■ 보속성

보속성은 말과 내용의 빈곤에 비해 비교적 드물게 기술되는 무언증의 형태다. 그럼에도 불구하고 관념화와 발화 표현에서의 유연성 부족을 반영하는 빈곤의 형태로는 가장 친숙한 편이다. 보속성은 관념화 · 내용 혹은 그 사람이 사용하는 단어와 구에서 포착이 가능하다.

Andreasen(1979)이 그녀의 TCL 척도에서 두 유형의 사고장애를 구분한 점을 상기해 보자. 음성 사고장애는 양성 사고장애의 형태와는 달리 사고차단(thought blocking), 말의 빈곤, 내용의 빈곤을 포함한 사고 처리과정의 빈곤과 위축으로 규정된다. Andreasen은 음성 사고장애의 형태가 비논리성과 신조어를 포함한 특이한 언어 사용도 반영할 수 있다고 지적했다. 그래서 빈곤이 있다고 해도 와해된 말과 표현의 발생 혹은 비합리적인 관념이나 추론을 막을 수는 없다.

음성 증상은 전형적으로 조현병과 연관되며, 현저한 양성 증상이 사라진 이후에도 지속될 수 있다. 음성 증상은 본질적으로 일차적이거나 이차적인 것으로 간주된다(Carpenter, Heinrichs, & Wagman, 1988). Carpenter의 연구 집단은 일차적 증상을 조현병의 직접적 징후로 간주했다. 반대로, 이차적 음성 증상은 우울증, 의심에 찬 철수, 정신증 증상, 추체외로 부작용(extrapyramidal side effects)과 결합된 것으로 간주된다. 이 모형은 만성적인 일차적 음성 증상을 가진 사람들이 '결손 증후군(deficit syndrome)'을 가진 조현병 하위집단을 형성한다고 주장한다. 당연히 결손 환자들은 소위 비-결손 환자에 비해 더 많은 인지적 · 신경학적 손상을 나타낸다.

신경학적인 관점들: 인지적 손상

빈곤한 인지와 말은 정신증과 연관된 인지적 손상의 징후로 간주된다. 조현병이 뇌에 기반한 장애인지 여부에 대한 논쟁에서 최근 연구 및 진단적 경향은 인지적 손상이 조현병의 핵심적 특징임을 분명히 하고 있다(Harvey, 2013). Kraepelin(1896/1919)과 Bleuler(1911/1950)는 조현병에서 더 화려한, 양성 증상 특징은 인지과정의 근본적 손상에 따른 이차적인 것이라고 주장했다. 멀리 돌아오기는 했지만, 현대적 접근은 기저의 인지기능 결손을 정신증의 일차적 사인으로 간주하게 되었다.

하지만 인지적 손상은 조현병에만 국한되지 않는다. 현재 인지기능 손상은 모든 정신증의 핵심적 영역으로 간주된다. DSM-5 정신증 장애 작업 집단(Barch et al., 2013)은 많은 정신증 환자가 인지기능 손상을 나타낸다는 다수의 연구에 대응하여 이 차원을 도입했다. 특히 주목할 만한 연구는 약 84%의 조현병 환자, 58.3%의 정신증적 주요 우울장애 환자, 57.7%의 정신증적 양극성 장애 환자들에게서 임상적으로 유의미한 인지적 손상이 있음을 보고했다(Reichenberg et al. 2009).

여러 연구는 음성 증상과 와해, 그리고 인지적 손상 간에 유의미한 연관성이 있음을 확인했다(O'Leary et al., 2000; Dominguez et al., 2009). 특히 음성 증상은 언어적 유창성, 언어 학습과 기억, 지능, 실행기능의 결손과 유의미한 부적 상관을 나타냈다. 그중에서 언어적 유창성과 실행기능의 결손[예를 들어, 행동개시능력(initiation)과 유연성]은 무언증, 보속성과 같은 빈곤한 음성 증상과 가장 밀접하게 관련되는 것으로 보인다. 그 외에 한 가지 흥미로운 발견은 양성 증상과 우울증은 인지적 손상 측정치와는 유의미한 상관을 보이지 않았다는 점이다(Dominguez et al., 2009).

우리는 빈곤한 사고와 발화를 정신병리적(즉, 음성 증상) 및 신경심리학적인(즉, 인지적 손상) 관점에서 설명하려고 했지만, 결국 하나의 개념적 혼란에 직면했다. 우리가 지금까지 살펴본 바와 같이, 음성 증상과 인지적 손상은 정신증의 핵심 증상 차원에 속하며, 이 증상 차원은 모두 정신증과 빈곤에 대한 우리의 이해와 관련된다. 임상 장면에서 전형적으로 관찰되는 음성 증상과 심리측정적으로 평가되는 인지적 손상은 경과, 예후, 기능적 기술 결손을 공유하며, 임상적 현상이 중첩되는 것은 더 말할 것도 없다. 특히 이 장의 초점을 고려했을 때, 음성 증상과 인지적 손상을 구분된 차원으로 이해하는 것이 타당할까? 이 증상 차원들의 실체와 의미가 본질적으로 차이가 있을까? Harvey와 동료들(2006)은 가용한 연구들을 개관하면서 음성 및 인지 증상 간에는 상관이 있지만 구분된 차원이라는 충분한 증거가 있다고 결론지었다. 두 차원 모두 빈곤한 사고 및 말과 연관되지만, 그 둘은 서로 독립적인 원인론을 가질 수 있다. 연구자들은 인지적 손상은 일상적 생활 기술의 수행과 관련되는 반면, 음성 증상은 이 기술을 실제로 실행할 가능성(*likelihood*)과 관련된다고 했다.

로샤에서의 빈곤을 설명한 다른 연구들은 음성 증상이 우반구 기능장애와 관련된다는 점을 발견했다(Cutting, 1994; Kestenbaum-Daniels et al., 1988). Cutting은 신경심리학적 · 신경의학적 · 신경생물학적 연구에서 나온 증거들을 개관하고서 조현병의 기저에는 우반구 기능장애가 있다고 주장했다. 그는 우반구 손상과 연관된 증상들에는 형식적 사고장애, 의지의 상실(무의욕증, avolition), 정동의 둔화가 포함된다고 했다. Cutting은 우반구 병변 환자들이 보이는 말과 정동의 이상(지리멸렬, 사고이탈, 운율과 정서적 표현성의 결핍)에 대해 논의하면서 그런 증상이 조현병에서 형식적 사고장애와 음성 증상의 특징과 유사한 느낌이라고 했다.

우반구 손상은 보통 구성적 실행장애(constructional apraxia)라고 불리는 전반적인 반응 통합의 곤란을 유발한다. 로샤에서 이러한 손상을 가진 환자는 개별적인 세부사항은 지각할 수 있지만, 전체 반응에 필요한 형태(gestalt)는 형성하지 못한다. 이것이 바로 Kestenbaum-Daniels와 동료들(1988)이 우반구 피질 손상 환자들과 조현병 및 조증 환자들의 로샤 TDI 점수를 비교한 연구에서 발견한 것이다. 그들은 뇌 혈관 질환 후 우반구 단측 손상을 입은 환자 23명과 조현병 및 조증 환자의 TDI 점수를 비교했다. 반응 수에 따른 교정을 반영한 후, 세 집단 간 TDI 총점 간 차이는 유의미하지 않았다. 하지만 집단 간에 뚜렷한 질적 차이는 있었다. 연구자들이 주성분 분석을 사용했을 때 모든 TDI 채점 범주는 5개의 요인으로 묶였다. (1) 결합적 사고[경솔한 사고(flippant thinking), INCOM, 장난스러운 작화증 반응], (2) 파편화된 사고(과도한 제약, 구체적 사고, 모호함, 파편화, 혼란), (3) 자의적 사고(특이한, 괴상한, 불합리한, 신조어, 지리멸렬), (4) 연상의 이완(음향 연상, 보속성, 부적절한 거리, 이완, FABCOM), (5) 자의적 사고[arbitrary thinking: ALOG, 유동적 사고(fluid thinking), 혼란]가 그것이다. 우반구 손상 환자들은 조현병 혹은 조증 환자보다 파편화된 사고가 유의미하게 많았다. 이 수검자들이 카드 당 하나 이상의 반응을 한 경우, 그들은 보통 구분된 반응 대신 파편화된 전체 반응(예를 들어, 정신박약적 부분)을 했다. 예를 들어, 수검자는 V번 카드를 보고 "나는 날개들… 더듬이… 그리고 다리들이 보인다(I see wings… antennae… and legs)."고 말했지만 이것들을 통합된 전체로 만들려는 의도는 없었다.

마지막으로, 복잡성의 부재와 (1)자극에 기반한 구체성(stimulus-bounded concreteness), (2) 혼란과 당혹, (3) 파편화, (4) 발화의 빈곤 혹은 의미 있는 내용의 빈곤, (5) 언어적 유창성 및 처리 속도의 감소, (6) 보속성 혹은 정신적 세트를 전환하지 못하는 것은 빈곤이 인지적 손상 혹은 음성 증상 혹은 그 둘 다와 연관됨을 반영할 수 있다. 사고, 말, 의사소통의 빈곤에 대한 어떤 설명이든 간에 감별 진단과 예후에 대한 함의는 중요하다고 볼 수 있다.

참고문헌

Andreasen, N. (1979). Thought, language, and communication disorders: I. Clinical assessment, definition of terms, and evaluation of their reliability. *Archives of General Psychiatry, 36*, 1315-1321.

Barch, D. M., Bustillo, J., Gaebel, W., Gur, R., Heckers, S., Malaspina, D., Owen, M. J., Schultz, S., Tandon, R., Tsuang, M., van Os, J., & Carpenter, W. (2013). Logic and justification for dimensional assessment of symptoms and related clinical phenomena in psychosis: Relevance to DSM-5. *Schizophrenia Research, 150*, 15-20.

Bleuler, E. (1950). *Dementia praecox or the group of schizophrenias.* (J. Zinkin, Trans.). New York: International Universities Press. (Original work published in 1911)

Bohm, E. (1958). *Rorschach test diagnosis.* New York: Grune & Stratton.

Braekbill, G. A., & Fine, H. J. (1956). Schizophrenia and central nervous system pathology. *Journal of Abnormal Social Psychology, 52*, 310-313.

Carpenter, W. T., Heinrichs, D. W., & Wagman, A. M. (1988). Deficit and nondeficit forms of schizophrenia: The concept. *American Journal of Psychiatry, 145*, 578-583.

Cutting, J. C. (1994). Evidence for right hemispheric dysfunction in schizophrenia. In A. S. David & J. C. Cutting (Eds.), *The neuropsychology of schizophrenia* (pp. 231-241). Hove, UK: Erlbaum.

Dominguez, M., Viechtbauer, W., Simons, C. J., van Os, J., & Krabbendam, L. (2009). Are psychotic psychopathology and neurocognition orthogonal? *A systematic review of their associations. Psychological Bulletin, 135,* 157-171.

Exner, J. E. (1986). *The Rorschach: A comprehensive system, basic foundations* (Vol. 1, 2nd ed.). New York: Wiley.

Exner, J. E. (1993). *The Rorschach: A comprehensive system, basic foundations* (Vol. 1, 3rd ed.). New York: Wiley.

Exner, J. E., Weiner, I. B., & Schuyler, S. (1976). *A Rorschach workbook for the comprehensive system*. Bayville, NY: Rorschach Workshops.

Gindis, B. (1988). Children with mental retardation in the soviet union. *Mental Retardation, 26,* 381-384.

Goldfried, M. R., Stricker, G., & Weiner, I. B. (1971). *Rorschach handbook of clinical and research application*. Englewood Cliffs, NJ: Prentice-Hall.

Goldstein, K., & Scheerer, M. (1941). Abstract and concrete behavior: An experimental study with special tests. *Psychological Monographs, 53*, 1-151.

Harvey, P. D. (Ed.). (2013). *Cognitive impairment in schizophrenia: Characteristics, assessment, and treatment*. Cambridge, UK: Cambridge University Press.

Harvey, P. D., Koren, D., Reichenberg, A., & Bowie, C. R. (2006). Negative symptoms and cognitive deficits: What is the nature of their relationship? *Schizophrenia Bulletin, 32*, 250-258.

Holzman, P. S., Levy, D. L., & Johnston, M. H. (2005). The use of the Rorschach technique for assessing formal thought disorder. In R. F. Bornstein & J. M. Masling (Eds.), *Scoring the Rorschach: Seven validated systems*. New York: Routledge.

Kestenbaum-Daniels, E., Shenton, M. E., Holzman, P. S., Benowitz, L. I., Coleman, M., Levin, S., & Levine, D. (1988). Patterns of thought disorder associated with right cortical damage, schizophrenia, and mania. *American Journal of Psychiatry, 145*, 944-949.

Kirkpatrick, B. (2014). Progress in the study of negative symptoms. *Schizophrenia Bulletin, 40* (Suppl. 2), 101-106.

Klopfer, B., & Margulies, H. (1941). Rorschach reactions in early childhood. *Rorschach Research Exchange, 5*, 1-23.

Kraepelin, E. (1919). *Dementia praecox and paraphrenia*. (R. M. Barclay, Trans.). Chicago, IL: Chicago Medical Books. (Original work published in 1896)

Leichtman, M. (1996). *The Rorschach: A developmental perspective*. Hillsdale, NJ: The Analytic Press.

Lezak, M. (1976). *Neuropsychological assessment*. New York: Oxford University Press.

Meyer, G. J., Viglione, D. J., Mihura, J. L., Erard, R. E., & Erdberg, P. (2011). *Rorschach Performance assessment system: Administration, coding, interpretation, and technical manual*. Toledo, OH: Rorschach Performance Assessment System.

O'Leary, D. S., Flaum, M., Kesler, M. L., Flashman, L. A., Arnt, S., & Andreasen, N. C. (2000). Cognitive correlates of the negative, disorganized, and psychotic symptom dimensions of schizophrenia. *Journal of Neuropsychiatry and Clinical Neurosciences, 12*, 4-15.

Piotrowski, Z. A. (1937). The Rorschach ink-blot method in organic disturbances of the central nervous system. *Journal of Nervous and Mental Disease, 86*, 525-537.

Rapaport, D., Gill, M., & Schafer, R. (1968). *Diagnostic psychological testing* (Rev. ed.). New York: International Universities Press. (Original work published in 1946)

Reichenberg, A., Harvey, P. D., Bowie, C. R., Mojtabai, R., Rabinowitz, J., Heaton, R. K., & Bromet, E. (2009). Neuropsychological function and dysfunction in schizophrenia and psychotic affective disorders. *Schizophrenia Bulletin, 35*, 1022-1029.

Rorschach, H. (1942). *Psychodiagnostics* (5th ed.). Bern, Switzerland: Hans Huber. (Original work published in 1921)

Schuldberg, D., & Boster, J. S. (1985). Back to topeka: Two types of distance in Rapaport's original Rorschach thought disorder categories. *Journal of Abnormal Psychology, 94,* 205-215.

Weiner, I. B. (1966). *Psychodiagnosis in schizophrenia.* New York: Wiley.

Weiner, I. B. (1998). *Principles of Rorschach interpretation.* Mahwah, NJ: Erlbaum.

Chapter 12 지각 및 추론 오류에 대한 자각

어떤 사람이 언제(When), 그리고 누구와 함께(With Whom) 자신의 기이한 생각 혹은 부정확한 인상을 공유하는가는 자각(awareness) 개념과 관련된다. 그리고 이는 보다 광범위하고 총체적인 관점에서 장애적 사고를 이해하는 데 있어 중요한 요소다. 이전 장에서 살펴본 바와 같이, 우리는 환자들의 사회적 자각 및 자기자각을 측정하기 위해서 장애적 로샤 반응의 사회-화용론적(social-pragmatic) 측면에 주목해야 한다고 강조했다.

자각: 통찰과 사회 인지

최근 25년간 연구자들은 정신증 장애에서 사회적 자각, 자기자각, 통찰[1]의 역할에 관심을 가지게 되었다(Kleiger & Khadivi, 2015). 정신증 및 비정신증 환자들의 통찰 개념에 대한 현대적 연구들을 개관한 문헌에는 두 종류가 있다(Amador & David, 2004; Marková, 2005). Amador와 동료들(1991)은 임상적 통찰의 다차원적 모형을 제안했는데, 두 가지 주요 특징으로 요약된다. (1) 자각, (2) 정신증 증상에 대한 귀인 혹은 명명하기(labeling)다. 이런 구분은 일부 환자들이 자신의 정신증 경험에 대한 자각은 하고 있지만 그 증상을 정신증 장애 외의 다른 이유로 귀인한다는 사실에 근거를 두고 있다. 게다가 환자들은 특정 증상은 인식하면서도 다른 증상은 자각하지 못할 수 있다. Marková와 Berrios(1992)는 질병에 대한 자각을 정신증 장해의 개별적 특징으로 보지 않고 보다 광범위한 자기-자각(self-awareness)의 일부로 개념화했다. 그들의 개념은 자기-자각의 연속선 상에서의 자기 변화에 초점을 맞췄다.

임상적 통찰과는 달리 인지적 통찰은 비정상적 경험을 평가하고 자신의 해석이 부정확함을 인식할 수 있는 보다 광범위한 능력을 말한다. 인지적 통찰은 우리가 생각하기에 '현실

1) (역자 주) 임상적으로는 병식이 의미상 더 가까운 표현이나 용어 적용의 일관성을 위해 통찰로 번역함.

검증'과 유사하다. 인지적 통찰이 손상된 사람은 자신의 정신증 경험과 거리를 두지 못하고, (현실)검증 결과에 대한 피드백을 활용해서 자신의 결론을 수정하지 못한다. Beck과 동료들(2004)은 인지적 통찰을 두 가지 차원으로 구분했다. (1) 사람들이 자신의 정신적 산물을 관찰하고 대안적 설명을 고려하는 능력이 포함하는 자기-반성(self-reflectiveness), (2) 신념과 결론의 타당성에 대한 자기-확신(self-certainty) 혹은 과신(overconfidence)이다.

인지적 통찰은 '정신화(mentalization)'나 마음의 이론(Theory of Mind: ToM)과 같은 사회인지 개념과 잘 맞는다. 사회적 통찰과 정확한 자기평가(self-appraisal)는 둘 다 개념적, 신경인지학적으로 타인의 마음과 정신적 경험을 이해하는 것과 관련된다. ToM은 타인의 정서, 지식, 의도를 정확하게 귀인하는 것과 관련되고 인지적 통찰은 자기 자신에 대한 유사한 과정과 관련된다.

정신화 능력의 결손은 어떤 사람이 기괴한 행동, 망상적 신념 혹은 부적절하고 사고장애적인 말과 논리에 대한 사회적 부적절성을 판단하지 못하는 것을 의미할 수도 있다. 질병 현상에 대한 이해와 관련하여 정신증 환자는 그들의 말이나 행동이 타인에게 어떻게 들리고 보이는지에 대한 자각이 부족하며, 타인은 그들이 현실에 대한 지각을 말하거나 공유하는 방식을 이해하는 데 어려움을 겪는다. 그런 사람들은 Harrow와 Quinlan(1985)이 '손상된 조망(impaired perspective)'이라고 부른 다른 사람의 관점을 취하거나 자기 자신을 타인의 눈으로 바라보는 능력의 손상을 나타낸다. 그래서 ToM과 손상된 조망은 모두 심리적 혹은 행동적 현상을 타인의 관점에서 관찰하는 능력의 손상을 의미한다.

Harrow와 Quinlan이 손상된 조망에 대해 기술한 이후로 정신증, 특히 조현병에서 사회인지, 정신화, ToM의 역할을 탐구하는 연구들이 증가하고 있다(Kleiger & Khadivi, 2015에서 인용된 연구를 참조). Quee와 동료들(2010)은 정신증 환자들의 사회인지, 특히 정서인지와 정신화의 결손이 통찰을 감소시킨다고 결론지었다. Flashman과 Roth(2004)는 만일 위협적인 사고와 의도를 타인에게 부적절하게 귀인한다면, 손상된 ToM이 정신증 증상과 질병에 대한 자각을 감소시킬 수 있다는 가설을 세웠다. 사회인지 손상에 대한 대다수의 연구가 조현병에 초점을 두고 있지만, 양극성 장애에서도 증상에 대한 자각은 검증된 바 있다. Vaskinn과 동료들(2013)은 조현병 환자들과 양극성 정신증 환자들을 비교한 결과, 이 두 집단 모두에서 유사한 통찰 결손이 있음을 발견했다. 하지만 그들은 양극성 장애보다 조현병 환자 표본의 임상적 통찰이 사회인지 변인과 더 강하게 관련되어 있다는 것을 발견했다. 최근 연구자들은 손상된 통찰과 첫 번째 정신증 삽화 간의 관계를 살펴보았다(Vohs et al., 2015). 연구자들은 자신과 타인에 대한 통합된 표상을 형성할 수 있는 능력 혹은 '상위 인지(metacognition)'

가 통찰의 개선과 관련된 구성요소 변인이라는 것을 발견했다.

로샤에서 의도성과 혼란의 자각

환자들이 자신의 혼란된 반응을 드러내고 공유할 때, 중요하지만 동시에 자주 간과되는 로샤의 해석적 측면 중 하나는 환자들의 조망과 의도성(intentionality)에 대한 이해다. 우리가 Menninger 사고 혼란 척도(Menninger thought disturbance scales; Athey, Colson, Kleiger, 1993)를 구성할 때, 우리는 전통적인 사고장애 척도와 사고장애적 반응과 연관된 수검 태도 및 심리적 경험 간의 상관을 탐색했다. 지금까지 우리가 검사를 받고 검사자에게 응답하는 수검자의 사고방식(mindset)을 반영하는 모호한 변인들을 정량화해 온 일은 반응 해석에 영향을 주는 중요한 배경 정보에 집중하는 데 도움이 되었다. Schafer(1954)는 검사 상황의 대인관계적 역동을 논의하면서 이러한 요인들을 설명했다.

> 따라서 환자의 반응이 친절한가 혹은 잔인한가, 거만한가 혹은 깔보는가, 정돈되어 있는가 혹은 단정하지 못한가, 관대한가 혹은 각박한가, 사소한가 혹은 의욕적인가, 현란한가 혹은 단조로운가, 주도적인가 혹은 활동적이지 않은가, 낙관적인가 혹은 비관적인가의 여부와 그 정도에 주목하는 것은 중요해 보인다. 그가 자신의 반응을 제시하고 평가하며 다루는 방식은 그가 내적으로 그리고 관계에서 스스로를 어떻게 제시하고, 평가하며, 다루는지를 반영한다(p. 46).

약간 달리 말하면, 우리는 수검자가 로샤를 얼마나 진지하게 받아들이는지에 대해서 알고 싶어 한다. 그 사람이 잉크반점을 가지고 '놀고' 있는가 혹은 진지하게 받아들이더라도 갑자기 거리를 잃고 현실적인 세트에서 이탈해 버리는가? 그 환자의 논리와 현실검증에서의 실수가 의도적인가 혹은 의도적이지 않은가? 그와 관련해서 환자는 자신의 반응이 비논리적이거나 기괴하며 다른 사람들이 그들의 왜곡된 인식을 공유할 수 없다는 것을 어느 정도 자각하고 있는가? 반대로, 환자는 현실과 사회적 전통을 의도적으로 비웃으며 검사자에게 충격을 주거나 통제하려고 하고 있지는 않은가?

사고장애적 로샤 반응과 관련 점수의 해석 방식에 대한 경고 문구들은 로샤 문헌들에서 반복적으로 등장한다(Exner, 1993; Weiner, 1998; Meyer et al., 2011). Exner는 수준 2 특수점수와 상승된 WSUM6 점수에 관한 관념화의 혼란을 논의하면서 대체로 그런 결과들이 손상된 판단력, 기괴한 사고, 와해된 의사결정 과정과 관련되긴 하지만 주의해야 한다고 했다.

> 그런 결론은 결정적 특수점수를 포함한 반응들을 읽으면서 검증되어야 한다. 주로 수준 2 채점이 부여된 반응에서 기괴함의 요소들이 명백한지, 혹은 그것들이 미성숙함을 반영하는지, 혹은 심하게 장난스러운 형태의 조직화인지를 결정해야 한다. 한 범주에 속한 모든 반응이 동일한 정도의 실패 또는 기능 장애를 나타낸다고 가정하는 것은 순진한 일이다(pp. 571-572).

Exner의 핵심 요점은 수준 2 채점만으로 심각한 사고장애를 가정하는 것은 성급한 결론일 수 있으며, 이와 유사하게 FQ− 반응의 누적을 손상된 현실검증으로 가정하는 것도 마찬가지라는 것이다. 먼저, 검사자는 그런 반응을 내놓은 사람의 사고방식을 가늠할 필요가 있다.

Weiner(1998)는 로샤 자료를 정신증 현상의 존재에 대한 확고한 증거로 볼 수 없다는 설득력 있는 유사한 주장을 했다.

> 사람들이 어떤 증상이 있는지 결정하는 가장 좋은 방법은 정확히 어떤 행동 문제가 있는지 그들에게 물어보는 것이다. 직접적인 질문이 그 어떤 로샤 반응 패턴보다 약물 남용을 더 신뢰롭게 식별해 낼 수 있는 것처럼 말이다(p. 288).

R−PAS 개발자들도 SevCog 변인 해석에 대해서 이러한 주의사항을 남겼다. SevCog는 정신증 수준의 추론, 개념화, 의사소통의 실패에서 발견되는 가장 심각한 형태의 사고장해를 포착하기 위한 것이다(Meyer et al., 2011). R−PAS 그룹에 따르면, "검사자는 그 과제를 놀잇감으로 사용하는 것, 충격을 주거나 도발하려는 의도, 서술적 극화에 대한 편벽한 취향과 같은 보다 건강한 처리과정인지 여부를 고려해야 한다"(p. 359).

수검자가 혼란된 반응을 할 때 그들의 사고방식을 결정하는 핵심은 그 사람이 자신의 반응을 와해된, 비논리적인, 혹은 형태적으로 왜곡된 것으로 자각할 수 있는 정도에 달려 있다. 이걸 알아낼 수 있는 최고의 방법은 무엇인가? Weiner의 말대로 우리는 질문해야 한다. 그래서 검사자는 수검자가 우리에게 장해적인 반응을 했을 때 항상 그 사람의 자각 수준을 평가하기 위해 노력해야 한다.

자각의 평가

환자들이 사고장애적인, 그리고 마이너스 형태질이 포함된 반응을 했을 때, 우리가 환자들의 자각 수준을 측정하기 위한 최선의 방법은 무엇일까? 우리는 그들의 사고방식을 밝히는 데 관심을 두고 있다. 그들은 무엇을 생각하고 어떻게 반응하려고 하는가? 그보다 중요한 것은 우리는 그들이 다른 사람들이 자신의 반응에서 이상함과 혼란스러움을 느낀다는 걸 어떻게 인식하는지 알고 싶어 한다.

종종 장해적인 반응을 주의깊게 들어보면, 그 환자의 자각 정도는 자유연상(free association) 동안의 자발적인 언어 표현에서 암묵적으로 드러난다. 하지만 그렇지 않은 경우가 더 많은데, 우리는 질문(inquiry) 혹은 명료화(clarification) 단계까지 기다려서 환자들이 자유연상 동안 그들이 보고 말한 것의 장해적 특징을 자각하고 있는지를 판단할 필요가 있다. 결국 질문은 환자가 자신의 자아에 관여해서 자신을 정신화하고, 자기-감찰을 하며, 비판적인 관점을 갖고, 다른 사람의 귀를 통해 자신의 반응을 들을 수 있는 능력을 드러내는 기회가 된다. 질문 단계에서 나타난 환자의 반응은 우리에게 "그건 정말 저것처럼 보이는 건 아니에요(It really does not look like that)." 혹은 "나는 그게 터무니없고 불가능한 거란 걸 알고 있죠(I know that's crazy and impossible)." 혹은 "나는 그게 실제로 날개 위에 악어를 올려놓은 박쥐를 의미한다는 건 아니에요(I didn't actually mean it to be a bat with alligators on its wings)." 라고 말하는 것이다. 그렇게 함으로써 환자들은 그 반응에서 말이 되지 않는 것이 있고, 자신이 그것을 설명하려고 한다는 잠재적인 자각을 암묵적으로 전달한다. 그래서 이들은 자신의 반응에 대해 한 번 더 생각해 보고 답을 하도록 요청 받았을 때 가용하고 보다 온전한 사회-인지적 조망을 드러낸다.

그렇지만 많은 경우에 있어서 환자들은 뒤로 물러서서 자신의 생각과 지각을 관찰해야 하는 질문에 내재된 단서에는 반응하지 않는다. 이 경우, 환자의 장애적 반응에 대한 자각 수준을 부드럽게 탐색하는 이차적인 질문이 도움이 될 수 있다.

한계검증

Klopfer와 동료들(1954)은 한계검증법은 반응이 다 수집되고 질문 단계가 종료된 이후에 제시되는 것이라고 지적했다. Bruno Klopfer는 현상학자로서 환자가 경험한 대로 반응을 관찰하는 데 큰 관심을 가지고 있었다. 그는 환자가 처음에는 아무 결정인도 포함하지 않은 반응을 했지만 나중에 인간 운동 반응 혹은 색채 반응을 하도록 촉진하는 것이 무엇인지를 설명하는 데 관심을 두었다. 그래서 검사자는 일련의 단계적 질문을 통해서 환자가 두 번째로 카드를 살펴본 뒤 인간 혹은 인간 운동을 볼 수 있는지를 물었다.

Berg(1984)는 심리진단적 검사에서 한계검증에 관한 의견을 남겼다. 그는 검사 점수만으로 포착되지 않은 환자의 경험의 측면을 이해하기 위해 검사자가 표준시행 절차를 벗어나서 검사 상황에서 매개변수를 확장하는 방식에 대해 저술했다. Berg의 글에서 특히 흥미로운 부분은 환자가 검사 반응에 대해 자기반성을 하도록 촉진하는 검사자의 개입에 대한 논의다.

Handler(2002, 2007, 2008)의 연구는 질문 단계 방법론의 확장에 매우 드문 공헌을 했다. 그는 환자의 반응이 우리가 부여한 점수 이상의 것을 담고 있다는 개념을 옹호하는 입장이었다. Handler는 환자에게 자신의 사고장애적인 반응을 설명하고 그 후에 다른 대부분의 사람이 볼 수 있고 이해할 수 있는 대안적인 반응을 만들어 달라고 요청하는 창의적인 한계검증 절차를 통해서 해석적 오류를 줄이려고 했다. Handler는 기괴한 심상에 대해서 수검자에게 그런 심상을 어디에서 본 것 같은지를 묻곤 했다. Handler(2008)에 의하면, "보다 관습적인 반응을 할 수 있는 능력은 환자가 자유연상이나 질문 단계에서 보였던 것만큼 심각한 장애는 아니라는 사실을 말해 준다"(p. 531). Handler의 관찰은 장해적 경험에 대한 환자의 자각이 증가할수록 정신증 증상의 심각성은 감소하고 치료에서 효과를 얻는 능력은 증가한다는 것을 보여 주는 연구 결과와 부합한다(Strauss, 1969; Cullberg, 2006; Naeem, Kingdon, & Turkington, 2008; Brabban, Tai, & Turkington, 2009).

사고장애적인 반응에 대한 한계검증의 필요성은 나의 특별한 관심사였다(Kleiger et al., 2012, 2013). 하지만 그건 이스라엘 연구팀이 환자의 장해적 반응에 대한 자각을 측정한 경험적인 연구를 시행하기 전까지의 일이다. 앞에서 언급한 바와 같이, Rothschild-Yakar와 동료들(2015), 그리고 Lacoua, Koren과 Rothschild-Yakar(2015)는 장해적 반응에 대한 환자 스스로의 자각을 지각적인 정확성과 발화의 기저에 있는 추론 특성의 두 측면으로 측정하는 구조화된 사후검증 기법을 개발하여 Handler의 한계검증 질문을 확장했다. 이 연구자들은 비정신증 청소년 표본에서 자기반성과 정신증의 위험성 간의 관계를 설명하기 위해 지각과 사고의 일탈에 대한 새로운 측정치를 도입했다. 그들은 먼저 CS로 로샤검사를 실시했다. 그 후에 검사자들은 한계검증 단계에서 수검자에게 자신의 장해적 반응에 반영된 지각 및 관념과 다른 사람들이 할 만한 지각 및 관념을 떠올려 본 후에 그 둘 사이의 유사성과 차이점을 말해 달라고 요청했다. 연구자들은 각 마이너스 형태 수준 반응에 대해 다음과 같이 질문했다. "다른 사람들은 이 잉크반점에서 어느 정도까지 당신이 본 …(응답된 반응 언급)을 볼 수 있을 것 같은가요?" 이에 대해 참가자들은 0점(그들은 그것을 보지 못할 것이다/보기 힘들 것이다)부터 6점(그들은 그것을 볼 것이다/쉽게 볼 것이다)까지의 7점 척도에 응답했다. 연구자들은 특수점수를 받은 각 반응에 대해서 다음과 같이 질문했다. "잉크반점의 형태와 연계하지 않았을 때, 다른 사람들은 어느 정도까지 당신이 생각한 …(응답된 반응 언급)을 떠올릴 수 있을까요?" 이에 참가자들은 0점(그들은 이 생각을 떠올리지 못할 것이다/그건 이례적이다)부터 6점(그들은 그것을 떠올릴 것이다/그건 단순하고 일상적인 생각이다)까지의 7점 척도에 응답했다. 연구자들은 자각 변인과 참가자들의 정신증 위험도 측정 점수 간에 유의미한 상관을 발견했다(Miller et al., 2003). 그들의 발견은 손상된 통찰과 정신증의 첫 번째 삽화 간의 연결성을 보여 주는 다른 연구 결과들과 일치했다(Vohs et al., 2015).

Rothschild-Yakar는 또한 정신증 위험성을 예측하는 데 있어 현실검증 및 사고장해에 대한 전통적 측정치를 넘어서서 사회인지와 대상관계 영역까지 연구를 확장했다. 보다 넓은 의미에서 사고장애를 검토한 후 그녀는 대상관계와 ToM을 자신의 생각이 타인에게 미치는 영향을 연구하기 위한 요소로 강조했다.

Rothschild-Yakar와 동료들, 그리고 Lacoua, Koren과 Rothschild-Yakar의 예비 연구 결과는 로샤에서 자각 측정치의 예측 타당도에 대한 미래 전향적 연구(future prospective study)를 위한 장을 마련했다. 특히 이들은 고위험 집단에서 실제 정신증이 이환하는 데 있어서 자각, ToM, 내적 대상관계가 어떤 역할을 하는지를 연구했다.

임상 사례들: 커트, 요하네스, 찬드라

커트는 23세의 환자로, 그의 이상하고 공격적인 행동으로 인해 부모와 치료자는 사고와 현실검증의 장해를 염려하고 있었다. 커트의 치료자는 그에게 통찰이 있는지를 알고 싶었다. 커트가 자신의 이상하고 부적절한 행동에 대해 자각이 있는지에 대한 의문은 IV번 카드의 자유연상 단계의 자발적인 반응에 반영되어 있었다. "미끄럼틀을 타고 내려오는 사람은 그의 다리가 활짝 펴져 있는 방식 때문이죠. 그건 마치 세 개의 다리를 가진 악마 같지만 나는 그렇게 말하고 싶지는 않네요. 왜냐하면 당신이 나를 정신나간 미치광이라고 생각할 거니까요." 커트의 말은 검사자와 다른 사람들이 그의 반응을 듣고 그의 행동을 어떻게 볼 것인지에 대한 암묵적인 자각을 보여 준다.

요하네스는 늦은 청소년기 환자로, 그의 치료자도 정신증의 위험성에 대해 알고 싶어 했다. 요하네스는 철회되고, 등교를 거부했으며, 좀도둑질에 대한 판단력이 부족한 모습을 보였다. 그가 VI번 카드를 들었을 때, 그는 잠시 멈췄다가 이렇게 답했다. "팔을 가진 바위 같은 것이 뻗어 나오네요. 그런데 그 바위가 가운데 있는 건지, 그게 바위의 팔인 건지는 잘 모르겠네요(Some kind of orck thing with arms reaching out. Not sure but the rock is in the middle and these are its arms)." (INC2)

요하네스는 의문 단계에서 자발적으로 그의 반응을 수정하며 덧붙였다. "그건 그렇게 보이기는 하지만, 그게 그다지 말이 되는 것 같지는 않아요." 이에 검사자가 물었다. "다른 사람이라면 너의 응답을 어떻게 볼 것 같니? 그 사람들은 어떻게 생각할까?" 요하네스는 다음과 같이 말하며 다른 사람들이 그의 답을 어떻게 생각할지에 대한 자각을 드러냈다. "그들은 아마도 이런 식으로는 보지 않을 것 같네요. 왜냐하면 실제일 수 없으니까요. 만약 내가 이렇게 '팔을 가진 바위 같은 것이 뻗어 나오네요'라고 말하는 걸 그들이 듣는다면 아마도 내가 정신 나갔다고 생각할 거예요." 이렇게 의문 단계에서 요하네스의 말을 기록하고 더 탐색해서 우리는 요하네스가 그의 취약성에도 불구하고 자신의 반응을 타인이 어떻게 듣고 생각할지에 대한 정신화 능력을 보유했다는 것을 확인할 수 있었다.

사후검증 질문(post-testing inquiry)은 정신증 경향성이 있는 청소년인 찬드라에게도 필요했다(Kleiger &Khadivi, 출판 중). 비록 그녀가 활성기 정신증을 시사하는 양성 증상을 나타내지는 않았지만, 기능 평가가 의뢰될 정도로 심각한 문제가 있었다. 찬드라는 로샤에서 수준 2 사고장애 반응을 여러 차례 했고, 그 반응들은 그녀가 논리적이고 현실에 기반한 사고를 할 능력이 있는지 의심될 정도로 빈약했다. 찬드라의 로샤는 R-PAS절차에 따라 시행되었다. 그녀는 명료화 단계에서 장해적인 반응에 대한 자각을 드러내는 어떤 징후도 나타내지 않았다. 시간적 제약으로 인해서 VII번 카드의 두 번째 응답을 골라 자각에 대한 검증을 하기로 했다. "서로를 뚫어지게 보는 두 소녀처럼 보이네요. 그녀들은 놀란 것처럼 보이네요. 그녀들은 자신의 머리에서 나오는 벌레를 품고 있는 것처럼 보이네요(Looks like two girls that are looking at each other intensely. Looks like they are surprised. Looks like they have worms coming out of their heads)." (FAB2)

검사자는 찬드라에게 이스라엘 연구팀이 개발한 것과 유사한 한계검증을 시행했다. 하지만 그 검사자는 형태와 사고 수준을 측정하기 위한 구분된 7점 척도를 사용하는 대신, 단순화된 3점 척도(0점-다른 사람들은 이런 식으로 보지 않을 것이다, 1점-다른 사람들은 제한된 정도만 동의할 것이다, 2점-다른 사람들은 이것과 같은 방식으로 볼 것이다)를 사용했고, 찬드라에게 자신의 반응에 대해서 평정해 볼 것을 요청했다. 검사자는 공식적 명료화 단계를 완료한 이후에 찬드라에게 물었다. "잉크반점의 형태와 무관하게 다른 사람들은 '서로를 뚫어지게 보는 두 소녀처럼 보이네요. 그녀들은 놀란 것처럼 보이네요. 그녀들은 자신의 머리에서 나오는 벌레를 품고 있는 것처럼 보이네요'라는 너의 반응에 대해서 어떻게 생각할까?" 잠시 후에 찬드라는 자신의 반응에 2점을 매기고서 이렇게 설명했다. "그 벌레들이 머리에서 나오는 것 같고 서로를 응시하는 것 같기 때문에 말이 되죠. 그래서 나는 다른 사람들도 이렇게 볼 거라고 추측했어요(It does make sense because logically it looks like worms are coming out of their heads and they're staring at each other. So I guess other people would see this too)." 찬드라의 대답은 그녀가 사고장애적인 반응에서 거리를 유지하는 능력과 현실적인 사회적 조망을 획득하는 능력이 없음을 시사했다. 찬드라는 평가 후 얼마 지나지 않아 어머니가 자신을 독살하려고 한다고 하면서 입원하게 되었다.

커트와 요하네스는 그들이 한 장해적인 반응에서 물러서서 거부하거나 혹은 수정할 수 있는 능력을 보유하고 있었다. 그들의 이러한 자기 반성 능력은 그들의 정신화 능력에 대해 말해 주었다. 불행히도 찬드라는 이런 것을 해내지 못한 것으로 보인다. 그녀는 심각한 수준 2 반응을 했고, 의문/명료화 단계에서 그걸 다시 들려주고, 거기에서 한 번 더 한계검증까지 했음에도 의견을 바꾸지 않았다. 그게 바로 그녀가 본 것이다. 다른 사람들도 논리적으로 동일한 결론에 도달할 것이다.

환자의 반응과 채점 뒤에 있는 사고방식을 설명하는 것은 로샤에서 사고장애 지표를 평가하는 데 있어 지극히 중요하다. 환자가 자유연상 단계에서 자신의 혼란스러운 반응을 기술하거나 자발적으로 수정하는 방식, 혹은 스스로 무효화하려는 방식, 혹은 질문 단계에서 '수습 대책(damage control)'을 시행하는 방식은 자신의 생각이 다른 사람에게 어떻게 들리는지 자각하는 정도에 대한 단서가 된다. 공식적인 질문 단계 이후 장해적인 반응에 대한 환자의 자각을 알아보기 위해 시행하는 한계검증은 장애적 사고의 측면들이 언제, 그리고 누구에게(When and With Whom) 있었는지를 평정하는 데 도움이 된다. 특히 검사자가 환자의 정신화 능력과 자신의 말을 타인의 귀를 통해 듣는 능력을 설명하는 데 도움이 된다. 이처럼 자신의 장해적 반응에서 물러나서 스스로 평가하도록 하는 지시에 대한 환자의 반응은 진단적, 그리고 예후적 중요성을 가지며, 이는 점수 자체에 대한 설명을 넘어선 무언가를 우리에게 제공한다.

참고문헌

Amador, X. F., & David, A. S. (2004). *Insight and psychosis: Awareness of illness in schizophrenia and related disorders*. Oxford, UK: Oxford University Press.

Amador, X. F., Strauss, D., Yale, S., & Gorman, J. (1991). Awareness of illness in schizophrenia. *Schizophrenia Bulletin, 17*, 113-130.

Athey, G. I., Colson, D., & Kleiger, J. H. (1993). *Manual for scoring thought disorder on the Rorschach*. Unpublished manuscript, The Menninger Clinic, Topeka, KS.

Beck, A. T., Baruch, E., Balter, J. M., Steer, R. A., & Warman, D. M. (2004). A new instrument for measuring insight: The Beck cognitive insight scale. *Schizophrenia Research, 68*, 319-329.

Berg, M. (1984). Expanding the parameters of psychological testing. *Bulletin of the Menninger Clinic, 48*, 10–24.

Brabban, A., Tai, S., & Turkington, D. (2009). Predictors of outcome in brief cognitive behavior therapy for schizophrenia. *Schizophrenia Bulletin, 35*, 859–864.

Cullberg, J. (2006). *Psychoses: An integrative perspective*. Hove, UK: Routledge.

Exner, J. E. (1993). *The Rorschach: A comprehensive system, basic foundations* (Vol. 1, 3rd ed.). New York: Wiley.

Flashman, L. A., & Roth, R. M. (2004). Neural correlates of unawareness of illness in psychosis. In X. F. Amador & A. S. David (Eds.), *Insight and psychosis: Awareness of illness in schizophrenia and related disorders* (2nd ed., pp. 157-176). Oxford, UK: Oxford University Press.

Handler, L. (2002). Non-traditional approaches to the administration and interpretation of projective tests. Paper presented at the 17th International Congress of Rorschach and Projective Methods, Rome, Italy.

Handler, L. (2007). Therapeutic assessment with children and adolescents. In S. Smith & L. Handler (Eds.), *The clinical assessment of children and adolescents: A practitioner's handbook* (pp. 53–72). Mahwah, NJ: Lawrence Erlbaum Associates.

Handler, L. (2008). A Rorschach journey with Bruno Klopfer: Clinical application and teaching. *Journal of Personality Assessment, 90*, 528–535.

Harrow, M., & Quinlan, D. (1985). *Disordered thinking and schizophrenic psychopathology*. New York: Garden Press.

Kleiger, J. H. (2012). Differential diagnosis of disordered thinking: What the Rorschach tells us. Workshop presented at the Summer Seminars of the International Society ofthe Rorschach, San Remo, Italy.

Kleiger, J. H. (2013). Mining for gold: Simple techniques for eliciting what is latent and unexpressed in standard Rorschach responses. Paper presented at the annual meeting of the Society for Personality Assessment, San Diego, CA.

Kleiger, J. H., & Khadivi, A. (2015). *Assessing psychosis: A clinician's guide.* New York: Routledge.

Kleiger, J. H., & Khadivi, A. (in press). When wolves fall from the sky: Emerging psychosis in an adolescent. In J. Mihura & G. Meyer (Eds.), *Applications of the Rorschach performance system.* New York: Guilford Press.

Klopfer, B., Ainsworth, M., Klopfer, W., & Holt, R. (1954). *Developments in the Rorschach technique* (Vol. 1). New York: Harcourt, Brace & World.

Lacoua, L., Koren, D., & Rothschild-Yakar, L. (2015). Poor awareness of problems in thought and perception and risk indicators of schizophrenia-spectrum disorders. A correlational study of nonpsychotic adolescents in the community. Paper presentedat the annual meeting of the Society for Personality Assessment, Brooklyn, NY.

Marková, I. S. (2005). *Insight in psychiatry.* Cambridge, UK: Cambridge University Press.

Marková, I. S., & Berrios, G. E. (1992). The assessment of insight in clinical psychiatry: A new scale. *Acta Psychiatrica Scandinavia, 186*, 1185-1188.

Meyer, G. J., Viglione, D. J., Mihura, J. L., Erard, R. E., & Erdberg, P. (2011). *Rorschach performance assessment system: Administration, coding, interpretation, and technical manual.* Toledo, OH: Rorschach Performance Assessment System.

Miller, T. J., McGlashan, T. H., Rosen, J. L., Cadenhead, K., Ventura, J., McFarlane, W., Perkins, D. O., Pearlson, G. D., & Woods, S. (2003). Prodromal assessment with the structured interview for prodromal symptoms: Predictive validity, interrater reliability, and training to reliability. *Schizophrenia Bulletin, 29*, 703-715.

Naeem, F., Kingdon, D., & Turkington, D. (2008). Predictors of response to cognitive behavior therapy in the treatment of schizophrenia: A comparison of brief and standard interventions. *Cognitive Therapy and Research, 32*, 651-656.

Quee, P. J., van der Meer, L., Bruggeman, R., de Haan, L., Cahn, W., Krabbendam, L.,

Mulder, N. C. L., Wiersma, D., & Aleman, A. (2010). Insight in psychosis: The role of neurocognition and the additional explained variance of social cognition and symptom dimensions. *Schizophrenia Research, 117,* 333.

Rothschild-Yakar, L., Lacoua, L., Brener, A., & Koren, D. (2015). Impairments in interpersonal representations and deficits in social cognition as predictors of risk for schizophrenia in non-patient adolescents. Paper presented at the annual meeting of the Society for Personality Assessment, Brooklyn, NY.

Schafer, R. (1954). *Psychoanalytic interpretation in Rorschach testing*. New York: Grune & Stratton.

Strauss, J. S. (1969). Hallucinations and delusions as points on continua function: Ratings cale evidence. *Archives of General Psychiatry, 21*, 581-586.

Vaskinn, A., Sundert, K., Ueland, T., Agartz., I., Melle, I., & Andreassen, O. A. (2013). Social cognition and clinical insight in schizophrenia and bipolar disorder. *The Journal of Nervous and Mental Disease, 201,* 445-451.

Vohs, J. L., Lysaker, P. H., Liffick, E., Francis, M. M., Leonhardt, B. L., James, A., Buck, K. D., Hamm, J. A., Minor, K. S., Mehdiyoun, N., & Breier, A. (2015). Metacognitive capacity as a predictor of insight in first-episode psychosis. *Journal of Nervous and Mental Disease, 203*, 371-378.

Weiner, I. B. (1998). *Principles of Rorschach interpretation*. Mahwah, NJ: Erlbaum.

Part 4

로샤에서 정신증 현상의 감별진단

제13장 일차적 정신증과 로샤

제14장 이차적 정신증 현상과 로샤

제15장 정신증에 대한 꾀병 및 장애적 사고

제16장 아동 및 청소년에서 정신증 현상의 로샤 지표들

결론 마지막 생각들

Chapter 13 일차적 정신증과 로샤

나는 가장 열정적인 로샤 비평가들(Wood et al., 2003)조차도 Hermann Rorschach의 가장 항구적인 공헌인 '잉크반점 실험'이 환자들의 사고의 단층선(fault line)과 정신증의 취약성에 매우 민감하다는 사실에 동의한다는 점에 주목했다(Kleiger, 2015). Rorschach가 최초로 탐지한 이 핵심적인 발견은 Rapaport, Bohm, Holt와 같은 동시대 로샤 체계에 의해 더욱 발전되었고, CS와 R-PAS와 같은 현대적 로샤 체계에서도 잘 드러난다. Mihura와 동료들(2013)은 CS와 R-PAS에 가장 강력한 경험적 지지를 제공했는데, 그들은 인지 및 지각 처리과정을 평가하는 변인들이 정신증 장애 환자와 다른 형태의 장해를 가진 환자들을 식별하고 감별하기 위한 강력한 수단이라는 사실을 발견했다.

나는 이 장에서 진단가들이 일차적 정신증 장애로 고통받거나 그럴 위험에 처한 환자들의 로샤에서 발견되는 와해, 비논리성 및 빈곤의 몇 가지 차별적인 패턴을 식별하는 데 도움이 되는 문헌들을 검토할 것이다. '일차적'이라는 용어는 다소 오해의 소지가 있는데, 왜냐하면 우리는 정신증이 장애의 본질적 특징이 되는 진단 범주와 그런 특징이 없을 수도 있는 진단 범주로 구분하기 때문이다. 따라서 조현병 스펙트럼 장애는 '일차적' 정신증으로 간주된다. 이와는 대조적으로, 우울증, 조울증, 물질에 의해 유발된 정신증은 또 다른 일차적 장애(즉, 기분이나 물질적 사용)의 (부수적인) 결과일 수 있다. 하지만 나는 이 장에서 광범위한 정신증 차원의 장애들을 포괄하기 위해서 '일차적'이라는 용어를 선택했다. 이와는 대조적으로 고립된(isolated), 캡슐화된(encapsulated), 일시적인(transient), 그리고 보다 약화된 특징들을 다루기 위해 '이차적' 정신증-유사 현상이라는 용어를 사용할 것이다(다음 장의 주제임).

일차적 정신증에서 로샤의 특징을 확인하는 문제에 정의를 내리기 위해서는 두 가지 본질적 요건이 갖춰져야 한다. 첫째, 증상이든 심리검사 반응이든, 임상적 현상학 단독으로 감별 집단을 시행하는 것은 무모할 뿐만 아니라 부정확한 일이다(Paris, 2013). 임상 진단은 다른 징후와 증상, 장해의 기간과 이력, 그리고 여러 평가방법을 포함한 다방법적 접근에 기반해야 한다. 비록 우리가 유용한 감별진단적 표식을 구별할 수 있다고는 해도, 사고장애적 로샤 반응은 특정한 형태의 정신증과 연계되는 지문 같은 것이 아니다. 우리는 우리의 기법의 한계를 인식할 필요가 있다. 과거에 로샤의 진단적 효력에 대한 지나치게 야심차고, 낙관적인 가정들로 인해서 너무 많은 오류가 발생했다. 대부분의 경우, 로샤는 (음성 증상 및/또는 손상된 인지의 결과인) 와해, 비논리적 추론 및 일정 수준의 빈곤에 대한 대표적인 평가 결과를 제공한다. 우리는 망상에 대한 명확한 로샤 척도는 가지고 있지 않다. 하지만 우리는 비논리성이나 손상된 현실검증의 로샤 징후에 따른 이차적 추론에 근거해서 망상적 믿음에 대한 취약성을 시사할 수 있다. DSM-5 증상 차원 목록에 추가된 우울증과 조증의 로샤 징후는 채점 변인, 발화의 질 및 주제 내용에서도 유추할 수 있다. 본질적인 요점은 와해, 비논리성 및 빈곤에 대한 평가가 다른 발견들과 함께 분류될 때 감별 진단 시 도움이 될 수 있다는 것이다.

두 번째 요점은 정신증에 대한 현대적 이해가 유동적이라는 것이다. 지금은 DSM-5의 정신증 장애에 대한 재조직화가 가장 명료하다(American Psychiatric Association, 2013; Barch et al., 2013). 정신증 장애는 여덟 가지 증상 차원(환청, 망상, 와해된 말, 비정상적 행동, 음성 증상, 손상된 인지, 우울증, 조증)과 네 수준의 심각도(0점-증상 없음, 4점-고도의 증상이 있음)에 따라 평가된다. 주요 정신증에는 조현병 스펙트럼과 망상장애 및 암페타민, 코카인, 환각제, 대마초와 같은 향정신성 약물로 인한 정신증 같은 많은 다른 상태들이 포함된다. 정신증 증상은 기분장애에 이차적인 것일 수도 있고, 다른 상태에서는 보다 제한된 방식으로 나타날 수도 있다. 마지막으로, 정신증적 기능장애의 높은 위험성이 시사되는 경우에 정신증 증상은 발생기 형태(nascent form)로 발견될 수 있다. 현대적 진단기준은 명확한 경계와 구분된 실체를 가정하는 엄격한 범주적 분류에서 멀어졌다. 현재 우리는 증상 차원과 진단 스펙트럼의 관점으로 이야기한다.

나는 이 논의와 정신증에 대한 현대적 이해를 일치시키기 위해서 이 장을 DSM-5의 가이드라인에 따라 구성했다. 나는 조현병 스펙트럼 및 관련된 정신병적 장애로 시작해서 우울증과 양극성 장애의 정신증적 하위유형을 살펴보고 약화된 정신병적 장애(attenuated psychosis disorder)의 잠정적인 범주를 거쳐 약물에 의해 유발된 정신증의 로샤 평가에 관한 임상 및 연구 결과의 개관으로 마무리할 것이다.

조현병 스펙트럼 및 기타 정신병적 장애

DSM-IV(American Psychiatric Association, 1994년) 및 그 이전 판들과는 대조적으로, 조현

병을 범주형 진단으로 보는 입장은 축소되었다. 이제 조현병은 하위유형으로 구성된 별개의 실체로 간주되지 않고, 조현형 성격을 포함한 심각도의 연속을 따라 이질적인 증상 차원을 포괄하는 스펙트럼으로 간주된다. 지금은 편집형, 와해형, 잔류형, 긴장증과 같은 전통적인 하위유형들은 배제됐다. 그 자리에는 광범위한 스펙트럼의 조현병과 기타 정신병적 장애들이 있다. 이러한 재조직화의 일환으로, 조현정동장애와 망상장애는 구분된 진단 실체로서 범주적 특권을 상실했다. 그것들은 이제 '기타 정신병적 장애'의 영역에 속한다. 그것들은 별도의 진단기준은 유지하고 있지만 조현병 가족의 가까운 친족으로 간주된다.

조현병 스펙트럼

조현병 스펙트럼의 로샤 징후는 다른 정신증의 로샤 징후보다 훨씬 더 많이 연구되었다. 로샤 연구를 살펴보기 전에 조현병 스펙트럼 정신증의 특징적인 측면을 검토하는 것이 유용할 것이다. 먼저, 스펙트럼을 정의해 보자. 보수적으로 봤을 때, 스펙트럼에는 조현병, 조현양상장애, 조현형, 그리고 아마도 조현성 성격장애가 포함될 것이다. 조현병의 광범위한 연속체에는 조현정동장애와 같은 조현병의 생물학적 친척들이 포함되어 있다. 하지만 조현정동장애는 기분장애와도 관련이 있다. 망상장애는 조현병과 몇 가지 공통 특징을 공유하지만 조현병 스펙트럼과 유전적으로는 관련되지 않은 것으로 보인다(Manschreck, 2007).

조현병 스펙트럼 내 장애들은 와해, 비논리성, 빈곤과 같은 특성을 갖는다. PANSS(Kay, Fiszbein, & Opler, 1987)의 정신증 차원 구조를 검토한 결과에서 Reininghaus, Priebe와 Bentall(2013)은 조현병 스펙트럼 환자의 정신증은 더 많은 양의 양성 및 음성 증상과 인지적 와해가 특징적이라는 사실을 발견했다. 양성 차원에는 환각, 망상, 특이한 사고 내용, 과대성, 의심 등이 포함되었는데, 이 모든 것은 사고 내용의 장해로 이어질 수 있는 기저의 비논리성을 반영할 수 있다. 음성 차원은 둔마된 정동, 정서적 철수, 빈약한 라포, 자발성의 결여, 의욕의 장해, 사회적 회피를 반영하는데, 이 모든 것은 인지적 · 정서적 · 사회적 기능에서의 빈곤 개념과 부합한다. 마지막으로, 인지적 와해 요인은 개념적 와해, 추상적 사고의 곤란, 정형화된 사고, 매너리즘과 (경직된) 자세, 지남력 상실, 주의력 저하, 몰두 등 PANSS 문항으로부터의 요인 부하를 반영했다.

조현병의 양성 및 음성 증상의 존재는 잘 알려져 있다. 조현병 스펙트럼 환자들은 다양한 수준의 환각, 망상 경험, 기괴한 믿음을 가질 수 있다. 그들은 또한 정서 표현, 관념의 생산성과 풍부함, 사회-직업적 기능에서의 결손을 나타낸다. 인지적 와해의 측면에서 조현병 스펙트럼 정신증은 사고와 말의 더 심각한 와해가 특징이라는 것을 입증하는 많은 연구가 있다. 이것을 잘 이해하기 위해서 조현병에서 인지적 와해의 측면을 좀 더 자세히 살펴보는 것이 유익할 것이다.

조현병의 인지적 와해는 정보처리와 주의 초점화의 손상으로 이해할 수 있다. 광범위한 문헌들이 조현병에서 주의와 정보처리의 결손의 중요한 역할을 검토했다(Bleuler, 1911/1950; Cameron, 1938; Shakow, 1950; Payne, Mattusek, & George, 1959; Venables, 1960; McGhie & Chapman, 1961; Braff & Geyer, 1990; Braff, Grillon, & Geyer, 1992; Judd et al., 1992). Cameron은 조현병 환자들이 연관 자극에 초점을 맞추는 데 어려움이 있음을 지적했다. Shakow는 조현병 환자가 주요 인지 세트에 초점을 유지하는 데 문제가 있다고 결론지었다. McGhie와 Chapman은 조현병 환자들이 "의식에 도달하는 정보의 혼돈된 흐름(chaotic flow)"을 줄이기 위해 감각 정보에 주의를 기울이고 조직화하는 데에서 문제를 강조했다(p. 111). 이 연구자들은 조현병 환자가 자극장(stimulus field)의 가장 관련성이 높은 부분에 집중하고 무관한 자극을 배제하는 데 어려움을 겪는다는 것을 보여 주었다. Perry와 Braff(1994)는 조현병의 정보처리 결손, 인지적 파편화, 사고장애 간의 유의미한 관계를 입증했다. 그들은 주의 및 정보처리 기능에 장해가 있을 때, 그 사람은 잘못 조율된 자극의 홍수에 빠져 주의산만, 인지적 파편화, 사고장애로 이어질 수 있다는 가설을 세웠다.

Meissner(1981)는 조현병적 사고 병리의 본질을 설명한 이론 논문에서 주의 과정과 개념 형성의 연관성에 대해 논의했다. Meissner는 지각적 자극을 개념적 범주로 조직하는 능력에서 조현병과 편집증의 처리과정을 비교했다. Meissner에 따르면, 편집증적 처리과정은 지각적 입력의 교정적 영향력에 저항하는 경직된 개념적 범주를 형성하고 유지하는 것이 특징이다. 반면, 조현병적 처리과정은 개념적 조직화의 결손을 반영하며, 이는 인지적 혼란, 파편화, 와해를 초래한다고 했다. Meissner에 따르면, 편집증 환자는 경직되고 '과잉 개념화된(hyper-conceptualized)' 방식으로 자극을 조직하는 반면, 조현병 환자는 느슨하거나 '과소 개념화된(hypo-conceptualized)' 방식으로 조직화한다.

개념 범주를 형성하는 능력 결핍의 결과로, 조현병 환자는 지각 정보를 개념적 범주로 조직화(organizing), 규제(regulating), 통합(integrating)하는 데 어려움을 겪는다. Meissner는 지각 정보를 개념적 범주로 정리하는 능력이 부족할 경우, 주의가 통제되지 않아서 취약성, 불안정성, 산만함이 증가하게 된다고 덧붙였다. 결과적으로, 주의를 끄는 자극들이 개념적으로 혹은 위계적으로 조직화되지 않아서 주의 집중의 유동성과 무관한 자극에 대한 선별 능력의 손상을 초래한다.

■ 로샤 변인들

조현병 스펙트럼 환자들의 로샤 기록에는 다양한 인지적 와해, 비논리성 및 빈곤의 징후가 발견된다. 장애적 사고에 대한 로샤 패턴을 변별하는 연구들은 조현병 환자가 급성 조증 환자나 조현정동장애 환자에 비해 TDI 총점이 유의미하게 높지는 않았지만, 그들의 장애적 사고 패턴은 질적으로 다르다는 점을 보여 주었다(Solovay, Shenton, & Holzman, 1987). 다른 정신증 집단과 비교해서 조현병 환자의 사고장애적 로샤 반응은 더욱 와해되고, 혼란스러우며, 관념적으로 유동적이고, 더 특이하고 괴상한 단어와 표현을 포함하는 것으로 나타났다. 조증 및 조현병 수검자의 채점 요인을 사후 비교한 결과, 유동적 사고(fluid thinking; 관계성 언어, 유동성, 오염), 혼란(confusion; 단어 찾기 곤란, 혼란, 불합리한 반응, 지리멸렬, 신조어) 및 기이한 언어(idiosyncratic verbalization; 특이한 언어)가 조현병을 가장 잘 구분하는 요인으로 나타났다. Shenton 등(1989)도 만성 조현병과 조현정동장애(조증형) 환자의 생물학적 친척들이 다른 정신증 환자의 친척들보다 특이한 언어가 유의미하게 많다는 점을 발견했다.

조현병 스펙트럼 내 개인들이 로샤에서 특이한 언어를 보여 준다는 사실은 심리측정적으로 식별된 조현형(schizotypic) 수검자의 사고장애를 평가하기 위해 TDI를 사용한 또 다른 연구에 의해서 지지되었다(Coleman, Levy, & Lenzenweger, 1996). 이 수검자들은 정신과 환자가 아닌 학부생들로, 조현병보다는 미약하고 흔한 아형인 조현형 성격장애의 신체상과 지각적 왜곡을 측정하는 35문항의 지각이상척도(Perceptual Aberration Scale: PerAb; Chapman & Chapman, 1987)에서 높은 점수를 받은 대학생들이었다(Meehl, 1962). 유의미하게 높은 PerAb 점수로 정의된 조현형 집단(반드시 조현형 성격으로 진단되는 것은 아님)은 PerAb가 낮은 집단(TDI 총점 mean = 3.65, SD = 4.97)보다 훨씬 높은 TDI 점수(TDI 총점 mean = 8.83, SD = 15.30)를 받았다. 또한 이 집단들은 기이한 언어(idiosyncratic verbalization)의 수에서 차이가 났는데, 조현형 집단은 특이한 언어와 이상한 표현(peculiar language and odd expression)을 포함하는 응답의 수가 유의미하게 많았다. 저자들은 조현형 개인들은 조현병 환자 및 그들의 일차 친족과 질적으로 유사한 사고장애 점수를 보여서 두 현상 간의 생물유전학적 연결성을 뒷받침한다고 결론지었다.

앞에서 지적한 바와 같이, 특정 진단과 배타적인 관계를 갖는 단일 채점은 없지만, 오염(CONTAM), 신조어(DV2) 및 언어의 지리멸렬함(DR2)과 같은 보다 드문 점수가 조현병과 더 빈번하게 연관된다는 증거가 있다. 예를 들어, Koistinen(1995)은 가장 심각한 수준의 TDI 점수(1.0)는 조현병 환자에게서 주로 나타난다는 것을 발견했다. 오염 반응의 특이도(specificity) 외에도 신조어와 비논리적인 반응은 주로 조현병 환자의 기록에서 나타났다. 조현병 환자의 기록과 다양한 조현병 스펙트럼 환자(조현정동장애, 조현양상장애, 조현형장애, 망상장애, 달리 명시되지 않은 정신증 등)의 기록을 비교해도 이 세 가지 1.0 수준 채점은 조현병 환자의 로샤에서 가장 특유한 것으로 나타났다. Koistinen의 자료를 검토한 결과, 그의 조현병 스펙트럼 수검자 중 어느 누구도 신조어를 나타내지 않았으며, 오직 한 명의 조현정동장애 환자만이 오염 반응을 보였다. 불행히도, 다른 1.0 수준의 심각도 점수의 빈도도 오염만큼이나 드물었다. 예를 들어, Koistinen의 542명의 수검자 중 1.0 수준 점수는 13회(2. 4%)에 불과했다. 게다가 그것들은 사실상 비조현병 수검자의 기록에서는 결코 나타난 적이 없지만, 조현병 수검자에서도 사고장애 채점중 단지 18.2%만을 차지했다. 따라서 이러한 결과의 문제는 오염(및 모든 1.0 수준 TDI 점수)이 매우 드물다는 것이다. 심지어 그것들이 조현병에 특유한 수준에 근접하더라도 그 희귀성은 그 채점들을 덜 민감한 지표가 되도록 한다.

이 광범위하고 이질적인 스펙트럼 내에서 사고장애의 질적 유사성에도 불구하고, 심각도의 연속선은 조현병 환자의 생물학적 친척들부터 조현형 성격장애 환자, 조현병 외래, 조현병 입원 환자까지의 범위를 갖는다(Exner, 1986; Coleman, Levy, & Lenzenweger, 1996; Perry et al., 2003). Exner(1986)는 경계선, 조현형, 조현병 환자의 사고장애를 비교하는 연구에서 조현형(5.6)과 입원 직후 및 퇴원 직전의 조현병 환자(7.3 및 7.17, 회고적)들의 사고장애 특수점수 개수가 비슷하다는 점을 발견했다. 이와는 대조적으로, 경계선 수검자는 결정적 특수점수의 평균 개수(3.44)가 유의하게 낮았고, 이는 조현형 집단과 조현병 집단 사이의 관계가 더 밀접함을 시사했다. 가중치가 부여된 특수점수의 합계(WSUM6)와 비교하자, 경계선과 다른 두 집단의 차이는 훨씬 더 극적이었다. 조현형 집단의 평균 WSUM6은 경계선 집단의 평균 WSUM6보다 거의 두 배 높았음에도, 입원 및 퇴원 전 조현병 집단의 평균 WSUM6보다는유의하게 낮았다. 이러한 자료는 조현형 성격장애 환자가 조현병 환자만큼 많은 사고장애적 반응을 하지만 심각도는 더 낮다는 점을 시사한다.

이 연구는 또한 Exner가 병리적 로샤 반응의 채점을 더욱 정교하게 한 수준 1과 수준 2 특수점수를 구분하기 전에 발표되었다. 흥미롭게도 이 자료는 장애적 사고과정의 측면에서 조현형 수검자가 경계선 집단보다 유의하게 많은 DV를 나타냈고, 심지어는 조현병 수검자들보다도 많은 DV를 보여 주었다. 현실검증의 관점에서 Exner는 조현형 집단과 경계선 집단의 형태 수준 비율(X+%)이 69%로 유사했고, 이는 조현병 입원 집단의 X+% 점수 54%와 조현병 퇴원 집단의 51%보다 유의하게 높다는 것을 보여 주었다. 집단별 마이너스 형태 수준 비율(X−%) 평균은 경계선 13%, 조현형 18%, 조현병 입원 집단 31%, 퇴원 집단은 34%로 나타났다. Exner의 자료에서 조현형 환자는 장애적 사고와 현실검증의 관점에서 조현병과 경계선 성격장애의 중간 범위의 심각도를 가지고 있음이 시사된다. 다른 구조적인 측면에서 조현형과 조현병 집단은 구분되지 않아서 두 집단이 표현형적으로(phenotypically) 연관되어 있다는 가설이 지지되었다. 조현병 환자들처럼, 조현형 성격장애 환자들은 내성적이고, 분리되어 있으며, 관념지향적이고, 정서적으로 위축된 경향이 있다.

Perry 등(2003)은 EII를 사고 및 지각적 장해의 척도로 사용해서 '정상' 대조군에 비해 조현병 스펙트럼 집단의 EII가 상승되어 있음을 발견했다. 조현형 스펙트럼 수검자의 표본에는 (1) Chapman과 Chapman(1987)의 PerAb 또는 MagId(Magical Ideation) 척도 점수가 높은 대학생, (2) 조현병 환자의 일차 친척, (3) 조현형 성격장애 진단을 받은 수검자, (4) 조현병 외래 환자, (5) 급성 조현병 입원 환자, (6) 만성 조현병 요양 입원 환자가 포함됐다. 연구자들은 조현병 스펙트럼의 병리학적 심각도에 따라 EII 점수가 유의하게 증가한다는 것을 발견했다. 정상 통제군은 (조현병 환자) 가족 구성원, PerAb와 MagId 점수가 높은 대학생, 조현형 성격장애 환자, 그리고 조현병 수검자에 비해 EII 점수가 낮았다. 조현형 성격장애 환자와 조현병 환자의 유사성을 시사한 이전의 연구들과 일관되게, Perry 등(2003)의 조현형 성격장애 환자 집단은 조현병 외래 환자들과 장해적인 사고와 지각에서 유의한 차이가 없었다. 그럼에도 불구하고 조현형 성격장애 수검자의 점수는 조현병 입원 환자에 비해 낮은 경향성이 있었다. EII를 구성하는 6개 변인 중 5개 변인에서 집단 간에 유의한 차이가 있었으며, 스펙트럼 전체의 병리학적 방향에 따라 점수가 증가했다. 특히 WSUM6 및 FQ− 점수는 스펙트럼의 심각도 전체에 걸쳐서 0.01 수준의 유의도로 증가했다.

최근의 국제 연구들은 CS와 R−PAS 점수가 조현병 수검자와 비정신증 수검자를 효과적으로 구별한다는 것을 확인해 주었다(Benedik et al., 2013; Dzamonja−Ignjatovic et al., 2013). Benedik 등은 TP Comp(Thought Perception Composite)과 EII−3가 조현병 환자 식별에 있어 PTI 및 EII−2보다 다소 우수하다는 것을 발견했다. 더욱이 이전 장에서 언급했듯이, Biagiarelli와 동료들(2015)은 PTI와 PANSS 사이의 상관관계, 특히 음성 증상과 X−%, 망상적 사고와 M−, 사고장애와 WSUM6의 관계에 주목했다.

Gomilla(2011)는 CS를 사용하여 조현병 남성 환자군에서 만성기와 급성기의 차이를 연구했다. 조현정동장애와 정신증적 기분장애 환자들은 연구에서 제외되었다. 모든 환자는 항정신병 약물을 복용하고 있었다. 만성 환자들은 최소 2년 이상 입원했으며, 예상대로 인지 능력이 저하된 것이 특징이었다. 두 집단 모두 DR2, INCOM2, FABCOM2 및 CONTAM 점수가 높았다. Gomilla는 두 조현병 환자 집단이 모두 심각한 사고장애 반응을 보였지만, 급성 집단이 다소 더 많은 수의 DR2와 CONTAM 기록을 생성했다고 했다.

최근에 발표된 또 다른 연구는 조기 발병한(early-onset) 조현병 환자의 소표본 집단과 환각이 있는 비정신증 환자 집단을 구별하는 데에서 CS와 TDI의 효과성을 비교했다(Andreasen et al., 2016). 두 집단은 기록상 사고장애의 총량으로는 구분할 수 없었지만, 조현병은 TDI에서 .75와 1.0 수준 점수(불합리한 반응, 유동성, 지리멸렬, ALOG, 오염)가 더 높았고, CS의 오염 점수가 있다는 특징이 있었다. 이 연구는 조현병에 더 특유한 로샤 채점을 확인한 것 외에도 TDI와 CS 사이의 흥미로운 비교를 제공했다. 저자들은 TDI가 조기 발병한 조현병을 평가할 때 CS보다 우수하다고 조심스럽게 주장했다.

조현정동장애

조현정동장애의 진단적 위상은 수년 동안 진단적 명칭의 지위와 존재적 본질에 관한 논쟁에 둘러싸였다. 정신병리학 연구자들은 조현정동장애가 조현병의 아형인지, 아니면 기분장애인지, 별도의 진단적 현상인지, 조현병과 조울증 사이의 연속선의 중간 지점인지, 혹은 조현병과 기분장애가 조합된 것인지를 밝히려고 노력해 왔다.

1980년대 이전에 로샤 문헌들은 이 논쟁에 거의 기여한 바가 없었다. 1987년이 되어서야 로샤 연구자들은 엄격한 경험적 방법으로 조현병을 연구했다. Shenton, Solovay와 Holzman(1987)은 신중하게 선택된 조현정동장애 집단과 조현병 집단 간의 TDI 점수의 질적 특징을 비교했다. 조현정동장애 집단의 가변성으로 인해 수검자들은 조현정동장애-조증형과 조현정동장애-우울형의 하위집단으로 구분되었다. 연구자들은 또한 이들 집단의 TDI 점수를 조증 집단과 비교했다(Solovay, Shenton, & Holzman, 1987). 그들의 연구는 조현정동장애-조증형 환자와 조현병 및 조증 환자가 TDI 사고장애 패턴의 질적 측면에서 유사하다는 결과를 보여 주었다. 반응 생산성 또한 유사한 패턴을 나타냈는데, 조증 집단의 반응이 가장 많았고 조현정동장애-우울증 및 조현병 환자들의 반응 수가 가장 적었다.

표면적으로는 조현정동장애-조증형 환자가 조현병 환자보다는 조증 환자와 더 유사했다. 하지만 조현정동장애-조증형 환자가 조증 환자처럼 조합적 활동(combinatory activity)이나 무관한 침투(irrelevant intrusion) 같은 것을 나타내기는 해도 그들은 혼란, 기이한 사고, 와해라는 측면에서 조현병 집단과 가장 유사했다. 비록 그들이 조현병 환자보다는 말이 많고 확장적이기는 했지만 말이다. 그러나 양극성장애 조증 집단과는 달리, 조현정동장애-조증형은 그들의 조합적 활동에서 유머러스하고 유희적인 반응이 적었는데, 이것은 종종 청자에게 특이하고, 이격되고, 지나치게 사적인 것으로 느껴졌다.

조현정동장애-우울형 환자는 일반적으로 각 임상 집단과 달랐으며, 여러 면에서 정상인과 유사했다. 그들은 극적인(dramatic) 결합 활동 및 기이한 언어가 결여된 보다 위축된 반응을 했다. 하지만 그들은 주성분 분석의 불합리성(absurdity) 요인에서 조현병 집단과 놀랍도록 유사했다. 이 요인은 신조어 및 불합리한 반응과 같은 반응 범주의 부하값을 포함한다. 연구자들은 이러한 현저한 특징으로 조현정동장애-우울형 환자와 일차 우울증을 가진 환자를 구별할 수 있다고 주장했다(Holzman, Shenton, & Solovay, 1986).

Shenton은 장애적 사고에 대한 자신의 유형론을 지지하기 위해서 조현정동장애, 조현병, 조증 환자의 사고장애가 그 일차 친족의 사고장애와 질적으로 유사하다는 것을 증명하는 추가 연구를 실시했다(Shenton et al., 1989). 조현정동장애-조증형 환자의 친족들이 사고장애의 양과 기이한 언어의 빈도가 가장 높았고, 그 다음으로 주립병원 조현병 환자의 친족이 높았다는 사실은 흥미롭다. 예상했던 대로, 조현정동장애-우울형 환자의 친족들은 가장 적은 양의 사고장애(정상인 다음으로)를 나타냈다. 하지만 그들의 위축된 기록은 장애적 사고의 구분된 사례로 보인다.

조현정동장애 및 조현병 환자들이 TDI에서 질적으로 동일하게 구분되는 다른 연구 사례는 찾아볼 수 없었다. 앞서 언급한 바와 같이, Khadivi, Wetzler와 Wilson(1997)의 연구는 매클레인 병원의 연구원들이 발견했던 서로 다른 정신증 환자 집단 간에 미세한 차이를 지지하지 않았다. 특히 Khadivi의 집단은 자신들의 분열정동장애 환자들이 더 많은 조합 활동, 기이한 언어, 혼란을 나타낸다는 것을 확인하지 못했다. 다만, 표본의 크기가 작았고, 조현정동장애-조증형을 우울증 환자와 구분하지 않았다는 점에는 유의해야 할 것이다.

망상장애

망상장애[이전에는 '편집증(paranoia)' 또는 '편집장애(paranoid disorders)'라고 칭함]는 다른 정신질환이나 의학적 상태에서 발생할 수 있는 망상적 믿음과 구별할 필요가 있다. 사실 망상은 75개 이상의 다른 임상적 상태에서 발생한다는 사실이 확인됐다(Manschreck, 1979, 1995; Maher & Ross, 1984). 우리가 여기서 말하는 것은 비교적 정상 기능을 하는 성격에서 발생한 안정적이고 잘 정의된 망상체계가 특징인 별개의 정신증 증후군이다. 비록 그 사람은 결국 망상적 믿음에 압도되고 지배당하게 될 수도 있지만, 망상적 믿음은 상당 시간 동안 '캡슐화된(encapsulated)' 형태로 존재할 수 있다.

망상장애는 조현병이나 기분장애에 비해 비교적 흔한 편이다. 망상 외의 양성 증상은 전형적이지 않다(Manschreck, 2007). 더욱이 그 사람의 말, 주의 과정, 지각, 개념적 능력은 온전하다. Reininghaus, Priebe와 Bentall(2013)은 망상장애 환자의 음성 증상과 인지적 와해 요인점수가 낮다는 것을 발견했다. 따라서 우리는 조현병 스펙트럼보다 망상장애에서 빈곤과 인지적 와해의 징후가 더 적을 것으로 예상할 수 있다.

망상장애로 진단된 환자들에게는 피해 망상 및 편집증적 망상이 가장 흔히 발견된다. 하지만 망상적 사고 차원과 편집증적 사고(또는 편집증적 인지 양식)를 구별하는 것이 중요하다. 모든 망상장애가 편집증적 사고방식에 기초하는 것은 아니다. 캡슐화된 망상이 본질적으로 편집증적이지 않아도 된다는 인식은 결국 DSM 입안자들이 증후군의 명칭을 '편집'에서 '망상'장애로 수정하도록 했다.

망상장애는 드물기 때문에 다른 주요 정신증에 비해 덜 연구된다. 이와 같이, 일부 사례 보고(Exner & Erdberg, 2005; Hussein, 2015)를 제외하고는 순수한 편집증과 망상장애는 로샤 문헌에서 거의 주목을 받지 못했다. 과거 저자들은 편집증적 특징을 가진 조현병 환자와 그렇지 않은 조현병 환자 간의 로샤 차이에 주로 초점을 맞추었으며, 편집증적 조현병에서 병리학적 징후가 더 적다는 것을 발견했다(Belyi, 1991; Auslander, Perry, & Jeste, 2002). 망상장애에 관한 자료가 부족하기는 하지만, 편집증적 사고의 인지-심리학적 특성과 로샤 지표를 탐색해 볼 수는 있다. 이와 마찬가지로, 우리는 로샤가 망상적 믿음을 형성하는 개인의 취약성에 관한 단서를 제공하는지에 대한 문제를 고찰해 볼 수 있다. 물론 우리가 임상 면담에서 하는 것처럼 로샤로 망상을 명확하게 식별할 수는 없을 것이다. 하지만 우리의 핵심 질문은 적절한 상황에서 로샤의 비논리성 징후로 망상적 사고에 취약한 개인을 탐지할 수 있는지가 될 것이다.

■ 편집적 스타일의 로샤 지표들

Rapaport, Gill과 Schafer(1946/1968)는 편집증적 양상을 시사하는 여러 로샤 구조 특징에 대해 기술했다. 그들은 (1) 낮은 총 반응 수, (2) 잉크반점에서 아무것도 볼 수 없다는 이유로 카드를 거부하는 경향성, (3) 적은 색채반응 및 색채가 지배적인 반응(정서 통제에 대한 관심이 증가되었음을 시사하는)에 비해 형태가 지배적인 반응이나 일반적인 형태 반응이 더 많은 것이 편집증의 정서적 위축과 방어성을 반영한다는 사실을 발견했다. Rapaport는 많은 공백 반응(S)도 개인의 반항성(oppositionality)과 기저의 적개심이 반영된 편집증 상태의 특성이 될 것이라고 제안했다. 사람들은 이러한 공백 반응과 대부분의 다른 반응이 더 정확하게 지각될 것(더 높은 F+%)이라고 예상한다. 왜냐하면 편집증적인 사람은 외부 현실에 경직되고 날카롭게 대응하기 때문이다.

Rapaport와 동료들은 명백한 장애적 사고에 대해 "이 환자들은 이러한 병리적 언어들을 매우 아껴 쓰고 있다."(p. 435)고 지적했다. Rapaport 그룹에 따르면, 작화증은 편집증적 상태에서는 흔하지 않다. 하지만 일부 괴상한 언어와 관계적 언어(queer and relationship verbalization)는 나타날 수 있다. Rapaport는 관계적 언어 측면에서 검사의 목적을 알아내거나 로샤 카드의 숨겨진 의미를 찾으려고 하는 편집증 환자의 성향에 대해 언급한 바 있다.

Schafer(1948)는 광범위한 와해나 악화로 이어지지 않은 지속적인 캡슐화된 망상을 가진 환자의 사례를 보여 주었다. Schafer는 로샤 지표에 대한 일반화를 시도하면서 그런 환자들은 다소 위축된 기록에서도 약간의 제한적인 상징적 반응을 할 수 있음을 시사했다. 그는 자신의 후기 저작(1954)에서 이러한 지표들을 정교화하면서 편집증의 진단적 특징이라고 생각했던 것들을 추가했다. Schafer는 편집증 환자들이 정서적 위축을 나타내는데, 높은 F%, 적은 수의 색채 반응, CF+C 반응보다 많은 FC를 나타내고, 카드를 거부하는 경향성이 있을 것이라는 데 동의했다. 그는 편집증 환자들이 숨겨진 세부 요소를 탐색하는 경향성은 잉크반점의 드문 부분(Dd)을 활용한 심상의 형성으로 드러날 것이라고 덧붙였다.

Rapaport는 편집증 상태와 M 채점의 증가가 연관되지 않았다고 느꼈지만, Schafer는 이들이 많은 M 반응을 할 수 있고, 그중 일부는 형태가 왜곡될 수 있다고 믿었다. 또한 Schafer는 잉크반점의 아주 작은 부분에 인간 운동을 귀속시키는 경향이 있을 것이라고 했다. 이런 반응의 한 예로, 억제적이고 방어적인 어떤 환자는 VII번 카드에서 보통 사람의 머리나 얼굴(D9)로 지각하는 부분 위에 있는 아주 작은 세부 요소들을 자세히 살펴본 뒤에 다음과 같이 반응했다. "여기는 사람이 가득한 마을이다. 그들은 일을 계속하고 있다. 이 사람들은 이쪽의 다른 사람들을 보고 있다(This is a town full of people. They are carrying on their business. These people are looking at these others over here)." 다른 사람들은 고배율 현미경을 사용한다해도 인간 활동에 대한 설득력 있는 근거를 찾을 수 없을 것이다. 이 응답은 M−로 채점될 뿐만 아니라, 분명한 작화증적 특성도 있다.

Schafer는 또 한 번 Rapaport와 의견을 달리 했는데, 그는 작화증 반응이 편집증적 상태에서 나올 수 있다고 믿었다. Schafer는 현실을 환상으로 모호하게 덮어버리는 편집증적 경향성을 예측한 뒤, 병리적 투사에서는 작화증적 정교화가 두드러지는 측면일 것이라고 추정했다. 그는 작화증적 정교화를 하려면 반점의 세부 요소 간에 임의적 연결을 설정해야 한다고 했다. Schafer는 지나치게 조심스럽고 방어적인 작화증 반응은 특히 편집증의 지표가 될 수 있다고 덧붙였다. 과도한 조심성(overcautiousness)은 반응 수의 제한, 카드의 거부, 잉크반점에서 본 것에 대해 과도하게 애매하고 모호한 반응으로 통제력을 유지하려는 노력으로 표현될 수 있다.

Schafer(1954)의 고유한 공헌 중 하나는 주제 내용의 중요성을 강조한 것으로, 그는 주제 내용을 (성격) 구조와 역동 문제에 대한 추론의 원천으로 기술했다. Schafer는 편집증과 관련해서 자기보호와 외적 위협의 주제가 반영된 내용이 투사 방어의 잠재적 신호가 될 수 있다고 지적했다. 자기보호를 나타내는 심상의 표상에는 도피, 숨기, 우월한 힘의 행사라는 주제가 반영될 수 있다. 방패, 갑옷, 조개 껍데기, 권력자의 웅대한 심상 같은 내용은 자기보호적인 걱정을 반영할 수 있다. 외적 위협을 암시하는 표상에는 공격적, 비난적, 성적인 주제가 반영될 수 있다. 여기에는 불길한, 사악한, 위협적인 인물, 노려보는 얼굴, 눈, 손가락질; 경찰, 형사, 판사 등의 내용이 포함된다.

Schachtel(1966), 그리고 Rapaport, Gill과 Schafer(1946/1968)는 수검자가 형태나 모양을 묘사하기 위해 음영을 사용한 음영 반응인 F(c)에 대해 기술했다. 두 연구 모두 F(c) 반응이 지각적 민감성의 지표라고 했다. Rapaport는 반응의 신중하고 조심스러운 특성을 강조한 반면, Schachtel은 "뉘앙스를 탐색하기 위해 촉수를 뻗는 것"(p. 251)을 강조했다. 이와 같이, F(c) 반응은 조심스럽고 과민한 태도와 연관되어, 편집증적 스타일을 시사하는 것일 수 있다.

이 모든 것을 종합해 보면, 우리는 수검자가 흰색 공백을 포함한 드문 부분 반응(Dd)을 조심스럽게 탐색하는 반응에서 (망상적 사고 여부와는 별개로) 편집증적인 스타일이 어떻게 드러나는지 알 수 있다. 종종 음영을 사용해서 잉크반점의 내부 형상을 조각(carve out)하고, 왜곡되고 작화증적인 특성을 가진 인간운동 반응을 지각하며, 외부의 위험이나 보호의 필요성을 암시하는 주제가 정교화될 수 있다. 다음의 반응은 분노한 편집증적 남성이 응답한 것으로, VIII번 카드 반응에서 이러한 특징들이 드러난다. "여기(D5의 안쪽)를 들여다보면 후드를 쓴 남자가 보인다. 눈에 증오를 품은 사형 집행인 같아 보인다. 살인을 준비하는. 또한 머리 위에 시트를 뒤집어 쓴 KKK의 사내처럼 보인다[If you look in here (inside of D5) you can see a guy with a hood. Looks like an executioner with hate in his eyes. Ready for the kill. Also looks kinda like a KKK guy with a sheet over his head]."

마지막으로, CS의 HVI(Hypervigilance Index)와 R-PAS의 V-Comp(Vigilance Composite)은 세부 요소에 대한 민감성과 (처리) 노력, 단서에 대한 주의를 평가한다. 개념적으로, 이러한 변인들은 수검자의 조심성, 경계심, 의심을 포착할 수 있다. Exner(1993)는 HVI가 편집성 정신분열증 환자 88%와 편집성 성격 환자 90%에서 양성(positive)으로 나타났다고 보고했다.

■ 망상적 사고와 로샤

만일 망상이 부정확한 추론에 근거한 그릇된 믿음이라면, 우리는 망상 형성의 기저에 논리적 사고의 장해가 있을 것으로 예상할 수 있다. 10장에서 논의한 바와 같이, 비논리적 추론의 한 형태는 술어적 사고(predicate thinking) 개념인데, 이는 ALOG와 PEC 반응에서 가장 잘 나타난다. ALOG/PEC 반응은 망상과 마찬가지로 기이한 현실 해석에 대한 피험자의 확신을 반영하며, 대개는 더 명확하고 더 관련된 단서를 무시하고 제한된 정보로만 해석한다.

Rapaport처럼 Exner도 ALOG 반응이 조현병 환자에게서 가장 빈번하다고 했다. 이 연구자들은 이 점수가 그 자체로 특유한 망상적인 과정임을 시사하는 자료를 제시하지 않았다. 즉, ALOG는 일반적인 수준의 망상적 사고보다는 심각한 정신증, 특히 조현병과 더 관련된다고 할 수 있다.

여러 연구가 술어적 사고가 망상 형성의 기저에 있다는 가설에 이의를 제기했다(Nims, 1959; Williams, 1964). 연구자들은 망상적 수검자들이 비망상적 수검자들과 추론 과정이 전혀 다르다는 것을 증명하는 데 실패했다. 그래서 정신증 연구자들 대부분은 망상의 형성이 망상 환자에게 특유한 형식적 추론 결함 때문은 아니라고 결론지었다. 비록 나는 ALOG 반응과 비조현병적 망상장애를 연결한 Rorschach 연구가 없다는 것을 알고 있지만, 가용한 증거에 근거해서 결론을 내리자면 망상장애 환자들이 망상장애가 없는 수검자에 비해서 더 많은 ALOG 반응을 할 것이라고 예상하지는 않는 것이 안전할 것이다.

Maher(1974, 1988; Maher & Ross, 1984)는 망상장애 환자의 추론 능력에 구체적인 손상 증거가 없을 때 망상은 비정상적인 경험에 대한 합리적이고 체계적인 설명이며, 이는 과학자들이 자신의 관찰을 설명하기 위해 적용하는 절차와 같다고 주장했다. Maher는 수검자가 어떤 형태로든 설명이 필요한 어려운 문제나 단절에 직면했을 때 망상이론이 생성된다고 주장했다. 어려운 문제(puzzle)는 수검자가 설명을 찾으라고 압박하는 '검색 모드'를 활성화한다. 설명이 만들어지면 수검자는 상당한 안도감과 긴장감 감소를 느낀다. 이 설명에 일치하지 않는 데이터는 인지부조화를 불러일으켜서 배제된다.

Chapman과 Chapman(1988)은 Maher의 모형이 비조현병적 망상장애 환자의 기저에 있는 망상 형성과정을 기술하고 있을 가능성이 높다고 했다. 하지만 그들은 지각적 왜곡과 마술적 사고를 측정하는 척도에서 높은 점수를 받은 수검자들이 망상이나 비정상적인 믿음과 같은 정신증 또는 정신증-유사 경험에 대해 논의할 때에는 인지적 실수가 증가한다는 증거도 제시했다. 동일한 수검자들이 다른 경험들, 심지어 병리적이지 않은 불안-각성 경험에 대해 논의할 때에는 인지적 실수를 보이지 않았다. 연구자들이 그들의 일탈된 경험에 대해 물었을 때, 이들은 모호하게 자신을 표현하고, 단어 찾기의 어려움을 나타냈으며, 사고이탈적(tangential)이 되는 경향이 있었다. Chapman, Edell과 Chapman(1980)은 통제 집단에 비해 망상적이고 비정상적인 믿음이 강한 수검자일수록 인지적 실수도 많아진다는 것을 발견했다. 그러나 가벼운 인지적 일탈은 수검자들이 자신의 비정상적인 경험에 대해 논의할 때 주로 나타났다.

이것이 시사하는 바는 수검자의 망상적 관념이 잉크반점에 의해 자극되지 않는 한 로샤는 기저의 망상적 기전에 민감하지 않을 가능성이 높다는 것이다. 그러나 Biagiarelli와 동료들(2015)은 PANSS에 기재된 것처럼 M-와 망상 간의 유의한 상관관계를 발견했다. 이것은 시사하는 바가 많은 발견이기는 하지만, M-를 망상에 대한 민감하고 특유한 측정치로 고려해서는 안 될 것이다. 환자들 중 대다수는 정신증이나 망상 증상이 없을 때에도 M- 반응을 한다. 더욱이 Mihura 등의 메타분석 연구(2013년)에서는 M-와 정신증 간의 해석적 관계가 지지되지 않았다.

많은 경우에 망상을 가진 사람들은 로샤에서 사고의 형식이나 현실검증의 장해를 드러내지 않는다. 이것은 수검자가 잉크반점에 신중하고 제한적인 태도로 응답하는 경우에 특히 그렇다. 이런 예측은 Rapaport와 Schafer의 주장에 부합하는 것으로, 그들은 망상장애 환자는 검사로 식별하기 어려울 수 있다고 했다. Rapaport에 따르면, "망상적 상태의 환자들은 드러나지 않을 수 있다. 왜냐하면 그들의 관념 생성 과정이 망상적 형태를 취하기 때문에 그들은 극도의 일관성을 유지할 수 있고, 지적 기능의 큰 부분들은 망상 형성에 의해 손상되지 않는다"(Rapaport et al., 1946/1968, p. 391). Schafer(1948)는 "이런 사례들은 검사로 진단하기 가장 어려운 사례 중 하나다. 그들 중 많은 수가 정상인과 구분되지 않는다."(p. 91)고 덧붙였다.

양극성 장애: 조증 정신증

'조울증적 광증(manic-depressive insanity)'은 Kraepelin(1921)의 초기 진단 도식의 일부였다. 임상가들은 항상 조증의 잠재적 징후로 정신증을 염두에 뒀다. 그러나 역사적으로 조증 환자의 현저한 정서적 특징과 행동적 특징이 진단적으로 강조되어 왔다. '말의 압박(pressured speech)'과 '사고의 비약(flight of idea)'이라는 개념을 제외하면, 조증적 사고의 질적 특징은 초기 정신의학 전문가들로부터 비교적 큰 주목을 받지 못했다.

하지만 1970년대에 이르러 상황은 급변하기 시작했다. Lipkin, Dyrud와 Meyer(1970)는 조증의 인지적 현상학이 조현병과 상당히 중첩된다는 것을 발견했다. Carpenter, Strauss와 Muleh(1973)는 사고과정의 질적 특징을 구체적으로 검토하고서 조증 환자에게 조현병의 1급 슈나이더 증상(first-rank schneiderian symptoms)의 빈도가 높다고 보고했다. Andreasen과 동료들은 조증과 조현병의 사고과정을 비교하는 여러 연구를 수행했다(Andreasen & Powers, 1974; Andreasen, Chuang, & Canter, 1974; Andreasen, 1979a, 1979b; Andreasen & Akiskal, 1983). Andreasen의 종합적인 연구 결론은 (1) 조증 환자는 과포괄적(overinclusive)이고 기괴한 개념적 사고를 특징으로 하는 심한 사고장애를 가지고 있는 반면, 조현병 환자는 개념형성에서 과소포괄적(underinclusive)이고 기괴했다. (2) 속담 검사 반응에 근거해서 임상가들은 조현병 환자보다 조증 환자를 더 자주 사고장애로 진단했다. (3) 브로일러 증상과 슈나이더 증상은 조현병에 특유한 것이 아니고 조증 환자에서도 많이 나타난다. 종합해 보면, 이 연구들은 조현병과 조울증 모두에 대한 진단적 엄밀성과 신뢰성을 높이는 데 크게 기여했다. Morrison과 Flanagan(1978), Pope와 Lipinski(1978)가 수행한 연구는 형식적 사고과정의 장애를 근거로 많은 양극성 장애(조증형) 환자들이 흔히 조현병으로 오진된다고 결론 지음으로써 현대적 DSM 시스템의 진화에 영향을 미쳤다.

우리가 약간의 시간을 들여서 조증 상태에서 장애적 사고의 현상학적 본질을 살펴보고, 이것을 조현병과 대조해 보는 것은 유용할 것이다. 이 두 임상적 증후군의 감별진단을 위한 보다 보편적인 질문은 없다. 다만, 조현병과 조증의 사고장애를 구분하는 데 있어서 우리는 다른 형태의 일차적 정신증과 조현병 및 조증의 로샤 징후에 대해 이미 알고 있는 것부터 검토해 볼 수는 있을 것이다.

조현병과 조증에서 사고장애 구별하기

언어 생산성은 조증이 조현병보다 훨씬 많기 때문에 단독으로도 사고장애를 구분할 수 있는 특징으로 확인되었다(Harvey, Earle-Bover, & Wielgus, 1984; Oltmanns et al., 1985). 와해는 두 집단에서 형식적 사고장애의 공통적 특징이었지만, 빈곤과 응집성은 구분되는 특징이었다. 예를 들어, Andreasen(1983)은 조현병에서의 '공허하게 와해된(empty disorganized)' 말과 조증에서의 '유창하게 와해된(fluent disorganized)' 말을 비교했다. 연구자들은 또한 말의 일탈에도 주목했는데, 조현병에 비해서 조증의 언어 일탈은 더 결속되고 응집성이 있었다(Wykes & Leff, 1982; Hoffman, Stopek, & Andreasen, 1986). 다른 주요한 특징으로는 조증에서는 유희적이고 조합적인 사고가 더 많고(Holzman, Levy, & Johnston, 2005; Solovay, Shenton, & Holzman, 1987), 조현병에서는 빈곤하고 기이한 말이 더 많았다(Cuesta & Peralta, 2011). Docherty, DeRosa와 Andreasen(1996)도 조증 환자들의 말에는 모호한 단어의 사용이 많았고, 조현병 환자들의 말에는 정보의 참조점이 누락된 경우가 많다는 것을 발견했다.

다른 정신질환에 비해서 조기에 발병한 정신증이 동반된 조증형 양극성 장애 환자는 과대망상(grandeur: 62%), 박해망상(persecution: 60%), 권력 영향 망상(influence: 38%)을 가장 일반적인 정신장애적 특징으로 나타냈고, 환자의 41%는 양성 형식적 사고장애를 가지고 있었다(Kennedy et al., 2005). 주의산만(distractible), 자기참조(self-referential), 웅대성(grandiose) 외에 조증의 정신 활동은 확장적(expansive)이고, 빠르고(rapid), (말의) 압력이 있고(pressured), 우원적(circumstantial)이고, 사고이탈적(tangential)인 것을 특징으로 한다(Belmæker & van Praag, 1980). Jamison(1993)은 기분 장애와 창의성에 대한 연구에서 창의적 사고와 경조증적 사고는 모두 유창함(fluency), 신속함(rapidity), 유연함(flexibility)을 특징으로 하는 것을 발견했다. 빠른 사고 속도는 독특한 사고나 연상의 생산량을 증대시킨다. 그러나 건강한 창의적인 개인은 풍부한 독특한 연상을 보여 주는 반면, 조증 환자는 주의집중을 유지하지 못하고 산만해서 그들의 연상을 기괴하게 만든다(Andreasen & Powers, 1974).

Jamison은 조증적 사고의 또 다른 핵심 측면인 조합적 사고에 대해 언급했다. 조합적 사고는 새롭고 독창적인 연결 형성을 위해 관념이나 사고의 범주를 조합하는 능력이다. 연구자들은 물체-분류 검사(object-sorting test)를 사용해서 조증 환자의 개념적 사고에서 과포괄성을 입증했는데, 환자들은 개념적 경계를 확장(broaden)하고, 이동(shift)하고, 흐릿하게(blur) 하는 방식으로 검사 대상을 (새로운) 범주로 조합하는 경향성이 있었다(Andreasen & Powers, 1974). Harrow와 동료들(1982)도 조증 환자가 조현병 환자보다 행동적으로 더 활동적이고 과포괄적인 경향이 있다는 것을 보여 주었다. 그러나 조증적 사고는 단순히 과포괄적이지만은 않고, 기괴하고 기이할 수도 있다(Harrow et al., 1982). Harrow와 동료들은 또한 속담 검사와 물체-분류 검사를 사용해서 조증, 조현병, 비정신증 환자들의 기괴하고 기이한 사고를 평가했다. 그들은 조현병 환자의 79%, 조증 환자의 94%가 중등도에서 심각한 수준의 '기괴한-기이한 사고(bizarre-idiosyncratic thought: 양성 사고장애나 화려한 정신증과 관련된 다양한 유형의 언어 및 행동에 대한 명칭)'을 나타낸다는 것을 발견했다.

기괴함, 과포괄성, 일차 증상의 가능성에도 불구하고, 조증의 언어도 타인의 관여가 가능할 정도로 충분히 현실에 기반한 논리적인 것으로 묘사되어 왔다(Janowsky, Leff, & Epstein, 1970). Harrow와 그의 그룹은 조증 환자들이 기괴하고 부적절한 방식이기는 해도 다른 사람들과 상호작용을 시도한다는 점에 주목했다. 반면, 조현병 환자들은 더 사적이고, 자폐적이며, 내향적인 경향성이 있었다. Janowsky, Leff와 Epstein은 사람들이 조현병 환자를 '미친 사람' 취급하고, 조증 환자의 사이비 논리를 더 쉽게 수용하는 것은 아마도 이러한 상호작용 때문일 것이라고 했다. 이런 생각에 동의하면서 Lipkin, Dryud와 Meyer(1970)는 다음과 같이 말했다.

> 종종 망상적이긴 하지만 조증 삽화 중 환자의 관념은 상당히 양호한 형태를 보여 준다. 그리고 비록 사고의 비약이나 심지어 음향 연상도 빈번하지만, (조증의) 연상은 조현병에서 나타나는 당황스럽고 상징적인 연상의 이완과는 다른 질적 특성을 가지고 있다(p. 266).

Hoffman, Stopek과 Andreasen(1986)은 조증 및 조현병의 말이 청자에게 서로 다른 처리 과정을 요구하는지 비교하기 위해 담화분석(discourse analysis)을 실시했다. 조증, 조현병, 정상 피험자의 언어 표본 분석은 조증적 사고/언어장애가 조현병에서보다는 덜 지리멸렬하거나덜 고립되어 있다는 주장을 부분적으로 지지했다. Hoffman과 그의 팀은 Deese(1978, 1980)의 정신언어학적에 기반한 연구를 진행했는데, 그들은 만약 청자가 텍스트로 표현된 명제를 위계적 담화 구조로 조직할 수 있다면 확장된 다문장(multisentence) 텍스트를 응집성 있게 경험할 것이라고 주장했다. 만약 말의 분절(segment)이 청자에 의해 명제적 위계로 구성되고, 일부 명제들은 다른 명제들과 의존적으로 연결될 수 있다면 화자가 표현한 모든 명제는 논리적으로 상호 연관될 수 있을 것이다.

이러한 보고들은 조현병 환자의 말과 논리에 비해 조증의 비논리적이고 지리멸렬한 말은 청자가 이해(또는 단순히 용인)하기에 더 쉬울 수 있음을 시사한다. 그것은 또한 조현병 환자의 소원한 태도에 비해서, 조증 환자의 대인관계 지향성은 청자가 집중하기에 쉽게 한다. 조증 환자의 망상은 조현병 환자의 음산하고 공포스러운 망상과는 대조적으로 황홀함(ecstasy)과 교감(communion)이라는 주제가 반영된다. 아마도 이는 조현병의 정동의 둔화나 정동의 부조화에 반해, 조증 환자의 더 재미있고 덜 무서운 전염성 있는 기분은 (사고)일탈에 대한 청자의 인내력을 증가시키는 것일지도 모른다. Andreasen과 Pfohl(1976)은 조증 환자에 대한 언어 분석에서 조증 환자의 말은 다채로운 형용사와 동작 동사로 가득 차 있음을 발견했다. 그러나 흥미롭게도 그 말들은 사람보다는 사물에 대한 관심을 더 많이 반영하고 있었다.

조증 사고장애의 로샤 지표들

나는 전작(Kleiger, 1999)에서 조증 환자의 로샤 특성을 설명한 선구적인 연구들을 개관했다. 이 오래된 연구들의 대다수는 반응 수, 위치, 색채, 운동 및 형태 수준과 관련된 로샤 변인들을 나열했다. 사고장애는 조증을 상징하는 것으로 여겨지지 않았기 때문에 조증 환자 사고의 질적 특성을 설명한 로샤 연구자는 거의 없었다. 예외적으로 Weiner(1966)는 "그들(조증 환자들)은 운동과 색채를 자유롭게 사용하고, 전통적인 동물, 평범한 지각, 명백한 D 위치를 크게 벗어나서 해석을 확장하며, 수많은 공상적인 세부 요소, 조합, 말초적 연상으로 그들의 반응을 윤색한다."(p. 433)고 기술했다.

의심할 여지 없이, 조증의 장애적 사고에 대한 가장 상세하고 엄격한 로샤 분석은 Holzman의 TDI 연구 그룹(Solovay, Shenton, & Holzman, 1987)이 수행한 것이다. 조현병 환자 집단 43명의 TDI 평균 35.58(±38.77)에 비해 조증 환자 20명의 TDI 평균은 25.02(±16.15)였다. 비록 조현병 집단은 조증 집단보다 (GAS 평정에서) 유의미하게 더 와해되고 만성으로 평가되었지만, TDI 총점에서는 유의미한 차이가 없었다. 이는 분명히 조현병 표본 내의 변량이 더 크기 때문일 것이다. 주성분-요인분석에서는 한 요인이 조증 집단의 73.3%를 정확하게 설명했다. '조합적 사고'라고 부르는 이 요인은 유희적 작화증(.83), Incom(.60), 경솔한 반응(.58), 우화적 조합(.53)의 개별 TDI 점수(및 각각의 부하)로 구성되었다. 조증 집단과 조현병 집단을 구별한 또 다른 요인은 '무관한 침투(irrelevant intrusion)'로 명명됐다(경솔한 반응과 이완된 반응으로 구성됨). 조현병 집단은 TDI의 네 가지의 심각도 수준 모두에서 사고장애를 나타냈다. 이와는 대조적으로, 가장 심각한 수준인 1.0의 사고장애 점수를 나타낸 조증 환자는 없었다. 두 집단 모두 .25와 .75 수준에서는 동등한 수준의 사고장애를 나타낸 반면, 조증 집단은 조현병 집단보다 .50 수준의 사고장애 채점이 더 많았다. 그 .50 수준 점수에는 유희적 작화증과 FABCOM 같은 요인이 포함됐다.

그들의 자료를 바탕으로 Solovay, Shenton과 Holzman(1987)은 다음과 같이 결론지었다.

> 조증의 사고장애는 관념들이 느슨하게 한데 뒤엉켜 있고, 과도하게 결합되고, 정교화되어 나타난다… 이러한 기이한 통합 과정의 뚜렷한 결과 중 하나는 종종 사회적 의사소통 중에 부적절해 보이는 경솔하고 유희적인 무관한 침투가 나타난다는 것이다(p. 19).

Khadivi, Wetzler와 Wilson(1997)은 조증 환자에게 영향을 미치는 주요 발견 중 일부에 대해 교차타당화 검증을 했다. 그들은 편집증적 조현병, 조증, 조현정동장애 환자의 주요 사고장애 중 여섯 범주(조합적 사고, 자의적 언어, 자폐적 사고, 유동적 사고, 불합리성, 혼란)를 비교해서 조증 집단의 조합적 사고가 다른 두 집단보다 유의미하게 많다는 것을 발견했다. 그들은 조합적 사고가 정상적으로 분리되어 있는 사물들을 연결하는 경향성을 반영한다고 결론지었다. 여기서 수검자가 이질적인 요소들을 통합하려는 노력은 이성, 현실, 지적 능력을 유지하고자 하는 수준을 넘어선다. Khadivi와 동료들은 이 조합과정을 주의산만함이나 집중력 유지 곤란과 연관지었다. 그들은 조증 환자가 무관한 자극에 반응하도록 추동되기 때문에 과포괄적이 되고 무관한 자극을 배제할 수 없다는 점에 주목했다. 그들은 또한 이러한 조합적 특성이 '사고의 비약' 개념과 관련될 것으로 추정했다.

Singer와 Brabender(1993)는 CS를 사용해서 양극성 조증, 양극성 우울증, 단극성 우울증 환자에서의 차이점과 유사점을 검증했다. 이전 연구와 일관되게 그들은 단극성 우울증 환자에 비해 양극성 우울증 환자가 더 인지적으로 저조하다는 사실을 발견했다(Donnelly, Murphy, & Scott, 1975). Singer와 Brabender는 양극성 조증 집단이 다른 두 집단보다 SUM6, WSUM6 특수점수, 수준 2, SCZI, X−%가 유의미하게 높다는 것을 발견했다. 조증 집단 내에서는 77%가 DR1, 56%가 DR2를 하나 이상 보유했으며, 50%는 INCOM, 56%는 FABCOM, 22%는 ALOG를 보유하고 있었다. 흥미롭게도, 어떤 조증 환자도 신조어나 극도로 이상한 단어 사용을 포함한 수준 2의 일탈된 언어(DV2)를 나타내지 않았다. 이것은 기이한 언어가 조증적 사고를 덜 반영한다는 TDI 연구와 부합하는 결과다.

Kimura와 동료들(2013)은 Singer와 Brabender의 방식과 유사한 연구를 일본인 환자 및 통제군을 대상으로 수행했다. 그들은 조울증, 단극성 우울증 집단, 비환자 통제 집단의 로샤 사고장애 지표들을 비교했다. 그들의 주요 발견은 양극성 우울증 집단이 단극성 우울증 및 통제 집단보다 WSUM6에서 더 높은 점수를 받았다는 것이다. 또한 단극성 우울증 및 통제 집단에 비해 조증 집단에서 DR2 채점이 약 3배 더 빈번했다. Kimura의 연구는 조증 단계가 아닌 양극성 우울증 환자에게서도 심각한 장애적 사고가 있음을 보여 주었다. 이와 관련해 두 연구는 안정기 양극성 장애 환자(Mandel et al., 1984)와 양극성 장애 환자의 건강한 자녀(Osher et al., 2000)도 로샤 사고장애 수준이 높다는 것을 발견했으며, 이는 WSUM6의 상승으로 정의된 장애적 사고가 조울증의 내적표현형 지표(endophenotypic marker) 역할을 할 수 있음을 시사한다.

요약하자면, 주로 조합적 사고, 유희적 작화증, 경솔한 발언을 특징으로 하는 '조증적 사고의 장애 로샤 프로파일'에는 설득력 있는 증거가 있으며, 이 프로파일은 조울증 스펙트럼 환자들에게 일정 수준 나타날 수 있다. 구조적인 발견 외에도 압박감, 빠른 말, 능동 동사(active verbs)의 사용, 정서적인 언어, 야심찬 통합 노력(ambitious integrative efforts)과 같은 질적 특징들은 진단적 추론을 보다 견실하게 하는 특유한 사고장애 징후로 활용할 수 있다. 이는 또한 조합 활동, 나쁜 형태 수준, 위축에 근거해서 양극성 우울증을 식별(하고 단극성 우울증을 변별)하는 증거가 될 것이다.

정신증 특징이 있는 주요 우울증

정신증 특징이 있는 주요 단극성 우울증은 다른 정신 질환에 비해 관심을 덜 받았고, 종종 인식되지 못하고 넘어간다(Smith et al., 2007). 대규모 역학조사(Ohayon & Schatzberg, 2002)에서는 주요 우울증 기준을 충족한 개인의 18.5%가 우울증에 정신증 요소도 있는 것으로 분류됐다. 일반적으로 망상은 환각보다 더 흔하며, 죄의식, 처벌, 박해의 주제를 반영한 경우가 가장 빈번하고, 질병, 빈곤, 허무주의 등의 주제는 그보다는 드문 편이다(Kuhs, 1991). 우울증 환자는 자신의 사고를 (타인과) 공유하는 경우가 드물기 때문에 임상가는 정신운동 장애[초조(agitation) 또는 지체(retardation)], 인지적 손상, 건강염려증, 불안, 편집증적 관념을 포함한 다른 증상과 행동에 주의를 기울일 필요가 있다(Smith et al., 2007). 또한 이러한 환자에게서는 음성 증상이 흔하지 않다는 점도 중요하다(Husted, Beiser, & Iacono, 1995).

장애적 사고와 우울증

Winokur, Clayton과 Reich(1969)는 이질적인 우울증 수검자 집단에서 사고 내용과 처리과정의 장해를 확인했다. 89명의 전체 우울증 표본 중 약 20%가 중등도에서 심각한 형식적 사고장애[유사논리적 혹은 무관한 반응, 사고이탈, 사고의 비약, 신조어, 반향언어증(echolalia), 보속증, 음향 연상, 말비빔 등의 사고장애 징후를 포함]를 가지고 있는 것으로 나타났다. 확진된 단극성 환자 47명 중에서는 무려 40%나 중등도에서 심각한 수준의 형식적 사고장애가 있었다.

Ianzito, Cadoret과 Pugh(1974)는 단극성 우울증에서 사고 내용 및 형식의 장애를 연구한 결과, 사고의 형식적 구조에서 중등도부터 심각한 장애를 나타낸 단극성 환자 중 78%는 장기 입원 및 ECT 의뢰라는 좋지 않은 예후를 나타냈다. 따라서 저자들은 입원 시 형식적 사고장애가 심각한 난치성 우울증을 예측한다고 결론지었다.

Sprock와 동료들(1983)은 우울증을 호소하는 환자들의 인지기능을 살펴봤다. 구체적으로 그들은 우울증을 호소하는 만성 통증 환자들이 사고장애를 가지고 있는지를 검토했다. 이 수검자들은 일차적 기분질환으로는 평가되지 않았다. 대신 그들은 벡 우울증 척도(Beck depression inventory)에서 극심하게 우울한 것으로 평가된 것에 기초해서 '우울한' 것으로 분류되었다. 연구자들은 정보처리속도를 검사하기 위해 고안된 순간노출 절차(tachistoscopic procedure)에서 세 가지 주요 영역을 발견했다. (1) 추상화 능력(abstracting ability), (2) 연상 침투(associative intrusion), (3) 처리속도(speed of processing)가 그것이다. 각 영역의 손상은 우울증 점수와 유의미한 상관이 있었다. 범주 검사(category test)는 단극 및 양극성 우울증 모두의 추상화 능력을 연구하는 데 사용됐다(Donnelly et al., 1980; Savard, Rey & Post, 1980). 이 연구에서 연구자들은 우울하지 않은 통제군에 비해 입원한 두 유형의 우울증 환자 모두에서 유의한 추상화 능력 손상을 발견했다.

Silberman, Weingartner와 Post(1983)는 비논리적 추론과 비효율적인 피드백을 비개인적이고 추상적인 문제해결 과제로 활용하여 결과를 관찰했다. Silberman과 동료들은 수검자가 검사자의 피드백을 바탕으로 문제해결 가설을 생성하고 검증하며, 궁극적으로는 (가설의 수를) 줄여 나가는 절차를 적용했는데, 단극성 및 양극성 우울증이 혼합된 표본 집단은 유의미하게 손상된 수행을 나타냈다. 특히 우울증 집단은 비우울증적 통제집단보다 초점화의 문제와 보속증 오류가 더 많은 경향성이 있었다. 보속증은 피험자가 부정적인 피드백을 받았음에도 잘못된 해결책을 고수하는 경우를 말한다. 흥미롭게도, 이 연구자들은 우울한 수검자들의 수행이 좌측 및 우측 측두엽 절제술을 받은 환자와 질적으로 유사하다는 것을 발견했다. 그들은 보속증 경향성을 가진 일부 기질적 치매가 우울증을 가진 치매의 모형으로 유용할 수 있다고 결론지었다.

Carter(1986)는 정신증적 우울증 환자들을 대상으로 형식적 사고장애 여부를 평가하는 연구를 수행했다. 특히 그녀는 정신증적 우울증과 만성 편집형 조현병에서 장애적 사고의 본질을 비교하는 데 관심이 있었다. Carter는 정신증적 우울증 환자들이 편집증적 조현병으로 분류된 대상자들만큼 기이한 사고방식(이완, 지리멸렬, 비논리성과 같은 특성을 포함)을 나타낸다는 것을 발견했다. Carter는 (우울증에서) 정신증은 다른 진단 범주들의 사고장애와 동등한 것이라고 결론지었다. Harrow 등(1982)과 같이 그녀는 수검자에게서 발견되는 양성 사고장애와 같은 것들은 정신증 상태의 산물이며, 진단 범주들 간의 구분은 덜 중요하다고 믿었다. 본질적으로 Carter는 정신증적 우울증에 사고장애가 동반되는 것은 우울증의 산물이 아니라 정신증적 기능부전(decompensation)과 연관된 산물이라고 언급했다. 그녀는 일반적인 정신증 프로파일에는 기이한 사고, 제한된 추상화 능력, 언어적 오류, 내용 결핍, 상호 혼합(intermixing), 그리고 목표 지향성의 상실이 포함될 것이라고 제안했다.

Kay(1986)는 사고장애는 진단과 질적으로 연관되지 않고 주로 정신증적 기능부전의 산물이라는 Carter의 결론을 문제 삼았다. Kay는 무엇보다도 다른 하위유형의 조현병 환자들보다 인지장애가 덜 심한 편집형 조현병과 비교한 Carter의 판단을 비판했다. 편집증형 조현병은 비편집형 하위유형에 비해 면담과 검사 점수에서 더 적은 양성 사고장애의 징후를 나타낸다. 그러므로 Kay의 주장대로 사고 손상이 덜한 조현병 하위 집단이 다른 활성기 정신증 집단보다 양성 사고장애가 많지 않은 것은 놀랄 일이 아니다.

로샤 발견들

우울증의 일반적인 사고장애 프로파일에 대한 경험적 지지는 분명하지 않지만, 양극성과 단극성 우울증, 그리고 정신증적 우울증과 다른 정신증적 장애와 같은 임상 증후군 간의 감별진단을 내리는 데 도움이 되는 유용한 로샤 연구 결과들이 있다.

Singer와 Brabender(1993)는 로샤 연구에서 양극성 우울증과 단극성 우울증을 감별하는 문제가 매우 방치되어 왔다고 지적했다. 그들은 단극성 우울증에 비해 양극성 우울증의 SUM6와 WSUM6 평균이 유의미하게 크다는 것을 발견했다. 특수점수와 관련해서 단극성 우울증에 비해 양극성 집단은 수준 1 DR 및 INCOM 반응이 유의미하게 많았다. 사실상 양극성 우울증은 이러한 두 측정치에서 양극성 조증과 유의하게 구분되지 않았다. 특히 양극성 우울증 환자의 60%, 조증 환자의 77%, 단극성 우울증 환자의 14%가 DR 반응을 한 것은 주목할 만한 결과다. Singer와 Brabender는 양극성 우울증 환자의 반응이 질적으로 '양극성 조증 환자보다 덜 환상적이고, 덜 유희적이며, 덜 유쾌한 톤을 가진다'(p. 342)는 것을 발견했다.

앞에서 언급했듯이, 조증 환자는 양극성 및 단극성 우울증 환자보다 WSUM6(수준 2 특수점수가 더 많음)과 SCZI가 유의하게 컸다. 양극성 장애 및 단극성 우울증 집단은 수준 2 점수의 빈도에서는 차이가 없었다. 연구자들은 수준 2 특수점수가 양극성 조증 환자의 영역이라고 결론지었다(수준 2 채점 빈도가 하나 이상인 환자의 비율은 양극성 우울 33%, 단극성 우울 18%였으나, 양극성 조증은 72%였음).

양극성 우울증 집단은 단극성 우울증 집단에 비해 수준 1 INCOM과 DR이 더 많을 뿐만 아니라, 단극성 우울증 집단보다 더 높은 마이너스 형태 수준의 반응 비율을 나타냈다(양극

성 대 단극성: X−%=21 vs. 14). 이러한 결과에 따라 저자들은 우울증에 대해 다음과 같은 결론을 내렸다.

> 우울증이 두드러지고(로샤 또는 다른 관찰 방식에서) 비교적 많은 수의 특수점수가 있을 때, 특히 현실 검증의 손상이 동반된다면 양극성 장애가 있다는 가설을 세워야 한다(p. 343).

단극성 우울증에 관한 Singer와 Brabender의 자료를 좀 더 자세히 살펴보면, 장애적 사고의 빈도가 상대적으로 낮았음을 알 수 있다. 그들은 모든 범주에서 양극성 장애 환자보다 더 적은 특수점수를 나타냈다. 대부분의 범주에서 그들의 특수점수 빈도는 비환자 성인과 유사했다(Exner, 1993).

약화된 정신증 증후군(APS)

지난 20여년 동안 전 세계의 연구자들은 정신증 이환 위험이 높은 환자들의 조기 발견과 치료에 많은 관심을 갖게 되었다(Kleiger & Khadivi, 2015). 이러한 고위험 증후군은 '위험 상태(at−risk mental states 또는 ARMS)'(McGorry, Yung, & Phillips, 2001), '초고위험(ultra−high−risk 또는 UHR)'(Yung & McGorry, 2007), '임상 고위험(clinical high−risk 또는 CHR)'(Addington & Heinssen, 2012), '정신증 위험 증후군(psychosis−risk syndrome 또는 PRS)'(McGlashan, Walsh, & Woods, 2010)라는 명칭으로 불렸다. 이러한 고위험 상태에 대한 관심이 폭발적으로 증가함에 따라 DSM−5 패널들은 추가 연구가 필요한 잠정적인 상태인 약화된 정신증 증후군(Attenuated Psychosis Syndrome: APS)을 제안했다(American Psychiatric Association, 2013).

이 분야의 선구자인 Yung과 동료들(1998)은 식별 후 1년 이내의 정신증 발병을 예측하는 일련의 기준을 정의했다. 그들은 세 가지 고위험 군집 또는 증후군을 확인했는데, 이는 최근 기능 감퇴와 기질−기반의 특성들의 조합 혹은 두 상태 기반 증후군 중 하나를 반영한 것이다. 최근 기능 감퇴(functional deterioration)는 최소 1개월 동안의 정신상태 변화(change in mental state)로 정의되며, 병전(premorbid) 기능 수준이 분명하게 감퇴된 것과 관련된다. Yung 등의 연구 집단은 다음과 같은 것들을 포함했다. (1) 유전적 위험성 및 감퇴 증후군(즉, 조현병−스펙트럼 장애로 진단된 환자의 일차 친족 그리고/혹은 그 사람이 분열형 성격장애의 기준을 충족하는 경우), (2) 단기 간헐적 정신증 상태(Brief Intermittent Psychotic State: BIPS) 혹은 단기로 제한된 간헐적 정신증 상태(Brief Limited Intermittent Psychotic State: BLIPS), 이는 형식적 사고장애를 포함한 하나 이상의 양성 정신증 증상을 특징으로 하지만 한 번에 너무 짧게 발생하여 공식적인 정신질환 진단기준을 충족하지 못하는 환자를 위한 것이다. 더 일반적으로는 (3) 약화된 양성 증상 상태(Attenuated Positive Symptom State: APSS)로, 이는 비정신증적, 전-망상적 사고(pre-delusional thoughts), 역치 하의 환각적인 지각 이상(hallucinatory perceptual anomalies), 전-사고장애적 언어 조직(pre-thought-disordered speech organization)을 보여 주는 환자를 기술하기 위한 것이다. 보고에 따르면 APSS 증후군은 대부분의 고위험 환자(McGlashan, Walsh, & Woods, 2010)의 특징이 된다. McGlashan과 동료들은 서로 다른 차원의 정신증 증상학에 해당하는 일련의 준정신증적(subpsychotic)이고 약화된 상태에 대한 기준을 개발했다.

DSM-5에서 APS의 주요 특징에는 완전한 정신증 장애의 역치 하의 다양한 '정신병 유사(psychosis-like)' 증상들이 속한다. 제안된 기준으로는 다음과 같은 것들이 있다. (1) 환각, 망상, 와해된 언어의 약화된 형태, (2) 증상이 지난 한 달 동안 적어도 1주일에 한 번 발생함, (3) 증상이 지난 1년 동안 악화됨, (4) 괴로움과 무능력한 증상, (5) 정신증적 우울증 또는 양극성 장애를 포함한 다른 정신장애가 증상을 더 잘 설명하지 못함, (6) 전면적인(full-blown) 정신증의 기준을 충족한 적이 없다. 증상이 덜 심각하고 덜 빈번한 것 외에도 통찰력과 현실 검증력은 비교적 온전한 것이다.

비록 약화된 정신증 증후군이 조증보다는 조현병과 더 연관되지만, 두 질환이 몇 가지 전구 증상(prodromal)의 특징을 공유하고 있음을 암시하는 일부 증거가 있다. 그러나 특이한 관념은 조현병 전구 증상과 더 관련된 반면, 강박사고, 강박행동, 집중력과 사고의 곤란, 기분의 불안정성, 자살성향, 안절부절못함, 피로감, 각성 흥분(agitation)은 조증에 더 부합했다(Correll et al., 2007).

APS의 임상 평가

정신증-위험 환자를 탐지하기 위한 평가도구 개발은 연구 프로그램의 핵심이 되어 왔다. 고위험 환자를 식별하기 위해 포괄적인 면담과 평정척도를 기반으로 한 여러 도구가 개발되었다(Kleiger & Khadivi, 2015 참조). 하지만 이러한 평가도구의 타당도에는 두 가지 문제가 있는데, 하나는 과학적인 것이고, 다른 하나는 실제적인 것이다. 첫 번째 문제는 아주 적은 예외를 제외하고 진단가들이 일상적인 임상 실무에서 정신증-위험 환자를 식별하기 위한 방법의 개발 및 활용에 덜 적극적이었다는 것이다. 시행에 긴 시간이 드는 도구들은 비실용적일 뿐만 아니라 자료 수집을 위한 광범위한 훈련과 다양한 연구 구성원이 필요한 경우가 많다. 또한 대부분의 연구기반 평가도구와 마찬가지로, 이 도구들은 시판되지 않았으며, 임상가들이 진단 실제에 광범위하게 사용되지 않았다. 이러한 이유로 이와 같은 평가도구들은 포괄적이기는 했지만 일반적으로 평가 대상 환자의 정신증 가능성에 대한 진단적 의사결정을 앞둔 임상가의 실무에 부적합하거나, 비실용적이거나, 활용 불가능한 것이었다. 그 대신, 임상가들은 전형적으로 환자가 정신증으로 발전할 위험성을 판단하기 위해 비구조화된 임상 면담과 표준 심리검사도구에 의존한다.

두 번째 문제는 대규모 연구도구들과 약화된 정신증의 개념에 대한 것으로, 일반적으로 예측 연구는 오긍정(false-positive) 비율이 높은 편이다. 여러 장기 전향적 연구에서 고위험으로 식별된 환자 중 20~50%만이 조현병으로 이환되었다(Shrivastava et al., 2011). 높은 오긍정 비율은 불운한 낙인, 불필요한 치료, 비효율적인 치료 등을 포함한 부정적인 결과를 낳게 된다(Paris, 2013).

일반적으로 심리검사는 대규모 탐지 연구(large-scale detection studies)에 포함되는 방법이 아니다. 심리검사는 정신증-위험 연구용 도구로 선택되지 않았을 뿐만 아니라, 전통적 심리평가도구를 이용한 현대적인 예측 연구도 거의 발표된 바가 없다. 그러나 Mihura와 동료들(2013)이 지적한 바와 같이, "로샤의 주목할 만한 강점이 정신증 탐지능력이라는 점을 감안할 때, 일차 및 이차 예방 연구로 고위험 정신증 사례를 탐지하는 능력을 향상시킬 수 있다"(p. 579). 2장에서 언급한 바와 같이, 연구자들은 정신증 위험성 관련 변인들을 확인하는 데 로샤를 사용하기 시작했다(Kimhy et al., 2007; Ilonen et al., 2010; Lacoua, Koren, & Rothschild-Yakar, 2015). Kimhy와 동료들은 임상적 고위험 환자가 조현병 환자만큼 현실검증이나 지각적 정확도(FQ)에 상당한 손상을 나타낸다는 것을 발견했다. FQ-는 일반적으로 정신증 환자보다 임상적 고위험 환자가 더 양호하게 나타나는 장애적 사고의 다른 로샤 지표보다 더 유의미한 요인이다. Kimhy 등은 로샤 반응에서 FQ-는 임상적 고위험 환자의 기질-유사(trait-like) 지표일 수 있으며, 이는 사고조직화의 장해가 발생하기 전에 식별될 수 있다고 결론지었다. 그들은 또한 조현병 일차친족이 있는 고위험 집단은 그러한 가족력이 없는 고위험군보다 더 나쁜 FQ를 나타낸다는 것을 발견했다. Inoue, Yorozuya와 Mizuno(2014)는 UHR들의 동반이환을 연구한 결과, 고위험 수검자들은 로샤에서 FQ-가 많았고, 장애적 사고과정의 지표가 더 적다는 것도 발견했다.

하지만 다른 연구팀은 정신증의 고위험 개인들의 로샤에서 FQ와 장애적 사고 모두에서 문제를 발견했다(Ilonen et al., 2010; Lacoua, Koren, & Rothschild-Yakar, 2015). 이러한 발견은 DSM-5의 기술과 부합하는 것으로, 이상한 말로 드러나는 장애적인 의사소통[모호한(vague), 은유적인(metaphorical), 과잉정교화된(overelaborated), 정형화된(stereotyped)], 초점 없는 말[혼란된(confused), 난삽한(muddled), 너무 빠르거나 너무 느린, 잘못된 단어(wrong words), 무관한 맥락, 경로 이탈(off track)], 굴절된 말(우원적인, 사고이탈적인) 등이 있다. 중등도의 와해가 나타날 때, 그 사람은 빈번하게 무관한 주제에 빠져들지만 명료화 질문에 반응해서 쉽게 돌아온다(American Psychiatric Association, 2013, p. 784).

당신의 환자를 APS라는 진단적 추론을 하려면 당신은 지난 1년 동안 그 사람의 증상이 악화되어 왔다는 정보가 필요할 것이다. 가벼운 환각과 망상 또는 준-망상적(quasi-delusional) 사고에 대한 평가도 필요하다. 로샤에서는 형태 정확성의 일시적 저하와 좀 더 미묘한 와해와 비논리성의 표현에 주목해야 한다. 그래야 수준 2 DR, INCOM 및 FABCOM보다 더 많은 수준 1의 사고 착오를 발견할 수 있을 것이다. FQ- 및 사고장애적 반응에 대한 환자의 자각을 묻는 한계검증은 병식의 평가에 중요하다.

약물로 유발된 정신증

DSM-5에 따르면, 정신증 장애는 처방된/처방되지 않은 광범위한 물질과 연관되어 발생할 수 있다. 메스암페타민(methamphetamine),[1] 코카인(cocaine), 환각제(hallucinogenic), 대마초(cannabis) 중독의 결과인 이른바 '약물로 유발된 정신증'에 많은 관심이 집중되었다. 약물 유발 정신증을 가진 환자들은 일차적 정신증과 구별이 어려운 일련의 정신증 증상을 가지고 응급의료기관에 나타난다.

정신증 증상을 판정할 때 여러 요인이 약물의 역할에 대한 평가를 복잡하게 만든다(Kleiger & Khadivi, 2015). 예를 들어, 환자들은 인과관계를 확립하는 데 필요한 독성학적(toxicology) 절차[2]를 거부할 수 있다. K-2나 엑스터시와 같은 약물들은 표준 독성 감별검사에 포함되지 않기도 한다. 많은 응급의료 환경에서 환자들은 진단을 위해 권장되는 약물 없는 4주간의 관찰이 이루어지기 전에 퇴원한다. 이러한 복잡한 요인의 결과로, 환자들은 종종 오진된다(Addington & Addington, 1998).

1) (역자 주) 필로폰.
2) (역자 주) 약물 검사.

또 다른 복잡한 문제는 일차 정신증과 약물로 유발된 정신증 환자가 임상적 증상학에 근거해 구분이 가능한가에 대한 것이다. 약물로 유발된 정신증 증상은 급성 조현병 스펙트럼 증상과 유사하다. 망상 및 환각은 코카인과 암페타민으로 유발된 정신증 환자에게서 흔히 발생한다(Fujii & Sakai, 2007; Jacobs & Hanning, 2007; Bramness et al., 2012). 과대망상과 편집망상은 코카인 유도 정신증 환자의 93%에서 발생한다(Fujii & Sakai, 2007). 또한 메스암페타민 정신증(MAP)과 코카인 유형의 물질로 유발된 정신증 모두 환청을 나타내며, 보다 드물게는 환시 및 환촉[의주감(formication)][3]도 나타낸다. 종합적인 문헌 개관 결과, Acklin(2017)은 MAP 증상은 급성 편집형 조현병의 양성 증상과 구별할 수 없다고 지적했다. 메스암페타민 사용과 관련된 정신증에서는 관계 사고와 피해 사고가 가장 빈번하다(Jacobs & Hanning III, 2007). Acklin은 전-정신증적(pre-psychotic) 경험에는 관계 사고와 비정상적인 기분 상태가 포함될 수 있으며, 그 다음에 환청 및 환시를 동반한 관계망상, 박해망상, 중독망상을 특징으로 하는 좀 더 본격적인 정신증 상태로 전환될 수 있다고 했다. Acklin은 편집증과 두려움을 특징으로 한 '독성 정신증 상태(toxic psychotic state)'로 언급되어 온 MAP의 현상학에 관한 최근의 연구 결과를 개관했다.

대마초와 관련된 정신병적 증상은 다소 차이가 있어 보인다(Núñez Domínguez, 2007). 조증적 흥분과 편집증은 빈번하고, 과대성(grandiosity), 적개심, 혼란, 환각, 이인증, 비현실감의 경험 등이 동반될 수 있다. 코카인과 암페타민에 의해 유발된 정신증과 마찬가지로, 대마초로 유발된 정신증과 관련된 망상 대부분은 본질적으로 편집적이고 과대적이다. 대마초로 인한 환각은 다른 물질과 연관된 정신증에 비해 덜 빈번하다.

이전의 보고들은 본질적으로 '정신증은 정신증'이며, 물질로 유발된 정신증 환자들과 조현병 스펙트럼 정신증 환자들을 임상 현상학으로는 구분할 수 없다고 했다(Janowsky & Risch, 1979). 하지만 그 문헌들은 물질로 유발된 정신증 환자들이 형식적 사고장애를 보이는지에 대해서는 다소 모호한 결론을 제시했다. Harris와 Batki(2000)는 소표본 연구에서 코카인과 암페타민 유발 정신증 환자들의 PANSS 사고장해 척도(thought disturbance scale) 점수가 조현병 수검자 점수의 80%ile 수준에 해당한다는 사실을 발견했다. 조현병 환자와 비교했을 때, MAP를 가진 사람들은 높은 수준의 양성 증상을 보였으며, 유의하지는 않지만 더 낮은 수준의 음성 증상을 보였다. 다시 말해서, 임상적 양상에서 잠재적인 미묘한 차이에도 불구하고, MAP는 조현병으로 위장될 수 있어 보인다.

Núñez Domínguez(2007)는 대마초 유발 정신증을 가진 환자들이 사고의 비약과 같은 사

3) (역자 주) 개미가 피부 위를 기어다니는 환각.

고과정에서 장해를 나타낼 수 있다고 지적했다. 그러나 약물 유발 정신증 환자는 형식적 사고장애가 없다는 등의 차이가 있다는 것이 보다 일관된 연구 결과다(Bell, 1965; Rosental & Miner, 1997; Yui et al., 2000). 이러한 연구들은 언어의 특이함이나 인지적 와해보다 현저한 망상과 환각에 초점을 맞췄다. 더욱이 DSM-5는 물질로 유발된 정신증의 핵심 진단 특징으로 와해된 언어가 아니라 망상과 환각을 언급하고 있다. 또한 이러한 환자들은 일반적으로 음성 증상을 보이지 않는다는 연구 결과들도 있다(Janowsky & Risch, 1979; Harris & Batki, 2000).

약물 남용과 정신증의 관계는 복잡하다. 아마도 물질로 유발된 정신증의 이해와 진단에서 가장 심각한 어려움은 정신증적 장애 환자들이 대마초나 메스암페타민과 같은 약물 남용을 할 가능성이 높다는 점이다(Bramness et al., 2012). 조현병과 조울증 환자의 약물 사용 비율은 높다(Regier et al., 1990). 일차적 정신증을 앓고 있는 환자들은 이런 약물을 남용할 수 있는데, 이것은 그들의 정신증을 촉발하거나 악화시킨다. 게다가 조현형 및 이와 유사한 정신증 성향을 가진 사람들은 대마초와 메스암페타민을 습관적으로 사용한 후에 완전히 발현된 정신병으로 이환될 수 있다. 마지막으로, 이전에 약물로 유발된 정신증을 앓았던 환자의 약 4분의 1이 수년 후에 정신증 환자가 된다. Bramness와 동료들(2012)은 암페타민과 정신증의 관계를 설명하기 위해 기질-스트레스 모형을 제안했다. 그들의 모형에 따르면, 정신증에 취약한 사람은 약물에 대한 낮은 노출(즉, 저용량)은 정신증이 촉발될 가능성이 높은 반면, 그러한 취약성이 없는 개인에게는 높은 노출로도 정신증으로 이어질 가능성이 낮다. 하지만 암페타민에 반복적으로 노출되면 시간이 지남에 따라 취약성은 커지고, 급격한 노출을 하지 않아도 정신증적 기능부전의 위험성은 증가한다.

심리 평가와 로샤의 역할

심리 평가, 특히 로샤는 약물로 유발된 정신증 환자를 평가하는 데 기여할 수 있을까? 분명히 우리는 도구가 가진 한계, 그리고 평가, 관찰, 과거력 수집, 실험실 연구 등 다중접근법을 사용하는 것의 중요성을 인식할 필요가 있다. 실제로 어떤 심리 평가방법이라도 약물 과다사용의 결과로 인한 정신증 환자와 일차적 정신증 환자를 구분할 수 있을지는 의문이다. 더구나 그런 업무를 우리의 역할로 생각하는 사람은 거의 없을 것이다. 하지만 약물로 유발된 정신증 의심 환자가 임상적으로 안정된 후에 검사는 인지기능의 기저선을 확인하고 심리사회적 취약점을 식별하는 데 기여할 수 있다(Kleiger & Khadivi, 2015).

앞서 언급된 많은 연구에서 약물로 유발된 정신증은 형식적 사고장애나 음성 증상 발생률이 낮았다는 점을 고려하면, 우리가 그러한 사람들에게 그런 로샤 지표가 더 적을 것이라고 기대하는 것은 타당할 것이다. 그러나 Acklin(2017)이 지적한 바와 같이, MAP에 대한 로샤 연구는 찾아보기 어렵다. 조심스럽게 접근하자면, 우리는 물질로 유발된 정신증의 로샤 징후에 대한 경험적인 증거가 부족하다는 것을 알고 있지만 이 환자들이 특이한 언어, 와해, 구체성(concreteness), 위축(constriction)의 증거를 나타내지 않을 것이라고는 예측해 볼 수 있다. 따라서 로샤 기록에 DV, 탈선된 DR, 빈곤의 징후는 더 적을 수 있다. 대신에 우리는 이 사람들이 각성 홍분(agitation), 불안, 의심, 홍분성(excitability)의 행동적 징후를 나타낼 것이라고는 예상할 수 있다. 로샤에서는 환각과 망상을 확인할 수 없더라도, ALOG/PEC 형식에서 비약적 결론의 증거를 찾아볼 수는 있을 것이다. 반응 내용은 경계성(guardedness), 편집증(paranoia), 박해(persecution)의 주제를 나타낼 수 있다. 또한 우리는 매우 상징적인 내용이 포함되고 윤색되며 장황한 형태의 과대성을 마주할 수도 있다.

최근 Acklin(2017)은 MAP와 조현병 환자가 질적으로 다른 사고장애 프로파일을 나타낼 것이라는 추정들에 대해 대부분 반박했다. Acklin은 두 진단 사례를 비교했는데, 한 사례는 DSM-IV 정신분열증(편집형)으로 진단되었고, 다른 사례는 메스암페타민 의존과 메스암페타민 유발 정신증으로 진단되었다. MMPI-2와 R-PAS 로샤 변인을 비교한 결과, Acklin은 이 두 환자의 기록이 사고장애와 현실검증 지수에서 구분되지 않았다는 것을 증명했다. 두 사례 모두 지각 및 사고 문제 영역의 결정적 변인에서 극적인 상승을 나타냈다. EII-3, TP Comp(Thouch & Perception Composite), SevCog(Severe Cognitive Codes), FQ-가 99%ile을 넘어섰다. Acklin은 M-와 P(평범 반응)에서 흥미로운 차이점을 발견했다. MAP 환자는 두 지표 모두에서 유의하게 높은 점수를 얻었는데, 이는 그가 관습적인 반응을 많이 했지만 동시에 왜곡된 인간운동 반응도 많이 했음을 시사한다. Acklin은 임상적 및 심리진단적 양상의 유사성을 고려했을 때, 검사자는 특히 로샤 외에 환자의 임상 및 약물 남용 과거력에 대한 추가적 정보에 의존해야 할 것이라고 결론지었다.

로샤의 장애적 사고 지표에 미치는 약물의 효과

정신의학자들은 종종 평가 심리학자들에게 자신의 환자가 항정신증제를 복용하지 않는 동안 검사를 받아야 하는지를 묻는다. 분명히, 급성 정신증과 각성 홍분 상태의 환자에 대한 약물 처방의 임상적 필요성은 그의 검사 일정까지 기다리는 것보다 훨씬 중요하다. 그럼에도 불구하고 항정신증제가 양성 증상을 줄이는 효과가 있는 것처럼, 검사에 있어서 더 본격적인 사고장애의 징후도 감소시킨다(Kleiger & Khadivi, 2015). TDI로 측정된 로샤 장애적 사고 지수가 항정신증 약물 치료 과정 중에 감소했다는 많은 연구 결과가 있다(Hurt, Holzman, & Davis, 1983; Spohn et al., 1986). 심각한 사고장애 및 정신증적 현실 왜곡과 관련된 점수는 감소하거나 소멸할 가능성이 있었다. 하지만 잔류적(residual)이고 덜 극적인 사고 병리 징후는 지속되는 것으로 밝혀졌다(Gold & Hurt, 1990; Spohn et al., 1986). Spohn은 약물치료를 받은 조현병 환자들의 기록에서 보다 완화된 .25 수준의 인지적 실수를 발견하고서 더 심각한 수준의 로샤 사고장애 지표는 정신증 상태와 관련이 있다고 결론지었다. 반면, 더 완화된 점수는 좀 더 기질에 가까운(trait-like) 조현병의 특징을 나타낸다(Holzman, Levy, & Johnston, 2005).

참고문헌

Acklin, M. W. (2017). Madness and mayhem, and murder: A comparative Rorschach case study of methamphetamine psychosis and paranoid schizophrenia. In R. E. Erard & F. B. Evans (Eds.), *The Rorschach in multimethod forensic practice*. New York: Routledge.

Addington, J., & Addington, D. (1998). Effect of substance misuse in early psychosis. *The British Journal of Psychiatry, 172* (Suppl. 33), 134-136.

Addington, J., & Heinssen, R. (2012). Prediction and prevention of psychosis in youth at clinical high risk. *Annual Review of Clinical Psychology, 8*, 269-289.

American Psychiatric Association. (1994). *Diagnostic and statistical manual of mental disorders* (4th ed.). Washington, DC: Author.

American Psychiatric Association. (2013). *Diagnostic and statistical manual of mental disorders* (5th ed.). Washington, DC: Author.

Andersen, D. B., Vernal, D. L., Bilenberg, N., Væver, M. S., & Stenstrøm, A. D. (2016). Early-onset schizophrenia: Exploring the contributions of the thought disorder index to clinical assessment. *Scandinavian Journal of Child and Adolescent Psychiatry and Psychology, 4*, 23-30.

Andreasen, N. C. (1979a). Thought, language, and communication disorders: I. Clinical assessment, definition of terms, and evaluation of their reliability. *Archives of General Psychiatry, 36*, 1315-1321.

Andreasen, N. C. (1979b). Thought, language, and communication disorders: II. Diagnostic significance. *Archives of General Psychiatry, 36*, 1325-1330.

Andreasen, N. C. (1983). The clinical differentiation of affective and schizophrenic disorders. In M. R. Zales (Ed.), *Affective and schizophrenic disorders: New approaches to diagnosis and treatment*. New York: Brunner/Mazel.

Andreasen, N. C., & Akiskal, H. S. (1983). The specificity of bleulerian and schneiderian symptoms: A critical reevaluation. *Psychiatric Clinics of North America, 6*, 41-53.

Andreasen, N. C., & Pfohl, B. (1976). Linguistic analysis of speech in affective disorders. *Archives of General Psychiatry, 33*, 1361-1367.

Andreasen, N. C., & Powers, P. S. (1974). Overinclusive thinking in mania and schizophrenia. *British Journal of Psychiatry, 125*, 452-456.

Andreasen, N. C., Tsuang, M. T., & Canter, A. (1974). The significance of conceptual style. *Archives of General Psychiatry, 32*, 70-73.

Auslander, L. A., Perry, W., & Jeste, D. V. (2002). Assessing disturbed thinking and cognition using the ego impairment index in older schizophrenia patients: Paranoid vs. nonparanoid distinction. *Schizophrenia Research, 53*, 199–207.

Barch, D. M., Bustillo, J., Gaebel, W., Gur, R., Heckers, S., Malaspina, D., Owen, M. J., Schultz, S., Tandon, R., Tsuang, M., van Os, J., & Carpenter, W. (2013). Logic and justification for dimensional assessment of symptoms and related clinical phenomena in psychosis: Relevance to DSM-5. *Schizophrenia Research, 150*, 15–20.

Bell, D. S. (1965). Comparison of amphetamine psychosis and schizophrenia. *British Journal of Psychiatry, 111*, 701–707.

Belmæker, R. H., & van Praag, H. M. (Eds.) (1980). *Mania: An evolving concept*. New York: Spectrum.

Belyi, B. I. (1991). Interpretation of Rorschach ink blots by patients with delusional forms of schizophrenia. *Zhrunal Nevropatologii i Psikhiatrii, 91*, 97–104.

Benedik, E., Coderl, S., Bon, J., & Smith, B. L. (2013). Differentiation of psychotic from nonpsychotic inpatients: The Rorschach perceptual thinking index. *Journal of Personality Assessment, 95*, 141–148.

Biagiarelli, M., Roma, P., Comparelli, A., Andrados, P., Di Pomponio, I., Corigliano, V., Curto, M., & Ferracuti, S. (2015). Relationship between the Rorschach Perceptual Thinking Index (PTI) and the Positive and Negative Syndrome Scale(PANSS) in psychotic patients: A validity study. *Psychiatry Research, 225*, 315–321.

Bleuler, E. (1950). *Dementia Praecox or the Group of Schizophrenias*. (J. Zinkin, Trans.). New York: International Universities Press.(Original work published in 1911)

Braff, D. L., & Geyer, M. A. (1990). Sensorimotor gating and schizophrenia: Human and animal model studies. *Archives of General Psychiatry, 47*, 181-188.

Braff, D. L., Grillon, C., & Geyer, M. A. (1992). Gating and habituation of the startle reflex in schizophrenic patients. *Archives of General Psychiatry, 49*, 206-215.

Bramness, J. G., Gundersen, Ø. H., Guterstam, J., Rognli, E. B., Konstenius, M., Løberg, E. M., Medhus, S., Tanum, L., & Franck, J. (2012). Amphetamine-induced psychosis-a separate diagnostic entity or primary psychosis triggered in the vulnerable? BMC Psychiatry, 12, 221. http: //www. biomedcentral. com/1471-244X/12/221.

Cameron, N. (1938). Reasoning, regression and communication in schizophrenics. *Psychological Monographs, 50*, 1-340.

Carpenter, W. T., Strauss, J. S., & Muleh, S. (1973). Are there pathognomonic symptoms in schizophrenia: An empiric investigation of Schneider's first-rank symptoms. *Archives of General Psychiatry, 28*, 847–852.

Carter, M. L. (1986). The assessment of thought deficit in psychotic unipolar depression and chronic paranoid schizophrenia. *Journal of Nervous and Mental Disease, 174*, 336-341.

Chapman, L., & Chapman, J. P. (1987). The search for symptoms predictive of schizophrenia. *Schizophrenia Bulletin, 13*, 497–553.

Chapman, L., & Chapman, J. P. (1988). The genesis of delusions. In T. Oltmanns & B. Maher (Eds.), *Delusional beliefs*. New York: Wiley.

Chapman, L., Edell, W. S., & Chapman, J. P. (1980). Physical anhedonia, perceptual aberration and psychosis proneness. *Schizophrenia Bulletin, 6*, 639-653.

Coleman, M. J., Levy, D. L., & Lenzenweger, M. F. (1996). Thought disorder, perceptual aberrations, and schizotypy. *Journal of Abnormal Psychology, 105*, 469-473.

Correll, C. U., Penzner, J. B., Frederickson, A. M., Richter, J. J., Auther, A. M., Smith, C. W., Kane, J. M., & Cornblatt, B. A. (2007). Differentiation in the preonset phases of schizophrenia and mood disorders: Evidence in support of a bipolar mania prodrome. *Schizophrenia Bulletin, 33*, 703–714.

Cuesta, M. J., & Peralta, V. (2011). Testing the hypothesis that formal thought disorders are severe mood disorders. *Schizophrenia Bulletin, 37*, 1136–1146.

Deese, J. (1978). Thought into speech. *American Science, 66*, 314-321.

Deese, J. (1980). Pauses, prosody, and the demands of production in language. In H. W. Dechert & M. Raupach (Eds.), *Temporal variables in speech: Studies in honor of Frieda Goldman-Eisler* (pp. 69-84). The Hague: Mouton.

Docherty, N. M., DeRosa, M., & Andreasen, N. C. (1996). Communication disturbances in schizophrenia and mania. *Archives of General Psychiatry, 53*, 358–364.

Donnelly, E. G., Murphy, D. L., & Scott, W. H. (1975). Perception and cognition in patients with bipolar and unipolar depressive disorders: A study in Rorschach responding. *Archives of General Psychiatry, 32*, 1128-1131.

Donnelly, E. F., Waldman, I. N., Murphy, D. L, Wyatt, R. J. & Goodwin, F. K. (1980). Primary affective disorder: Thought disorder in depression. *Journal of Abnormal Psychology, 89*, 315-319.

Dzamonja-Ignjatovic, T., Smith, B. L., Jocic, D., & Milanovic, M. (2013). A comparison of new and revised Rorschach measures of schizophrenic functioning in a serbian clinical sample. *Journal of Personality Assessment, 95*, 471–478.

Exner, J. E. (1986). Some Rorschach data comparing schizophrenics with borderline and schizotypal personality disorders. *Journal of Personality Assessment, 50*, 455-471.

Exner, J. E. (1993). *The Rorschach: A comprehensive system, basic foundations* (Vol. 1, 3rd ed.). New York: Wiley.

Exner, J. E., & Erdberg, P. (2005). *The Rorschach: A comprehensive system, advanced interpretation* (Vol. 2, 3rd ed.). New York: Wiley.

Fujii, D. E., & Sakai, E. Y. (2007). Cocane. In C. D. Fujii & I. Ahmed (Eds.), *The spectrum of psychotic disorders* (pp. 382–391). New York: Cambridge University Press.

Gold, J. M., & Hurt, S. W. (1990). The effects of haloperidol on thought disorder and IQ in schizophrenia. *Journal of Personality Assessment, 54*, 390-400.

Gomilla, M. V. (2011). The Rorschach test in the differential diagnosis of 245 schizophrenic inpatients. *Annuary of Clinical and Health Psychology, 7*, 79–93.

Harris, D., & Batki, S. L. (2000). Stimulant psychosis: Symptom profile and acute clinical course. *The American Journal of Addictions, 9*, 28–37.

Harrow, M., Lanin-Kettering, I., Silverstein, M. L., & Meltzer, H. Y (1982). Thought pathology in manic and schizophrenic patients. *Archives of General Psychiatry, 39*, 665-671.

Harvey, P. D., Earle-Bover, E. A., & Wieglus, M. S. (1984). The consistency of thought disorder in mania and schizophrenia: An assessment of acute psychotics. *Journal of Nervous and Mental Diseases, 172*, 458–463.

Hoffman, R. E., Stopek, S., & Andreasen, N. C. (1986). A comparative study of manic vs. schizophrenic speech disorganization. *Archives of General Psychiatry, 43*, 831-838.

Holzman, P. E., Levy, D. L., & Johnston, M. H. (2005). The use of the Rorschach technique for assessing format thought disorder. In R. F. Bornstein & J. M. Masling (Eds.), *Scoring the Rorschach: Seven validated systems*. New York: Routledge.

Holzman, P. E., Shenton, M. E., & Solovay, M. R. (1986). Quality of thought disorder in differential diagnosis. *Schizophrenia Bulletin, 12*, 360-371.

Hurt, S. W., Holzman, P. S., & Davis, J. M. (1983). Thought disorder: The measurement of its changes. *Archives of General Psychiatry, 40*, 1281-1285.

Hussein, O. (2015). From persecution to depression: A case of chronic depression-associating the Rorschach, the TAT, and Winnicott. *Journal of Personality Assessment, 97*, 230–240.

Husted, J. A., Beiser, M., & Iacono, W. G. (1995). Negative symptoms in the course of first-episode affective psychosis. *Psychiatric Research, 56*, 145–154.

Ianzito, B. M., Cadoret, R. J., & Pugh, D. D. (1974). Thought disorder in depression. *American Journal of Psychiatry, 131(6)*, 703-707.

Ilonen, T., Heinimaa, M., Korkeila, J., Svirskis, T., & Salokangas, R. K. R. (2010). Differentiatin gadolescents at clinical high risk for psychosis from psychotic and non-psychotic patients with the Rorschach. *Psychiatry Research, 179*, 151–156.

Inoue, N., Yorozuya, Y., & Mizuno, M. (2014). Identifying comorbidities of patients at ultra-high risk for psychosis using the Rorschach comprehensive system. Paper presented at the XXI International Congress of Rorschach and Projective Methods, Istanbul, Turkey.

Jacobs, L., & Hanning, W. (2007). Methamphetamine. In D. Fujii & I. Ahmed (Eds.), *The spectrum of psychotic disorders* (pp. 392–405). New York: Cambridge University Press.

Jamison, K. R. (1993). *Touched with fire*. New York: Free Press.

Janowsky, D. S., Leff, M., & Epstein, R. S. (1970). Playing the manic game. *Archives of General Psychiatry, 22*, 252-261.

Janowsky, D. S., & Risch, C. (1979). Amphetamine psychosis and psychotic symptoms. *Psychopharmacology, 65*, 73–77.

Judd, L. L., McAdams, L., Budnick, B., & Braff, D. L. (1992). Sensory gating deficits in schizophrenia: New results. *American Journal of Psychiatry, 149*, 488-493.

Kay, S. R. (1986). Thought deficit in psychotic depression and chronic paranoid schizophrenia: Methodological and conceptual issues. *Journal of Nervous and Mental Disease, 174*, 342-347.

Kay, S. R., Fiszbein, A., & Opler, L. A. (1987). The Positive and Negative Syndrome Scale(PANSS) for schizophrenia. *Schizophrenia Bulletin, 13*, 261-276.

Kennedy, N., Everitt, B., Boydell, J., van Os, J., Jones, P. B., & Murray, R. M. (2005). Incidence and distribution of first-episode mania by age: Results from a 35-year study. *Psychological Medicine, 35*, 855–863.

Khadivi, A., Wetzler, S., & Wilson, A. (1997). Manic indices on the Rorschach. *Journal of Personality Assessment, 69*, 365-375.

Kimhy, D., Corcoran, C., Harkavy-Friedman, J. M., Ritzler, B., Javitt, D. C., & Malaspina, D. (2007). Visual form perception: A comparison of individuals at high risk for psychosis, recent onset schizophrenia and chronic schizophrenia, *Schizophrenia Research, 97*, 25–34.

Kimura, H., Akemi, O., Kawashima, R., Inoue, T., Nakagawa, S., Suzuki, K., Asakura, S., Tanaka, T., Kitaichi, Y., Masui, T., Kitagawa, N., Kako, Y., Abekawa, T., Kusumi, I., Yamanaka, H., Denda, K., & Koyama, T. (2013). Differences between bipolar and unipolar depression on Rorschach testing. *Neuropsychiatric Disease and Treatment, 9*, 619–627.

Kleiger, J. H. (1999). *Disordered thinking and the Rorschach*. Hillsdale, NJ: The Analytic Press.

Kleiger, J. H. (2015). An open letter to Hermann Rorschach: What has become of your experiment? *Rorschachiana, 36*, 221-241.

Kleiger, J. H., & Khadivi, A. (2015). *Assessing psychosis: A clinician's guide*. New York: Routledge.

Koistinen, P. (1995). Thought disorder and the Rorschach. Oulu: Oulun Yliopistd.

Kraepelin, E. (1921). *Manic-depressive insanity and paranoia*. Edinburgh: E. & S. Livingston.

Kuhs, H. (1991). Depressive delusion. *Psychopathology, 24*, 106-114.

Lacoua, L., Koren, D., & Rothschild-Yakar, L. (2015). Poor awareness of problems in thought and perception and risk indicators of schizophrenia-spectrum disorders: A correlational study of nonpsychotic adolescents in the community. Paper presented at the annual meeting of the Society for Personality Assessment, Brooklyn, NY.

Lipkin, K. M., Dyrud, J., & Meyer, G. G. (1970). The many faces of mania: Therapeutic trial of lithium carbonate. *Archives of General Psychiatry, 22*, 262-267.

Maher, B. A. (1974). Delusional thinking and perceptual disorder. *Journal of Individual Psychology, 30*, 98-113.

Maher, B. A. (1988). Anomalous experience and delusional thinking: The logic of explanations. In T. F. Ottmanns & B. A. Maher (Eds.), *Delusional beliefs* (pp. 15-33). New York: John Wiley & Sons.

Maher, B. A., & Ross, J. S. (1984). Delusions. In H. E. Adams & P. B. Sutker (Eds.), *Comprehensive handbook on psychopathology* (pp. 383-409). New York: Plenum Press.

Mandel, B., Last, U., Belmæker, R. H., & Rosenbaum, M. (1984). Rorschach markers in euthymic manic-depressive illness. *Neuropsychobiology, 12*, 96-100.

Manschreck, T. C. (1979). The assessment of paranoid features. *Comprehensive Psychiatry, 20*, 370-377.

Manschreck, T. C. (1995). Pathogenesis of delusion. *The Psychiatric Clinics of North America, 18*, 213-229.

Manschreck, T. C. (2007). Delusional disorder. In D. Fujii & I. Ahmed (Eds.), *The spectrum of psychotic disorders* (pp. 116-133). New York: Cambridge University Press.

McGhie, A., & Chapman, J. (1961). Disorders of attention and perception in early schizophrenia. *British Journal of Medical Psychology, 34*, 103-116.

McGlashan, T. H., Walsh, B., & Woods, S. (2010). *The psychosis-risk syndrome: Handbook for diagnosis and follow-up*. New York: Oxford University Press.

McGorry, P. D., Yung, A., & Phillips, L. (2001). Ethics and early intervention in psychosis: Keeping up the pace and staying in step. *Schizophrenia Research, 51*, 17-29.

Meehl, P. E. (1962). Schizotaxia, schizotypy, schizophrenia. *American Psychologist, 17*, 827-838.

Meissner, W. W. (1981). The schizophrenic and paranoid process. *Schizophrenia Bulletin, 7*,

611-631.

Mihura, J. L., Meyer, G. J., Dumitrascu, N., & Bombel, G. (2013). The validity of individual Rorschach variables: Systematic reviews and meta-analyses of the comprehensive system. *Psychological Bulletin, 139*, 548-605.

Morrison, J. R., & Flanagan, T. A. (1978). Diagnostic errors in psychiatry. *Comprehensive Psychiatry, 19*, 109-117.

Nims, J. P. (1959). Logical reasoning in schizophrenia: The von Domarus principle. Unpublished doctoral dissertation, University of Southern California, Los Angeles.

Núñez Domínguez, L. A. (2007). Cannabis-induced psychosis. In D. Fujii & I. Ahmed(Eds.), *The spectrum of psychotic disorders* (pp. 369-381). New York: Cambridge University Press.

Ohayon, M. M., & Schatzberg, A. F. (2002). Prevalence of depressive episodes with psychotic features in the general population. *American Journal of Psychiatry, 151*, 1855-1861.

Oltmanns, T. E, Murphy, R., Berenbaum, H., & Dunlop, S. R. (1985). Rating verbal communication impairment in schizophrenia and affective disorders. *Schizophrenia Bulletin, 11*, 292-299.

Osher, Y., Mandel, B., Shapiro, E., & Belmæker, R. H. (2000). Rorschach markers in offspring of manic-depressive patients. *Journal of Affective Disorders, 59*, 231-236.

Paris, J. (2013). *The intelligent clinician's guide to the DSM-5*. New York: Oxford University Press.

Payne, R. W., Mattusek, P., & George, E. I. (1959). An experimental study of schizophrenic thought disorder. *Journal of Mental Science, 105*, 627-652.

Perry, W., & Braff, D. L. (1994). Information-processing deficits and thought disorder in schizophrenia. *American Journal of Psychiatry, 151*, 363-367.

Perry, W., Minassian, A., Cadenhead, K., Sprock, J., & Braff, D. (2003). The use of the ego impairment index across the schizophrenia spectrum. *Journal of Personality Assessment, 80*, 50-57.

Pope, H. G., & Lipinski, J. F. (1978). Diagnosis in schizophrenia and manic-depressive illness: A reassessment of the specificity of "schizophrenic" symptoms in light of current research. *Archives of General Psychiatry, 35*, 811-828.

Rapaport, D., Gill, M., & Schafer, R. (1968). *Diagnostic psychological testing* (Rev. ed.). New

York: International Universities Press. (Original work published in 1946)

Regier, D. A., Farmer, M. E., Rae, D. S., Locke, B. Z., Keith, S. J., Judd, L. L. Goodwin, F. K. (1990). Comorbidity of mental disorders with alcohol and other drug abuse: Results from the Epidemiological Catchment Area(ECA) Study. *Journal of the American Medical Association, 264*, 2511-2518.

Reininghaus, U., Priebe, S., & Bentall, R. P. (2013). Testing the psychopathology of psychosis: Evidence for a general psychosis dimension. *Schizophrenia Bulletin, 39*, 884-895.

Rosenthal, R. N., & Miner, C. R. (1997). Differential diagnosis of substance-induced psychosis and schizophrenia in patients with substance use disorders. *Schizophrenia Bulletin, 23*, 187-193.

Savard, R. J., Rey, A. C., & Post, R. M. (1980). Thinking in depression. *Archives of General Psychiatry, 4*, 456-459.

Schachtel, E. (1966). *Experiential foundations of the rorschach test.* New York: Basic Books.

Schafer, R. (1948). *The clinical application of psychological tests.* New York: International Universities Press.

Schafer, R. (1954). *Psychoanalytic interpretation in Rorschach testing.* New York: Grune & Stratton.

Shakow, D. (1950). Some psychological features of schizophrenia. In M. L. Reyment (Ed.), *Feelings and emotions* (pp. 383-390). New York: McGraw-Hill.

Shakow, D. (1962). Segmental set: A theory of the formal psychological deficit in schizophrenia. *Archives of General Psychiatry, 14*, 79-83.

Shenton, M. E., Solovay, M. R., & Holzman, P. (1987). Comparative studies of thought disorders: II. Schizoaffective disorder. *Archives of General Psychiatry, 44*, 21-30.

Shenton, M. E., Solovay, M. R., & Holzman, P. (1989). Thought disorder in the relatives of psychotic patients. *Archives of General Psychiatry, 46*, 897-901.

Shrivastava, A., McGorry, P. D., Tsuang, M., Woods, S. W., Cornblatt, B. A., Corcoran, C., & Carpenter, W. (2011). Attenuated psychosis symptoms syndrome as a risk syndrome of psychosis, diagnosis in DSM-V: The debate. *Indiana Journal of Psychiatry, 53*, 57-65.

Silberman, E. K., Weingartner, H., & Post, R. M. (1983). Thinking disorder in depression. *Archives of General Psychiatry, 40*, 775-780.

Singer, H. K., & Brabender, V. (1993). The use of the Rorschach to differentiate unipolar and bipolar disorders. *Journal of Personality Assessment, 60*, 333-345.

Smith, E. G., Burke, P. R., Grogan, J. E., Fratoni, S. E., Wogsland, C. S., & Rothschild, A. J. (2007). Psychosis in major depression. In D. Fujii & I. Ahmed (Eds.), *The spectrum of psychotic disorders* (pp. 156-194). New York: Cambridge University Press.

Solovay, M. R., Shenton, M. E., & Holzman, P. S. (1987). Comparative studies of thought disorders: I. Mania and schizophrenia. *Archives of General Psychiatry, 44(1)*, 13-20.

Spohn, H. E., Coyne, L., Larson, J., Mittleman, F., Spray, J., & Hayes, K. (1986). Episodic and residual thought pathology in chronic schizophrenics: Effect of neuroleptics. *Schizophrenia Bulletin, 12,* 394-407.

Sprock, J., Braff, D. L., Saccuzzo, D. P., & Atkinson, J. H. (1983). The relationship of depression and thought disorder in pain patients. *British Journal of Medical Psychology, 56*, 351-360.

Venables, P. H. (1960). The effect of auditory and visual stimulation on the skin potential response of schizophrenics. *Brain, 83*, 77-92.

Weiner, I. B. (1966). *Psychodiagnosis in schizophrenia*. New York: Wiley.

Williams, E. B. (1964). Deductive reasoning in schizophrenia. *Journal of Abnormal Social Psychology, 69*, 47-61.

Winokur, G., Clayton, P., & Reich, T. (1969). *Manic depressive illness*. St. Louis, MO: C. V. Mosby.

Wood, J. M., Nezworski, M. T., Lilienfeld, S. O., & Garb, H. N. (2003). *What is wrong with the Rorschach?: Science confronts the controversial inkblot test*. New York: Wiley & Sons.

Wykes, T., & Leff, J. (1982). Disordered speech: Difference between manics and schizophrenics. *Brain and Language, 15*, 117-124.

Yui, K., Ikemoto, S., Ishiguro, T., & Gooto, K. (2000). Studies of amphetamine or methamphetamine psychosis in Japan: Relation of methamphetamine psychosis to schizophrenia. *Annals of New York Academy of Science, 914*, 1-12.

Yung, A. R., Phillips, L. J., McGorry, P. D., McFarlane, C. A., Francey, S., Harrigan, S., Patton, G. C., & Jackson, H. J. (1998). Prediction of psychosis: A step towards indicated prevention of schizophrenia. *British Journal of Psychiatry, 172*(Suppl. 33), 14-20.

Yung, A. R., & McGorry, P. D. (2007). Prediction of psychosis: Setting the stage. *British Journal of Psychiatry, 191*(Suppl. 51), 1-8.

Chapter 14 이차적 정신증 현상과 로샤

증상 차원 범위 및 심각도 연속선이 확장된다는 것은 사고의 장해를 포함한 다양한 정신증적 징후가 일차적 정신증 또는 물질로 유발된 정신증이 아닌 환자들에게서도 나타날 수 있다는 것을 의미한다. 장애적 사고의 로샤 징후에 대한 우리의 관심은 전형적인 비정신증 장애 환자에게 나타나는 와해된, 비논리적인, 빈곤한 사고의 특징을 포괄한다. 이는 이런 환자들의 임상적 특징들이 때때로 정신증 영역에 근접하거나 진입할 수 있음을 의미한다.

나는 경계성 성격장애(BPD)의 DSM 정의보다 광범위한 범주인 경계성 성격 조직(borderline personality organization)에서의 장애적 사고부터 시작해서 외상 및 해리성 장애와 관련된 로샤 특징을 검토할 것이다. 이 장애들은 정신증-유사 현상 및 장애적 사고의 특징들을 공유하는 임상 증후군에 속한다. 마지막으로, 나는 심각한 강박증 스펙트럼 장애 환자가 나타내는 정신증적 특징과 장애적 사고 형태에 대해 논의할 것이다.

경계성 장애

Cauwels의 1992년 작인 『난국(Imbroglio)』은 경계성 성격이라는 복잡하고 때로는 혼란스러운 개념을 보여 준다. 수십 년간의 논쟁과 그 개념을 다듬기 위해 쓰여진 수많은 책에도 불구하고, 경계성 개념의 '경계(border)' 개념이나 그 관계에 대한 완전한 합의는 여전히 존재하지 않는다. 그러한 혼란은 경계성이 별개의 성격장애(즉, BPD)를 말하는 것인지, 아니면 극도로 심각한 수준의 성격기능(즉, 경계성 성격 조직)을 말하는 것인지에 대한 의문에서 가장 두드러진다. 전자는 기술정신의학의 전통(Grinker, Werble, & Drye, 1968; Gunderson & Singer, 1975; Gunderson, 1977, 1984)에서 유래된 좁은 개념의 임상 현상으로 DSM-III(American Psychiatric Association, 1980)의 등장 이후 공식적인 '성격장애'로 인정됐다. 전자를 포괄하는 후자의 개념은 자아심리학 및 대상관계이론에 기반을 둔 정신분석적 저술에서 비롯된 것이다(Knight, 1953; Kernberg, 1967).

정신증, 장애적 사고, 경계성 정신병리

어떤 전통적 관점을 선호하는지와 관계없이 경계성 장애의 모든 정의는 정신증적 혹은 일차과정 사고를 언급한다. Knight(1953)는 일시적인(transient) 정신증 삽화를 겪고 있는 정상으로 보이는(normal-appearing) 환자들의 '자아 약점(ego weakness)'에 대해 기술했다. Knight는 경계성 환자가 미묘하게 특이한 표현부터 완전한 자폐적 사고까지 다양한 사고 병리적 스펙트럼을 보일 수 있다고 주장했다. Knight은 "일시적인 차단(occasional blocking), 단어 사용의 특이성(peculiarities of word usage), 명백한 함의에 대한 인식 결여(obliviousness to obvious implication), 관용구의 오염(contaminations of idioms), 자의적인 추론(arbitrary inferences), 부적절한 정동(inappropriate affect), 의심에 찬 행동과 질문(suspicion-laden behavior and question)이 정신증 수준의 자아 손상이 의도치 않게 드러난 잠재적 사례들"이라고 썼다(p. 103).

Kernberg(1967)는 메닝거에 있을 때 경계성 성격 조직에 대한 중요한 이론을 발전시켰는데, 이는 Knight가 관련 개념을 도입한 지 10년 후, Rapaport, Gill과 Schafer(1946/1968)가 진단적 검사 배터리의 개념을 도입한 지 20년 후에 이루어졌다. Kernberg는 투사 검사를 경계성 성격구조를 가진 환자의 일차과정적 사고와 현실검증력의 약화를 확인할 수 있는 중요한 수단으로 생각했다. 그는 이러한 환자들에게 형식적 사고장애는 중요하지 않고, 일반적인 현실검증은 양호하지만, 감정이 고조되는 압박을 받거나 술, 마약, 정신증적 전이로 고통받을 때에는 약화될 수 있다고 했다. 경계성과 정신증 환자는 둘 다 정신증적 전이에 취약하다. 그러나 Kernberg에 따르면, 경계성 환자의 현실검증 실패는 치료 장면에만 국한되는 경향이 있으며, 일반적으로 치료 환경 밖의 환자의 기능에는 영향을 미치지 않는다.

Stone(1980)은 경계성 환자들이 보이는 장애적 사고의 특성인 '부드러운 징후(soft signs)'에 대해 기술했다. 정신증 환자는 망상을 나타내는 반면에, 경계성 환자는 '지배 관념(overvalued ideas)'과 마술적 사고를 보일 수 있다. Stone은 그러한 부드러운 징후들에 고조된 미신 성향(heightened superstitiousness), 모호하거나 혼탁한 말, 무관한 것에 대한 주의(attention to irrelevancies), 경직된 태도, 사고이탈, 우원성 등을 포함했다. 삽화적 이인증 및 비현실감, 정신증적 전이 반응, 타인에 대한 왜곡된 지각, 단기 편집증 경험은 경계성 입원환자 및 외래환자에게서 가장 흔했다. 예를 들어, Chopra와 Beatson(1986)은 그들의 모든 경계성 입원 환자가 특정 유형의 단기 정신증 경험을 했으며, 그들의 경계성 환자 중 적어도 77%는 단기 편집증이나 다른 정신증적 경험 및/또는 이인증과 비현실감을 경험했다는 것을 발견했다. 반면, 일시적인 환청이나 환시를 보고한 사람은 53%에 불과했다.

Gunderson(1984)은 정신증적 사고 경향성을 BPD의 주요 특징으로 보았다. 그는 경계성 환자들의 정신증 증상은 전형적으로 자아-이질적이고 미약한 것으로, 편집증적 관념, 약물에 대한 정신증적 반응, 이인증, 비현실감을 특징으로 한다고 강조했다. 단기 정신증 유사 반응은 결국 DSM-IV(American Psychiatric Association, 1994)에서 '일시적인 스트레스 관련 편집적 관념 또는 해리 증상'의 형태로 BPD 진단기준에 추가됐다. Gunderson은 경계선 환자들의 정신증적 반응 현상학을 (1) 정서적 현상(affective phenomena), (2) 현실 감각의 장해(disturbances in the sense of reality), (3) 시청각 지각 왜곡, (4) 편집증적 믿음, (5) 자아-경계 혼란 등 다섯 가지 경험적 특성으로 규정했다. 정서적 현상은 망상으로 이어지는 부정적인 내면, 무가치함, 죄악감에 대한 비현실적인 몰두를 말한다. 현실감각의 장해는 신체이탈 경험(out of body experiences)과 자기 신체의 크기와 형태에 대한 지각적 변화가 특징인 이인증과 비현실감의 징후와 증상을 포함한다. 대략 75%의 환자들이 해리 경험과 편집증적 관념을 보고했다(Zanarini, Gunderson, & Frankenburg, 1990).

청각 및 시각적 의사지각(pseudoperception)은 실제 환각 경험을 포함할 수도 있고 아닐 수도 있다. 환자들은 보통 짧고 모호한 일시적 지각 왜곡을 경험한다. 그러한 사례로는 소리를 듣거나 누군가 자신의 이름을 부르는 것 등이 있다. 그러나 한 연구에 따르면 경계성 표본의 29%가 유년기부터 지속된 환청을 보고했다(Yee et al., 2005).

경계성 수준의 편집적 믿음에는 어느 정도 현실검증력이 유지된 관계 사고가 포함되어 있다. 예를 들어, 환자는 자기 이야기가 언급된다고 믿고 있지만, 이것은 아마도 자신의 상상에서 비롯된 것이라는 생각도 동시에 떠올릴 수 있다. 마지막으로, 자기-경계 혼란은 본질적으로 일정 수준의 현실검증의 곤란, 특히 '내부와 외부'를 구분하지 못하는 것과 관련한 일종의 경계 손상을 수반한다. 경계성 환자는 다른 것과 분리되어 있다는 느낌과 외부 세계에 대한 정확한 인식을 유지하면서도, 동시에 자신의 생각과 다른 사람의 생각을 혼동할 수 있다.

Gunderson은 경계성 환자들이 단기 정신증적 기능부전에 가장 취약해지는 상황들에 대해 기술했다. 이는 중요한 일차적 대상 연결에 대한 위협을 주된 특징으로 한다. 그는 또한 사고에서 퇴행적 전환은 일차과정사고의 출현, 과잉정교화된 정동, 현실검증의 붕괴를 반영한다고 지적했다.

로샤 사고장애와 경계성 정신병리

경계성 정신병리와 로샤에 관한 초기 연구는 '경계성 조현병'과 경계성 성격 조직의 차이점에 대한 개념적 명확성이 결여되었기 때문에 혼란을 겪었다(Kleiger, 1999). Rapaport 등(1946/1968)은 33명의 '전조현병적(preschizophrenic)' 환자 집단을 설명하는 데 경계성이라는 용어를 사용하지 않았는데, 그 환자들은 어떤 면에서 경계성 개념을 경계성 성격과 조현형 성격으로 나누는 현대적 구분의 전조가 되었다. Rapaport 등은 그들의 '전정신증적' 표본에 대해 언급하면서 한 하위유형을 '과잉관념화(overideational)' 집단으로, 다른 유형을 '압축된(coarctated)' 집단으로 구분했다. 과잉관념화 조현병 환자들은 "막대한 양의 환상, 강박 관념, 자기 자신과 자신의 신체에 대한 몰두"를 나타냈다(p. 436). 그들은 자신의 관념을 생생한 정서적 정교화로 윤색하고, 연상을 조합하며, 이상한 언어를 사용하는 반응 경향성을 빈번하게 나타냈다. 반면, 압축된 조현병 환자들은 잉크반점에서 더 위축되고 빈곤하며, 소외감을 반영한 이상한 반응을 하는 경향성이 있었다. 이러한 반응들은 단조롭고 둔마된 방식으로 이루어졌는데, 종종 좋지 않은 형태질을 나타내는 것이 특징이었다. 오늘날 우리는 이 후자의 집단을 병리학적으로 경계성 스펙트럼이 아니라 조현병에 속하는 것으로 간주한다.

경계성 성격 혹은 경계성 조직의 로샤 특징에 대한 몇 가지 뛰어난 개관 연구들에서는 다음과 같은 결과들을 강조했다(Blais & Bistis, 2004; Mihura, 2006). 여기에는 (1) '좋은 웩슬러/나쁜 로샤' 패러다임, (2) 경미한 수준부터 중등도 수준의 사고와 FQ 장해의 존재, (3) 사고 및 경계 장해의 질적 특성, (4) 경계성 로샤의 주제 내용에 초점을 둔 연구들이 포함된다.

■ 좋은 웩슬러/나쁜 로샤

첫 번째 연구 동향은 웩슬러와 로샤 간의 비교를 포함한다. 소위 '좋은 웩슬러/나쁜 로샤'라고 불리는 가설은 Singer(1977)의 연구에서 가장 잘 드러나는데, 그는 WAIS에서의 적절한 수행과 "고도로 정교화된, 기이한 연상 내용 및 특이한 추론을 특징으로 하는 로샤가 동반되면… 경계선 진단이 뒤따라야 한다는 것은 거의 자명하다."(p. 194)라고 했다. 문헌 간 차이에도 불구하고, 일반적인 수준에서 조심스러운 결론은 타당해 보인다. 첫째, 경계성 수준인 사람은 웩슬러 검사의 친숙성과 관습성보다는 로샤의 모호함을 더 어려워할 것이라는 주장은 합리적이다. 이처럼, 그들은 웩슬러보다 로샤 반응에서 장애적 사고의 징후를 더 많이 드러낼 것이다. 그러나 Blais와 Bistis(2004)가 지적한 바와 같이, 이러한 결과는 비교 집단에 따라 달라진다. 경계성 환자는 정신증 환자에 비해 WAIS에서 장애적 사고의 징후가 적었지만,

유사한 수준의 사고장해가 있는 다른 성격장애 환자의 WAIS 점수와는 차이가 없었다. 더욱이 웩슬러 검사 결과가 온전해야 하고, '깨끗'해야 하며, 장해적 사고의 징후가 없어야 한다는 그들의 가정은 의심스럽다. Berg(1984)가 관찰한 바와 같이, 경계성 환자의 WAIS 검사는 특히 이해 및 공통성 소검사처럼 보다 광범위한 언어 및 언어 추론이 필요한 과제에서는 "논리적 사고의 실수로 얼룩질 수 있다"(p. 123). 가장 중요한 점은 이처럼 지나치게 단순한 가설은 정신증과 경계선 환자의 사고장애 프로파일 간의 흥미로운 본질적 차이를 간과하게 할 수 있다는 사실이다.

■ FQ 및 사고에서 경미한-중등도의 장해

일반적으로 수용되는 또 다른 사실은 경계성 환자는 경미함에서 중등도까지의 사고장애 반응을 생성하고, 형태 수준 점수가 비환자보다는 낮지만 정신증 환자보다는 높다는 것이다. Blais와 Bistis(2004), Mihura(2006)는 경계선 수검자가 중등도의 X+ 및 F+% 응답(.65~.70)을 나타내고, F- 보다 Fu 반응의 빈도가 더 높았던 연구들을 개관했다(Singer & Larson, 1981; Steiner et al., 1984; Exner, 1986).

Rapaport는 사고장애 수준에 있어서 과잉관념화 전조현병(overideational preschizophrenic) 환자들은 조현병 환자에 비해 중등도의 장애적 사고 징후를 더 많이 나타낸다고 했다(Rapaport et al., 1946/1968). 이후에 TDI와 CS의 SCZI를 사용한 연구에서 경계성 피험자는 정신증 환자에 비해 TDI 1.0 수준의 심각한 채점(Harris, 1993)이 적었고, SCZI 점수도 낮은 것으로 나타났다. Hilsenroth, Fowler와 Pawader(1998)도 경계선 환자의 SCZI 평균은 3.0으로 정신증 환자 평균 4.5에 비해 유의하게 낮다는 점을 밝혔다. 게다가, 정신증 환자들은 경계성 환자들에 비해서 SCZI 기준 6개를 모두 충족시킬 가능성이 더 높았다. SCZI는 더 이상 CS의 일부가 아니기 때문에 이 관련 논의는 시기상 적절하지 않다. 그러나 PTI는 SCZI와 상관이 높은 것으로 나타났다(Hilsenroth et al., 2007). 따라서 연구 결과에 근거했을 때, 경계선 환자의 기록에 보다 경미한 수준의 사고장해(수준 1>수준 2)와 중등도의 FQ-%, 그리고 FQu>FQ-가 있을 것으로 예상하는 것은 합리적이다(Blais & Bistis, 2004).

■ 경계성 수준 사고장애 점수들

다른 연구의 흐름은 경계성 수준의 사고장애(특히 형태 수준 및 특정 사고장애 점수)와 관련된 형식적 로샤 변인에 대한 경험적 결과들을 고려한 것이다. 일반적으로 경계성 기록에서 나타나는 장애적 사고는 정신증 환자에 덜 심각하다. Rapaport를 시작으로 대부분의 연구자는 우화적 조합과 작화증이 중등도 수준의 점수 중 가장 전형적이라는 것을 발견했다. Singer(1977)는 경계성 환자들은 정서가 부하된 관념이나 과도하게 구체적인 특성으로 윤색하고 공간적 근접성에 근거해 심상을 조합하는 경향성이 있다고 강조했다. 그러나 경계성 환자의 로샤에서 가장 특징적인 사고장애가 조합적 사고인지, 작화증적 사고인지에 대해서는 아직도 이견이 있다.

어떤 연구들은 FABCOM이 경계성 로샤의 대표적 특징이라고 강조했다(Larson, 1974; Gunderson & Singer, 1975; Singer, 1977; Singer & Larson, 1981; Patrick & Wolfe, 1983). Rapaport 등(1946/1968)은 '과잉관념화 전조현병' 수검자가 작화증에 비해 우화적 반응과 FABCOM이 더 많다고 했다. 다른 연구자 그룹은 자신의 경계성 표본이 다양한 수준의 작화증적 사고(Lerner, Sugarman, & Barbour, 1985; Wilson, 1985)로 구분된다는 것을 발견했다. 좀 더 구체적으로 보면, Wilson(1985)은 자신의 경계성 수검자(DSM-III의 BPD 및 조현형)가 신경증 및 정신증 집단보다 작화증 점수와 우화적 조합 점수가 더 높다는 것을 보여 주었다. 같은 시기에 Lerner, Sugarman과 Barbour(1985)는 경계성 입원 환자(DSM-III BPD 및 조현형 성격장애)가 신경증, 경계선 외래 환자(조작적으로 정의되지 않은) 또는 조현병 환자에 비해 작화증 반응이 더 많다는 것을 발견했다.

이들의 연구를 바탕으로 Lerner, Sugarman과 Barbour(1985), 그리고 Sugerman(1986)은 작화증 점수는 '내부/외부' 경계 형성에 있어서의 경계성 수준의 구조적 손상을 반영한다는 이론을 세웠다. 게다가 Lerner와 Sugerman은 경계성 환자들이 잉크반점을 자신들과 완전히 분리된 존재로는 인식하지 못한다고 추정했다. Sugreman은 경계성 환자가 그들의 내적 요구와 관계적 패러다임에 따라 외부 현실을 형상화하는 경향이 있다고 했다. 따라서 Lerner와 Sugerman은 모두 경계성-수준 자아 장애를 과도기적 대상(transitional object) 수준에 발달이 고착된 지표로 간주했다. 그래서 그들은 작화증 반응을 하는 환자들은 잉크반점을 과도기적 현상으로 다루고 잉크반점에 자신으로부터 유래된 특성을 부여하려고 애쓴다고 보았다.

Cauwels(1992)는 경계성 경험의 현상학에 대해 저술하면서 외부를 정확하게 지각하면서도 지각한 것을 오해석하는 경향성에 대해 언급한 한 경계성 환자의 말을 인용했다.

> 사람들은 내가 많이 왜곡한다고 하는데, 나의 주된 문제 중 하나는 과민함이다. 하지만 나는 내가 알아차린 많은 것이 사실이라는 것을 안다. 그것에 대한 나의 해석과 반응은 잘못될지 모르지만, 나의 최초 지각은 정확하다… 지금 내가 하는 일은 누군가의 분노가, 예를 들어 나 때문이라고 생각하는

것이다. 분노에 대한 나의 지각은 사실이지만, 이에 대한 나의 해석은 왜곡된 것이다(p. 78).

사회인지 및 경계성 성격에 대한 추가적인 연구들은 경계성 환자는 부정확한 사회적 귀인을 하는데, 그러한 귀인에 대한 자신감이 통제 집단에 비해 높다는 사실을 밝혔다(Shilling et al., 2012). 합리적으로 정확한 지각과 오해석(혹은 과도하게 주관적인 혹은 추정적 판단)이 조합되는 현상은 정확한(혹은 드문) 형태와 중등도의 작화증적 사고를 조합하는 경계성 (로샤) 성향으로 드러나는 것으로 보인다. Blais와 Bistis(2004)에 따르면, 채점 범주에는 일반적으로 수준 1 INCOM, FABCOM, DR이 포함된다. 이와 마찬가지로 경계성 환자들의 현실 지각도 유의하게 손상되지는 않을 것이다. 하지만 그들은 오해석할 가능성, 좀 더 구체적으로는 자신이 지각한 것을 과잉해석할 가능성이 크다.

■ 경계성 주제 내용

마지막 연구 노선은 경계성 환자의 로샤 반응의 질적 측면에 대한 것이다. 나는 특정한 종류의 응답 내용은 일차과정적 소재(primary process material)의 침투를 반영할 뿐만 아니라, 경계성의 특유한 형식적 채점(예를 들어, 조합 및 작화증 반응)과 다른 유형의 장애에서 나오는 채점을 구분하는 데 도움이 된다고 믿는다. 예를 들어, 악의, 공격성, 상실, 재결합(reunion) 또는 병합(merger)의 주제를 가진 정서가 부하된 환상은 경계성 환자가 나타내는 반응의 특징일 수 있다. 주제(themes)는 경계성 기능의 역동과 관련된 두 가지 주요 내용 범주로 묶인다. 즉, 악의/공격성(malevolence/aggression)과 공생/분리(symbiosis/separation)다. 이러한 주제들이 일상적인 내용이든, 우화적 반응, FABCOM, 작화증적 내용이 반영된 것이든 간에 경계성 환자들은 정서가 부하된 원시적인 심리적 문제에 주의를 집중시키는 기묘한 방식을 나타낸다.

여러 연구자는 다른 환자군에 비해 경계선 환자의 검사 심상에 악의가 더 많다는 것을 발견했다(Lerner & Peter, 1984; Stuart et al., 1990; Westen et al., 1990; Nigg et al., 1992). Lerner와 Peter는 조현병 환자에 비해 경계성 환자가 악의적인 인간 표상 반응을 더 많이 한다는 사실을 발견했다. Stuart와 동료들은 이와 유사하게 경계성 환자 집단이 주요 우울증 및 정상 대조군 수검자에 비해 악의적 인물 반응을 더 많이 했다고 보고했다. 그들에 따르면, 경계성 환자들은 인간 활동을 우울증이나 정상 수검자에 비해 보다 동기화된 것(more motivated)으로 지각했다. Stuart와 동료들(1990)은 조합적 또는 작화증적 반응의 맥락 안에서 고도로 동기가 부여된 악의적 활동의 예를 다음과 같이 제시하였다.

"이 두 사람은 반은 남자, 반은 여자이고, 큰 그릇에 물약을 섞고 있습니다. 일종의 사악한 의식인 것 같네요. 그들의 심장은 노출되어 있습니다."(p. 313)

"여기 있는 이 두 조각은 마치 꼬마 유령 캐스퍼(처럼 보이네요)? 이 나쁜 사람들은 안 좋은 짓을 하려고 캐스퍼를 잡으려고 하고 있는 것 같아요."(pp. 313-314)

경계성 수준 심각도에서 나타나는 또 다른 전형적인 공격적이고 우화적인 반응(및 INCOM)은 X번 카드의 반응에서 흔하다. "화난 곤충들, 서로에게 소리친다(Angry insects, yelling at each other)."

연구자들은 경계성 환자의 다른 검사에서도 유사한 현상을 발견했다. 예를 들어, Westen 등(1990)은 TAT에서 경계선 환자가 주요우울장애 환자보다 더 악의적인 톤의 관계 패러다임을 구성한다는 것을 입증했다. Nigg 등(1992)은 초기 기억검사(early memories test)에서 경계성 환자가 초기 양육을 제공한 인물을 더 악의적이고, 가학적이고, 도움이 되지 않는 사람으로 표상했음을 보여 주었다. 이런 가설과 유사하게 다른 연구들도 경계성 환자가 인간 형상에 부정적이고 악의적인 특성을 부여한다는 것을 입증했다(Barnow et al., 2010).

Kwawer(1980)는 경계성 대인관계를 평가하기 위해서 공생과 분리 주제에 대한 로샤 척도를 개발했고, 경계성 환자는 공생적 관계와 일차 대상과의 분리 및 분화에서의 곤란을 상징하는 반응을 적어도 하나 이상 했다는 것을 발견했다. 그의 점수 범주에는 함입(engulfment), 공생적 병합, 폭력적 공생 및 분리 그리고 재결합, 원시적 합병을 포함한 악의적인 내적 처리과정, 탄생과 재탄생; 은유와 변형; 자기애적 거울상; 분리-분할; 경계 혼란; 자궁 심상의 주제가 반영된 반응들이 있었다.

Coonerty(1986)는 자신의 발달적 대상관계 척도에서 경계성 환자들은 조현병 환자에 비해 분리-개별화에 대한 염려를 시사하는 응답이 유의하게 많았으며, 조현병 환자는 전분리 문제(pre-separation issues)에 대한 염려를 시사했다. 연습기 현상(practicing subphase phenomena; Mahler, Pine, & Bergman, 1975)은 자기애적 거울상, 짝짓기(pairing), 전지전능, 무의미함을 반영한 반응으로 규정된다. 이와는 반대로, 재접근 수준(rapprochement-level)의 반응은 곤경에 처하고(enmeshed), 꼼짝 못하고(stuck), 분리될 수 없는 인물의 주제를 반영했다. 인물상은 불안정한 형태나 정서를 가진 것으로 묘사되고, 하나로 뭉치거나 분리하기 위해 고군분투하는 것으로 보이지만, 결과적으로 한쪽이나 둘 모두에게 손상을 입힌다. Mahler의 분리-개별화 이론과 동일하게, Coonerty는 그녀의 경계성 환자들이 조현병 환자들에 비해 연습(자기애)과 재접근 척도 점수가 더 높다는 것을 발견했다.

연구자들은 조절되지 않은 공격성과 미분화된 자기-타인 패러다임(self-other paradigms)에 특정된 로샤 척도와 DSM-IV BPD의 핵심 요소의 상관을 분석했다(Blais, Hilsenroth, & Castlebury, 1997; Blais et al., 1999). 이 측정치들 중에서 BPD와 상관이 가장 높았던 것은 Holt의 수준 1 공격성 척도(Holt, 1977, 2009)와 Urist(1977)의 상호적 자율성 척도(mutuality of autonomy scale)였다. BPD 환자들은 다른 성격장애에 비해서 로샤 대상관계 척도(더 악의적인 함입과 파괴)와 원시적인 공격적 심상에서 더 큰 혼란을 나타냈다.

감별진단

경계성 개념은 다양한 전문가가 다르게 보고 정의했다는 점에서 변동성이 심하다고 할 수 있다. 복잡한 현상을 분류하는 다른 시도들과 마찬가지로, 경계선 개념에서도 '묶고(lumping)' '쪼개는(splitting)' 접근법은 도움이 되었다. 우리는 어떤 연구자들은 외견상 이질적인 장애들을 한데 묶어서 경계선 기능 영역에 대한 광범위한 범주를 구성하려고 했던 반면, 다른 연구자들은 이러한 이질성을 쪼개고 그 구성개념을 좁은 범위의 개별 요소로 제한하려고 노력해 왔다는 것을 알고 있다. '묶기' 혹은 '쪼개기' 중 어느 쪽을 선호하든 간에 이러한 개념상의 어려움은 소위 경계성 현상이라는 것을 평가하려고 로샤를 사용할 때 특히 뚜렷해진다.

지속적인 어려움 중 하나는 경계성 장애 및 관련된 진단 증후군 사이의 관계에 대한 것이다. '경계성'의 좁은 정의나 넓은 정의와 무관하게 동반이환(comorbidity) 문제는 감별진단을 특히 더 어렵게 만든다. 장애적 사고의 로샤 지표에서 환자의 조합적, 작화증적, 공격적으로 채색된, 격렬한, 공생적인 반응이 일차적 경계성 성격장애는 반영하지만, 양극성 스펙트럼 장애, 분열형 성격, 만성 외상의 정신적 각인은 아니라는 것을 우리가 어떻게 확신할 수 있겠는가?

외상 및 해리

심리적 외상은 생존자의 내면 세계의 구조와 내용에 현저한 영향을 미치며, 성격 발달, 인지기능, 정서 감내력, 현실검증력, 자기경험, 대상관계 패러다임에서 급성적인, 때로는 만성적인 변화를 초래하기도 한다. 또한 외상을 경험하기 이전에 임상적으로 정상이었던 사람이 외상을 경험한 경우, 환각 경험과 정신증 유사(psychotic-like) 사고가 나타나는 것은 오래전부터 확인되어 왔다(Weisath, 1989). 연구자들이 외상의 영향과 관련해서 정신증 차원을 초기 외상 경험에 대한 반응의 스펙트럼으로 해석하기 시작하면서 심각한 초기 외상과 정신증 현상의 발생 간 접점이 연구자들에게 많은 관심을 받게 되었다(Read et al., 2005; Larkin & Morrison, 2006).

외상의 로샤 연구들

로샤는 외상 기억과 느낌을 유발하는 이상적인 촉발인으로 기술되어 왔다(van der Kolk & Ducey, 1989; Carlson & Armstrong, 1994). Kaser-Boyd와 Evans(2008)가 강하게 언급한 바와 같이, "이 어둡고 활기찬 색채의 추상적인 이미지들은 외상을 경험한 사람에게 위험과 위해의 이미지를 불러내어 외상의 주관적인 경험을 환기시킨다"(p. 255). 아동기 외상, 전쟁 외상, 기타 형태의 성인 외상 등 서로 이질적인 생존자에 관한 연구들을 통해 진단 가능한 PTSD를 포함한 외상 후 반응의 징후와 증상을 조작적으로 정의하는 로샤 변인에 대한 설명들을 축적할 수 있었다(Carr, 1984; van der Kolk & Ducey, 1989; Armstrong & Loewenstein, 1990; Cerney, 1990; Hartman et al., 1990; Armstrong, 1991; Kaser-Boyd, 1993; Levin, 1993; Briere, 1997; Kaser-Boyd & Evans, 2008; Viglione, Towns, & Lindshield, 2012). 종합적인 연구 결과에 기반해서 Viglione과 동료들(2012)은 다섯 가지 해석 범주를 제안했다. (1) 인지적 위축(cognitive constriction), (2) 외상 관련 심상(trauma-related imagery), (3) 외상 관련 인지 장해(trauma-related cognitive disturbance), (4) 스트레스 반응(stress response), (5) 해리(dissociation)가 그것이다. 비록 각각이 모두 중요하지만, 앞의 범주가 외상 환자의 로샤에서 나타나는 정신증적인 현상 및 사고장애와 가장 관련이 높다고 할 수 있다.

인지적 위축은 지각적 초점과 사고를 통제하고, 단순화하며, 좁히기 위한 노력을 반영한다. 이는 PTSD의 한 단계인 외상적 회피의 징후를 나타낸다. Viglione는 로샤에서 보이는 위축의 형태를 구조적, 주제적으로 '빈곤한(impoverished)' 것이라고 기술했다(Viglione, Towns & Lindshield, 2012). 보통 로샤의 빈곤 지표에는 적은 반응 수, 높은 F%(CS의 Lambda), 적은 혼합 결정인(blends), 감소된 조직화 활동, 반복적이거나 혹은 보속적인 반응의 존재, 동물과 동물 부분에 초점을 맞춘 내용이 많을 것으로 예상된다. 11장에서 논의한 바와 같이, 로샤에서 빈곤의 징후는 정신증의 음성 차원, 더 구체적으로는 음성 사고장애의 징후를 나타낼 수도 있고 아닐 수도 있다. Kaser-Boyd와 Evans(2008)은 이러한 빈곤 징후를 'PTSD의 음성 증상'(예: 무감각, 철수, 정서적 위축)이라고 부르면서 로샤에서 인지적 위축이 정신증의 음성 징후로 오해석되는 경우에 주목했다(p. 260).

외상과 관련된 심상 및 인지 장해는 내용과 형식 변인을 포괄한다. 외상적 심상은 외상 내용 지표(Trauma Content Index: TCI; Armstrong & Loewenstein, 1990)나 EII, R-PAS에서의 광범위한 결정적 내용 변인에서 가장 잘 드러난다(Perry & Viglione, 1991; Viglione et al., 2011). 물론 외상 관련 인지 장해는 현실검증, 와해, 비논리성에서의 문제를 시사하는 변인과 지표에서의 상승을 반영한다. 주제 및 형식 변인의 조합은 외상 후에 경험하는 외상적 홍수 단계(traumatic flooding phase)를 표상할 수 있으며, 이는 어쩌면 PTSD의 '양성 증상적' 사고라고 할 수 있을 것이다. 개관 연구들은 현실검증과 사고에 장해가 있음을 지지한다(Kleiger, 1999; Kaser-Boyd & Evans, 2008; Viglione, Towns & Lindshield, 2012). 앞서 언급한 바와 같이, 결정적인 내용이나 외상적 심상을 포함한 반응에서 외상적 양성 (사고장해) 징후가 동시에 나오는 것은 로샤에서 캡슐화된 정신증 유사 현상을 나타내는 것일 수 있다.

■ 외상적 사고장애

Armstrong(1994b)은 외상 환자들의 특유한 작화증적 반응을 기술하기 위해 '외상적 사고장애(Traumatic Thought Disorder: TTD)'라는 용어를 도입했다. 그녀는 TTD를 외상 자극에 의해 촉발된 역동적이고 상태-의존적인 현상으로 정의했다. 이러한 처리과정의 가장 큰 특징은 수검자가 잉크반점 특성과 그에 대한 반응에 몰입하면서 정서에 의해 유도된 거리의 상실(loss of distance) 또는 홍수(flood)가 나타난다는 것이다. Armstrong에 따르면, 반응 자체는 와해되거나 보속적일 수 있고, 캡슐화된 외상 반응의 질적 특징이 나타날 수 있다. 잉크반점으로 촉발된 심상의 강렬함이 정확한 현실 인식을 위한 수검자의 임계 수용량(critical capacity)을 압도하기 때문에 일반적으로 심각한 현실검증력의 상실이 나타난다. Holt의 수준 1 공격성 척도를 연상시키는 공격성, 가학성, 성적-해부학적 폭력적 분위기의 생생하고 원시적인 심상은 잉크반점에 대한 환자의 작화증적 몰입에 부가된다.

외상 생존자들의 작화증-DR적 몰입이 해석적 자각의 상실을 반영하는 것일 수 있다는 점에 주목하는 것은 유용하다. 잉크반점이 외상 관련 심상에 대한 촉발인 역할을 할 수 있기 때문에(수검자가 반점을 볼 때까지는 그것을 통제하거나 회피했을 수 있음) 외상 환자의 반응은 전형적인 반응 과정을 나타내는 '마치 ~처럼(as if)' 과정을 상실할 수 있다. 외상 연구자들은 이러한 반응에 나타난 원시적 심상과 극심한 거리 상실이 '일차 과정이 침출(breakthrough of primary process)'된 소재를 반영하거나 경계선 수준의 사고장애가 있다는 신호, 더 나쁘게는 초기 정신증적 퇴행(incipient psychotic regression)의 신호라는 전통적인 설명을 거부한다. 그 대신에 Armstrong, Levin, Briere, van der Kolk와 같은 연구자들은 그러한 반응을 소화되지 않은 외상적 사건을 그대로 재경험한 것으로 본다. Carlson과 Armstrong(1994)에 따르면, 이런 경우에 로샤는 투사적 검사가 아니라 외상을 재생하는 촉발인이다. van der Kolk는 외상 생존자들은 외상 경험을 상징적으로 표상하는 능력을 상실했기 때문에 정제되지 않은 생생한 외상 심상을 로샤에 구체적으로 표현한다고 주장했다. 그래서 Armstrong(1994b)에 따르면, TTD 환자들은 자기참조적이고, 생생한 원시적 이미지를 포함한 외상이 부가된 작화증(trama-laden confabulatory)적 특성을 가지고 있으며, 그들은 로샤를 플래시백 경험과 거의 동등한 것으로 본다.

다음의 예시들은 외상 환자가 FQ−, DR−작화증 및 외상 관련 심상이 한 반응에 나타난 것을 묘사하고 있다. 첫 번째 환자 C씨는 심각한 소아 근친상간에서 생존한 후 복합 PTSD와 해리성 장애 진단을 받았다. 그녀는 120바늘이 넘게 꿰매야 할 정도로 자해한 뒤, 병동에서 평가를 받았다.

> II번 카드: "처음으로 보이는 것은 검은색이고 피로 뒤덮힌 나의 예술 작품이에요(The first thing I see is my art which tends to be black and covered in blood)!" [질문] "이건 내가 예전에 했던 것과 같아요. 나는 스스로를 베었고, 검은색 마카를 가지고 있었어요. 나는 스스로를 베고 검정 부분을 피로 덮어 버렸어요(That's what I did before; I cut myself and had a black marker which I wrote with. I cut myself and covered the black with blood)."

두 번째 환자 K씨는 참전 용사로, Kaser-Boyd와 Evans(2008)이 서술했다. 그는 대구경 무기(high-caliber weapons)에 의해 찢겨진 채 훼손된 시체가 있었던 전투의 끔찍한 모습을 묘사했다.

> VII번 카드: "이건 얼굴 같아 보입니다. 피부 주변 부위처럼, 만약 그들이 피부를 벗겨 낸다면 그들이 여기 빈 공간에 코와 수염이 될 수도 있는 것을 벗겨 내지 않았다는 것만 빼면 정확히 그렇게 보이는군요. 얼굴 피부가 벗겨져 열린 상태입니다. 여기 귀는 날아갔고 눈은, 그런데 그들이 방금 피부를 떼어 냈군요(This looks sort of like a face. Like the skin area around, exactly what it would look like if they peeled off the skin, except they didn't take off the nose which would be here in the empty space and that would be the beard. The skin of the face, peeled open. Here the ears

would go and the eyes, but they just took the skin off)."(Kaser-Boyd & Evans, 2008, p. 270).

■ 외상 기록에서 조합적 사고

Levin(1993)은 이질적인 성인 외상 생존자 집단에 대한 연구에서 FABCOM2 반응 수가 증가했음을 발견했다. Levin과 Reis(1996)는 이 발견을 설명하기 위한 노력의 일환으로, 조합 반응은 생존자의 충격적인 경험의 부조화에 대한 은유일 수 있다고 제안했다. 예를 들어, '땅 밖으로 튀어나온 발(a foot sticking out of the ground)'이라는 반응은 조합 반응이다. 하지만 외상 연구자의 주장에 따르면, 실제로 목격한 폭력과 죽음의 장면이 캡처된 생존자 경험의 비현실성을 표상하고 있을 수 있다. 좀 더 상징적인 수준에서 '나비를 타고 오르는 족제비처럼 보이는 것(looks like a weasel climbing on a butterfly)'과 같은 조합 반응은 아마도 외상 경험 그 자체가 반영되기보다는 대인관계적 외상이 결합된 결과물로서 가학피학적 (대상) 관계 패러다임의 지표가 더 많이 반영되었을 것이다.

Levin과 Reis는 '순수 외상' 성인, 전쟁 참전용사, 해리성 장애 환자 집단들 간의 FABCOM의 빈도를 비교했다. 기술적 통계는 평균 FABCOM 수에서 거의 차이를 보이지 않았으며, 두 외상 집단의 평균 .52와 .56에 비해서 해리 집단은 평균 .40을 나타냈다. 비록 성인 비환자 평균인 .17보다는 훨씬 크지만, 외상 관련 그룹의 FABCOM 빈도 평균은 Exner(1986)의 BPD (.62)와 조현형(.79) 집단의 평균보다 작았고, 대략 우울증 입원 환자의 평균(.52)과 유사했다.

Levin은 또한 성인 외상 생존자 집단에서 보속 반응(PSV)의 수가 증가했다고 지적했다. Levin은 정적(positive)인 HVI(Exner, 1993), 외상성 내용의 생생한 묘사와 더불어서 보속성 점수의 상승을 생존자의 심리적 방어성과 반복적 외상 주제에 대한 몰두를 나타내는 변인들이 합성된 것으로 이해했다.

해리성 장애의 로샤 연구들

외상과 밀접한 관련이 있는 해리성 장애도 로샤 문헌들의 특별한 관심을 받았다(Wagner & Heise, 1974; Lovitt & Lefkof, 1985; Armstrong & Loewenstein, 1990; Armstrong, 1991, 1994a; Scroppo et al., 1997; Brand, Armstrong, & Loewenstein, 2006; Brand et al., 2009). Armstrong과 Brand의 가장 포괄적인 연구에서 제시되는 바에 따르면, 해리성 환자(해리장애/MPD)[1]는 여

1) (역자 주) MPD는 Multiple Personality Disorder를 뜻함.

타 외상 집단과 유사하면서도 다르게 구분되는 로샤 프로파일을 나타냈다. Armstrong(1991)에 따르면, 해리성 장애/MPD 환자는 적어도 한 가지의 발달적으로 성숙한 인간운동반응(M+)을 나타냈다. 비록 해리성 장애/MPD 집단은 양호한 형태-수준의 총비율(X+%)이 조현병 표본에 비해 크게 다르지 않았지만, 심각하게 왜곡된 반응(X-)에 비해 드문(Xu) 형태 반응이 더 많았다. 게다가 공격, 해부, 혈액, 병리(morbid), 성적인 내용 반응이 극도로 많았다. 마지막으로, 해리성 장애/MPD 환자는 종종 유희적이고 예술적인 반응과 쪼개짐(dividedness) 또는 다중성(multiplicity) 경험이 반영된 FABCOM 반응을 보이기도 했다. Scroppo 등(1997)은 해리성 정체감 장애(Dissociative Identity Disordered: DID) 환자 표본이 대조군에 비해 FABCOM이 많고, X+%가 낮으며, 병리, 혈액, 해부 내용을 포함한 반응이 유의미하게 많다는 결과를 확인했다.

Armstrong(1991)은 조합 활동의 주제 특성에 관해서 VII번 카드에서 다중성 주제가 묘사된 조합적 반응의 사례를 다음과 같이 제시했다(p. 543).

> 이건 소녀 둘이고, 그들은 같은 사람이지만 둘은 항상 서로를 확인하고 있습니다. 그리고 이것은 그들이 공유하는 여성 해부학 구조의 또 다른 부분입니다. 여기가 질이 있는 곳이며, 이걸로 두 사람이 같은 사람이라는 걸 알 수 있습니다. 그래서 당신은 그들이 여자라는 것을 알 수 있게 됩니다(These are two girls and they're the same person, but there are two of them and they're always checking each other. And this is another part of the female anatomy that they share. This is where the vagina is, why the two of them know they're the same person. And it's why you know they're girls).

이 기괴한 조합 반응의 질적 특성은 상당히 명백하지만, 작화증적 경향성("그들은 항상 서로를 확인하고 있습니다.")과 위축된 논리("여기는 질이 있는 곳… 이것이 그들이 소녀라는 것을 아는 이유"라는 논리)도 잘 드러난다. 상당한 사고장애 반응은 이러한 환자들이 높은 SCZI와 WSUM6 점수를 보인다는 Armstrong의 연구 결과와도 일치한다.

군인 및 비군인 외상 생존자, 그리고 Exner의 경계성 및 조현형 표본과 비교해서 Armstrong의 해리성 장애/MPD 환자는 WSUM6 평균이 가장 높았다(WSUM6=19.73). Armstrong(1991)은 성인 외상 생존자에게 FABCOM이 더 많이 존재한다는 Levin의 설명에 주의를 환기하면서, 해리성 장애/MPD 환자의 사고장애 지표 상승이 외상 재경험의 와해적인 충격(disorganizing impact)을 반영할 뿐만 아니라 다음과 같은 사실도 반영한다고 결론지었다.

> 다중성은 한 수준에서는 논리적 · 외부적 제약보다 원시적 환상이 우위에 있다는 비논리적 자기구조(self-construction)다. 로샤는 현상학적 경험의 척도로서 MPD 환자들의 내적 현실을 표상하기 위해 선형 논리 및 언어의 제약을 왜곡하려는 노력을 포착한다(p. 543).

Putman(1997)은 논리적 부조화에 대한 자각 없이 상호 모순된 명제를 용인할 수 있게 하는 해리성 환자의 전형적인 '초월 논리(trance logic)'를 기술하기 위해서 '해리성 사고장애'라는 명칭을 부여했다.

Brand와 동료들(Brand, Armstrong, & Loewenstein, 2006; Brand et al., 2009)은 해리성 장애(DID 및 DDNOS로 진단된 환자를 포함한)에 대한 일련의 연구에서 그 환자들의 로샤 결과를 PTSD, 우울증, 경계성, 정신증의 여러 환자 집단과 비교했다. 연구자들은 해리성 장애 집단의 현실검증이 정신증 집단과 유사하다는 것을 발견했고, 이는 그들이 내부 · 외부 자극을 혼동하는 취약성이 있음을 시사하는 결과였다. 그러나 정신증 집단과는 달리 해리성 장애 환자들은 장애적 사고 변인 점수(WSUM6)가 유의하게 낮았다. 따라서 해리성 장애 환자들은 그것이 내부에 있는지, 외부에 있는지에 대한 자극의 소재(locus of the stimuli)를 오해석하는 경향성이 있음에도, 더 논리적이고 조직화된 방식으로 사고할 수 있었다. 해리성 장애 환자와 경계성이나 정신증 환자들을 더욱 잘 구분하는 다른 방법은 인간운동 반응 수, 정서적 반응성, 복잡성 관련 변인에서의 차이였다. 경계성 환자와는 달리 해리성 장애는 내향적이고, 더 분리된 자기반성(더 많은 FD반응)을 보였다. 게다가 그들은 정서적 자극(낮은 정서 비율 혹은 Afr)을 많이 회피했지만, 복잡성과의 거리 유지 능력은 낮았다(낮은 Lambda 혹은 F%). Brand와 Armstrong의 연구에 따르면, 외상을 경험한 해리성 장애 환자들은 현실검증력의 장해와 외상적 사고장애를 동반하는 독특한 로샤 특징들을 보였다.

강박증 스펙트럼 장애

이전의 범주적 진단 대부분과 마찬가지로, 강박장애(Obsessive-Compulsive Disorder: OCD)는 현재 저장장애(hoarding), 발모광(trichotillomania), 신체이형장애(Body Dysmorphic Disorder: BDD) 등 관련 질환의 스펙트럼을 따라 존재하는 신경생물학적 과정으로 개념화되었다. ODC, 저장장애, BDD에서 정신증 가능성을 고려했을 때, 자신의 강박사고, 몰두, 강박적 압력에 대한 통찰이 핵심 개념이 된다. DSM-5(American Psychiatric Association, 2013)

에 따르면, 이러한 스펙트럼 장애를 진단할 때에는 환자가 좋은 병식을 가지고 있는지, 보통 병식을 가지고 있는지, 부실한 병식을 가지고 있는지, 병식의 부재/망상적인 믿음이 있는지를 명시해야 한다. 그중 마지막 항목은 OCD와 관련된 믿음을 완전히 실재하는 것으로 확신하고 있음을 의미한다. 따라서 OCD, 저장장애, BDD에서는 망상 여부를 고려할 여지가 있다. 그러므로 이러한 스펙트럼 상태에는 정신증적 요소가 있다.

전기 프로이트 학파의 많은 저자는 강박증 현상과 망상 상태 사이의 밀접한 연관성에 주목했다(Hunter & MacAlpine, 1963). Freud(1908/1959)조차도 강박증과 신체이형 증상이 항상 신경증의 맥락에서 일어나는 것은 아니며, 경우에 따라서는 정신증 형태로 나타날 수 있다고 지적했다. Freud는 자신의 가장 유명한 사례 연구 중 하나에서 어떻게 Wolfman이 상상한 코의 결함에 집착했는지를 기술했다(Gardiner, 1959). 일반 정신의학에서 강박장애와 조현병의 관련성은 과학적 연구에서 오래된 역사를 가지고 있다(Bumke, 1906; Mignard, 1913; Eggers, 1969; Sullivan, 1956). 이 영역에 대한 초기 관심사는 (1) 조현병과 강박증 증후군의 동반이환, (2) 조현병에서 나타나는 강박 증상(Pious, 1950; Rosen, 1957; Huber & Gross, 1989), (3) OCD에서 조현병으로의 진행(Gordon, 1926; Muller, 1953; Rudin, 1953; Kringlen, 1965; Achkova, 1976; Birnie & Littman, 1978)이었다. 이러한 연구의 함의 중 하나는 OCD와 조현병이 밀접하게 연관되어 있고, 한 질환에서 다른 질환으로의 이환이 비교적 흔하다는 것이다.

보다 최근의 연구자들은 OCD가 불안장애에서 정신증에 이르는 광범위한 장애의 스펙트럼을 나타낸다고 주장했다(Weiss, Robinson, & Winnik, 1969; Robinson, Winnik, & Weiss, 1976; Insel & Akiskal, 1986). Weiss, Robinson과 Winnik은 강박 증상이 망상 수준에 이른 36명의 강박장애 환자들의 종단적 경과에 대해 기술했다. 이 환자들에게 특히 흥미로웠던 것은 그들이 병전에는 강박적 기질을 가지고 있지 않았다는 것이다. 게다가 그들의 망상적 강박사고는 자아-동질적(ego-syntonic)이고 공격적인 특성이 있었다. Weiss, Robinson과 Winnik은 이러한 강박증 환자와 조현병 환자를 구분하기 위해 '강박적 정신증'이라는 진단 범주를 제안했다.

Insel과 Akiskal(1986)은 정신증적 증상과 OCD에 대한 문헌을 검토한 결과 OCD와 조현병은 별개의 증후군이며 잘 확립된 OCD가 조현병으로 악화되는 일은 극히 드물다고 결론지었다. 하지만 그들은 OCD 환자들 사이에서 일정한 형식의 정신증적 기능부전이 그리 드물지 않다는 것에도 동의했다. 그들은 결국 OCD 환자가 정신증이 된 사례에 대한 후속 연구를 검토했고, 20%나 되는 환자들이 실제로 정신증 증상으로 발전할 수 있다는 것을 발견했다. Insel과 Akiskal은 OCD에 부가되는 정신증은 편집증적 상태나 기분장애와 관련된 것이라고 결론지었다. 이 연구자들에 따르면, 강박 관념에서 망상적 신념으로의 변화는 강박 관념과 충동에 대한 저항을 포기할 때 나타난다. 그리고 다음의 경우에도 나타난다.

> (1) 정서적 형태, 오염에 대한 두려움이 다른 사람을 오염시켰다는 망상적 죄책감으로 대체되는 경우, 또는 (2) 편집적 형태, 비난받을 만한 어떤 행위를 저질렀을지도 모른다는 스스로의 의심이 마치 실제로 그러한 행위를 저질러서 자신이 박해의 대상이 되었다는 망상으로 대체될 때다(p. 1529).

Insel과 Akiskal은 망상적인 OCD 환자와 일차적 망상장애를 앓고 있는 환자를 구분하기 어려울 수 있다고 봤음에도, OCD 환자는 다른 사람을 해치는 것을 더 두려워하는 반면, 편집증(망상적인) 환자는 다른 사람으로부터 피해를 입는 것을 더 두려워할 것이라고 했다.

또 다른 두 연구자는 강박 증상이 망상적인 수준에 도달한 환자에 대한 진단 범주를 제안했다. 연구자들은 소위 '만성으로 악화하는 OCD(chronic deteriorative OCD)'로 정신증에 근접한 OCD 환자 집단을 구분했다(Rasmussen & Tsuang, 1986). 다른 연구자들은 이 환자 집단을 기술하기 위해 '조현–강박(schizo–obsessive)'이라는 용어를 사용했다(Jenike, Baer, & Carey, 1986; Hwang & Hollander, 1993). 일반적으로 그러한 환자들은 사회적 고립, 이상한 말, 편집증, 이인화가 특징이다. 게다가 그들은 전형적인 비정신증적 OCD 환자 집단보다 어렸다. 치료 반응에 있어서도 Jenike의 조현–강박증(schizo–obsessive) 환자는 약물 및 행동 치료의 효과가 적었다. Jenike, Baer와 Carey가 기술한 환자들은 조현병 스펙트럼에 더 가까운 것으로 분류되고, Weiss, Robinson과 Winnik, 그리고 Insel과 Akiskal이 기술한 강박적 정신증 환자는 캡슐화된 망상장애 환자와 더 유사해 보였다.

최근의 연구들은 강박 증후군의 두 가지 유형과 그 두 OCD 증상과 조현형(schizotypy)과의 관계를 확인했다(Lee, Kim, & Kwon, 2005; Lee & Telch, 2005). 이 모형은 OCD를 반응성 강박(Reactive Obsession: RO)과 자생적 강박(Autogenous Obsession: AO)의 두 가지 하위유형으로 분류한다. Lee와 Kwon에 따르면, RO 환자들은 오염, 의심(doubt), 실수(mistakes), 사고(accidents)에 대한 보다 현실적인 우려를 나타내며 완벽주의와 연관되어 있다. 반면, AO 환자들은 매우 혐오적이고, 비현실적인 사고, 심상, 위협적인 충동들을 나타낸다. 이는 성적 · 공격적 · 신성모독적(blasphemous) · 혐오스러운(repulsive) 관념과 환자가 자아–이질적인 것으로 인식하고 받아들일 수 없는 심상을 포함한다. 어떤 상징적인 촉발 단서나 먼지 같은 외부의 위협들은 RO 환자들의 오염에 대한 두려움과 강박적인 손씻기에 대한 요구를 자극할 수 있다. 반면, AO 환자들에게는 자극 단서와 자신 사이에 그러한 상징적인 연관성이 존재하지 않는다. 예를 들어, 한 AO 환자는 문자 S가 여동생을 죽이는 사고를 촉발한다(Lee, Kim, & Kwon, 2005). 따라서 AO 환자들은 마술적 사고, 기이한 지각, 조현형 특질과 더 많이 연관되어 있다. RO 환자들과 조현형 성격과의 관계는 미미하다.

로샤 연구들

'강박적 정신증' '조현-강박' '통찰/망상적 신념이 없는 OCD-스펙트럼 장애'라는 용어는 환자의 신념과 강박 충동이 망상적인 수준에 이르렀음을 의미한다. 그러나 캡슐화된 망상장애 환자와 마찬가지로, 로샤가 그들의 제한된 수준의 망상에 항상 민감할 수는 없다. 이전 장에서 언급한 바와 같이, 캡슐화된 망상은 로샤의 와해 또는 비논리성의 징후와 연관되지 않을 수 있다. 그럼에도 불구하고, 일부 연구들은 병식이 부족한 OCD 스펙트럼 환자의 구분되는 특징들을 확인했다.

신중하게 진단된 소표본의 OCD 환자들에게서 Coursey(1984)는 그의 수검자들 중 20%가 채점 가능한 사고장애 반응을 했다는 것을 발견했다. Lee와 동료들(2005)은 로샤 CS로 반응성 강박증과 자생성 강박증 환자의 차이를 검증했다. 연구자들은 두 강박증 환자 집단을기타 불안장애(ANX) 및 조현병(SZ) 환자 표본과 비교했다. AO와 SZ 집단은 RO와 ANX 환자에 비해 SCZI 점수가 높았다. 또한 AO와 SZ 환자들은 M-, FQ-, 수준 1과 수준 2 INCOM, FABCOM, DR의 빈도가 높았다. 연구자들은 다른 불안장애와 RO 환자에 비해, 자생적 강박을 가진 사람들은 사고장애 징후를 더 많이 나타낸다고 결론지었다.

참고문헌

Achkova, M. (1976). Neurotic-like and psychopathic-like forms of schizophrenia in children and teenagers (in Bulgarian). *Nevrologia, Psikhiatria i Neurokhirurgia* (Sofia), *15*, 326-332.

American Psychiatric Association. (1980). *Diagnostic and statistical manual of mental disorders* (3rd ed.). Washington, DC: Author.

American Psychiatric Association. (1994). *Diagnostic and statistical manual of mental disorders* (4th ed.). Washington, DC: Author.

American Psychiatric Association. (2013). *Diagnostic and statistical manual of mental disorders* (5th ed.). Washington, DC: Author.

Armstrong, J. (1991). The psychological organization of multiple personality disorderedpatients as revealed in psychological testing. *Psychiatric Clinics of North America, 14*, 533-546.

Armstrong, J. (1994a). Reflections on multiple personality disorder as a developmentally complex adaptation. *The Psychoanalytic Study of the Child, 49*, 349-370. New Haven, CT: Yale University Press.

Armstrong, J. (1994b). Disordered thinking, disordered reality: Issues and insights from dissociative and traumatized patients. Presented at Thought Disorder Conference, The Menninger Clinic, Topeka, KS.

Armstrong, J., & Loewenstein, R. J. (1990). Characteristics of patients with multiple personality and dissociative disorders on psychological testing. *Journal of Nervous and Mental Diseases, 178*, 448-454.

Barnow, S., Arens, E. A., Sieswerda, S., Dinu-Biringer, R., Spitzer, C., & Lang, S. (2010). Borderline personality disorder and psychosis: A review. *Current Psychiatry Reports, 12*, 186-195.

Berg, M. (1984). Borderline psychopathology as displayed on psychological tests. *Journal of Personality Assessment, 47*, 120-133.

Birnie, W. A., & Littman, S. K. (1978). Obsessionality and schizophrenia. *Canadian Psychiatric Association Journal, 23*, 77-81.

Blais, M. A., & Bistis, K. (2004). Projective assessment and borderline psychopathology. In M. J. Hilsenroth & D. L. Segal (Eds.), *Comprehensive handbook of psychological assessment* (Vol. 2, pp. 485-499). Hoboken, NJ: Wiley.

Blais, M. A., Hilsenroth, M., & Castlebury, F. (1997). Content validity of the DSM-IV borderline and narcissistic personality disorder criteria sets. *Comprehensive Psychiatry, 38*, 31-37.

Blais, M. A., Hilsenroth, M., Fowler, J. C., & Conboy, C. A. (1999). A Rorschach exploration of the DSM-IV borderline personality disorder. *Journal of Clinical Psychology, 55*, 563-572.

Brand, B. L., Armstrong, J. G., & Loewenstein, R. J. (2006). Psychological assessment of patients with dissociative identity disorder. *Psychiatric Clinics of North America, 29*, 145-168.

Brand, B. L., Armstrong, J. G., Loewenstein, R. J., & McNary, S. W. (2009). Personality differences on the Rorschach of dissociative identity disorder, borderline personality disorder, and psychotic patients. *Psychological trauma: Theory, research, practice, and policy, 1*, 188-205.

Briere, J. (1997). *Psychological assessment of adult posttraumatic states*. Washington, DC: American Psychological Association.

Bumke, O. (1906). Die psychischen zwanger-scheinungen (The manifestations of psychic compulsion). *Allgemeine Zeitschrift fur Psychiatrie und Psychisch-Gerichtliche Medizin, 63*, 138-148.

Carlson, E. B., & Armstrong, J. (1994). The diagnosis and assessment of dissociative disorders. In S. J. Lynn & J. L. Rhue (Eds.), *Dissociation: Clinical and theoretical perspectives* (pp. 159-174). New York: Guilford Press.

Carr, A. (1984). Content interpretation re: Salley and Teillings' dissociated rage attacks in a Vietnam veteran: A Rorschach study. *Journal of Personality Assessment, 48*, 42-421.

Cauwels, J. M. (1992). Imbroglio: Rising to the challenges of borderline personality disorder. New York: Norton.

Cerney, M. (1990). The Rorschach and traumatic loss: Can the presence of traumatic loss be detected from the Rorschach? *Journal of Personality Assessment, 55*, 781-789.

Chopra, H. D., & Beatson, J. A. (1986). Psychotic symptoms in borderline personality disorder. *American Journal of Psychiatry, 143*, 1605-1607.

Coonerty, S. (1986). An exploration of separation individuation in the borderline personality disorder. *Journal of Personality Assessment, 50*, 501-511.

Coursey, R. D. (1984). The dynamics of obsessive-compulsive disorder. In T. R. Insel (Ed.), *New findings in obsessive-compulsive disorder* (pp. 104-121). Washington, DC: American Psychiatric Press.

Eggers, C. (1969). Zwang und jugendliche psychosen (Compulsions and juvenile psychoses). *Praxis der Kinderpsychologie und Kinderpsychiatrie, 118*, 202-208.

Exner, J. E. (1986). Some Rorschach data comparing schizophrenics with borderline and schizotypal personality disorders. *Journal of Personality Assessment, 50*, 455-471.

Exner, J. E. (1993). *The Rorschach: A comprehensive system: Vol. 1. Basic foundations* (3rd ed.). New York: Wiley.

Freud, S. (1959). Character and anal erotism. In J. Strachey (Ed.), *the Standard Edition of the Complete Works of Sigmund Freud* (Vol. 9, pp. 167-175). London, UK: Hogarth Press.

(Original work published in 1908)

Gardiner, M. (1959). *The wolf-man and Sigmund Freud*. London, UK: Karnac Books.

Gordon, A. (1926). Obsessions in their relation to psychoses. *American Journal of Psychiatry, 5*, 647-659.

Grinker, R. R., Werble, B., & Drye, R. C. (1968). *The borderline syndrome*. New York: Basic Books.

Gunderson, J. G. (1977). Characteristics of borderline. In P. Hartocollis (Ed.), *Borderline personality disorders: The concept, the syndrome, the patient* (pp. 173-192). New York: International Universities Press.

Gunderson, J. G. (1984). *Borderline personality disorder*. Washington, DC: American Psychiatric Press.

Gunderson, J. G., & Singer, M. T. (1975). Defining borderline patients: An overview. *American Journal of Psychiatry, 132*, 1-10.

Harris, O. (1993). The prevalence of thought disorder in personality-disordered outpatients. *Journal of Personality Assessment, 61*, 112-120.

Hartman, W., Clark, M., Morgan, M., Dunn, V., Fine, A., Perry, G., & Winsch, D. (1990). Rorschach structure of a hospitalized sample of Vietnam veterans with PTSD. *Journal of Personality Assessment, 54*, 149-159.

Hilsenroth, M., Eudell-Simmons, E. M., DeFife, J. A., & Charnas, J. W. (2007). The Rorschach Perceptual-Thinking Index(PTI): An examination of reliability, validity, and diagnostic efficiency. *International Journal of Testing, 7*, 269-291.

Hilsenroth, M., Fowler, J. C., & Pawader, J. R. (1998). The Rorschach Schizophrenia Index(SCZI): An examination of reliability, validity, and diagnostic efficiency. *Journal of Personality Assessment, 70*, 514-534.

Holt, R. R. (1977). A method for assessing primary process manifestations and their control in Rorschach responses. In M. A. Rickers-Ovsiankina (Ed.), *Rorschach psychology* (2nd ed., pp. 375-420). New York: Krieger.

Holt, R. R. (2009). *Primary process thinking: Theory, measurement, and research* (Vols. 1 & 2). Lanham, MD: Aronson.

Huber, G., & Gross, G. (1989). The concept of basic symptoms in schizophrenic and schizoaffective psychoses. *Recent Progress in Medicine, 80*, 646-652.

Hunter, R., & MacAlpine, I. (1963). *Three hundred years of psychiatry*. London, UK: University Press.

Hwang, M. Y., & Hollander. E. (1993). Schizo-obsessive disorders. *Psychiatric Annals, 23*, 396-400.

Insel, T. R., & Akiskal, H. S. (1986). Obsessive-compulsive disorder with psychotic features: A phenomenologic analysis. *American Journal of Psychiatry, 143*, 1527-1533.

Jenike, M. A., Baer, L., & Carey, R. J. (1986). Co-existent obsessive-compulsive disorder and schizotypal personality disorder: A poor prognosis indicator (letter). *Archives of General Psychiatry, 43*, 296.

Kaser-Boyd, N. (1993). Rorschachs of women who commit homicide. *Journal of Personality Assessment, 60*, 458-470.

Kaser-Boyd, N., & Evans, F. B. (2008). Rorschach assessment of psychological trauma. In C. B. Gacono & F. B. Evans (Eds.), *The handbook of forensic Rorschach assessment* (pp. 255-277). New York: Taylor & Francis.

Kernberg, O. F. (1967). Borderline personality organization. *Journal of the American Psychoanalytic Association, 15*, 641-685.

Kleiger, J. H. (1999). *Disordered thinking and the Rorschach*. Hillsdale, NJ: The Analytic Press.

Knight, R. P. (1953). Borderline states. *Bulletin of the Menninger Clinic, 17*, 1-12.

Kringlen, E. (1965). Obsessional neurotics: A long term follow-up. *British Journal of Psychiatry, 111*, 709-722.

Kwawer, J. (1980). Primitive interpersonal modes, borderline phenomena, and Rorschach content. In J. Kwawer, H. Lerner, P. Lerner, & A. Sugarman (Eds.), *Borderline phenomena and the Rorschach test* (pp. 89-106). New York: International Universities Press.

Larkin, W., & Morrison, A. P. (Eds.). (2006). *Trauma and psychosis: New directions for theory and therapy*. New York: Routledge.

Larson, D. G. (1974). The borderline syndrome in the Rorschach: A comparison with acute and chronic schizophrenics. Thesis, University of California, Psychology Department, Berkeley, CA.

Lee, H. J., Kim, Z. S., & Kwon, S. M. (2005). Thought disorder in patients with obsessive-compulsive disorder. *Journal of Clinical Psychology, 61*, 401-413.

Lee, H. J., & Telch, M. J. (2005). Autogenous/reactive obsessions and their relationship with

OCD symptoms and schizotypal personality features. *Journal of Anxiety Disorders, 19*, 793-805.

Lerner, H., & Peter, S. (1984). Patterns of object relations in neurotic, borderline, and schizophrenic patients. *Psychiatry, 47*, 77-92.

Lerner, H., Sugarman, A., & Barbour, C. G. (1985). Patterns of ego boundary disturbance in neurotic, borderline, and schizophrenic patients. *Psychoanalytic Psychology,* 2, 47-66.

Levin, P. (1993). Assessing post-traumatic stress disorder with the Rorschach projective technique. In J. P. Wilson & B. Raphael (Eds.), *International handbook of traumatic stress syndromes* (pp. 189-200). New York: Plenum.

Levin, P., & Reis, B. (1996). The use of the Rorschach in assessing trauma. In J. Wilson & T. Keane (Eds.), *Assessing psychological trauma and PTSD* (pp. 529-543). New York: Guilford Press.

Lovitt, R., & Lefkof, G. (1985). Understanding multiple personality disorder with the comprehensive Rorschach system. *Journal of Personality Assessment, 59*, 289-294.

Mahler, M., Pine, F., & Bergman, A. (1975). *The psychological birth of the human infant.* New York: Basic Books.

Mignard, M. (1913). De l'obsession: Émotive ou délire d'influence (On obsession: Emotional or delusion of influence). *Annales Médecine Psychologique* (Paris), *71*, 333-343.

Mihura, J. L. (2006). Rorschach assessment of borderline personality disorder. In S. K. Huprich (Ed.), *Rorschach assessment of personality disorders* (pp. 171-203). Mahwah, NJ: Erlbaum.

Muller, C. (1953). Der ubergong von zwangsnekrose in schizophrenic im licht der katumnese (Transformation of compulsive neurosis into schizophrenia in light of the case history). *Schweizer Archiv für Neurologie und Psychiatrie, 72*, 218-225.

Nigg, J. T., Lohr, N. E., Westen, D., Gold, L. J., & Silk, K. R. (1992). Malevolent object representations in borderline personality disorder and major depression. *Journal of Abnormal Psychology, 101*, 61-67.

Patrick, J., & Wolfe, B. (1983). Rorschach presentation of borderline personality disorder: Primary process manifestations. *Journal of Clinical Psychology, 39*, 442-447.

Perry, W., & Viglione, D. J. (1991). The ego impairment index as a predictor of outcome in melancholic depressed patients treated with tricyclic antidepressants. *Journal of Personality*

Assessment, 56, 487-501.

Pious, W. (1950). Obsessive-compulsive symptoms in an incipient schizophrenic. *Psychoanalytic Quarterly, 19*, 327-339.

Putnam, F. (1997). *Dissociation in children and adolescents*. New York: Guilford Press.

Rapaport, D., Gill, M., & Schafer, R. (1968). *Diagnostic psychological testing* (Rev. ed.). New York: International Universities Press. (Original work published in 1946)

Rasmussen, S. A., & Tsuang, M. T. (1986). Clinical characteristics and family history in DSM-III obsessive-compulsive disorder. *American Journal of Psychiatry, 143*, 317-322.

Read, J., van Os, J. V., Morrison, A. P., & Ross, C. A. (2005). Childhood trauma, psychosis and schizophrenia: A literature review with theoretical and clinical implications. *Acta Psychiatrica Scandinavica, 112*, 330-350.

Robinson, S., Winnik, H. Z., & Weiss, A. A. (1976). Obsessive psychosis: Justification for a separate clinical entity. *Israeli Annals of Psychiatry, 14*, 39-48.

Rosen, I. (1957). The clinical significance of obsessions in schizophrenia. *Journal of Mental Science, 103*, 773-785.

Rudin, G. (1953). Ein beitrag zur frage der zwangskrankheit (A contribution to the question of compulsive disease). *Archiv fur Psychiatrie und Nervenkrankheiten, 191*, 14-54.

Scroppo, J. C., Drob, S. L., Weinberger, J. L., & Eagle, P. (1997). Identifying dissociative identity disorder: A self-report and projective study. *Journal of Abnormal Psychology, 107*, 272-284.

Shilling, L., Wingenfeld, K., Löwe, B., Moritz, S., Terfehr, K., Köther, U., & Spitzer, C. (2012). Normal mind-reading capacity but higher response confidence in borderline personality patients. *Psychiatry and Clinical Neurosciences, 66*, 322-327.

Singer, M. T. (1977). The Rorschach as a transaction. In M. Rickers-Ovsiankina (Ed.), *Rorschach psychology* (pp. 455-485). Huntington, NY: Krieger.

Singer, H. K., & Larson, D. G. (1981). Borderline personality and the Rorschach test. *Archives of General Psychiatry, 38*, 693-698.

Steiner, M., Martin, S., Wallace, J., & Goldman, S. (1984). Distinguishing subtypes within the borderline domain: A combined psychoneuroendocrine approach. *Biological Psychiatry, 19*, 907-911.

Stone, M. H. (1980). *The borderline syndromes: Constitution, personality, and adaptation*. New

York: McGraw-Hill.

Stuart, J., Westen, D., Lohr, N. E., Silk, K. R., Becker, S., Vorus, N., & Benjamin, J. (1990). Object relations in borderlines, major depressives, and normals: Analysis of Rorschach human responses. *Journal of Personality Assessment, 55,* 296-314.

Sugarman, A. (1986). An object relations understanding of borderline phenomena on the Rorschach. In M. Kissen (Ed.), *Assessing object relations phenomena* (pp. 77-88). Madison, CT: International Universities Press.

Sullivan, H. S. (1956). *Clinical studies in psychiatry*. New York: W. W. Norton.

Urist, J. (1977). The Rorschach test and the assessment of object relations. *Journal of Personality Assessment, 41*, 3-9.

van der Kolk, B., & Ducey, C. (1989). The psychological processing of traumatic experience: Rorschach patterns in post-traumatic stress disorder. *Journal of Traumatic Stress,* 2, 359-374.

Viglione, D. J., Perry, W., Giromini, L., & Meyer, G. J. (2011). Revising the Rorschach ego impairment index to accommodate recent recommendations about improving Rorschach validity. *International Journal of Testing, 11*, 349-364.

Viglione, D. J., Towns, B., & Lindshield, D. (2012). Understanding and using the Rorschach inkblot test to assess post-traumatic conditions. *Psychological Injury and Law, 5,* 135-144.

Wagner, E., & Heise, M. (1974). A comparison of Rorschach protocols of three multiple personalities. *Journal of Personality Assessment, 38,* 308-331.

Weisath, L. (1989). A study of behavioral responses to an industrial disaster. *Acta Psychiatrica Scandinavica, 355,* 13-71.

Weiss, R., Robinson, S., & Winnik, H. Z. (1969). Obsessive psychosis: Psychodiagnostic findings. *Israeli Annals of Psychiatry, 7,* 175-178.

Westen, D., Lohr, N., Silk, K. R., Gold, L., & Kerber, K. (1990). Object relations and social cognition in borderlines, major depressives, and normals: A TAT analysis. *Psychological Assessment: A Journal of Consulting and Clinical Psychology, 2,* (4) 335-364.

Wilson, A. (1985). Boundary disturbances in borderline and psychotic states. *Journal of Personality Assessment, 49,* 346-355.

Yee, L., Korner, A. J., McSwiggan, S., Meares, R. A., & Stevenson, J. (2005). Persistent hallucinosis in borderline personality disorder. *Comprehensive Psychiatry, 46,* 147-154.

Zanarini, M. C., Gunderson, J. G., & Frankenburg, F. R. (1990). Cognitive features of borderline personality disorder. *American Journal of Psychiatry, 147*, 57-63.

Chapter 15 정신증에 대한 꾀병 및 장애적 사고

임상적 · 법의학적 평가에서 꾀병을 탐지하는 일은 실무자들에게 드물지 않다(Rogers et al., 1998). 다른 모든 탐지 전략과 마찬가지로, 정신증 꾀병의 탐지는 과거력, 추가적인 정보 출처, 행동 관찰 및 진단적 검사 사이의 일치와 불일치를 찾는 체계적이고 중다방법적인 접근이 필요한 복잡한 임상 절차다(Ganellen et al., 1996). 게다가 Resnick과 Knoll(2008)이 보여 준 바와 같이, 정신증 꾀병을 탐지할 때에는 정신증 증상의 현상학에 대한 폭넓은 지식이 필요하다.

로샤는 정신증 꾀병 증상과 사고장애의 탐지에 심리평가적으로 어떤 특별한 역할을 할 수 있을까? 로샤에서 사고장애를 흉내 낼 수 있을까? 만약 그렇다면 우리가 꾀병에 대한 어떤 징후나 패턴을 찾으면 실제 정신병 현상과 구별할 수 있을까? 이러한 질문들은 수십 년간 연구자들의 흥미를 끌어 왔으며, 다양한 결론과 경고를 제시하는 연구들이 나왔다.

정신증 꾀병 증상의 탐지에서 로샤가 어떤 역할을 하는지를 논의하기에 앞서서 우선 꾀병이 의심되는 환자에 관한 개념적이고 임상적인 문제부터 논의하고, 그 다음에 가장된 증상과 실제 정신증 증상의 차이점에 대해 이미 알려진 것을 살펴보는 것이 도움이 될 것이다. 일단 우리는 충분한 배경정보로 기초를 다지고, 위장된 정신증 증상의 탐지에 대한 로샤의 잠재적 기여와 한계에 관한 문헌을 검토할 것이다.

꾀병을 의심하기

어떤 사람이 정신증 증상을 가장하고 있는가에 대한 의심은 처음 의심을 유발한 상황들에 대한 이해에서 시작한다. Cunnien(1997)은 검사자가 꾀병 가능성에 주목하게 하는 맥락적 · 임상적 요인의 역치(threshold) 모형을 제시했다. 진단가가 의심을 갖는 주된 요인은 형사책임의 회피와 같은 이차적 이득에 대한 동기 및 잠재적 가능성이다. 재판 전 평가를 위해 의뢰된 피고들의 8%가 정신증을 가장하는 시도를 했다(Cornell & Hawk, 1989). 이차적인 요인에는 다음과 같은 것들이 포함된다. (1) 검사 결과보다 과도한 신체 증상의 호소, (2) 다른 사람이 관찰하고 있을 때 악화되는 증상, (3) 증상의 과장 또는 증상에 대한 '과도한 행동', (4) 현저한 불일치와 모순, (5) 견딜 수 없고 통제할 수 없는 기괴하고 이해될 수 없는 증상들이 전통적인 치료에 반응하지 않거나 너무 빠르게 해소된다. 그리고 (6) 평가 및 치료에 대한 협조 부족(Resnick & Knoll, 2008)이다.

과장된 정신증 증상은 한 사람이 '광기(craziness)'를 흉내 내고 있다는 명백한 단서가 된다(Harris, 2000; Resnick & Knoll, 2008). 조현병을 가장하는 사람은 자신의 행동이 기괴하고 더 유별날수록 평가자들이 진짜로 자신이 정신질환을 앓고 있다고 확신하게 할 가능성이 크다고 믿는 것 같다. 대부분의 문헌이 증상의 과시나 과장은 잠재적인 정신증 꾀병에 대한 두드러진 단서라고 서술한다. 게다가 실제 정신증 환자와는 달리 꾀병 환자는 자신의 기괴하고 잠재적인 정신증 증상에 주의를 끌고 싶어 하는 것 같아 보인다.

꾀병 환자들이 증상을 꾸며 내려고 한다는 관점에 따라서 정신증의 (더 극적인) 양성 특징들이 형식적 사고장애나 음성 증상에 비해 많이 활용된다. Sherman, Trief와 Sprafkin(1975)은 꾀병 환자들은 가짜 망상을 가장하는 것보다 와해된 형식과 기이한 처리과정의 정신증적 사고 꾸며 내기를 더 어렵게 여긴다. 예를 들어, 탈선, 사고이탈, 지리멸렬하게 와해된 말은 가장하기가 어렵다. 게다가 꾀병 환자들은 보속적 언어의 발생 가능성이 낮다. Najolia(2013)는 가장된, 그리고 진짜 조현병 환자의 언어 특성에 대한 연구 결과에서 조현병을 가장한 환자는 형식적 사고장애의 미묘한 특징을 모방할 수 없다는 사실을 발견했다. 즉, 나중에 그들 대다수가 실제로 형식적 사고장애를 위장하려고 했던 걸로 밝혀졌지만, 그들은 혼란된 참조(confused reference)와 문법적 명확성의 결여(lack of grammatical clarity)를 나타내지 않았다.

환각과 망상 같은 보다 명확한 양성 증상은 음성 증상에 비해 가장하기가 쉽다. 꾀병 환자들은 정동의 둔화, 무언증, 무의욕증과 같은 미묘한 음성 증상들은 덜 모방하는 경향성이 있다(Resnick & Knoll, 2008). Najolia(2013)는 조현병의 언어적 특성을 흉내 냈던 참가자들은 결국 중얼거리고 말을 흐리게 되는 경우가 많다는 사실을 발견했다. 그러나 이 참가자들은 말을 길게 중단했기 때문에 무언증과 같은 양상을 나타냈다.

또한 기존의 문헌과 일관되게 Resnick과 Knoll(2008), Najolia(2013)는 정신증을 가장하는 수검자들은 인지 과제에서 수행이 더 저조하다는 것을 발견했다. 따라서 자신의 무능에 주목하게 하려는 그들의 노력과 일관되게 조현병을 흉내 내는 사람은 실제 조현병 환자보다 자신의 인지적 손상을 더 드러내려고 할 것이다.

양성 증상 모방의 질적 특성에 관해서 Resnick과 Knoll(2008)은 실제로 모방된 환각 및 망상을 구분한 연구 결과를 요약했다. 간단히 말해서, 꾀병은 다음과 같은 환청을 보일 것으로 예상된다. (1) 간헐적이 아닌 연속적일 때, (2) 모호하거나 알아들을 수 없을 때, (3) 과장된 언어 또는 이상한 언어를 포함할 때, (4) 주로 복종해야 하는 명령을 포함할 때, (5) 망상 없이 발생할 때, (6) 대처 전략으로 감소시킬 수 없을 때다. 망상의 호소는 점진적이기보다는 갑작스럽게 시작될 때, 수검자가 자신의 망상에 주의를 끌려고 할 때 의심된다. 더욱이 임상가는 망상 호소와 일치하지 않는 행동이 있을 때 증상의 가장을 의심해야 한다. 이와 관련해서 기괴한 내용의 망상은 대부분 와해된 사고와 동반된다. 따라서 어떤 사람이 사고나 언어에서 형식적인 장해의 증거 없이 기괴한 망상이 있다고 주장할 때, 꾀병 의심의 가능성은 높아진다.

임상가는 정신증 꾀병 환자가 임상 면담에서 표현하는 것과 유사하게 로샤에서도 가장된 증상을 표현할 것으로 예상할 수 있다. 만약 이것이 사실이라면 우리는 뚜렷한 임상적 특징들이 로샤에서도 동일하게 나타날 것이라고 기대할 수 있다.

정신증 꾀병의 로샤 탐지: 경험적 연구들

여타 임상 절차의 탐지 전략과 마찬가지로 로샤로 정신증 꾀병을 탐지하는 것은 단순한 검사를 통해 징후를 탐색하는 것이 아니라 다양한 검사, 비검사 변인을 통합하는 전략적 접근을 하는 복잡한 과정이다. 효과적인 탐지 전략으로는 개념에 기초하고, 경험적으로 타당화되었고, 체계적으로 감별하고, 구체적인 반응 양상을 기술하는 표준화된 방법을 포함해야 한다(Rogers, 2008). 이러한 기준들을 고려할 때, 로샤는 정신증 꾀병의 발견에 얼마나 큰 도움이 되어 왔을까?

로샤는 속일 수 없다는 초기 연구들(Fosberg, 1938, 1941, 1943)에도 불구하고, 보다 현대적인 연구들은 로샤가 어떤 조건에서는 정신증 흉내에 취약하다는 것을 발견했다(Elhai, Kinder, & Frueh, 2004; Ganellen, 2008; Sewell, 2008). 사실 지금은 정신증에 대한 지식을 갖추고 가장하는 수검자와 임상적 정신증 환자를 구분하는 것은 어려운 일로 여긴다. 최근 여러 개관 연구들은 꾀병에 대한 모든 로샤 연구가 Rogers의 탐색 전략 기준(2008)을 만족시키지 못하며, 로샤에서 꾀병에 대한 경험적인 세부 지표가 없다는 데 동의했다(Elhai, Kinder, & Frueh, 2004; Ganellen, 2008; Sewell, 2008). 일반적으로 연구들 대다수는 실제 정신증과 가장하는 수검자를 신뢰롭게 구분하는 일련의 로샤 변인을 확인하지 못했다. 게다가 정신증 및 사고장애와 관련된 주요 변수들에서 차이가 있을 때에도 수용 불가하게 높은 비율의 오긍정과 오부정으로 인해 진단 분류의 정확성이 훼손되었다. 그러나 이러한 개관 연구들은 기존 연구의 본질에 대해서도 여러 의문을 제기했다. 예를 들어, 개관된 모든 연구가 로샤 프로토콜을 평가하기 위해 표준화된 채점 시스템을 사용하지 않았다(Albert, Fox, & Kahn, 1980). 게다가 너무 많은 연구가 실험적인 가장(experimental dissimulation)을 정신병의 임상적 꾀병과 동등한 것으로 가정했다.

비록 꾀병 상태와 로샤에 대한 주요 개관들은 (1) 다중 방법 평가, (2) 부가적 정보의 포함, (3) 모든 데이터의 불연속성 탐색과 같은 탐지 전략이 항상 포함되어야 한다는 데 동의했지만, 저자들은 빈대 잡다가 초가삼간을 태워도 되는가에 대해 서로 다른 의견을 가졌다. 예를 들어, Sewell(2008)은 정신증 꾀병 탐지에 로샤가 기여한 바에 대해 강력하게 비판하면서 경험적 증거가 부족해서 로샤에서는 거의 얻을 것이 없다고 했다. 그러나 그의 비관론적인 결론은 다른 공헌자들의 연구를 어느정도 선택적으로 참조할 수 있게 도움을 주었다. 예를 들어, Sewell은 Exner(1991)를 인용하고, Elhai, Kinder와 Frueh(2004)를 참조하면서 이들 중 누구도 로샤가 꾀병 탐지에 기여한 바를 찾지 못했다는 인상을 주었다. 하지만 그것은 사실이 아니다. 꾀병 탐지 연구에서 로샤의 경험적 한계를 인정하면서도 Elhai, Kinder와 Frueh(2004), Ganellen(2008)은 로샤를 다-방법적(multi-method), 맥락에 민감한(context-sensitive) 탐지 전략의 일부로 사용한다면 임상가에게 유용하고, 경험적으로 타당한 발견을 다수 할 수 있다는 데 동의했다(Mihura, 2012).

정신증 꾀병의 로샤 지표들: 임상적 단서들

꾀병의 임상적 탐지를 피하기 위해 특정한 유형의 로샤 반응을 조작할 수 있다는 것은 사실이다. 앞에서 언급한 바와 같이, 대다수의 연구는 정신증을 가장하는 수검자와 임상적 정신증 환자를 구별하는 데 전통적인 로샤 지표들이 그다지 성공적이지 않다는 것을 보여 주었다. 특히 그 사람에게 정신증 증상에 대한 지식이 있을 때 그러했다. 그러나 이러한 발견들은 수검자가 정신증을 가장하는지 알아내려고 할 때 임상가가 로샤를 배제해야 한다는 것을 의미하지는 않는다. 임상적 정신증 환자와 꾀병 환자를 구분하기 위한 경험적으로 입증된 의사결정 법칙이 없다는 이유로 로샤에서 나타나는 꾀병 환자의 반응적 · 행동적 특징에 대한 탐색을 배제해서는 안 된다. 예를 들어, Schretlen(1997)은 꾀병이 우려되는 맥락에서 개인을 평가할 때 의심할 수 있는 징후들을 나열했다.

- 적은 수의 반응
- 빈번한 카드 거부
- 평범 반응의 결여
- 다수의 극적인, 병리적인, 기괴한 반응들
- 검사 목적에 대한 반복적인 질문 혹은 협조적이지 않음

이와 더불어 지난 수십 년 동안 다른 임상적 징후들이 문헌에 등장했다. Seamons와 동료들(1981)은 정신질환자와 정상인을 흉내 내라고 지시받은 범법자들의 임상 및 비임상 표본에 대한 역균형화(counterbalanced) 설계를 사용했다. 평가자들은 정신질환을 흉내 냈다고 판단한 대상자들의 기록에서 많은 수의 '극적인 반응(dramatic responses)'을 발견했다. 극적인 반응은 우울, 성, 혈액, 고어(gore), 절단(mutilation), 혼란, 증오, 싸움, 참수(decapitation) 등의 주제를 포함하는 것으로 정의되었다. 증상을 가장한 수검자는 극적인 반응과 부적절한 조합이 유의미하게 많았고, 평범 반응은 적었다. 이러한 연구 결과는 여러 다른 연구로부터 지지를 받았다(Frueh & Kinder, 1994; Netter & Viglione, 1994; Ganellen et al., 1996). Netter와 Viglione는 다음과 같은 공통적인 가장 전략을 확인했다.

- 카드에 있는 심상이 살아 있는 것처럼 하기
- 극적인 이야기 만들기
- 공격적 · 도발적 · 비판적 발언하기
- 평범 반응을 훼손하기
- 소리가 들린다는 언급하기
- 반응 시간이 길어짐(특히 V번 카드에서)

Ganellen 등(1996)은 MMPI F 척도에서 T 점수 90점 이상을 기준으로 법의학적으로 의뢰된 수검자를 '정직한' 집단과 '꾀병' 집단으로 구분했다. 그들은 SCZI, R, P, X+, X−%, 수준 2 특수점수에서 집단 간 차이를 발견하지 못했다. 그러나 마찬가지로 그들은 혈액, 성, 불, 폭발, 공격적이거나 병적인 내용과 주제를 담고 있는 반응을 극적인 내용 측정치(measure of dramatic content)에서 매우 유의미한 차이를 발견했다. Genellen 그룹은 정신증 꾀병 가능성을 고려한 MMPI와 로샤 변인의 조합을 제안함으로써 그들의 결론에서 한 걸음 더 나아갔다. 이 연구자들은 MMPI 척도 F, Pa, Sc의 극단적 상승 패턴과 낮은 L, K 점수, 그리고 로샤

에서 정신증적 구조 지표가 거의 없고 지나치게 드라마틱한 내용이 포함된 경우에 의도적인 정신증 꾀병을 시사할 수 있다고 제안했다.

McDougall(1996)은 조현병 환자와 조현병을 가장한 수검자를 구분하기 위해 판별분석(discriminant function analysis)을 사용했다. 그녀는 11개의 변수를 꾀병 지표로, 3개는 비꾀병 지표로 확인했다. 이러한 지표들은 대부분 로샤 채점 변인이었다. 하지만 Netter와 Viglione의 지표(1994)처럼 일부 변인들은 검사 외 행동(extra-test behavior)과 관련된 것이었다. McDougall의 꾀병 지표는 다음과 같다.

- 둘 혹은 그 이상의 우원증 사례
- 둘 혹은 그 이상의 '살아나는' 카드 사례
- 둘 혹은 그 이상의 고통 발언
- WSUM6 〉5 + ModWSUM6
- 둘 혹은 그 이상의 다중특수점수가 포함된 단순 응답
- V번 카드의 반응 시간 〉10초
- V번 카드의 평범 반응에서 특수점수가 부여됨
- 둘 혹은 그 이상의 FABCOM
- IV번 및 V번 카드에서 훼손되지 않은 평범 반응
- I번 카드보다 IV, V, VI번 카드에서 4개 혹은 그 이상의 특수점수
- 셋 혹은 그 이상의 극적인 내용 점수(Mor, 혈액, 성, 불, Ex, AG)

비꾀병 지표에는 다음과 같은 것이 포함된다.

- VIII번 카드의 D1에서 특수점수가 없는 평범 반응
- X번 카드의 D1에서 특수점수가 없는 평범 반응
- 수검자가 그럴듯하지 않은 것 같다고 인정한 둘 혹은 그 이상의 응답

McDougall은 전체 정확 분류율을 78.3%로 산출했는데, 조현병을 가장한 사람의 11%만이 조현병으로 잘못 분류되었고, 오긍정률(조현병 환자가 꾀병으로 잘못 분류된 경우)은 42%를 넘었다. 이러한 수용할 수 없는 오긍정률에도 불구하고, McDougall의 접근방식은 임상 환경에서 유용하다고 입증될 가능성이 있는 많은 새로운 징후와 변수들의 조합을 확인했다.

Exner와 Erdberg(Exner, 1991; Exner & Erdberg, 2005)는 실망스러운 보편법칙적

(nomothetic) 접근방식에서 벗어나서 가장된 정신증이 잘 반영된 변인을 탐색하기 위해 이미 알려진 꾀병 환자들에 대한 단일사례 연구방법을 활용했다. Exner의 로샤 연구 재단은 15년 동안 꾀병으로 판정된 프로토콜 31개를 수집했다. 형사소송에 연루된 21명의 피고인들 중 오직 2명만이 개정된 SCZI에서 6점을 받았지만, "두 기록 모두 너무 기괴해서 신뢰할 수 없고, 검사 기간 동안 수검자의 협조가 매우 비일관적이었다"(Exner, 1991, p. 438). 구조적 변인에서 동질성이 결여되어 있었음에도 불구하고, Exner는 모든 꾀병 피고인이 다음과 같은 특징을 보였다고 지적했다.

- 다수의 길고 기괴한 반응들. 꾀병 환자의 자유연상 반응은 비환자 성인 표본(13.2단어)에 비해 대략 2배(25~40단어) 정도 단어가 많았음. 비록 우수한 지능을 가진 상위의 사회경제적 집단의 수검자들도 긴 언어를 구사하지만, 꾀병 환자에게서 발견되는 기괴한 내용은 담고 있지 않음.
- 기괴한 단어와 내용이 양호한 FQ와 혼재됨.
- 기괴하게 보이려는 노력을 반영하는 다수의 특수점수, 발언 및 어구의 DR 채점과 연관됨.

Exner는 "전반적으로, 이 31개의 사례에서 얻어야 할 것이 있다면 주로 수검자에 관해 가용한 과거력 자료 등 다른 정보에 비추어 기록이 '맞는 것 같지 않다'는 사실이다."라고 결론지었다(p. 439).

Exner와 Erdberg(2005)는 PTI에서 4점을 받은 꾀병 의심 환자의 로샤와 MMPI-2를 제시했다. 그러나 저자들은 "로샤에서는 그의 정신병리가 진짜인가 의심을 불러일으킬 정도의 극단적인 반응이 특징이다. 그의 19개의 반응 기록에서 WSUM6가 95점, 수준 2 특수점수가 14개, M-가 5개였다는 사실은 특히 주목할 만하다."(p. 428)라고 결론지었다.

Exner와 Erdberg는 수검자 대부분의 수준 2 특수점수가 적절한 FQ 반응에서 발생했다는 점에 주목했다. 더욱이 이러한 특수점수 반응의 질은 과도하게 극적이어서 "이 정도의 인지 기능 장애를 가진 사람이 로샤를 완성하는 것이 실제로 가능한지에 대한 의문을 갖게 한다"(p. 428).

정신증 꾀병 개별 사례의 로샤에서 가장 두드러진 것은 그 결과와 법의학 연구자들이 정신증 꾀병 환자의 인터뷰에서 기술한 특징이 일치하는 정도다(Kucharski et al., 1998; Harris, 2000; Resnick & Knoll, 2008). 모두가 증상 과장과 과잉반응이 특징이라고 강조했다. Resnick

과 Knoll(2008)이 표현했듯이, 꾀병 환자들은 "그들의 행동이 기괴할수록 더 설득력이 있을 것이라는 그릇된 믿음을 가진"(p. 60) 형편없는 오버 연기자들이다. 그들은 어떻게 그 꾀병 환자가 "캔버스 안을 가득 채우고, 증상 위에 증상을 쌓아서 광기를 넘어서며, 어떻게 그들이 가정한 역할을 서투르게 묘사하는지"(Jones & Llewellyn, 1917, p. 80)에 대한 인상적인 문구를 인용했다. 게다가 꾀병 환자들은 자기 증상에 주의를 끌면서도 증상에 대한 기술은 모순과 불일치를 드러내는 경향이 있다. 더욱이 그들은 면담을 하는 동안 적대적이고 도발적이 되거나 느리게 응답할 수도 있는데, 아마도 그건 어떻게 하면 면접관을 성공적으로 속일 수 있을지를 고민하는 데 필요한 시간을 벌기 위해서일 것이다.

연구자들이 정신증 꾀병의 로샤 반응 특징에 대해 언급한 것들의 유사성에 주목하자. Netter와 Viglione(1994)는 그들이 과도하게 극적인 부정적인 내용과 증상(예를 들어, 목소리가 들린다고 주장하는 것)에 주의를 끌려고 할 뿐만 아니라, 적대적이고 도발적인 발언과 긴 반응 시간을 나타낸다고 지적했다. 마지막으로, Resnick과 Knoll(2008)과 같은 면담자들이 언급한 불일치와 모순은 로샤에서 양호한 FQ를 보이는 평범 반응에서도 빈번하게 수준 2 특수점수가 나오는 꾀병 환자의 괴리와 유사하다(Exner, 1991; Ganellen et al., 1996).

사고장애 채점의 특이도와 민감도

지금까지 우리의 강조점의 대부분은 전체로서 정신증 꾀병에 맞춰져 있었다. 그와는 반대로 우리는 로샤의 사고장애 꾀병에 더 좁은 초점을 맞출 수 있다. 많은 개관 연구가 수준 2 특수점수, WSUM6, SCZI 같은 합성된 변인을 사용한 것이 사실이지만, 오히려 특수점수 자체에 대한 언급은 적은 편이다. 예외적으로 꾀병 기록들에는 더 극적인 반응들이 포함되어 있다는 관찰 정도가 있다. 과도하게 극적인 반응들은 다음과 같은 것을 포함하는 응답으로 정의된다. 혈액, 고어, 폭력, 성, 그리고 병리적인 주제들이다. 하지만 극적인 내용은 기괴하고 과도하게 윤색되어 표현되었기 때문에 DR2로 채점될 수 있다. 많은 연구자가 정신증을 가장한 사람들의 기록에 작화증적 DR이 있다는 점에 주목했다(Exner, 1991; Netter & Viglione, 1994; McDougall, 1996). 그러나 Ganellen 등(1996)은 이것을 사실로 믿지 않았다. 그들은 정직한 수검자와 꾀병으로 정의되는 수검자를 DR로는 구분할 수 없다는 것을 발견했다. 하지만 극적인 효과의 조작이 들어가는 특수점수 범주가 있다면 그것은 아마 DR이 될 것이고, 그 다음으로는 INCOM과 FABCOM일 것이다. Seamons 등(1981)은 정신질환을 가장하는 사람은 부적절한 조합이 더 많다는 것을 발견했다. 정신증을 가장하려고 기괴한 반응을 하는 사람은 폭력적이고 생생한 주제 내용만 단순히 표현하는 것이 아니라, 기괴한 생각을 작화증적인 방식으로 윤색할 수도 있다. 예를 들어, 다음의 심각한 작화증적 DR2의 두 예시를 생각해 보자. 어떤 반응이 꾀병 환자에 의해 생성되었고, 어떤 반응이 정신증 환자에 의한 것일까?

수검자 1

II번 카드 이건 가톨릭 신자같군요. 전 그것에 대해 말하지 않는 게 좋겠어요. 그건 그리스도네요. 그는 꿰뚫려서 죽어가고 있어요. 온통 피투성이군요(This is like the Catholics, I'd rather not talk about it, It's Christ, he's pierced & dying, there's blood all over).

VII번 카드 서로 다른 나라의 국민을 대표하는 두 인물인데, 그들은 서로를 바라보지만 거기에는 그들이 어떻게 떨어져 있는지 보여 주는 분단선이 있네요. 그들은 함께 있어야 할 것 같은데 서로 떨어져 있네요(It's two figures representing the people of different nations, they see each other but there is a dividing line to show how they're apart. They're supposed to be together but they're held apart).

IX번 카드 이 끔찍한 분홍색은 마치 태어나지 않은 아이 같고, 주위에 있는 모든 것이 그 아이를 독살하려 하며, 중간에 있는 난소들은 그 아이를 집어삼키려 하네요. 마치 독성 아메바가 그걸 먹으려고 기다리는 것처럼요(This lousy pink is like an unborn child and all these things around it are trying to poison it, they're waiting to devour it and the ovaries in the middle, like poisoned amoebae and they are ready to get at it).

수검자 2

II번 카드 제 생각엔 옆에서 보면 토끼가 보일 것 같은데, 도살당했거나 경주를 마친 토끼가 아닐까 싶네요. 일종의 싸움이나 신체 활동, 구토, 분명히 육체적인 고통 속에. 나는 고통이… 가짜라고 느껴요. 난 그것이 귀를 닮았기 때문에 고통스럽고 토끼처럼 보인다는 것을 보여 주려는 것 같아요(I think I can see a rabbit if I look at it from side, I think a rabbit who is either being slaughtered or has finished a race. Some sort of fight or physical activity, vomiting, definitely in some sort of physical pain. I feel that pain is… fake. I think it's just trying to show that it's in pain and looks like a rabbit because it has resembling ears).

II번 카드 이건 내게 제 생각엔… 동물이나 사람 중 하나가 생각나게 하네요. 나는 그들이 아마 다른 지역 출신이거나 같은 지역 출신일 수도 있다고 생각하지만 그들은 음… 나의 최초의 본능은 그들이 싸우는 것이었지만 지금은 매우 늙어 보이고, 결정을 하는 것처럼 보이고, 둘 다 매우 다른 생각을 가지고 있으며, 한 가지에 동의하고 있어요. 나는 둘 다 매우 강한 머리(strong-headed), 뜨거운 머리(hot-headed)를 가진 사람이라 생각하지만 한 가지에 합의할 때에는 침착하네요… 나의 첫인상은 역시 피였고, 아래는 빨갛고, 그들의 머리 꼭대기에는 빨간 큰 반점이 있군요. 그래, 난 그들이 다른 사람이라고 생각해요. 그래, 아주 달라요(This reminds me of I think… either animals or people. I feel like they'd maybe be from different areas or maybe the same area but they're um… my first instinct was they're fighting but now they look very old and look like making a resolution and both have very different ideas and are agreeing on one thing. I feel both are very strong-headed, hot-headed people but being calm when agreeing on one thing… My first impression was also blood, red at bottom and their heads were red splotches at the top. Yea, I think they're different people, yea very different).

III번 카드 누군가는… 음… 전쟁의 시작을 외치는 것 같아요. 나는 매우 행복한 일이거나 매우 비극적인 일이라고 생각해요. 분명히 그 사람의 얼굴 같은 것을 보면 나는 그들이 시작하고 싶지 않은 일을 시작하려는 것 같은 느낌이 드네요. 아주 비극적인 일처럼. 하지만 전체적으로 보면 아주 행복한 일이 시작된 것처럼 보였어요(Someone… um… either like calling out a start of a war. I think either a very happy thing or a very tragic thing. Definitely starting something the person's face I feel like they're starting a thing they don't want to start, like a very tragic thing but looking at it as a whole, looked like it started something very happy).

이처럼 수준 2 DR에 근거해서 꾀병 환자를 임상적 장해를 가진 환자와 구분하는 것은 극도로 어려운 일이기도 하고, 임상적 실제의 표준을 따르지 않고 단일 검사 자료에만 근거하여 감별진단적 의사결정을 내리는 것은 좌절스러운 일일 수 있다. 이러한 수검자들을 구분하기에 더욱 어렵게 하는 것은 두 응답이 모두 매우 강렬하고 모순되며 극적인 주제 내용을 작화증적이고 과잉 윤색된 방식으로 언어화한다는 점이다. 대부분의 측면에서 이 수검자들은 DR2로 구분되지 않는다. 하지만 만약 당신이 초기 정신증 환자로 수검자 2를 선택했다면 당신이 맞았다. 수검자 1은 Exner와 Erdberg의 사례(2005, pp. 420-421)에서 인용한 것이다.

이러한 구분을 가능하게 하는 두 가지 단서가 있는데, 먼저 수검자 2의 II번 카드 첫 번째 반응["귀를 닮은(resembling ears)"]에 있는 DV1이 있다. 그리고 II번 카드 두 번째 반응의 암묵적으로 기괴한 논리가 있는데, 거기에서 그녀는 인물들을 "강한 머리를 가진, 뜨거운 머리를 가진 사람들"로 묘사했다. 그 다음에 그녀는 "그들의 머리 꼭대기에 붉은 반점이 있었다"는 인상을 표현했는데, 이것은 그녀가 빨간색을 "뜨거운 머리"라는 개념과 혼합했음을 시사한다. '강한 머리를 가진'이라는 표현도 좀 특이하다. 더욱이 수검자 1은 그의 VII번 카드 반응(예를 들어, "그들은 함께 있어야 할 것 같지만 서로 떨어져 있다")에서 몇 가지 모순된 관념을 나타낸 수준이지만, 수검자 2의 각 반응은 본질적으로 부조리한 모순을 내포하고 있어 Bleuler(1911/1950)가 말한 뚜렷한 관념적 양가성을 시사한다. 마지막 단서는 II번 카드에 대한 수검자 1의 "나는 그것에 대해 말하지 않는 것이 낫겠다."는 발언으로, 위장된 거리 상실을 암시하는 것이다. 그 발언은 이 생각('가톨릭')이 그가 말할 수 없는 일종의 개인적인 종교적 의미를 지니고 있다는 사실에 주의를 끌려고 설정된 것이다.

이러한 잠재적으로 구분되는 특징들은 과도한 극적인 내용과 윤색된 발화가 임상 환자와 정신증을 가장하는 사람의 기록 모두에서 유사하게 나타날 수 있음을 보여 준다. 하지만 마찬가지로 정신증 꾀병 환자는 형식적 사고장애를 가장하기 더 어려워한다는 것도 보여 준다. Resnick과 Knoll(2008)은 탈선, 신조어, 느슨한 연상, 말비빔과 같은 증상들은 거의 가장하지 않았다고 지적했다. 나는 붉은색이 구체적으로 "뜨거운 머리를 가진 것"을 나타내는 경우와 같은 논리에서의 미묘한 실수를 추가로 언급하고자 한다. 일반적으로 수검자 1의 언어는 수검자 2의 언어보다 더 명료하다. 수검자 1의 내용이 기괴하고 극적이기는 하지만, 덜 유동적이다.

언어와 논리에서의 미묘한 차이 외에도 우리는 꾀병 환자의 로샤에서 오염 반응은 없을 것으로 예상한다. 오염은 일단 빈도가 매우 낮은 반응이다. 오염 반응은 그 사람의 사고 구조에서의 심각한 장해를 나타내는 관념 및 지각적 경계의 붕괴를 반영한다.

만약 꾀병 환자가 주목받기를 원할 때, 이것을 실행하는 방법은 양성 증상을 가장하는 것이다. 이러한 방식은 면담에서는 환각과 망상을 가장하는 형태를 취하고, 로샤에서는 작화증적 DR로 표현되는(물론 그렇지 않을 수도 있는) 과도하게 극적인 반응으로 나타난다. Resnick과 Knoll(2008)은 가장된 음성 증상, 즉 둔화된 정동, 무언증, 무의욕, 손상된 상호작용 등의 증상은 양성 증상보다 가장될 가능성이 낮다고 지적했다. 또한 빈곤도 로샤에서 가장할 가능성이 낮다. 이와 같이, 우리는 음성 사고장애와 인지적 손상의 미묘한 징후는 많지 않을 것으로 예상할 수 있다. Schuldberg와 Boster(1985)의 연구에서 알 수 있듯이, 정신증을 가장하는 사람의 기록에는 구체적이고, 위축되며, 보속적이고, 파편화된 반응이 적을 것이다.

마지막 발언들

로샤에서 어떤 변인들은 정신증 꾀병이나 가장된 사고장애를 탐지할 때 다른 변인들보다 더 명료하다. PTI, WSUM6, 수준 2 특수점수의 수, 이전의 SCZI와 같은 합성 지표가 실질적인 지표로 입증된 것은 아니지만, 우리는 그 흔적을 추적할 수 있는 몇 가지 단서를 가지고 있다. 임상가들은 로샤가 꾀병과 임상적 정신증을 구분하는 더 도움이 되는 정도에 대해 과도하게 자만하거나 과도하게 비관적이어서는 안 된다. 복수의 검사, 면담 및 추가적인 관찰 및 기록을 포함하는 다방법 평가를 성심껏 수행하는 것은 꾀병을 탐지하기 위한 패턴과 불연속성을 탐색하는 데 필수불가결한 것이다.

마지막으로 주목할 만한 사실이 있다. 꾀병과 로샤에 관한 초창기 연구들은 대부분 20년보다 오래전에 행해진 것들이다. 20년 동안, 로샤 연구자들은 R-PAS의 개발로 대표되는 상당한 진전을 이뤄 냈다(Meyer et al., 2011). R-PAS는 지각 및 사고 문제 영역에서 광범위한 변수의 핵심구조를 구성했을 뿐만 아니라, R-PAS 방법 그 자체로도 로샤와 꾀병 문헌에서 확인된 주요 혼입변인 중 하나를 제거했다. Elhai, Kinder, Frueh(2004)는 R이 꾀병과 로샤 연구에 있어서 혼입변인이라는 사실을 지적했다.

나는 로샤에서 가장된 정신증이라는 주제에 새로운 관심이 모이기를 바란다. 이제 R-PAS가 임상적 로샤 분야에 기반을 마련한 만큼, 이제 오래된 주제에 대해서도 재검토가 이루어져야 할 시점이다. 또한 단순한 실험적 흉내 내기가 아닌 실제 법의학적 피험자를 활용한 연구와 보다 정교한 판별분석을 채택하면 가장된 정신증 현상학에 경험적 건전성 및 개념적 명확성을 부여할 수 있을 것이다. Resnick과 Knoll(2008)은 향후 이러한 연구들이 더 증가할 것이라고 했다.

참고문헌

Albert, S., Fox, H. M., & Kahn, M. W. (1980). Faking psychosis on the Rorschach: Can expert judges detect malingering? *Journal of Personality Assessment, 44*, 115-119.

Bleuler, E. (1950). *Dementia Praecox or the Group of Schizophrenias, trans. J. Zinkin*. New York: International Universities Press. (Original work published in 1911)

Cornell, D. G., & Hawk, G. L. (1989). Clinical presentation of malingerers diagnosed by experienced forensic psychologists. *Law and Human Behavior, 13*, 375-383.

Cunnien, A. J. (1997). Psychiatric and medical syndromes associated with deception. In R. Rogers (Ed.), *Clinical assessment of malingering and deception* (2nd ed., pp. 26-44). New York: Guilford.

Elhai, J. D., Kinder, B., & Frueh, B. (2004). Projective assessment of malingering. In M. J. Hilsenroth & D. L. Segal (Eds.), Comprehensive handbook of psychological assessment: Personality assessment (Vol. 2, pp. 553-561). New York: Wiley.

Exner, J. E. (1991). *The Rorschach: A comprehensive system, advanced interpretation* (Vol. 2, 2nd ed.). New York: Wiley.

Exner, J. E., & Erdberg, P. (2005). *The Rorschach: A comprehensive system, advanced interpretation* (3rd ed.). New York: Wiley.

Fosberg, I. A. (1938). Rorschach reactions under varied instructions. *Rorschach Research Exchange, 3*, 12-31.

Fosberg, I. A. (1941). An experimental study of the reliability of the Rorschach psychodiagnostic technique. *Rorschach Research Exchange, 5*, 71-84.

Fosberg, I. A. (1943). How do subjects attempt to fake results on the Rorschach test? *Rorschach Research Exchange,* 7, 119-121.

Frueh, B. C., & Kinder, B. N. (1994). The susceptibility of the Rorschach inkblot test to malingering or combat-related PTSD. *Journal of Personality Assessment, 62*, 280-298.

Ganellen, R. J. (2008). Rorschach assessment of malingering and defensive response sets. In C. B. Gacono & F. B. Evans (Eds.), *The handbook of forensic Rorschach assessment* (pp. 89-119). New York: Taylor & Francis.

Ganellen, R. J., Wasyliw, O. E., Haywood, T. W., & Grossman, L. S. (1996). Can psychosis be malingered on the Rorschach: An empirical study. *Journal of Personality Assessment, 66(1)*, 65-80.

Harris, M. R. (2000). The malingering of psychotic disorders. *Jefferson Journal of Psychiatry, 15*, 12-23.

Jones, A., & Llewellyn. J. (1917). *Malingering*. London, UK: Heinemann.

Kucharski, L. T., Ryan, W., Vogt, J., & Goodloe, E. (1998). Clinical symptom presentation in suspected malingerers: An empirical investigation. *Journal of the American Academy of Psychiatry and the Law, 26*, 579-585.

McDougall, A. (1996). Rorschach indicators of simulated schizophrenia. *Dissertation Abstracts*

International, 57, 2159.

Meyer, G. J., Viglione, D. J., Mihura, J. L., Erard, R. E., & Erdberg, P. (2011). *Rorschach performance assessment system: Administration, coding, interpretation, and technical manual*. Toledo, OH: Rorschach Performance Assessment System.

Mihura, J. L. (2012). The necessity of multiple test methods in conducting assessments: The role of the Rorschach and self-report. *Psychological Injury and Law*, 5, 97-106.

Najolia, G. M. (2013). An examination of speech characteristics under conditions of affective reactivity and variable cognitive load as distinguishing feigned and genuine schizophrenia. Unpublished Dissertation, Louisiana State University.

Netter, B. E. C., & Viglione, D. J. (1994). An empirical study of malingering schizophrenia on the Rorschach. *Journal of Personality Assessment, 62*, 45-57.

Resnick, P. J., & Knoll, J. L. (2008). Malingered psychosis. In R. Rogers (Ed.), *Clinical assessment of malingering and deception* (3rd ed., pp. 51-68). New York: Guilford.

Rogers, R. (2008). Detection strategies for malingering and defensiveness. In R. Rogers (Ed.), *Clinical assessment of malingering and deception* (3rd ed., pp. 14-35). New York: Guilford.

Rogers, R., Salekin, R. T., Sewell, K. W., Goldstein, A., & Leonard, K. (1998). *A comparison of forensic and nonforensic malingers: A prototypical analysis of explanatory models. Law and Human Behavior, 22*, 353-367.

Schretlen, D. J. (1997). Dissimulation on the Rorschach and other projective measures. In R. Rogers (Ed.), *Clinical assessment of malingering and deception* (2nd ed., pp. 208-222). New York: Guilford.

Schuldberg, D., & Boster, J. S. (1985). Back to Topeka: Two types of distance in Raparport's original thought disorder categories. *Journal of Abnormal Psychology, 94*, 205-215.

Seamons, D. T., Howell, R. J., Carlisle, A. L., & Roe, A. V. (1981). Rorschach simulation of mental illness and normality by psychotic and nonpsychotic legal offenders. *Journal of Personality Assessment, 45*, 130-135.

Sewell, K. W. (2008). Dissimulation on projective measures. In R. Rogers (Ed.), *Clinical assessment of malingering and deception* (3rd ed., pp. 207-217). New York: Guilford.

Sherman, M., Trief, P., & Sprafkin, Q. R. (1975). Impression management in the psychiatric interview: Quality, style, and individual differences. *Journal of Consulting and Clinical Psychology, 43(6)*, 867-871.

Chapter 16 아동 및 청소년 정신증 현상의 로샤 지표들

아동과 청소년의 정신증에 로샤 평가의 한 장을 할애하는 것은 꼭 필요한 동시에 버거운 일이기도 하다. 조기 발병한 정신증을 앓고 있는 아동과 청소년은 장애적 사고로 고통받고, 로샤가 이 연령 집단의 평가에 중요한 역할을 하기 때문에 필수적이라고 할 수 있다. 사고장애나 로샤에 대한 종합적인 개관에서 어린 환자의 임상적 징후와 진단적 논점을 다루지 않는다면 불완전한 것이 될 것이다. 하지만 다른 어떤 분야보다 아동 및 청소년의 진단 과제는 더 복잡하고, 연구는 제한적이다. 우리가 앞으로 살펴볼 바와 같이, 좋은 진단 작업의 중요성과 관련성에도 불구하고, 어린이들의 사고장애와 기타 정신증 현상을 평가하는 데에는 많은 난관이 있을 수밖에 없다.

유병률, 복잡성, 혼입변인, 제한점

성인들과 마찬가지로, 우리는 어린이들에 대해서도 정신증 증상과 실제 정신증 장애의 존재를 감별할 수 있다. 전통적인 인식과는 달리 정신증 증상은 어린이들에게 드물지 않다(Cepeda, 2007). Birmaher(2003)가 회고적인 방식으로 조사했을 때, 아동 및 청소년의 정신증 유병률은 각각 4~8%에 이른다. 정신증 현상은 비교적 흔한 편이지만, 정신증 장애는 그렇지 않다. 성인뿐만 아니라 아동에게도 기분장애는 정신증 증상과 관련된 가장 빈번한 임상적 문제다(Cepeda, 2007). 정신증의 특성은 어린이와 청소년 간에 상당한 차이가 있다. 추정대로 환각은 가장 흔한 정신증 증상이고, 그다음은 망상적 사고다. 환각은 80%의 어린이 환자들이 보고하는 정신증 증상이다. 그중 74%가 거의 명령 환청(command auditory hallucinations)을 보고했다. 반면, 망상적 믿음은 이 집단의 환자 중 22%만 보고해서 비교적 빈번하지 않았다. 다소 놀라운 결과로는 '사고장애'가 상대적으로 드물다는 것인데, 정신증을 가진 아동/청소년 중 약 3%에서만 보고되었다(Cepeda, 2007). 아마도 '사고장애'가 의미하는 바가 와해된 말과 관련된 더 한정적이고 범주적인 증상이기 때문인 것 같다. 따라서 임상적으로 진단 가능한 정신증 장애는 어린이들에게 드물 수 있다. 하지만 정신증 유사 특징을 가진 기분장애 환아가 환각 및 망상 경험을 보고하는 경우는 흔하다. 이러한 취약한 어린이 환자 집단에는 사고의 형식이나 언어 조직에서의 빈번한 장해가 빠져 있는 것처럼 보인다.

아이들의 정신증 현상이나 장애는 성인에 비해서 더 자주 간과되거나, 기각되거나, 정상으로 여겨지거나, 오진단된다. 기각하고 정상으로 여기거나(예를 들어, "그녀는 성장 중에 있다" 혹은 "아이들은 활발한 상상력을 가지고 있다"), 과잉진단하고 병리로 여기는(예를 들어, 장애적 사고와 연관된 로샤 점수나 나쁜 FQ를 '정신증'과 혼동하는 것) 극단적인 사례는 드물지 않다. 이러한 진단적 문제에는 다음과 같은 세 가지 혼입변인이 영향을 미친다. 발달의 역할, 동반이환 상태의 빈번함, 그리고 심리적 또는 기능적 원인으로 오인되는 정신증을 유발하는 무수한 의학적 · 신경학적 · 독성학적 요인들 등이다.

마지막으로, 우리는 심리진단학, 특히 로샤로 탐지하기를 어렵게 하는 난관에 봉착한다. 아동의 로샤 반응에 관한 문헌들은 수십 년 전부터 존재해 왔지만, 표본 크기와 설계상 한계점이 뚜렷하고, 시대에 뒤떨어진 채점 체계를 사용한 사례보고나 연구가 많다(Klopfer & Margulies, 1941; Klopfer, Spiegelman, & Fox, 1956). 현대적인 체계와 보다 정교한 설계를 적용한 연구는 그리 많지 않다. 연구자들은 정신증으로 진단된 아동이나 어머니가 조현병이나 양극성 장애 진단을 받은 5~16세 아동들의 로샤 징후를 연구하기 위해 TDI를 사용했다. TDI는 사춘기-발병 조현병 및 정신증 특징을 가진 주요 우울증을 연구하는 데에도 활용됐다(Makowski et al., 1997). CS를 활용해서 아동들의 정신증 현상과 장애적 사고를 탐색한 연구는 매우 제한적이다. Smith와 동료들은 8~18세 입원 환자들의 이질적인 표본에서 PTI, SCZI, M- 및 X-%를 조사했다(Smith et al., 2001). 하지만 저자들이 인정했듯이, 불행히도 표본 크기는 작고, 인종적으로 동질적이었으며, 가장 중요한 것은 정신증 장애 진단을 받은 환자가 5% 미만이었다. 또 다른 최근 연구에서는 12~18세의 소규모 청소년 표본에서 TDI의 진단적 정확도를 CS의 WSUM6과 비교했는데, 그중 절반 이상은 조현병 진단을 받은 청소년들이었다(Andersen et al., 2016). 이러한 몇몇 연구 외에도 현재 어린이들의 정신증 평가에서 로샤의 역할과 감별진단에 기여하는 바를 상세하게 검토한 잘 설계된 연구는 부족하다.

발달의 역할

정상적인 발달과정은 아동의 정신증 평가를 혼탁하게 할 수 있다(Kleiger & Khadivi, 2015).

임상가가 인지 및 언어 발달의 역할을 고려하지 않으면 발달적 미성숙을 정신병리와 혼동할 수 있다. 예를 들어, 5~7세 사이의 아동은 안정된 개념을 형성하고, 상징적 매체(symbolic media)를 관리하고, 환상을 현실과 분리하고, 하나의 관념에서 다음 관념으로의 연결에서 응집력을 확립하고, 청자의 관점을 이해하기 시작한다. 이보다 어린 아동은 마술적 사고를 하기 쉽고, 안정적인 개념을 파악하거나 청자의 관점을 이해하는 데 어려움을 겪는다. 현실검증과 성숙한 의사소통을 가능하게 하는 이러한 발달적 성취를 고려하지 않으면 정신증 현상 여부를 판단하기 어려울 것이다. 어린 아동은 이러한 필수적인 인지(추론)와 언어 능력을 아직 발달시키지 못한 것인 반면에, 일부 나이 든 아동은 환상과 현실을 구분하고 그들의 생각을 질서 있게 소통하는 능력에 발달 지연이 있는 것이다. 그러한 경우에, 정신증이 아닌 순수한 발달 지연이라고 해도 처음에는 정신증 유사 현상이 발생했다고 이해하는 것이 더 나은 접근이 될 수 있다.

발달적 문제에 접근하는 또 다른 방법은 로샤를 존재론적인(ontological) 관점에서 바라보는 것이다. 우리가 살펴본 것과 같이, Leichtman(1996)은 일반적인 로샤 사고장애 채점의 기저에 있는 처리과정을 발달적 관점으로 개념화하는 방법을 개발했다. 5~7세 아동의 장애적인 로샤 반응은 검사를 받을 때의 발달적 한계나 성취의 징후로 봤을 때 가장 잘 이해될 수 있다. 따라서 11장에서 언급된 바와 같이, 표상적으로(representationally) 사고할 수 있는 능력이 부족한 2~3세 아동에게 보속적 사고는 발달적으로 적절한 것이다. 마찬가지로, 5세 이전의 아동이 로샤에서 보이는 작화증과 조합적 사고는 장애적 사고가 아닌 인지 발달의 징후로 판단해야 한다.

동반이환 및 비정형적 증상 표현

다른 심리적 장애의 동반이환과 비정형적인 증상 표현은 아동의 평가 과정을 더욱 까다롭게 만든다. 첫째, 정신증 증상이 있는 아동들 대부분은 다른 증상과 장애도 호소할 수 있다. 특히, 정신증 증상이 있는 아이에게는 기분 관련 증상, 두려움과 불안, 부주의, 사회적 곤란, 통제되지 않는 행동이 함께 나타날 수 있다. 조현병이나 조현정동장애가 진단된 4~15세 사이의 아동들 중 100%가 ADHD, 적대적 반항장애, 우울증, 불안장애와 같은 하나 이상의 동반이환 장애를 가지고 있었다(Ross, Heinlein, & Tregallas, 2006).

빈번한 동반이환에 더불어서 광범위한 아동기 문제들은 정신증으로 위장되거나 반대로 기저의 정신증을 은폐할 수 있다(Cepeda, 2007; Kleiger & Kadivi, 2015; McCarthy, 2015). 위장된 증상의 문제와 관련하여 탐지되지 않은 신경발달장애, 지적장애, 외상 관련 장애, 불안 및 기분장애는 현실검증, 추론, 말하기에서의 어려움을 나타낼 수 있다. 어떤 사례에서는 최초에는 정신증 현상으로 시작되다가 효과적인 치료 후에는 정신증 증상이 해소되는데, 이런 경과는 기타 장애들의 비정형적인 특징일 수도 있다. 이 아이들 중 일부에서 처음에 정신증 같았던 증상이 실제로는 아닌 경우가 있었다. 그 외 다른 아이들의 정신증 유사 증상은 다른 일차적 장애의 일시적 부산물로 더 잘 설명되었다.

Cepeda(2007)는 임상가를 일시적이고 한정된 범위에서 증상의 진단적 중요성을 과대해석하도록 유도하는 '양호한 정신증(benign psychoses)' 범주에 대해 개관했다. 이 범주에는 사별에 따른 상상친구(imaginary friends)와 수면 혹은 감각 박탈에 따른 이차적 환각 등의 현상이 포함된다.

그 대신, 어떤 아이들은 처음에는 기저의 정신증 현상을 암시하지 않는 일련의 증상들을 나타낼 수 있다. 강렬한 두려움, 강박적 몰두, 의식(rituals), 사회적 철회, 분노, 성마름, 부주의, 수면과 식욕의 장해 등은 모두 나중에 기저의 정신증 유사 경험으로 밝혀질 증상의 전조일 수 있다. 조심성이 많은 아동 임상가라면 아이가 외견상 기저의 정신증 현상과 무관해 보이는 증상을 드러낸다고 해도 그것이 아동 스스로는 설명하기 어려운 환각 또는 망상 증상과 관련될 수 있다는 것을 알고 있다(Kleiger & Khavidi, 2015).

의학적 · 신경학적 · 독성학적 장해

대사학적(metabolic) · 신경학적(neurological) · 독성학적(toxic) 원인을 배제하는 것은 모든 환자에게 매우 중요하지만, 정신증 증상을 보이는 어린이들에게는 특히 더 중요하다(Cepeda, 2007; Kleiger & Khadivi, 2015). Cepeda는 섬망 및 정신증과 관련된 의학적 상태에 대한 종합적인 개관을 한 뒤, 기저의 의학적 또는 독성학적 원인과 관련된 일차적 · 이차적 정신증을 감별하기 위한 지침을 제공했다. 그다지 놀랄 것도 없이, 환각과 망상은 의학적 원인에 의한 이차적 정신증에서 더 흔했지만, 사고장애는 드물었다. Cepeda는 환각 현상은 그 특성상 종종 시각적이고, 망상은 단순하고 조직화되어 있지는 않다고 지적했다.

로샤 문헌

정신증 증상이나 장애를 가진 아동 및 청소년을 대상으로 한 현대적인 로샤 연구는 매우 드물다. 이에 더해서, 어린 수검자들에게 적합한 규준에 대한 논의는 아직 자리 잡지도 못한 상태다. 2000년대 초까지도 임상가들 대부분은 아동 및 청소년의 CS 규준이 적합하다고 생각했다. 하지만 비환자 성인 및 소아 표본의 국제 데이터베이스가 CS 표준 규준(Meyer, Erdberg, & Shaffer, 2007)과 뚜렷한 차이를 드러내면서 아동 및 청소년의 로샤를 해석할 때 임상가가 어떤 규준 세트를 적용해야 하는지에 대해 지속적인 논란이 발생했다. 특히, 연구자들은 2003년 CS 규준(Exner, 2003)과 2007년 통합국제규준(Meyer, Erdberg, & Shaffer, 2007)의 FQ− 관련 점수 간에 큰 격차가 있음을 알게 되었다. 간략히 말하자면, CS 규준을 사용할 때 FQ 점수는 더 낮아져서 임상가가 현실검증 및 사고의 곤란에 대해 과잉해석을 할 수 있다. 그와 동시에 어떤 임상가들은 국제규준이 보다 '느슨(permissive)'해서 사고 조직화와 현실검증에서의 문제를 간과하게 될 가능성이 있다고 주장한다(Viglione & Giromini, 2016).

현재 R−PAS 연구자들은 규준적 기대값을 생성하는 통계적 절차에 기반해서 아동 및 청소년에 대한 임시 규준 세트를 개발했다. 이 규준은 CS의 오래된 규준이 아닌 국제규준에 기초하고 있다. 이러한 임시 규준은 현재 6~17세의 어린이들을 대상으로 한 R−PAS 해석에 사용되고 있다(Meyer et al., 2011).

일차적 정신증 및 이차적 정신증 현상: 임상적 특성과 로샤의 기여

소아 정신증과 로샤에 대한 부족한 연구와 발달, 동반이환, 잠재적인 의학적 원인에서 유래된 복잡한 문제들에도 불구하고, 로샤는 아동과 청소년의 정신증 현상을 식별, 해석, 설명하는 데 얼마나 유용할까? 더욱이 감별진단을 위한 단서가 되는 충분한 경험적 연구와 발표가 된 임상 보고서가 있을까? 다음 내용에서 나는 조현병 스펙트럼, 기분장애적 정신증, 신경발달장애, 외상 관련 상태 및 성격장애의 감별진단과 관련해서 가용한 임상 및 로샤 결과들을 요약할 것이다. 그러나 그전에 나는 두 가지 주의사항을 제시하고자 한다.

첫째, 앞에서 언급한 바와 같이 이 분야의 문헌은 부족하다. 우리가 조현병을 앓고 있는 아동 및 청소년의 사고장애와 정신증적 기분장애의 사고장애 징후를 구분하는 데 과학이 도움이 되기를 바라는 마음이 큰 데 반해서, 이 분야의 연구는 성인에 비해 매우 드물다. 예를 들어, 이 연구들에는 조현병처럼 특정한 정신증으로 진단된 입원 환자가 포함되지 않은 경우가 많다. 조현병 스펙트럼 장애, 양극성 장애, 정신증적 우울증 환자로 구분된 집단 대신에 정신증에 걸린 어린이들은 일반적으로 동일한 표본 집단으로 통합되어 로샤 검사를 받고, 다른 정신질환이 있는 환자나 비환자 집단의 결과와 비교된다. 이러한 접근방식은 여러 환자 집단에 걸친 사고장애 차원을 연구하는 데에는 유용할 것이다. 하지만 아동 및 청소년의 다양한 정신증 범주(즉, 조현병 스펙트럼 대 양극성장애 조증형 대 정신증적 단극성 우울증) 간에 로샤 사고장애의 감별 패턴을 더 세분화하여 구분하기는 어렵게 한다. 즉, 아동들에게 적용할 때 로샤는 범주형 질문(즉, 로샤의 질적 특징은 조현병 혹은 정동장애적 정신증을 시사하는가?)보다는 차원적 질문(즉, 이 아동의 사고가 얼마나 장애적이고, 와해되었으며, 비논리적이고, 빈곤한가)을 설명하는 데 더 성공적이다.

두 번째 주의사항은 아동기 정신증과 성격장애 간의 또 다른 감별진단에 대한 것이다. 아동기 성격장애에 대한 오랜 전통적 논의에도 불구하고, 나는 아동의 성격 발달이라는 맥락에서 성격장애의 진단은 어려운 일임을 알게 되었다. 따라서 초기 성격장애 또는 조기 발병한 정신증이 반영된 정신증 현상이 구분 가능한가 하는 질문이 어느 정도 임상적인 의미는 있겠지만, 실제로는 개념적 · 진단적 문제로 가득 차 있다.

조기 발병한 조현병

■ 임상적 특징

조기 발병한 조현병(12세 또는 13세 이전)은 극히 드물고 상당히 난치성인 것으로 간주된다(Cepeda, 2007; Kleiger & Khadivi, 2015; McCarthy, 2015). 정신증 의증(questionable psychoses)으로 NIMH에 의뢰된 아동의 5% 미만이 아동기 발병 조현병(childhood-onset schizophrenia), 즉 COS를 가지고 있는 것으로 확인되었다(Sporn, Judith, & Rapoport, 2011). 이처럼 드문 발병은 낮은 수준의 병전 기능 및 더 부정적인 예후와 연관된다(Rapoport & Gogtay, 2011). 비록 그 아이들이 임상적인 관심을 받을 때 쯤에는 조현병 성인들처럼 양성 증상과 와해된 사고를 나타내겠지만 어른들에 비해 아동들은 환시를 보고하는 경우가 더 빈번하다(Rapoport & Gogtay, 2011). 그러나 이것이 COS의 가장 전형적인 초기 증상은 아니다. 가장 흔한 증상 및 행동적 양상에는 비특이적인 발달 지연, 학교 및 사회성 문제, 학습장해, 반항성 및 정서 조절 곤란 등이 있다(Schaeffer & Ross, 2002).

■ 로샤의 기여

두 개의 TDI 연구가 학문적으로 기여했다. Arboleda와 Holzman(1985)은 5~16세에 해당하는 네 집단의 로샤 TDI 점수를 비교했다. 이 집단들에는 정상인 통제군, 정신증 입원 환자 아동군, 비정신증 입원 환자 아동군, 고위험 아동군(어머니가 조현병 스펙트럼 또는 정동장애–주로 양극성–정신증으로 진단된 아동)이 포함됐다. 입원한 아동 중 9명은 조현병, 주요 정동장애 정신증, 전반적 발달장애 등의 이질적인 진단을 받았다. 이 집단 중 다른 9명의 환자는 정신증 진단을 받지는 않았지만, 사고장애의 임상적 징후의 증거, 친척 내에서의 정신증 보유, 항정신성 약물 투여 등을 근거로 '스펙트럼 집단'으로 기술되었다. 고위험 및 정신증 아동은 다른 두 집단과 마찬가지로 TDI 점수가 높았다. 두 집단 모두 (1) 단어 찾기 곤란, (2) 음향 연상 반응, (3) 이완 연상, (4) 유동적인 반응 경향성, (5) 작화증, (6) 오염이 반영된 채점을 나타냈다. 고위험 아동들의 질적 특성은 입원한 조현병 스펙트럼 집단 아이들과 매우 유사했다. 두 집단 모두 .75와 1.0 수준 심각도의 병리적 반응 채점이 더 많았다.

비록 이 연구가 조현병 스펙트럼과 양극성 정신증 집단 간의 질적 차이를 검증한 것은 아니지만, 두 가지 측면에서 중요한 기여를 했다. 첫째, 비환자 아동에 대한 TDI 규준 자료를 확립했고, 정상 아동에게서 TDI로 선별 가능한 미성숙한 사고 및 마술적인 사고의 발달적 본질에 대해 논의했다. 둘째, 이 연구는 정신증 일차 친척이 있음에도 정신증의 임상적 징후를 보이지 않는 고위험 아동들에 대한 정신증 취약성의 지표(marker)로 어떻게 사고장애를 활용할 수 있는지를 입증함으로써 새로운 장을 열었다.

Makowski와 동료들(1997)은 청소년기 사고장애와 조기 발병한 조현병, 정신증적 우울증, 비정신증적 입원 환자 집단을 질적으로 비교하면서 감별 진단에 대한 의문을 제기했다. 수검자의 평균 연령은 15세였다. 모든 청소년 입원 환자의 TDI 점수는 통제 집단에 비해 높았다. 가장 두드러진 발견은 청소년기 조현병 집단의 사고장애가 정신증적 우울증 집단과는 질적으로 다르지만, 성인기 조현병에서 발견되는 사고장애와는 상당히 유사하다는 것이었다. 청소년 조현병 집단의 TDI 점수는 상당히 양의 기이한 단어 사용(queer verbalizations), 비논리적인 추론(ALOG), 혼란 반응, 과제에 대한 현실적 조율의 상실(flippancy and loss of distance), 이완(looseness)을 특징으로 했다.

덴마크 연구진의 최근 연구에서는 정신증 혹은 정신증 유사 증상으로 치료 센터에 의뢰된 12~18세의 환자 23명을 대상으로 TDI와 CS의 WSUM6, PTI를 검토했다(Andersen et al., 2016). 진단은 임상 면담과 PANSS에 기초해서 이루어졌다(Kay et al., 1987). 표본의 70%가 ICD-10의 조현병 기준을 충족했으며, 그중 5명은 평가에 의뢰될 때 항정신증 약을 처방받았다. 다른 환자들은 명시되지 않은 행동 및 정서장애 혹은 성격장애 진단을 받았다. 조현병 집단은 TDI에서 31.1(±26. 8)과 WSUM6에서 35.6(±30.9)의 평균 점수를 나타냈다. WSUM6는 근사치에 해당했지만(p = .062), TDI와 WSUM6 모두 두 집단을 구분하지 못한 점이 흥미롭다. TDI 총점은 WSUM6와 상관이 있었다. 하지만 WSUM6와는 달리 TDI 총점은 PANSS의 일반적 정신병리 점수와는 상관이 없었다. TDI의 가장 병리적인 반응(.75 및 1.0 수준)은 조현병 진단을 받은 환자에게만 한정되어 나타났다. 하지만, 이 집단 중 6명의 환자는 병리적 반응이 없었다. 저자들은 이 음성 결과(negative finding)에는 세 가지 문제가 있다고 했다. (1) 작은 표본 크기로 인한 검증력의 문제, (2) 이 환자들 중 3분의 1이 이미 사고장애의 보다 본격적인 징후를 상쇄하는 효과를 가진 항정신증 약물 복용에 들어갔다는 사실, 그리고 (3) 이 환자들 중 일부는 양성보다 음성 형태의 사고장애를 더 많이 나타냈다는 사실이다. 그럼에도 불구하고, 연구자들은 조현병 집단의 환자들만 불합리, 지리멸렬, 유동성, 오염, 자폐적인 반응을 나타냈다고 지적했다. 추가로 단어 찾기 곤란도 이 집단에서만 발견됐다. 더 흥미로운 점은 CS 특수점수로 채점했을 때, 오염은 조현병 집단에서만 발견됐다. 저자들은 TDI가 장애적 사고에 대한 보다 상세하고 미묘한 평가를 제공할 수 있기 때문에 로샤로 조기 발병한 조현병의 사고장애를 평가할 때 더 나은 방법일 수 있다고 조심스럽게 결론지었다.

Exner와 Erdberg(2005)는 CS로 청소년들의 사고장애를 검증한 많은 연구를 개관했다. Armstrong, Silberg와 Parente(1986)는 조현병 스펙트럼과 정신증적 우울증 같은 정신증 장애가 있는 청소년 환자들은 TDI와 SCZI에서 사고장애 수준이 더 높다는 사실을 발견했다. 또한 많은 연구에서 매우 지적이고 창의적인 청소년들은 DV와 DR 반응이 많은 경향성이 있기 때문에 지능이 중요한 매개변인으로 시사되었다(Gallucci, 1989; Franklin & Cornell, 1997). 또한 이 연구들은 매우 지적이고 창의적인 그룹에서 수준 2 특수점수가 나오는 경우는 드물어서 이러한 측면이 청소년들의 로샤 반응이 창의적인지, 정신병리적인지를 판단하는 근거가 될 수 있다고 결론지었다.

Exner, Thomas와 Mason(1985)은 현실검증 및 장애적 사고 관련 로샤 변인의 안정성을 확인했다. 그들은 처음에 12~15세의 29명의 조현병 청소년들에게 검사를 실시한 후, 11~14개월 후에 재평가했다. 이들 중 많은 수가 항정신증 약물치료를 받고 있었음에도 불구하고, 두 번의 시행에서 X−, M−, WSUM6는 유의미한 차이가 없었다. 저자들은 로샤 FQ− 및 WSUM6로 나타나는 정신병리학적 구조의 심각성이 임상적 개입 효과를 반감시키는 것이라고 결론내렸다.

마지막으로, 앞서 언급한 바와 같이 Smith 등(2001)은 아동 및 청소년의 장애적 사고에서는 SCZI, PTI, X%에 비해 M−가 더 민감한 측정치라는 사실을 발견했다. Exner와 Erdberg(2005)는 "로샤에서 M− 및 수준 2 특수점수는 특히 주목할 만하다."라고 언급하며 개관을 마무리했다(p. 393). 그러나 앞서 살펴본 바와 같이, Mihura의 메타분석에서 M−는 장애적 사고의 지표로 그다지 잘 지지되지 않았다(Mihura et al., 2013).

정동적 정신증

■ 임상적 특징

일반 인구 유병률에서 기분장애 관련 정신증은 학령기 아동의 3%, 청소년의 6% 정도로 아동 및 청소년에게서 COS에 비해 훨씬 더 흔하다(McCarthy & Dobroshi, 2015). 어린 환자들에서 주요 우울증의 심각도는 이후의 정신증적 특징의 발달과 높은 상관관계를 갖는다. 따라서 심각한, 그리고 조기 발병한 우울증은 중요 위험 요인으로 간주된다. 게다가 McCarthy와 Dobroshi(2015)가 기술한 바와 같이, 정신증적 특징이 있는 심한 우울증 아동은 결국 양극성 장애로 진행될 위험도 있다.

양극성 장애 관련 정신증 증상은 다른 발달 시기에 비해 유년기와 청소년기에 더 빈번하다(Carlson, 2013). 양극성 장애 발병 전의 특징을 파악하기 위한 연구들이 있었지만 결과는 혼재되어 있다(Sossin, 2015). Sossin은 양극성 장애의 고위험도와 관련된 특징들을 요약했는데, 관련 특징으로는 정서적 불안정성, 불안, 흥분, 시끄럽게 말하기, 고집, 수면 감소, 사고의 곤란, 얼굴 표정 인식에서의 결손 등이 포함된다. 물론 이 모든 특징이 양극성 아동에게 고유한 것은 아니다. 하지만 아동에게 양극성 장애 가족력이 있을 때 이러한 증상과 기질적 특징은 중요해진다. 일반적으로 COS 아동에 비해서 양극성 장애 아동은 사회적 · 학문적 영역에서 더 나은 병전 기능을 나타낸다(Cepeda, 2007).

Cepeda(2007)는 자신의 연구에서 양극성 장애 아동의 60%가 정신증 증상을 나타낼 수 있다고 정리했다. Cepeda의 연구에서 87%는 의기양양한 기분을, 85%는 과대성을, 55%는 과대 망상을 나타냈다. 정신증적 양극성 장애를 가진 청소년은 COS 아동보다는 기괴한 내용의 환시, 환청과 망상이 덜한 편이다(McCarthy & Dobroshi, 2015). 일부 연구자들은 성인 환자와 마찬가지로 정신증적 양극성 장애 아동의 말/사고가 조현병 아동에 비해 더 조직화, 더 구조화되어 있다고 주장했다(Cummings & Mega, 2003). Carlson(2005)은 일반적인 진단적 특징의 측면에서 HIPERS라는 약자를 사용하여 아동기 조증을 식별하는 데 도움을 주었다.

– H: 과잉활동성 및 높은 에너지(Hyperactivity and high energy)

– I: 성마름(Irritability)

– P: 정신증–과대성(Psychosis–Grandiosity)

– E: 의기양양한 기분(Elated mood)
– R: 빠른 말, 질주 사고, 사고의 비약(Rapid speech, racing thoughts, flight of ideas)
– S: 감소한 수면 욕구(Reduced sleep need)

■ 로샤의 기여

아동 및 청소년에게서 양극성 장애와 정신증적 우울증의 사고장애 패턴을 다룬 로샤 문헌은 불행히도 매우 빈약하다. 앞에서 언급한 바와 같이, Makowski 등(1997)은 조현병으로 진단된 청소년들을 정신증적 우울증 청소년들과 비교했다. 두 집단 모두 TDI 총점은 높았지만, 그들의 점수는 서로 다른 질적인 경향성이 있었다. 연구자들은 그들의 자료를 요인분석해서 7가지 경험적 요인을 확인했다. 두 정신증 청소년 집단 사이에는 겹치는 면이 있었지만, 정신증적 특징이 있는 주요 우울장애 집단은 기이한 상징주의, 작화증, INCOM, 오염을 특징으로 했다. Makowski는 정신증적 우울증 집단의 채점에는 개인적 의미에 따라 자의적으로 윤색하는 사고방식이 반응에 반영된다고 결론지었다.

아동 및 청소년의 양극성 장애에 대한 현대적이고 잘 설계된 로샤 연구는 찾아보기 어렵다. 양극성 장애 환자 자녀의 장애적 사고에 관한 연구를 제외하고, 나는 양극성 장애로 진단된 아이들의 로샤를 구체적으로 검토한 어떠한 연구도 찾을 수 없었다. 또한 흔치 않은 사례 보고서나 출판되지 않은 논문을 제외하고, 나는 DSM–III 기준으로 조울증 진단을 받은 부모의 7~16세 자녀의 무증상 아동 소표본을 검토한 짧은 보고서 하나만을 발견했을 뿐이다(Osher et al., 2000). 이 자료는 비환자 대조군에 비해 양극성 장애 부모의 자녀들이 WSUM6와 수준 2 특수점수가 훨씬 더 높다는 것을 보여 줬다. 그들의 WSUM6 지표가 다른 지표보다 단일 유형의 채점으로 더 특징적이었는지는 결과에 보고되지 않았다. 이 연구는 로샤로 양극성 장애의 심리적 표식을 발견하고자 했던 저자들의 이전 연구를 확장한 것이다.

외상 유발 장애

■ 임상적 특징

아동기 외상과 정신증 증상, 장애 발달의 관계는 이전 장에서 길게 논의된 바 있다. 아동에게 외상 유발 정신증 증상은 어른에 의한 학대나 또래 괴롭힘의 일시적 부산물일 수 있다. 이러한 사춘기 이전의 아동은 환각이나 망상 같은 정신증 증상을 경험할 가능성이 2배 더 높다(Radmanociv, 2012). Cepeda(2007)는 외상 경험이 있는 아동 및 청소년의 환각과 망상이 외상 사건 및 가해자와 직접 관련된 경우가 종종 있다고 지적했다. 이 어린이들은 가해자의 모욕적인 언사나 위협하는 말을 (환청으로) 들을 수 있다. 또한 피해자들은 가해자가 다시 외상을 가할 것을 두려워하면서 모든 감각으로 가해자의 존재를 (다시) 경험할 수도 있다. 목소리는 질적으로 외상 자극의 파편화된 측면에 대한 아동의 재경험을 핵심으로 하는 침투적 사고나 걱정을 나타낸다. 자기 자신이나 타인에게 해를 가하라는 명령 환각은 드물지 않으며 밤에 빈번하게 발생한다. PTSD 입원 아동 표본 중 20~76%는 환각을 보고했다. 해리성 장애도 함께 진단된 아동 중 95%는 정신증을 나타냈다(Cepeda, 2007). 일반적으로 와해된 말(형식적 사고장애)은 이러한 아동들의 특징이 아니다(Radmanociv, 2012).

■ 로샤의 기여

다른 아동기 장애와는 달리, PTSD에 관한 문헌은 많고 경험적 · 임상적인 질적 수준이 높다. Holaday(2000)는 로샤 반응을 통해 어린이와 청소년에게 미치는 트라우마의 영향을 조사하는 일련의 연구를 요약했다. Holaday는 35명의 PTSD(평균 연령 10세) 아동과 35명의 적대적 반항장애(ODD; 평균 연령 11세) 아동을 로샤 CS 아동 규준과 비교한 결과, 현실검증 및 사고장해 관련 여러 변인에서 유의한 차이를 발견했다. 구체적으로는 SCZI, WSUM6, X+%는 두 집단 간에 차이가 유의미했다. Holaday의 연구가 특히 설득력 있는 점은 이전에 일부 임상가들이 의문을 제기했던 방식대로 PTSD 아동들을 CS 규준과 단순 비교한 것이 아니라 관련 임상 통제군(ODD 아동들)도 활용했다는 점이다. 게다가 Holaday는 SCZI의 문제를 서술한 최초의 심리학자들 중 한 명일 수도 있다. 앞서 기술한 바와 같이, Holaday는 1988년 출판용 원고를 투고할 때, SCZI의 부정확한 진단적 의미를 배제하기 위해 SCZI를 PATI(Perception and Thinking Index)라는 명칭으로 바꾸자고 제안했다. 마지막으로, Holaday는 외상 경험을 한 아이들이 로샤와 같은 절차에서 현실검증 및 논리적 사고에 장해를 나타내는 이유에 대해 많은 개념적 논의를 남겼다.

> 외상은 세상은 믿을 수 있고, 예측 가능하고, 그 안에 있는 사람들은 신뢰와 공정성에 바탕을 둔 논리적인 규칙을 따르며, 나쁜 일을 저지른 사람에게는 적절한 처벌이 주어진다는 순진한 믿음을 훼손한다. 어린 피해자들이 자신에게 일어난 일을 이해하거나 납득할 수 없을 때, 삶은 비이성적이고 비논리적이며 혼란스러운 것이 된다. 현실은 더 이상 외상 이전과 같은 방식으로 이해될 수 없다(p. 155).

1990년에 Viglione가 수행한 외상 아동에 대한 사례 연구는 외상 연구 및 아동의 로샤에 기반한 장애적 사고의 감별진단에 상당한 공헌을 했다. Viglione의 논지는 로샤에 표현된 아동들의 장애적 사고는 압도적인 스트레스에 대한 적응적 반응이며, 반드시 심각한 정신증 장해를 의미하는 것은 아닐 수도 있다는 것이다. 다른 연구자들은 아동의 로샤 반응에서 일차과정사고의 적응적 본질에 대해 기술하기도 했다(Russ, 1988; Murray, 1992). Viglione는 11~15세의 아동에게 실시된 세 번의 로샤에서 처음에 환자가 어머니의 자살시도 후에 장해적 로샤로 적응적 퇴행을 나타낸 방식과 첫 로샤에서 사고장애처럼 보이던 것들이 7개월 후, 그리고 4년 후에 이루어진 후속 검사에서는 많이 사라졌음을 보여 줬다. Viglione는 로샤에서 일부 인지적 실수의 초기 징후들은 아동이 자동적 · 보상적인 방식으로 외상을 처리하고 있다는 긍정적인 예후의 지표일 수 있다고 결론지었다. 그는 심각하지만 비외상적 사건에 의한 장해를 겪는 사람은 수준 2 특수점수가 더 많더라도, 외상적 사건을 표상하는 내용은 결여되어 있을 것이라고 말했다.

신경발달장애: 자폐증 스펙트럼, ADHD, 학습장애

■ 자폐증 스펙트럼: 임상적 특징

과거에는 자폐증이 아동기 조현병으로 오진단되는 경우가 많았다. 그러나 지금은 자폐증이 심각도 수준에서 다양한 증상을 가진 별개의 신경발달적 스펙트럼으로 알려져 있다. 행동의 경직성, 환각 현상, 마술적 신념, 보속성, 사고이탈 등에서 다소 중첩될 수 있지만, 장애적 사고는 자폐증 스펙트럼 내 아동들에게 전형적인 특징이 아니다. 하지만 연구자들은 '다중 복합 발달장애(multiple complex developmental disorder)' 또는 '복합성 발달장애(multiplex developmental disorder)'라는 소규모의 아동기 장애 집단을 파악하고 있었다(Kumra et al., 1998; Zalsman & Cohen, 1998). 이 아동들은 자폐증 스펙트럼의 영역에 포함되는 여러 가지 사회적 · 정서적 · 인지적 발달 지연을 나타낸다. 이 집단의 독특한 점은 보다 현저한 정신증 증상의 존재다. 이 경우에 자폐증 스펙트럼 장애 진단 외에도 정신증의 동반이환 진단이 부여된다.

자폐증 스펙트럼에 익숙하지 않은 임상가들은 일부 피상적인 유사성을 정신증의 징후로 착각할 수도 있다. 조현병과 자폐증 스펙트럼 장애는 둘 다 일상적이지 않은 언어 패턴, 이상한 관념, 사회적 철수, 둔화된 정서를 나타낼 수 있다. 주제 유지의 어려움, 응집성에서의 곤란, 상호성 결여(lack of reciprocity)와 같은 화용론적 언어의 비정상은 자폐증의 사회적 언어장애의 징후가 아닌 형식적 사고장애의 징후 측면에서 임상가의 주의를 끌 수 있다. 또한 일상적이지 않은 관심사에 대한 과도한 집착은 망상 가능성을 고려하게 하며, 특이한 감각 경험이나 저민감성(hypersensitivities)은 환각을 시사할 수 있다. 게다가 부족한 정신화 기술(mentalizing skills) 및 사회적 지각의 손상은 진단가들이 이러한 아동들을 자폐증이 아닌 편집증으로 보게 할 수도 있다. 개시(initiation), 활성화 및 동기와 같은 실행기능 손상은 조현병의 음성 증상과 유사하게 나타날 수 있다.

■ 로샤의 기여

Holaday(2001)는 CS를 사용해서 7~18세의 아스퍼거 장애 소년 24명의 로샤를 동일 연령으로 대응된 정서 및 행동 장애 소년 집단과 비교했다. Holaday는 아스퍼거 집단이 대응하는 대조군이나 CS의 연령별 규준보다 CDI에서 높은 점수를 받았을 뿐만 아니라, 협동 반응(COP)과 인간 운동(M), 전체 인간 반응(H)이 적다는 것을 발견했다. 그 자료는 관계형성 능력 및 대처자원에서의 빈곤, 그리고 환상과 자아-지시적(ego-directed) 사고를 위한 가용한 관념적 자원이 한정되어 있다는 점이 두드러졌다. Holaday는 아스퍼거 소년들을 식별하기 위해 제안된 지침에서 재질 반응이 없음(T=0), 기대보다 색채 반응(WSUMC)이 적음, 그리고 COP=0, CDI>3, H<2, M<2를 포함시켰다. 놀랍게도 현실검증(X+ 또는 X-%)이나 사고조직화(WSUM6 또는 PTI) 관련 변인 중에는 아무것도 이 집단을 구별하지 못했다.

부실한 현실검증과 장애적 사고를 반영한 채점이 없었다는 결과는 자폐증 스펙트럼 특징을 가진 어린이들에게 X-, WSUM6 및 PTI의 상승을 발견한 다른 사례 보고서 결과와 상충된다(Bernabei et al., 1999; Yalof, 2006). Bernabei와 동료들은 6~7세 아동의 로샤를 비교했는데, 한 명은 자폐증이었고, 다른 한 아이는 광범위성 발달장애였다. 그 연구자는 현저한 대비를 발견할 수 있었다. 한 아동은 일종의 구체적이고 경직된 반응 양상을 나타냈는데, 이는 Schuldberg와 Boster(1985)가 Rapaport의 개념인 '반점과의 거리'에서 해체 차원(dimensional deconstruction)의 극단이라고 기술했던 것이다. 이 아동은 로샤에서 표상적인 방식으로 반응할 수 있는 능력이 거의 없어 보였다. 다른 아이는 정반대의 모습을 나타냈다. 그 아이의 기록은 특수점수, 특히 DR2로 가득차 있었는데, 이는 그 아동이 Schuldberg와 Boster(1985)의 사분면 체계에서 '유동적이고 매우 개인화된(fluid and highly personalized)' 쪽에 속해 있음을 시사한다. 저자들은 자폐증 스펙트럼 장애를 가진 두 소년이 상상력 측면에서 극과 극으로 달랐는데, 한 아이는 빈약한 인지적 자원과 상상력의 부재를 보여 주었던 반면, 다른 한 아이는 사고과정 및 현실검증의 왜곡을 나타냈다고 결론지었다.

Yalof(2006)는 비언어적 학습 장애와 아스퍼거 증상의 특징을 모두 지닌 잠재기(latencystage) 소년에 대한 저술에서 혼자 있을 때 엄마의 목소리를 들을 수 있다는 부모님의 보고와 유령이 자신을 채찍질할 것이라고 두려움을 호소하는 아동을 보고 처음에는 놀랐다고 했다. 그 소년은 자기가 상상한 '저주', 그리고 환상과 현실 간의 '깨지기 쉬운 경계선(fragile line)'에 대해 이야기했다. Yalof는 처음에는 환아가 조현병(개인적 대화, 2016년 5월 29일)에 걸린 것이 아닌가 하고 생각했다. 장애적 사고의 로샤 지표에서 상승된 점수는 일종의 정신증적 과정에 대한 최초의 우려를 지지하는 것처럼 보였다. 하지만 Yalof는 풍부하고 임상적으로 정교한 통합적 사례 연구에서 어린 환자가 보이는 PTI와 WSUM6(ALOG와 몇몇 수준 2 INCOM과 FABCOM을 포함한) 점수의 상승을 현실과 환상을 구별하는 데 있어서의 문제뿐만 아니라, 그 환자가 어떻게 자신의 환상을 거부하려고 했는지와 연결했다. Yalof는 그 아동이 환상을 스스로를 위안하거나 자극하는 수단으로 이용하는 방식에 대해 설명했다. 그 아동의 환상이 때로는 적응적인 자기표현의 한 형태로 작용해서 다른 사람들에게 관습적이지 않아 보이는 것을 사적으로 표현할 수 있게 해 주었다. 하지만 Yalof는 환상에 몰입하는 것이 이 소년에게 기능적으로 도움이 되었을지도 모르지만, 그 아동의 어떤 적응적 이득에도 불구하고 현실검증력에서는 상당한 손해를 감수해야 했다고 결론지었다.

■ ADHD, 품행장애 및 학습장애: 임상적 특징

아동 ADHD 진단의 잠재적 어려움에 대한 두 가지 핵심적인 논점이 있다. 첫째, 다른 정신과적 발달장애와의 동반이환 및 혼동이 극히 빈번하다. 복합적이지 않은, 즉 소위 "순수 배양(pure culture)"이라고 불리는 사례들은 심리학자의 사무실에 오지 않고 소아과 의사들에 의해 평가되고 관리된다. 심리학자들이 ADHD와 관련한 문제로 아이들을 평가할 때, 부주의, 충동성, 과잉행동, 실행기능 결손과 더불어 또 다른 장해 및 증상이 동반되는 경우가 흔하다. 즉, 아동의 ADHD를 평가할 때 과잉행동, 집중력, 충동성 문제는 불안, 조증, 정신증과 같은 여러 기저 장해의 결과물일 수 있음을 명심해야 한다(Cepeda, 2007). 마찬가지로, 품행장애와 학습장애를 나타내는 아동들도 종종 다른 문제를 겪을 수 있다. 정신증 증상은 이러한 증후군에 대한 전형적인 진단 기준에는 포함되지 않는 게 분명하다. 하지만 이러한 많은 사례에서 불안 및 기분 관련 문제들과 정신증 유사 현상이 공존하는 경우는 흔한 편이다.

소아기 양극성 장애를 ADHD와 감별하는 것은 어려운 일이다. 그러나 임상가들은 감별 진단을 할 때 양극성 장애의 가족력과 더불어서 말의 압박, 경조증, 수면 욕구 감소, 사고 비약과 같은 증상에 주목한다(Cepeda, 2007). Akiskal(2005)도 양극성 장애 남아들은 과대성(grandiosity)과 다행증(euphoria)이 두드러진다고 언급한 바 있다.

■ 로샤의 기여

많은 로샤 연구들은 ADHD 아동들의 지각적 정확도가 손상되어 있음을 지적했다(Acklin, 1990; Bartell & Solanto, 1995; Cotugno, 2006). Murray(1992)는 LD/ADHD 아동들과 정신증 아동들을 구분하는 데 있어서 현실검증 곤란 및 장애적 사고의 로샤 지표가 LD/ADHD 그룹에서도 상승할 수 있다는 데 동의했다. Murray는 LD/ADHD 아동들이 특수점수를 받은 반응은 형태 수준이 양호에서 중등도 수준으로 저하를 나타냈고, 그들이 대중매체에서 본 것이 반영된 환상적이고 만화 같은 특징이 있다고 지적했다. 비정신증적 ADHD 아동의 기록에서 INCOM과 FABCOM은 더욱 흔할 수 있다. 반면, Murray는 정신증 아동들의 사고장애 반응은보다 원시적인 방식으로 경계가 붕괴된 기이하고 심각한 것이라는 점을 강조했다.

달린: 이것이 정신증일까

아동 및 청소년의 로샤에서 장애적 사고를 평가하는 난제는 이번 장에 걸쳐 논의된 동반이환 및 발달적 혼입변인이 반영된 임상 사례에 대한 검토를 통해 방향을 잡을 수 있다. 편부모 가정의 12세 입양아인 달린은 만성적으로 광범위한 사회적 · 학업적 문제를 호소했다. 이 안경 낀 깡마른 소녀는 자신의 개별 교육 프로그램을 업데이트하고 치료자의 진단 이해와 치료 계획을 세우기 위해 평가에 의뢰되었으며, 신경인지적 · 학업적 · 성격적 기능에 대한 종합적인 평가를 받았다. 그녀는 8세 경부터 ADHD와 언어에 기반한 학습장애로 치료를 받아 왔다. 발화 및 언어 평가에서는 표현성 및 수용성 언어장애가 배제되었지만, 화용론적 언어에서 오랫동안 지속된 취약점이 확인되었다. 초기 감각통합 문제로 수년간의 작업치료(occupational therapy)를 받아 왔다. 달린은 친구를 사귀는 데에도 어려움을 겪었고, 최근 몇 년간은 또래 집단에서 철수되어 있었다. 그와 같은 많은 아이처럼, 달린은 인터넷 채팅이나 온라인 게임을 하면서 대부분의 시간을 보냈다.

그녀의 인지 및 학업적 기능에 대한 최신 평가에 더해서 그녀의 어머니와 치료사는 환상과 현실을 구분하는 능력과 사고에 대한 걱정이 있었다. 달린은 검사 받기 6개월 전에 학교 상담사에게 자신을 뱀파이어라고 생각한다고 말했다. 학교 측은 그 사실을 어머니와 치료사에게 통보했다. 수개월 후, 달린은 이러한 믿음을 버린 것 같았지만 그 대신 다른 사람들의 마음을 읽고 날씨를 조종하는 특별한 힘을 갖는 것에 몰두하게 되었다. 그녀는 면담에서 어머니와 치료사는 이런 사실을 거의 알지 못한다고 말했다. 왜냐하면 그녀 스스로도 이러한 사실을 이제서야 이해하기 시작했기 때문이다. 후에 달린은 자신이 일부 살아 있는 자들 및 죽음에서 살아난 자들, 그리고 한 무리의 짐승의 여왕이라는 사실을 밝혔다. 그녀는 종종 악마의 목소리를 들었다고 주장했다. 그녀는 가끔 길가에서 이상한 제복을 입은 사람들이 그녀의 주위를 맴도는 것을 보았다고 말했다.

달린은 자신의 특별한 힘과 이상한 믿음에 대해 단조로운 어조로 말했다. 그녀는 이 문제에 대해서만 이야기하고 싶어 하는 것 같았고, 우리가 하기로 예정된 검사로 관심을 돌리려는 시도에 저항했다. 그녀는 스치듯 눈을 마주치기는 했지만 적절한 사회적 시선을 유지하는 데에는 어려움이 있는 것 같았다. 그녀가 검사 회기에 내 사무실에 들어왔을 때, 그녀는 마치 대화를 하고 있었던 것처럼 말하기 시작했다. 그 과정 내내 나는 그녀가 방금 한 말과 명료화가 필요한 말들에 수없이 의문을 품게 됐다.

어머니는 달린의 생물학적 부모에 대해 알고 있는 정보를 말해 주었다. 생모는 ADHD와 불안에 시달렸고, 아버지(달린의 생물학적 할아버지)는 10대 후반에 조현병 진단을 받았다. 게다가 생모의 이모(생물학적 조부의 여동생)는 고기능 자폐증을 시사하는 특징을 가지고 있었다고 했다. 마지막으로, 달린의 어머니는 난산으로 인한 겸자(forceps) 사용으로 출생 시 가벼운 외상이 있었음을 확인해 주었다.

달린의 어머니와 학교 상담사는 그녀의 가정과 학교에서의 최근 기능에 대해 예상 외의 정보를 제공해 주었다. 그녀의 부주의, 사회적 고립, 뱀파이어가 되는 것에 대한 이상한 믿음에도 불구하고, 달린과 매일 접촉했던 어른들은 그녀가 지난 달에 얼마나 잘 지내는 것으로 보였는지 이야기했다. 그녀의 어머니와 상담사 모두 이상한 점을 눈치채지 못했다. 달린의 위생 상태가 악화되거나, 수면 장해나 사회적 철수는 증가하지 않았다. 달린은 한 달 전에 엄마와 그녀의 치료사의 부드러운 권유에 따라서 학교 배구 팀에 참여하기로 했다. 놀랍고 기쁘게도 그녀는 팀을 만들었고, 학교 안팎의 또래 집단과 더 많은 이야기를 나누기 시작했다.

달린은 수행 검사 중 비언어적 문제해결, 작업기억 및 처리속도에서 인지적 손상을 나타냈지만, WISC-V FSIQ는 32%ile에 해당했다. 달린이 좋아졌다는 엄마와 상담사의 보고에도 불구하고, 또 다른 교사는 그녀를 BASC-3(Reynolds & Kamphaus, 2015) 비전형성 및 철수 척도에서 임상적으로 유의한 범위에 속하는 것으로 평정했다. 그녀는 PAI-A(Morey, 2007)의 SCZ 척도에서 단독 상승을 나타냈으며, 정신증 경험 하위척도에서 높은 점수를 받았다.

달린은 R-PAS로 실시한 로샤에서 25개의 반응을 했다. 지각 및 사고 문제 영역에서 모든 변인의 점수는 동일 연령 소년들의 평균 점수보다 3.0 이상 높았다. SevCog와 FQ-%라는 두 결정적 지표의 표준 점수는 각각 150점과 134점이었다. 그녀의 인지 점수에는 수준 2의 일탈된 언어(DV2) 하나 수준 2의 우화적 조합(FAB2) 둘, 특이한 논리(PEC) 하나, 오염(CON) 두 개가 있었다. 〈표 16-1〉은 그녀의 장해적 반응의 심각성을 보여 준다.

〈표 16-1〉 달린의 로샤 반응 표본

카드	반응	명료화	R-PAS 기호화
1-2	이건 천사들이 하늘을 나는 'darcoids[1]'를 소환하는 것일 수도 있어요(This could be angels summoning flying 'dracoids').	이것들은 가운데에 있는 천사들(D4)과 여기 옆쪽에 있는 생물들(D2)이에요. (Darcoids?)네, 특별한 파충류 종류예요[These are the angels in the middle(D4) and the creatures, here on the sides(D2) (Dracoids?) Yes, a special reptilian variety].	W (H), (A) Sy 2 - Ma, FMa DV2, COP, AGC
III-5 V	여기, 아래에 박쥐 동굴(Here, at the bottom, a bat cave).	바로 여기(D7). 박쥐 발톱이요. 동굴이요. (박쥐 동굴) 예, 날개(Dd31)는 어두운 동굴이네요[Right here(D7). It's a bat, the claws. It's a cave. (Bat cave). Yes, the wings(Dd31) is the dark cave].	D7 A, NC u Y CON, AGC
VII-13	연기. 구름이 다가오네요. 아니면 여자애들. 일종의 연기 소녀들, 연기로 만들어진, 왜냐하면 그렇게 어둡다면 일종의 연기일 거예요(Smoke. Clouds coming up. Or girls. Kinda smoke girls, made out of smoke cuz if they're dark like that it would be some kind of smoke).	넵, (연기 소녀들?) 안에서 연기가 치솟으면서 서로 마주보고 있는 그녀들(Dd22)을 볼 수 있어요(Yep, (Smoke girls?) You can see they're facing each other (Dd22) with the smoke going up inside).	W H, NC Vg 2 o Y PEC, CON
IX	위에 있는 장군들이 칼에서 떨어지는 피 묻은 악마들과 함께(Generals at the top with a bloody demon dropping from their swords).		D3, 6 H, (H), Bl, Sy 2 u m, CF, FAB2, MOR, AGC

1) (역자 주) darcoids: 신조어임.

누구나 알 수 있듯이, 달린의 가장 나쁜 반응은 위험한 수준이다. 오염 반응 하나는 드물다. 두 개는 더욱 가능성이 낮다. 우리에게 병리적 확신을 주는 채점은 없지만, 오염 채점은 그에 근접한다고 할 수 있다. 우리가 반응 III-5와 VII-13에서 접하게 되는 심각한 경계의 붕괴는 자기와 타인을 포함한 양립할 수 없는 참조틀 간의 구분을 유지하는 데에서 정신증적 혼란을 우리에게 경고하는 것일 수 있다.

로샤 내용을 아동의 환경적 스트레스 및 현재 행동의 맥락에서 바라보는 Viglione의 모형(1990)에 따르더라도, 우리는 외상 사건에 대한 반응으로 달린의 혼란된 로샤가 나타났다고 할 만한 환경적 스트레스가 없음을 알고 있다. 우리는 행동적 측면에서 학부모와 교사들로부터 혼재된 정보를 받았다. 달린의 부모와 학교 상담사는 달린이 배구팀에 참여해서 동료들과 어울린 이후로 덜 산만해지고 더 책임감이 있어진 것 같다고 말했다. 하지만 그녀의 선생님들 중 한 명은 이상하고 부적절한 사회적 행동(혼잣말 하기, 특이한 생각을 표현하기)을 교실에서 관찰했다고 했고, 특별한 힘에 대한 그녀의 특이하고 기괴한 믿음(면담에서 그녀가 나에게 밝힌)도 함께 보고했다. 마지막으로, 우리는 그녀의 로샤에서 사고와 현실검증이 매우 혼란스럽다는 극적인 증거를 가지고 있다. 그녀의 장해적 반응들은 드문 오염 반응 두 개와 수준 2 특수점수 여러 개를 포함하고 있었다. 그래서 우리는 달린이 심각한 정신증 증상을 겪고 있다는 인상에 수렴하는 몇 가지 임상 및 검사 정보를 얻게 되었다. 하지만 그녀를 매일 만나는 부모님에 따르면, 그녀가 사회적 환경에서 실제로 더 적응적으로 기능하는 것으로 보인다는 명백한 사실로 인해 어려움에 빠졌다. 진단적 통합을 더욱 까다롭게 만드는 것은 사회적 의사소통과 또래 관계에서 오랜 어려움을 겪어 왔다는 사실이다. 따라서 한 편에는 수행 검사와 임상 면담에서 두드러지는 정신증 유사 증상이 있고, 다른 한 편에는 어머니와 상담사의 적응적 기능에 대한 보고가 있었으며, 또 다른 한 편에는 사회 인지에서의 곤란과 경직성의 증거가 있었다.

일련의 임상 및 평가 정보에서 도출해야 할 분명한 결론이 하나 있다면, 그것은 결정적인 진단적 인상에 도달하기에는 아직 시기상조라는 사실이다. 우리는 달린의 교육에 필요한 피드백을 학교에 제공하는 한편, 그녀의 치료사와 긴밀하게 협력하여 가족에게 피드백을 제공하고 소아정신과 진단 및 의학적 자문을 받아 볼 것을 추천할 수 있었다. 달린은 약물 처방 외에도 자신의 증상에 영향을 미칠 수 있는 의학적 요인을 배제하기 위해 철저한 신체 및 신경학적 검사가 필요했다.

자료들은 정신증적 증상의 존재를 강하게 지지하고 있었지만, 달린의 연령과 기능 감퇴의 명확한 징후가 없었기 때문에 전구기 조현병으로 보기에는 설득력이 떨어졌다. 그녀가 배구에 참여하면서 갖게 된 긍정적인 사회적 참여 경험이 더 급격한 정신증 삽화를 예방할 수 있었을까? 한편 그녀의 기괴한 일련의 마술적 믿음들은 올해 초의 혼란스러운 경험 및 불안을 설명해 주는 망상 체계가 달린에게 형성되었음을 반영하고 있는 것일까? 그녀는 현실을 살아가는 것을 희생하고 불안 감소에 도움이 되는 정신증적 해석에 머무르기로 했는가? 정신증에 대한 의문을 넘어서 달린은 만성적 장애에 급격히 진행된 정신증이 동반이환했음을 시사하는 자폐증 스펙트럼 장애나 다중 복합성 발달장애(multiple complex developmental disorder)일 가능성이 있는가?

모든 진단적 작업에서, 특히 어린이 환자에게 정신증적 장애의 잠재적인 가능성을 평가할 때에는 조심스럽고 잠정적인 인상을 형성하는 것이 원칙이다. 부모나 치료사들과의 진솔한 논의도 중요하다. 지나치게 공격적이고 조급한 진단적 결정은 큰 도움이 되지 않는다. 그렇게 된다면 지속적인 관찰과 추가적인 협의가 분명히 필요한 일련의 증상들을 외면하게 된다. 하지만 아동이 위급하지 않고, 효과적인 치료를 받고 있으며, 추가적인 의학적 · 약물학적 자문이 이루어지는 한 진단 과정 진행은 신중하고 확장적인 방식으로 진행되어야 한다.

참고문헌

Acklin, M. W. (1990). Personality dimensions in two types of learning-disabled children: A Rorschach study. *Journal of Personality Assessment*, 54, 67-77.

Akiskal, H. S. (2005, December). The nature of preschool mania. (Commentary). *The Journal of Bipolar Disorders*, 4, 17.

Andersen, D. B., Vernal, D. L., Bilenberg, N., Væver, M. S., & Stenstrøm, A. D. (2016). Early-onset schizophrenia: Exploring the contributions of the thought disorder index to clinical assessment. *Scandinavian Journal of Child and Adolescent Psychiatry and Psychology*, 4, 23-30.

Arboleda, C., & Holzman, P. S. (1985). Thought disorder in children at risk for psychosis. *Archives of General Psychiatry*, 42, 1004-1013.

Armstrong, J., Silberg, J. L., & Parente, F. J. (1986). Patterns of thought disorder on psychological testing: Implications for adolescent psychopathology. *Journal of Nervous and Mental Disease*, 174, 448-456.

Bartell, S. S., & Solanto, M. V. (1995). Usefulness of the Rorschach inkblot test in assessment of attention deficit hyperactivity disorder. *Perceptual and Motor Skills*, 80, 531-541.

Bernabei, P., Palli, F. G., Levi, G., Mazzoncini, B., & Cannoni, E. (1999). Disturbance of imagination and symbolization in pervasive developmental disorders: Preliminary study utilizing the Rorschach inkblot test. *Perceptual and Motor Skills, 89*, 917-930.

Birmaher, B. (2003). Treatment of psychosis in children and adolescents. *Psychiatric Annals*, 33, 257-264.

Carlson, G. A. (2005). Diagnosing bipolar disorder in children and adolescents. In S. P. Kutcher (Ed.), *Child and Adolescent Psychopharmacology News*, 10, 1-6.

Carlson, G. A. (2013). Affective disorders and psychosis in youth. *Child and Adolescent Psychiatric Clinics of North America*, 22, 569-580.

Cepeda, C. (2007). *Psychotic symptoms in children and adolescents: Assessment, differential diagnosis, and treatment*. New York: Routledge.

Cotugno, A. J. (2006). Personality attributes of Attention Deficit Hyperactivity Disorder(ADHD) using the Rorschach inkblot test. *Journal of Clinical Psychology, 51*, 554-562.

Cummings, J. L., & Mega, M. S. (2003). *Neuropsychiatry and behavioral neuroscience*. Oxford: Oxford University Press.

Exner, J. E. (2003). *The Rorschach: A comprehensive system, basic foundations* (Vol. 1, 4th ed.). New York: Wiley.

Exner, J. E., & Erdberg, P. (2005). *The Rorschach: A comprehensive system, advanced interpretation* (Vol. 2, 3rd ed.). New York: Wiley.

Exner, J. E., Thomas, E. A., & Mason, B. J. (1985). Children's Rorschach: Description and prediction. *Journal of Personality Assessment*, 49, 13-20.

Franklin, K. W., & Cornell, D. G. (1997). Rorschach interpretation with high-ability adolescent females: Psychopathology or creative thinking? *Journal of Personality Assessment*, 68, 184-196.

Gallucci, N. T. (1989). Personality assessment with children of superior intelligence: Divergence vs. psychopathology. *Journal of Personality Assessment*, 53, 749-760.

Holaday, M. (2000). Rorschach protocols from children and adolescents diagnosed with posttraumatic stress disorder. *Journal of Personality Assessment*, 75, 143-157.

Holaday, M. (2001). Rorschach protocols from children and adolescents with Asperger's disorder. *Journal of Personality Assessment*, *76*, 482-495.

Kay, S. R., Fiszbein, A., & Opler, L. A. (1987). The Positive and Negative Syndrome Scale(PANSS) for schizophrenia. *Schizophrenia Bulletin*, 13, 261-276.

Kleiger, J. H., & Khadivi, A. (2015). *Assessing psychosis: A clinician's guide*. New York: Routledge.

Klopfer, B., & Margulies, H. (1941). Rorschach reactions in early childhood. *Rorschach Research Exchange*, 5, 1-23.

Klopfer, B., Spiegelman, M., & Fox, J. (1956). *The interpretation of children's records*. In B. Klopfer (Ed.), *Developments in the Rorschach technique* (Vol. 2, pp. 22-44). New York: Harcourt, Brace & World.

Kumra, S., Jacobsen, L. K., Lenane, M., Zahn, T. P., Wiggs, E., Alaghband-Rad, J., Castellanos, F. X., Frazier, J. A., McKenna, K., Gordon, C. T., Smith, A., Hamburger, S., & Rapoport, J. L. (1998). Multidimensionally impaired disorder: Is it a variant of very early-onset schizophrenia? *Journal of the American Academy of Child and Adolescent Psychiatry*, 37, 91- 99.

Leichtman, M. (1996). *The Rorschach: A developmental perspective*. Hillsdale, NJ: The Analytic Press.

Makowski, D., Waternaux, C., Lajonchere, C. M., Dicker, R., Smoke, N., Kopelwiez, H., Minn, D., Mendell, N. R., & Levy, D. L. (1997). Thought disorder in adolescent-onset schizophrenia. *Schizophrenia Research*, *23*, 147-166.

McCarthy, J. B. (2015). Contemporary views of psychotic disorders. In J. B. McCarthy (Ed.), *psychosis in childhood and adolescence* (pp. 25-46). New York: Routledge.

McCarthy, J. B., & Dobroshi, Z. (2015). Mood disorders and psychosis. In J. B. McCarthy (Ed.), *psychosis in childhood and adolescence* (pp. 107-122). New York: Routledge.

Meyer, G. J., Erdberg, P., & Shaffer, T. W. (2007). Toward international normative reference data for the comprehensive system. *Journal of Personality Assessment, 89*, S201-S216.

Meyer, G. J., Viglione, D. J., Mihura, J. L., Erard, R. E., & Erdberg, P. (2011). *Rorschach performance assessment system: Administration, coding, interpretation*, and technical manual. Toledo, OH: Rorschach Performance Assessment System.

Mihura, J. L., Meyer, G. J., Dumitrascu, N., & Bombel, G. (2013). The validity of individual Rorschach variables: Systematic reviews and meta-analyses of the comprehensive system. *Psychological Bulletin, 139*, 548-605.

Morey, L. C. (2007). *The personality assessment inventory—Adolescent professional manual.* Lutz, FL: Psychological Assessment Resources.

Murray, J. (1992). Toward a synthetic approach to the Rorschach: The case of a psychotic child. *Journal of Personality Assessment*, 58, 494-505.

Osher, Y., Mandel, B., Shapiro, E., & Belmæker, R. H. (2000). Rorschach markers in offspring of manic-depressive patients. *Journal of Affective Disorders*, 59, 231-236.

Radmanociv, M. B. (2012). First-psychotic episode in childhood and adolescence. *Psychiatria Danubina, 24*, 388-391.

Rapoport, J. L., & Gogtay, N. (2011). Childhood onset schizophrenia support for a progressive neurodevelopmental disorder. *International Journal of Developmental Neuroscience, 29*, 251-258.

Reynolds, C. R., & Kamphaus, R. W. (2015). *BASC-3: Behavior assessment system for children* (3rd ed.). Upper Saddle River, NJ: Pearson Education, Inc

Ross, R. G., Heinlein, S., & Tregellas, H. (2006). High rates of comorbidity are found in childhood-onset schizophrenia. *Schizophrenia Research, 88*, 90-95.

Russ, S. W. (1988). Primary process thinking, divergent thinking, and coping in children. *Journal of Personality Assessment, 52*, 539-549.

Schaeffer, J. L., & Ross, R. G. (2002). Childhood-onset schizophrenia: Premorbid and prodromal diagnostic and treatment histories. *Journal of the American Academy of Child and Adolescent Psychiatry, 41,* 538-545.

Schuldberg, D., & Boster, J. S. (1985). Back to Topeka: Two types of distance in Rapaport's original Rorschach thought disorder categories. *Journal of Abnormal Psychology, 94*, 205-215.

Smith, S. R., Baity, M. R., Knowles, E. S., & Hilsenroth, M. J. (2001). Assessment of disordered thinking in children and adolescents: The Rorschach perceptual-thinking index. *Journal of Personality Assessment, 77*, 447-463.

Sossin, K. M. (2015). Risk factors for autism and psychosis. In J. B. McCarthy (Ed.), *Psychosisin Childhood and Adolescence* (pp. 62-89). New York: Routledge.

Sporn, A., Judith, L., & Rapoport, J. L. (2001, April). Childhood onset schizophrenia. *Child and Adolescent Psychopharmacology News*, 6(2), 1-6.

Viglione, D. J. (1990). Severe disturbance or trauma-induced adaptive reaction: A Rorschach child case study. *Journal of Personality Assessment, 55*, 280-295.

Viglione, D. J., & Giromini, L. (2016). The effects of using the international versus comprehensive system norms for children, adolescents, and adults. *Journal of Personality Assessment, 98*, 391-397.

Yalof, J. (2006). Case illustration of a boy with nonverbal learning disorder and Asperger's features: Neuropsychological and personality assessment. *Journal of Personality Assessment, 87*, 15-34.

Zalsman, G., & Cohen, D. J. (1998). Multiplex developmental disorder. *The Israel Journal of Psychiatry and Related Sciences, 35*, 300-306.

결론 마지막 생각들
: 경험적 · 개념적 · 실제적 고려사항

이전 장에서처럼, 나는 경험적 · 개념적 · 실제적 주제를 중심으로 정신증 현상에 대한 로샤 평가의 현황에 대한 마지막 발언들을 정리하고자 한다. 각각의 경우에 나는 로샤로 정신증을 평가하는 것이 어떻게 개선되고 더 발전할 수 있는지의 관점에서 현재의 기술적 상태(state of the art)에 대한 조망과 미래에 대한 전망 사이의 균형을 잡아 나가려고 한다.

경험적 고려사항

Rapaport, 그리고 그 이전의 Rorschach는 로샤를 통해 정신증의 심리적 처리과정을 과학적인 방식으로 연구하려는 최초의 시도를 했다. 늘 그래왔듯이, Rapaport 방법론의 한계는 명확하다. 하지만 결국 Rapaport, Schafer과 Gill은 개념적 발전뿐만 아니라 정신증의 심리적 기능에 대한 경험적 연구들에서도 공로를 인정받게 되었다. Holt는 일차과정사고에 대한 과학적 연구가 훨씬 많았고, Holzman과 동료들은 그들의 TDI 측정법으로 대표되는 사고장애에 대한 엄격한 경험적 탐구의 정점에 도달했다. Exner, Weiner, 그리고 R-PAS 개발자들은 경험적 전통에 기반해서 로샤와 정신증 현상에 대한 연구를 진행했다. 로샤의 오류와 한계에 대한 비판에도 불구하고, CS와 R-PAS의 지지자들은 정신증 현상의 평가에서 로샤의 과학적 타당성을 확고하게 입증해 왔다.

나는 더 나아가서 R-PAS로 수행한 미래의 연구를 접할 수 있기를 기대하고, CS로 수행한 정신증 현상에 대한 평가 연구가 더 많이 나오길 희망한다. 특히 나는 연구자들이 정신증의 위험성을 확인하고 사고 및 현실검증의 장애를 자각하는 병식을 평가하는 것 같은 최신의 주제들에 관심을 가져 주기를 간절히 바라고 있다. R-PAS는 지각 및 사고 영역의 규준을 개선하고 채점을 확장해서 정신증 위험성에 대한 연구를 도와야 한다. 그래서 연구자들이 어떤 채점 및 채점과 지수의 조합이 취약한 환자들의 정신증 이환을 예측하는 데 도움이 되는지 탐색하도록 장려해야 한다. 이 분야에서 일부 연구가 시작되었지만(Kimhy et al., 2007; Ilonen et al., 2010; Inoue, Yorozuya, & Mizuno, 2014; Lacoua, Koren, & Rothschild-Yakar, 2015), 이 연구들은 모두 CS를 사용했다. 그러한 연구들에서 TDI와 R-PAS를 모두 사용하는 것은 상관연구를 넘어서 예측연구를 할 때, 특히 조기 탐지 분야에서 많은 기여를 할 수 있을 것이다.

R-PAS, CS, TDI 방식을 적용한 유사한 연구들에서도 환자의 장해적 반응에 대한 스스로의 자각을 파악하기 위한 한계검증 절차를 실시할 수 있다. Rothchild-Yakar와 동료들(2015)은 경험적 연구를 위해 이 중요한 정신증 평가 영역을 공개했다. 사후-명료화 혹은 질문 기법(post-clarification or inquiry techniques)이 도입된 것은 심리평가자들에게 매우 가치 있는 일이다. 이 기법은 환자가 한 발 물러서서 자신의 자각을 입증하는 능력과 다른 사람이 그들의 장해적 사고와 지각 왜곡에 어떻게 반응할 것인지에 대해 정신화[1]하는 능력을 판단할 때 큰 도움이 된다.

임상가들이 이러한 종류의 진단적 의사결정을 내릴 때, 미래에 나올 로샤 연구들이 감별진단에 도움될 것이다. 초창기 TDI 연구들은 이러한 연구에 대한 표준으로 자리매김했는데, 그 연구들은 서로 다른 종류의 정신증 환자들이 가진 '특유한' 사고장애를 확인하기 위한 것이었다. CS 연구는 이러한 연구에 동일한 접근방식을 채택하지 않았다. R-PAS가 평가 실제 및 연구의 발판이 되어 줬기 때문에 양극성 장애 스펙트럼의 정신증과는 상반된 조현병 스펙트럼의 정신증을 더 대표적으로 드러내는 환자의 로샤 프로파일을 확립하는 새로운 기회를 잡을 수 있었다. 이 연구의 범위를 더 확장하기 위해서 우리는 두 가지 구체적인 영역을 탐구해 볼 수 있다.

첫 번째는 경조증 지표를 개발하는 것이다(A. Khadivi, 개인적 대화, 2013년 5월 14일). 그와 같은 지표는 성격 특징과 증상 특징을 함께 동일시해서 임상적 진단을 융합하기 위한 것이 아니다. 오히려 로샤에서 경조증 또는 조증과 관련된 상승된 정서성(affetivity)을 식별하는 형식적 · 주제적 특징을 조명하는 것이 목표가 된다.

감별 진단에서 두 번째 논점은 정신증적 빈곤을 로샤에서 경험적인 방식으로 조작적 정의를 하는 것이다. 현재 평가 전문가들은 정신증적 빈곤이 음성 증상의 징후로, 혹은 인지적 손상의 징후로 설명되는지와는 무관하게 (항상 늘) 임상적 통찰력과 정신병리적 지식에만 의존하게 된다. 문제는 정신증적 빈곤에 대한 일련의 더 구체적인 로샤 특징들을 분명히 확인하는 것이며, 이것은 무관심, 우울, 방어성에서 유래된 보다 일반적인 탈관여(disengagement)

1) (역자 주) 타인의 반응을 내적으로 추론하는 것.

와 구분되는 것이다. CS의 CDI는 사회적 기술, 미성숙, 일상적 대처에서의 문제를 측정하는 폭넓은 척도로 간주되어 왔다. R-PAS 관여 및 인지처리 영역(engagement and cognitive process domain)은 복잡성, 인지적 에너지, 생산성, 유연성 및 통합과 관련된 많은 빈곤의 특성을 설명한다. CDI와 R-PAS 변인은 음성 증상 및 인지적 손상이 있는 환자의 복잡성 및 관여와 관련이 있을 것으로 예상된다. 하지만 이들 측정치에서의 정적인 발견(positive findings)은 마찬가지로 특정 진단에 한정된 것이 아니다. 그렇다면 위축되고 빈약한 로샤 기록을 나타내는 다른 비정신증적인 상태와 음성 증상 및 인지적 손상을 구분하는 빈곤 지표의 개발이 가능한 것인가?

로샤에서 꾀병은 잘 연구된 편이지만, R-PAS의 개발은 로샤로 정신증 꾀병을 연구하는 새로운 길을 열었다. 15장에서 살펴봤듯이, 연구자들은 과학적 검증으로도 타당한 로샤 꾀병 측정치들을 확인할 수는 없었다. 하지만 일련의 임상적 징후들은 시사되었다. 정신증 꾀병에 대한 타당한 로샤 측정치를 확립하기 위한 새로운 접근이 이루어진다면 임상 및 법정 심리학자들에게 매우 가치 있는 일이 될 것이다. 만일 연구자들이 R-PAS 변인으로 정신증 꾀병을 연구하기로 결정했다면, 비임상 정신증 흉내 내기가 아니라 실제 법의학적 표본의 사용을 고려해야 한다. 이는 Ganellen과 동료들(1996)이 CS를 사용해서 실시한 연구 방식이다.

마지막으로, 아동 및 청소년을 대상으로 한 조현병 로샤 연구는 특히 드물다. 이전 장에서 검토한 바와 같이, 어린이 환자의 정신증 현상에 대한 연구 조사에 TDI와 CS가 사용되었다. 하지만 여전히 이 중요하면서도 도전적인 영역에는 보다 질 높은 연구가 필요한 상황이다. 청소년들을 위해 업데이트된 국제규준 및 R-PAS의 등장은 아동 및 청소년의 정신증 현상에 대한 연구에 또 한 번 도움이 될 것이다. 현재 연구가 부족한 또 다른 부분은 자폐증 스펙트럼과 관련된 영역이다. 사례 연구는 차치하더라도, Holaday의 2001년 아스퍼거 아동들에 대한 CS 연구 이후로 자폐증 스펙트럼 아동들에 대한 경험적 연구, 특히 그들이 일차적인 정신증을 가진 아동들과 어떻게 다르게 보이는지에 대한 연구는 거의 없었다.

궁극적으로, 우리, 그리고 내가 얼마나 정신증 및 정신증 유사 현상에 대한 이해가 부족한지, 그리고 로샤가 우리에게 말해 줄 수 있는 것과 말해 줄 수 없는 것이 무엇인지 정확히 인정하는 겸손함이 중요하다. 개별 채점 범주들이 특정 진단군과 더 강하게 연계될 것이라는 소망은 환상까지는 아니라고 해도 지금까지는 요원한 것으로 입증되었다. 환각, 망상 같은 임상적 현상이 그 자체로는 더 이상 어떤 특정 진단군에 질병특유적인 것이라고 간주되지 않는 것처럼, EII-3, TP-Comp, WSUMCog, PTI, X-%와 같은 합성 지표 및 특수점수, 인지기호도 거의 대동소이할 것이다. 그럼에도 불구하고, 보편 법칙에 따른, 그리고 개별특수적인 추가 연구는 임상가들이 어떻게 이러한 점수와 합성 지표가 다른 종류의 임상적 상태의 심각도와 빈도 수준에서 다르게 나타나는지를 이해하는 데 도움이 될 것이다.

개념적 고려사항

이 책과 다른 책들(Kleiger, 1992a, 1992b, 1999)에서 제시된 바와 같이, 내 작업은 때때로 폐쇄적인 채점 및 지표의 세계를 벗어나서 경험적으로 확립된 채점, 그리고 이 채점의 의미를 설명할 수 있는 임상적 · 이론적 개념 간 연관성의 탐색에 초점을 맞춰 왔다. 나는『장애적 사고와 로샤(Disordered thinking and Rorschach)』(1999)에서 고정된 개별 채점에서 벗어나서 이러한 채점 범주의 기초가 되는 심리적 처리과정으로 나아가고 싶었다. 그러나 내가 '작화증적, 조합적, 고논리적, 오염된 사고'에서 기술했던 바와 같이, 나는 로샤 채점의 언어에 초점을 두었고, 결국 보다 광범위한 임상적 개념들에서 벗어날 수 있었다. 그러므로 이 책에서 나는 다양한 특수점수 및 인지기호에 대한 지식과 더불어 작화증, 조합, 고논리적 · 오염적 사고를 조직해서 와해, 비논리성, 빈곤과 관련된 더 넓은 장애적 사고의 차원으로 정리하고자 노력했다. 또한 나는 로샤에서 환자의 장애적 반응을 판독할 때 미세하고 정교하게 조율된 이해를 더해 주는 와해, 비논리성, 빈곤, 심리학적 · 신경인지적 · 발달적 · 정신분석적 개념의 범주 사이에 이차적 관계의 가능성을 제시하려 했다.

나는 이러한 종류의 개념적 교량을 건설하려는 나의 노력이 일부 사람들에게는 호감을 받겠지만, 다른 사람들에게는 그러한 개념적 발판을 건설하려는 이러한 노력에 경험적인 '힘(beef)'이 결여되었다는 의심을 가질 것이라는 걸 알고 있다(Kleiger, 1992b). 분명히 균형과 적절한 안배가 필요한 것은 틀림없다. 나는 확립된 과학을 근거로 임상적 추론을 하려고 했고, 이 책 전반에 걸쳐 경험적인 기반을 통합하려고 노력했다. 연결성이 약한 부분이 있다면, 나는 이것을 인정할 것이고 나의 연관성에 대한 제안을 가설 또는 가정으로 수정하게 되길 희망할 것이다.

실제적 고려사항

나는 로샤에서 장애적 사고와 정신증 현상에 대한 과학적 연구를 제고한 Holt, Holzman

과 그의 동료들의 공헌에 최고의 존경을 바친다. 하지만 불행히도 주된 정체성이 실무자인 사람들에게, 그리고 임상적 진단가들에게 TDI와 Pripro는 친숙하지 않은 편이다. 나는 그런 논평을 해야 할 때마다 다른 한편으로는 Holt와 Holzman 그룹의 의도를 변호하게 된다. 그들 중 어느 쪽도 임상적 도구 개발에는 관여하지 않았다. Holt(2009)는 자신의 Pripro는 임상 평가에 활용되도록 설계된 것이 아님을 분명히 밝혔다. TDI는 고도로 훈련된 사람들이 성공적으로 임상적 감별진단을 할 수 있게 도왔기 때문에 약간 다르기는 하다. 하지만 내 생각에 TDI와 같은 정교한 도구를 가지고 이 정도의 숙련도를 갖추는 것은 구분된 채점 범주에 대한 설명을 단순히 읽는 것보다 훨씬 더 어려운 일이다. TDI의 숙달에는 상당한 연습량이 필요하며, 더 중요한 것은 하버드에서 도구를 개발한 사람들과 적절한 (평정자간) 신뢰도를 확보하는 것이다. 그러나 TDI와 관련해 더 문제가 되는 것은 개발자들이 Rapaport 방법에 따라 로샤를 실시한다는 사실이다. 5장에서 기술한 바와 같이, CS나 R-PAS 방식으로 로샤를 실시한 후 TDI로 연구하는 것은 방법론적 문제를 일으킨다. 각각의 카드 뒤에, 그리고 카드를 보여 주지 않는 상태에서 질문 단계를 시행하는 Rapaport 방법이 CS나 R-PAS와 유사한 프로토콜을 산출할 수 있겠는가? 내가 알기로는 지금까지 이 문제는 연구되지 않았다. 따라서 CS 또는 R-PAS에서 얻어진 점수와 TDI 점수를 비교하는 것은 사과로 오렌지의 특징을 설명하는 일(apples-versus-oranges quality)일 수 있다.

나는 미래에 R-PAS가 더욱 세력을 확장할 것으로 예상한다. 나는 R-PAS가 정신증 현상의 평가와 로샤의 미래를 위해서 가장 큰 잠재력을 가지고 있다고 믿는다. CS가 '로샤에 새로운 생명을 불어넣은 것'처럼, R-PAS도 그렇게 할 것이다. 더욱이 인식 및 도메인 섹터에서 일련의 확장된 채점 변인들은 로샤 프로토콜에서 정신증 현상의 식별을 더욱 정교하게 해 주었다.

나는 또한 TDI 그룹(Carpenter et al., 1993), R-PAS 임상가들(Eblin et al., 2014), Choca, Rossini와 Garside(2016)가 개발하고 있는 것과 같은 단축형 로샤 기법의 사용이 증가할 것으로 예상한다. 임상적 혁신은 언제나 열렬히 환영 받는다. 특히 그들이 정신증 현상을 식별하는 확고한 능력을 획득하고, 일상적인 표준 절차대로 실시할 시간이 없는 많은 심리학자가 활용할 수 있는 로샤 도구로 만들어 낼 때 더욱 그럴 것이다. 그러나 CS 및 R-PAS와 같은 발전이 임상가에게 정신증 평가를 위한 더 효율적이고 과학적인 건전한 수단을 제공한 것과 마찬가지로, 나는 실무자들과 교육자들이 전통적인 접근방법에 대한 관심도 잃지 않기를 바란다. 즉, R-PAS나 CS를 사용하는 우리의 진단 작업은 Rapaport, Schafer와 Holt의 선구적 공헌에 대한 시각을 잃지 않았을 때 더욱 풍요로워진다. 이와 마찬가지로, 만일 임상가가 정신증 현상이나 보다 일반적인 측면의 성격 기능을 평가하기 위해 4-카드 방식을 채택한다면 새로운 단축형 방법의 한계를 이해하고, 보다 오래되고 전통적인 접근방법이 가진 단점과 비효율성에도 불구하고 언제 더 풍부한 임상 진단적 설명을 제공할 수 있는지를 아는 것이 중요하다. 그런 영역에는 환자의 사고, 내적 경험, 현실검증, 스스로의 장해에 대한 자각 등이 있다.

참고문헌

Carpenter, J. T., Coleman, M. J., Watemaux, C., Perry, J., Wong, H., O'Brian, C., & Holzman, P. S. (1993). The thought disorder index: Short for assessments. *Psychological Assessment, 5,* 75-80.

Choca, J., Rossini, E., & Garside, D. (2016). The practical Rorschach: Adjusting the Rorschach for the 21st century. Symposium presented at the annual meeting of the society for personality assessment, Chicago, IL.

Eblin, J. J., Meyer, G. J., Mihura, J. L., & Viglione, D. J. (2014). Development and preliminary validation of a brief behavioral measure of psychotic propensity. Unpublished Manuscript.

Ganellen, R. J., Wasyliw, O. E., Haywood, T. W., & Grossman, L. S. (1996). Can psychosis be malingered on the Rorschach: An empirical study. *Journal of Personality Assessment, 66(1)*, 65-80.

Holaday, M. (2001). Rorschach protocols from children and adolescents with Asperger's disorder. *Journal of Personality Assessment, 76*, 482-495.

Holt, R. R. (2009). *Primary process thinking: Theory, measurement, and* Research (Vols. 1 & 2). Lanham, MD: Aronson.

Ilonen, T., Heinimaa, M., Korkeila, J., Svirskis, T., & Salokangas, R. K. R. (2010). Differentiating adolescents at clinical high risk for psychosis from psychotic and non-psychotic patients with the Rorschach. *Psychiatry Research, 179*, 151-156.

Inoue, N., Yorozuya, Y., & Mizuno, M. (2014). Identifying comorbidities of patients at ultra-high risk for psychosis using the Rorschach comprehensive system. Paper presented at the XXI international congress of rorschach and projective methods, Istanbul, Turkey.

Kimhy, D., Corcoran, C., Harkavy-Friedman, J. M., Ritzler, B., Javitt, D. C., & Malaspina, D. (2007). Visual form perception: A comparison of individuals at high risk for psychosis, recent onset schizophrenia and chronic schizophrenia. *Schizophrenia Research, 97,* 25-34.

Kleiger, J. H. (1992a). A conceptual critique of the EA: es comparison in the Comprehensive Rorschach system. *Psychological Assessment, 4,* 288-296.

Kleiger, J. H. (1992b). A response to Exner's comments on "A conceptual critique of the EA: es comparison in the comprehensive Rorschach system". *Psychological Assessment, 4,* 301-302.

Kleiger, J. H. (1999). Disordered thinking and the Rorschach. Hillsdale, NJ: The Analytic Press.

Lacoua, L., Koren, D., & Rothschild-Yakar, L. (2015). Poor awareness of problems in thought and perception and risk indicators of schizophrenia-spectrum disorders. A correlational study of nonpsychotic adolescents in the community. Paper presented at the annual meeting of the society for personality assessment, Brooklyn, NY.

Rothschild-Yakar, L., Lacoua, L., Brener, A., & Koren, D. (2015). Impairments in interpersonal representations and deficits in social cognition as predictors of risk for schizophrenia in non-patient adolescents. Paper presented at the annual meeting of the society for personality assessment, Brooklyn, NY.

찾아보기

〈인명〉

Andreasen, N. 30, 32, 176, 231, 265
Arieti, S. 194
Athey, G. I. 211

Bentall, R. P. 40, 181
Bion, W. R. 186
Bleuler, E. 28

Exner, J. E. 115, 239, 323

Freud, S. 183

Handler, L. 242
Hertz, M. R. 115, 129
Holt, R. R. 76, 80
Holzman, P. S. 93

Klein, M. 185
Kraepelin, E. 28

Leichtman, M. 204, 228, 333
Lerner, P. 209

Meyer, G. J. 130
Mihura, J. L. 52, 130, 132, 133, 251

Piotrowski, Z. A. 223

Rapaport, D. 65, 174, 185, 260
Rorschach, H. 59, 222
Rothschild-Yakar, L. 243

Schafer, R. 75, 209, 239, 261, 262
Sullivan, H. S. 202

Weiner, I. B. 33, 115, 174, 194, 226, 240

〈내용〉

EII-3 131
FQ 비율 131
HVI 262
MOA 207
PATI 128
Pripro 채점 체계 77
PTI 128
R-PAS 128
SCZI 124
SevCog 131
TCI 301
TDI 258
TLC 30
TLC 척도 176, 193
TPAS 144
TP-Comp 131
TRAUT 체계 141
WSUMCog 131

ㄱ
가중치가 부여된 6개 인지기호의 합 131
강박장애 305
개념적 사고 199
개념형성 199
거리의 상실 69
경계성 정신병리 294
경계성 주제 내용 297
경솔한 반응 97
경솔한 반응 DR 153
경향성 75
경험적-징후법 62
'고논리적' 사고 194
공간적 접근성의 술어 195
과도하게 상징적인 DR 154
과잉일반화 195
과잉해석과 부적절한 구체성을 판단하기 위한 네 기준 153
과장된 말 178
관계성 언어 98
관념의 보속성 31
괴상한 반응 99

괴상한 발화 170
괴상한 언어 71
구성개념 타당도 47
구조화된 사후검증 기법 242
기괴한-기이한 사고 34
기이한 상징주의 99
꾀병 가능성 317
꾀병 지표 322

ㄴ
내용의 빈곤 230
논리 194
누구에게 그리고 언제 요소 35
느슨함 99
능력 228

ㄷ
단어 근사 177
단어 찾기 곤란 98
담화 응집성 179
동시성 오염 159
동일률 194

ㄹ
로샤 조현병 지표 124

ㅁ
마술적 사고 201
마음의 이론 181
말의 빈곤 31
망상 252
망상장애 259
모순 79
모순된 조합 119
모순된 조합 DR 155
모순율 194
모호함 72, 97, 224
모호함 반응 160
무엇 차원 35

ㅂ
방어 요구 82
방어 효과성 83
배중률 194
병렬적 사고 202
보속성 98, 121, 231
부적절한 M 반응 124
부적절한 거리 96
부적절한 구 DR 151
부적절한 반응결합 119
부적절한 조합 98
불합리한 Dd 197
불합리한 반응 74, 100
비논리성 14, 155, 193
비논리성의 로샤 지표들 196
비논리적 사고의 연속성 196
빈곤 221
빈곤한 말과 생각 159
빈곤한 사고 14

ㅅ
사고 내용의 빈곤 31
사고 및 지각 종합지표 131
사고 처리과정 장해 33
사고(말)의 빈곤 230
사고, 언어, 의사소통 평가 척도 30
사고이탈 176
사고장애 12, 27, 66
사고장애의 개념화를 위한 통합된 로샤 모형 149
사고장애지표 93
산만한 말 176
상관적 사고 203
상징적 반응 73
속도와 흐름 175
술어적 사고 195, 263
시간적 접근성의 술어 195
신경심리학적 평가 50
신조어 101, 177
심각한 인지기호 131
심상 유동성 159

ㅇ
아리스토텔레스식 논리 194
약화된 정신증 증후군 273
양성 및 음성 증후군 척도 38
양성 사고장애 31
어디에서 차원 35
어떻게 차원 35
언어 생산성 265
언어 압박 176
언어 유희와 말장난 169
언어 장애 30
언어적 실수 170
언어적 응축 171
언어적 지리멸렬 혹은 혼란 171
연쇄적 연상 169
오염 101, 120
와해 14, 167
와해된 말(사고) 12
와해된 사고 29
와해된 혹은 기이한 말 150
왜 요소 36
외상 300
외상 내용 지표 301
우울증 270
우원적 반응 DR 152
우원증 178

우화적 반응 69
우화적 조합 69, 99, 120, 156
우회적 사고 195
유동성 100
유동적인 언어 DR 152
유창성 179
유희적 작화증 100
유희적 조합 156
융합 오염 159
음성 사고장애 31, 231
음성 증상 229
음향 98
음향 연상 177
응축 79
응축된 추론 158
이격된 연상 169
이차과정사고 183
이차적 정신증 14
인과성 194
인지기호 130
인지신경과학적 관점 38
인지적 복잡성 222
인지적 손상 231
인지적 통찰 238
일차과정사고 76, 183, 205
일차적 정신증 14, 251
일탈된 반응(DR) 150
일탈된 언어(DV) 67, 117, 150
임상적 통찰 237
잉크반점에서 '거리' 66, 199

ㅈ

자각 237
자기감찰 181
자기심리학 208
자아심리학 184
자아손상지표-3 131
자율적 상호성 척도 207
자폐적 논리 70
자폐증 스펙트럼 342
작화증 69, 100, 122, 296
작화증적 DR 153, 197
작화증적 전체 응답 59
장애적 사고 12, 37
장애적 사고 내용 33
장애적 사고와 로샤 11
장해의 자각 162
적응적 퇴행 점수 83
전치 79, 184
전치 반응 168
접촉경계 장해 206
정신증 25, 26, 27
정신증 현상 11
조기 발병한 조현병 336
조증 265
조합적 사고 195, 266, 268
조합적 추론 155
조현병 스펙트럼 253
조현병의 인지적 와해 254
조현정동장애 258
지각적-사고 지표 128
지리멸렬(말비빔) 101, 177
지리멸렬한 언어 73
질적 술어 194

ㅊ

창의적 관점들 212
채점되지 않는 발화들 172
추론 194
추론 편향 200
추상적 사고 199
추상적 태도 228
추상화 123
추측 생성 193
출처감찰 181

ㅌ

탈선 177
탈중심화 203
통찰 26, 237
통합국제규준 335
투사 가설 51
투사적 동일시 186
특이한 발화 170
특이한 언어 71
특이한 언어와 반응 97
특이한 추론 157

ㅍ

파편화 100
편집적 스타일의 로샤 지표들 260
편집증적 처리과정 254

ㅎ

한계검증법 241
항정신증 약물 49
해리 175
해리성 장애 303
현실 25
현실감각 25
현실검증 26
현실경험 25
형식적 사고장애 12, 32
혼란 72, 99, 225
혼란 반응 160
확증 편향 201
환상에의 침잠 136

저자 소개

제임스 클레이거(James H. Kleiger)

임상심리학 박사(임상 및 심리측정 전공)

심리치료사 및 정신분석가

Menninger Clinic 박사 후 과정 수료

Denver University 박사 졸업

Harvard University 졸업

Baltimore Washington Society for Psychoanalysis 학회장 역임

「Disordered thinking and the Rorschach」(1999) 저자

「Assessing psychosis, A clinician's guided」(2015) 공저자

역자 소개

이준득(Lee Jun Deuk)

서울대학교 심리학 박사(임상, 상담 전공)

성균관대학교 중어중문학/심리학과 졸업

임상심리전문가/정신보건 임상심리사(1급)

전 서울아산병원 정신건강의학과 수련감독자

서울대학교병원 신경정신건강의학과 외래 임상심리전문가

서울대학교 인문대학 상담소 전문상담원

현 과천 임상심리연구소 소장

아주대학교 심리학과 겸임교수

한양사이버대학교 상담심리학과 겸임교수

정신증의 로샤 평가

Rorschach Assessment of Psychotic Phenomena:
Clinical, Conceptual, and Empirical Developments

2020년 1월 10일 1판 1쇄 발행
2020년 10월 20일 1판 2쇄 발행

지은이 • James H. Kleiger
옮긴이 • 이 준 득
펴낸이 • 김 진 환
펴낸곳 • (주) 학지사
04031 서울특별시 마포구 양화로 15길 20 마인드월드빌딩 5층
대표전화 • 02) 330-5114 팩스 • 02) 324-2345
등록번호 • 제313-2006-000265호
홈페이지 • http://www.hakjisa.co.kr
페이스북 • https://www.facebook.com/hakjisabook

ISBN 978-89-997-2023-9 93180

정가 24,000원

역자와의 협약으로 인지는 생략합니다.
파본은 구입처에서 교환하여 드립니다.

이 도서의 국립중앙도서관 출판시도서목록(CIP)은 서지정보유통지원시스템 홈페이지(http://seoji.nl.go.kr)와 국가자료공동목록시스템(http://www.nl.go.kr/kolisnet)에서 이용하실 수 있습니다.
(CIP제어번호: CIP2020001125)